權力與釋奠
初唐國家教化的理解與建構

謝明憲——著

序

　　俗話說:「不遭人忌是庸才」。「忌」這個詞涉及的意涵很廣闊,包括不安、嫌惡、覺得扎眼。猶憶當初舉行總共才三小時的博論口試的時候,一位口試委員花了兩個鐘頭,疾言厲色地指摘這本論文的不是,還意猶未盡。姑不論:學界前輩對一後進這般窮追猛打,是否有失風範、雅量,但也由此看出:這本論文中有許多『非常異義可怪之論』,與一般寫得四平八穩者迥別。稱引史料未免冗贅、解釋史料有欠精準、注解與正文銜接得不夠緊密、章節篇幅與主題間似乎失衡等等,竊以為:上述現象確實不妨省思,擇善改進,但也都是次要的事,最要緊的乃有無問題意識。而問題並非某書是否乃假托之作、重瞳子究竟屬實或訛傳、某朝樂舞分幾類、一段經文的正詁何等等,而是指某項被一般學者忽視掉的部分一旦揭諸日下,其樞紐性的地位隨即彰顯,令前後的源流脈絡別開生面。

　　兩漢經學貌似枝繁榮盛,朝野宿儒若俛拾地芥;凡意圖從宦的士子沒有不在《孝》、《論》之外,研讀一經的,然而整個兩漢經學實乃泡沫經學。太學十四博士固然隨著他們依附的炎漢政權幾乎悉數被沙汰,郡國的那些赫赫章句更是隻字不存。經學真正秀而有實者乃在魏、晉,試看後世所說的十二經義疏,根據的注解者:王弼、偽孔、杜預、范寧、郭璞、何晏,哪位不是政治斷代的魏、晉人物?或人辯稱:那是因為十四博士等的學術成果已經被魏、晉這些繼起者吸收了。這種辯稱實屬道地謊言。十四博士等的講章、著述既然不存,從何與魏、晉這些注解比對,因而足以證實它們沾溉王弼等人,而被部分吸收了?今日若想略窺章句之學,僅餘王逸的《楚辭章句》、趙岐的《孟子章句》。可是按照兩《漢書》對章句之學的描述,好比:「〈堯典〉篇目兩字之說,至十餘萬言」,見存的這兩本《章句》乃最不合乎章句特質之作。

　　南北朝已降,受到佛家闡教方式的推波助瀾,講經義疏之學勃興。可惜《隋書》卷三二〈經籍志一〉著錄的那麼多義疏之作,迄今唯有皇侃《論語義疏》十卷倖存,而這還是書失求諸野的收穫,無怪乎以鄙陋見聞。研究《五經正義》的不乏其人,具體細緻說明南北朝與唐代五經

義疏間的異同、嬗變者,似乎尚屬荒原,畢竟僅有這麼一顆遺珠,要以此立說,但凡有嚴格學術訓練者,恐怕都會卻步。

在這樣的學術背景下,作者有心識別裁,認清:政、教歷來從未各行其是,在各自的畛域裡獨立蛻變、發展。適相反,在上古已降,幬天率土的聖王觀影響下,所有統治者都肩負教化的重責大任。所謂「作之君,作之師」,而且至少在門面形式、理論上,應該以教為政,所謂「道之以德,齊之以禮」,以致沒有教不是官學,乃統治者意圖主導、干預的。

六朝時期,由於佛、道大盛,儒家在與彼等抗衡之際,已經無形由一單純學派兼具一教派的身分。偏偏上自皇帝、親藩,下至名公巨卿,昵奉二教者如過江之鯽,禮敬之隆遠過孝子賢孫於其尊親,可是皇家有尊崇、捍衛儒學的使命仍是不容撼動的傳統,這就形成初唐皇家一項極其困擾的課題。作者由這點入手。時間鎖定在三教高下未定、南北學再度且正式交鋒的初唐。空間鎖定在教育冑子的國學機構,而非孔廟。人則鎖定在國學釋奠禮中的先聖先師,也就是冑子所業稟受遺澤的對象是哪些古人,因而得以與饗。事則追索講經時的師說問題、尊孔與尊師的糾結。如果說:天水一朝思想界的主流是世俗所稱的理學或道學、新儒學(Neo-Confucianism),這股主流有一清晰的導向,就是回歸他們心目中的先秦儒學真諦。那麼,李唐初期學界有一清晰的導向,就是回歸他們理解的兩漢經術傳統。物就涉及《五經正義》本身的變化。綜言之,研究歷史課題的五項要件都齊備了。

我總自嘲為拾荒老人,專撿一些怪頭怪腦的回蝸居。以往撿回去之後,還會因為希望能將「破銅爛鐵」打成金鋼鑽,出現學暴狀況。例如蝸居師法:只准反覆細讀原典,根據原典撰述,近現代的研究論著僅供比對,以免有前修已道及者,貽人剿襲之譏;敢犯法者,唾之詈之批之扑之。近年來,真是歲月不饒人,蠻力江河日下,只好放養了。當然,惡習難悛,偶爾還會在看到初稿頭一章幾節時,弄得血流漂杵。作者這本修繕後的博論乃其戛戛獨造,探人未究,鉤人未啟。繚繞者不免,表述欠清明者或有,然知彼者其惟此書乎?罪彼者其惟此書乎?

朱曉海

自序

　　我該如何敘述自己的論著？

　　也許交代一下，這本書是依據什麼理論路數，什麼樣的架構寫成，不妨一讀；或者細數自己的學術系譜脈絡，與此書的關聯，彷彿一切的論述都是順理成章，水到渠成。實際不然，因為這樣的陳述其實並不容易；許多未能具陳的思索，總多過書寫下的雕琢，本是不待言。

　　這也是這本書想要講的事。

　　有些事情未必能夠形諸文字，文字本身也未足以窺見全豹。負笈清華十年，跟隨著孔安國、曹褒、王肅諸先賢縹緲的身形，映現腦中的構思，其實是不斷與之頓挫下的對話。兼之朱老師「君子三變」，對於本人叛逆驕傲的想法，總是不吝正色危言。到底仍然重寫了七次大綱，完成六份笨拙的章節。在這段日子裡，每經重啟爐灶，就得從沉溺的世界中狠狠抽離，往往忘卻身處何方。如此的感受，就像遠赴西莒服役的日子，雖然眺看臺灣海峽的碧海藍天，聆聽青帆的驚濤裂岸，卻只是印證真實世界如此遙遠。

　　本書的寫作也是如此，不斷改寫的問題意識，只是在找尋一個真切的始點，用來收攝我的學生生涯。這個問題，來自對於《禮記》一段話的質疑：為什麼〈學記〉言：「君之所不臣於其臣者二，當其為尸則弗臣也，當其為師則弗臣也」？「師」究竟是甚麼？如果說「尸之弗臣」，與其扮演的角色有關；但是「師之弗臣」，則不屬於扮演，而表示「師」的特殊性，是自外於君臣權力架構的。不僅不對睥睨眾生的政治權力表示屈從依附，甚至反過來要求帝王，必須對這個尋常人表達敬意。從「學」的立場來說，志於學而後至聖，良冶之子、良弓之子的志氣，不該僅侷限在克紹箕裘上，那只能算是他們的本分之事；對於「大德不官」、「大道不器」的目的來說，良冶之子、良弓之子無異於帝王。無論後世緯書

如何將帝王弗臣的名單擴編多少，要求帝王必須謙卑地尊崇「師」的存在，不在於「師」是否是一位聖人，而是在於承認人的侷限。

〈學記〉充滿人文精神的浪漫，賦予「師」極特殊的崇高地位，不免與現實世界中的權力運作發生衝突；我們慣習使用權力，或被權力驅使，卻不覺這與思辨的方向背道而馳。面對歷史，於是我們將會發現，經典意義的擺盪，人性與詮釋上的權衡，以及知識份子自詡的心魔，都呈現一種生存上的糾結。本書將藉由初唐時期的釋奠講學之禮爭議入手，勾勒「師／學」與帝王之間在政教上的緊張關係。孔子雖自言「予欲無言」，神聖睿智的帝王，與官大學問大的吹噓僭奪，仍在我們熟悉的世界中上演。「師」的尊貴，不該模仿如此世故的模樣，不該嫻熟權力的傲慢，也不應忽視知識的超然。

2012年9月府城釋奠，我帶著觀光客的好奇，以及從學的景仰，全程與祭。面對明清兩代閃現的浮光掠影，親臨釋奠的過程的確讓人震撼，步武之間，須臾之際，皆須凝神屏氣，不敢忽忽一刻；然而天稍肚白，莊嚴的釋奠之禮結束後，人潮亦隨之散去，餘留些許悵然。府城巨木挺秀，今日之學如何與釋奠講學銜接，如何推尊今日之「師」、今日之學術，此皆仍是未濟的問題。

我既非善學者，也不擅長記問，充其量也只是「蛾子時術之」罷了；想像著一隻不斷挖土的螞蟻，如何講說他的學術？〈學記〉描述的學術世界，不會是孤絕的魔山象牙塔，也不是山呼萬歲的御用之學，抑或是南柯夢中的大槐安國？學術比較像是一種生存的本能，追求存在的價值，以及一種生命情調，像在2016年的MLB，堪薩斯Kauffman Stadium的投手丘上，飆飛的95mph Sinker。寫作也是同一回事，只是當字字皆落人生坎陷，還有良師摯友得以談說情志之枕敲，已是屬文之幸運。

許明翔

2016.4.8

目次

序 i
自序 iii

第一章　序論

第一節　問題的提出與形成 001
第二節　本文各章內容要述 010

第二章　唐高祖武德七年釋奠講學的策略、目的及其問題

第一節　文獻中描述的武德七年釋奠講學之禮 013
　一、在「三教」背景下的釋奠講學之禮 014
　二、在「講學之禮」中的佛教式「唱導」流程 016
第二節　「講學」之次序 022

第三章　從「南北學」的眾說紛紜到定於一的「正義」

第一節　「學」分南、北與「國學」 030
　一、「高祖」崇儒興學的困境 030
　二、「師說」紛綸，無所取正 039

第二節　從「俗本」到「定本」……………………………………… 044
　　一、《五經正義》的經文文字與顏監《定本》……………………… 044
　　二、《五經正義》的刊行與「異端」………………………………… 051
第三節　初唐「正義」的波折…………………………………………… 056
　　一、《五經正義》兩次頒行之啟示…………………………………… 056
　　二、從《義贊》到「正義」…………………………………………… 062
　　　（一）「今贊」：第一次修撰《五經正義》的殘存形式 ………… 065
　　　（二）「今刪定知不然者」：第二次修撰《五經正義》對於舊疏
　　　　　　違注的立場 ………………………………………………… 069
第四節　「正義」與《正義》：「疏不破注」的命題矛盾 …………… 072
　　一、《五經正義》「破注」與廣義的「破注」現象 ………………… 072
　　　（一）《五經正義》「破注」舉隅 …………………………………… 072
　　　（二）廣義的「破注」現象 ………………………………………… 076
　　二、「正義」與「聖範」之對揚 ……………………………………… 078

第四章　唐前儒學「師說」的形成與變遷

第一節　《五經正義》序文中的「先師」意識 ……………………… 085
　　一、以經師為「先師」………………………………………………… 085
　　二、「以仲尼為宗」的《五經正義》………………………………… 089
第二節　「師說」與義疏形式 …………………………………………… 091

一、從初唐學者的理解重論義疏「淵源」問題 …………………… 092
二、「說」與「今義疏」的互文性 ……………………………… 099

第三節　漢代的經「說」與「說」經 ……………………………… 102
一、「說」的內容 ………………………………………………… 102
（一）「說」與「大義」的關聯及指涉 ……………………… 103
（二）「大義」與「訓故」 …………………………………… 110
（三）分析「大義」的術語 …………………………………… 112
二、以「說」為前提的「師法」與「家法」 …………………… 117
（一）「說」的口傳形式與「師法」 ………………………… 117
（二）「說」的書寫形式與「家法」 ………………………… 121
（三）被「創通」的「大義」 ………………………………… 127

第四節　後漢「學通古今」風氣下的師說 ………………………… 131
一、章句盛行之後的「守文」之徒 ……………………………… 131
二、兼通多經的治「古學」者 …………………………………… 135
三、「師說」的世俗化 …………………………………………… 139

第五章　「君」與「師」：教化者與國家教化儀式

第一節　「入說」與「教授」：兩種「說經」的現象 …………… 148
一、「入說」侍講的儒者 ………………………………………… 149
二、帝王講「師說」的依據 ……………………………………… 154
三、「大師在是」的空間意義 …………………………………… 159

第二節　作之君師：教化者的空間與身分轉變 ………………………… 168
　　一、由「入說」授業到輔政之「師」的轉折 ………………………… 168
　　二、「我為孔子，卿為子夏」：辟雍之中的「孔門」教化 …………… 173
　　　（一）「三老」與「父師」：以「老」為「師」的經典依據 ……… 174
　　　（二）在漢明帝辟雍之中先後舉行的養老之禮與講說之禮 ……… 177
第三節　從太牢祀孔到「釋奠」孔子 …………………………………… 183
　　一、關於沈約對魏正始年間三次辟雍祀孔的描述 ………………… 183
　　二、「師」的身分升降與東晉「釋奠」孔子的相關論述 …………… 188
　　　（一）晉成帝降禮王導事件之爭議 ………………………………… 188
　　　（二）「孔子後」與「先代之後」的混同：兼論順陽范氏
　　　　　　對於「釋奠」的起源論述 …………………………………… 191
　　三、《魏書》中的「祀孔」與「釋奠」 ……………………………… 198
　　　（一）「祀孔」與「釋奠」不同 …………………………………… 198
　　　（二）北魏孝明帝正光二年以前對於「釋奠」典禮的延宕 ……… 200

第六章　唐代國學釋奠先聖的空間與身分

第一節　從「二聖」到「生民以來一人」 ……………………………… 209
第二節　釋奠「先聖」的位次及地位升降 ……………………………… 216
第三節　「先師」之義的轉變 …………………………………………… 226

一、貞觀二年以前釋奠中的「先師」與顏回 ⋯⋯⋯⋯⋯⋯⋯⋯ 226
二、長孫無忌議請傳經諸儒為「先師」配享的意義 ⋯⋯⋯⋯⋯ 229
三、貞觀年間以後對「先師」舊義之異論 ⋯⋯⋯⋯⋯⋯⋯⋯⋯ 235

第七章　結論 ⋯⋯⋯⋯⋯⋯⋯⋯⋯⋯⋯⋯⋯⋯⋯⋯⋯⋯⋯⋯ 243

徵引書目 ⋯⋯⋯⋯⋯⋯⋯⋯⋯⋯⋯⋯⋯⋯⋯⋯⋯⋯⋯⋯⋯⋯ 249

第一章　序論

釋奠「先聖先師」之儀式，在唐高祖武德七年（624）到唐高宗顯慶二年（657）三十四年之間，經歷四次重大變動（表一）。

表一　初唐釋奠儀式變動表

	武德七年（624）	貞觀二年（628）	永徽二年（651）	顯慶二年（657）
先聖	周公	孔子	周公	孔子
配享	孔子	眾儒為先師	孔子（先師）	眾儒為先師
從祀			二十二賢	

這樣的現象並不尋常；[1] 意味著在初唐之際，關於「先聖先師」之義的指涉，不僅不是恆常不易，國家教化的內容也隨之屢屢更迭。

「釋奠」之禮的概念，在祖、父、子三世之間形成不同的理解，顯然不是沿襲約定俗成的結果，而有違異相左之處。但是，四次變動各自主張的合理性為何？不合理性又為何？就現象所呈現的意義，後世研究者往往是以「釋奠」儀式的「變遷」述之；[2] 追問何以「變遷」的原因？以及四次變動的關鍵因素，則仍未有言盡之處。

第一節　問題的提出與形成

本文問題意識的求索，分從幾個不同的層面論之。首先在不斷變遷的初唐釋奠之禮的層面上，支配「變遷」形成的整體歷史因素為何？「變遷」本身的蘊義應該如何理解？以及在當時的體制之下，發生歧見的原

---

[1] 黃進興〈權力與信仰：孔廟祭祀制度的形成〉曰：「循理說，孔廟祭祀制度正是定型於唐朝；但唐初，孔廟祭祀卻詭譎萬分，起伏不定。其故即領享正位的對象屢有更動，導致孔子、周公互有更替。」黃進興：《優入聖域：權力、信仰與正當性》（臺北：允晨文化公司，1994年8月），頁203。

[2] 〔日〕彌永貞三：〈古代の釋奠について〉，本太郎博士古稀記念会編：《續日本古代史論集》（東京：吉川弘文館，1972年7月），頁367。

因,又根植在什麼問題之上?此皆尚未得到釐清。《文獻通考・學校四》曰:

> 按自《禮記》「釋奠於先聖先師」之說,鄭康成釋「先師」,以為如「《樂》有制氏、《詩》有毛公、《禮》有高堂生、《書》有伏生」之類。自是後儒言釋奠者,本《禮記》;言「先師」者,本鄭氏《注》。唐貞觀時,遂以左邱明以下,至賈逵二十二人為「先師」,配食孔聖。夫「聖」,作之者也;「師」,述之者也。述夫子之道,以親炙言之,則莫如十哲七十二賢;以傳授言之,則莫如子思、孟子,必是而後可以言「先師」,可以繼「先聖」。今捨是不錄,而皆取之於釋經之諸儒。[3]

馬端臨(1254-1323)批評唐太宗貞觀二年(628)釋奠,以眾儒為「先師」之義引據失當;[4]此一理解,實據後世衍生的概念,建構「釋奠」儀式之「正確性」,否定初唐對於釋奠與「先師」的解讀。馬端臨所述,在於「儒學」而不在於「國學」,只是將國學孔廟等同如曲阜孔廟,[5]沒有顧及初唐國家廟祭孔子,與國學師生說經講學之間的底蘊。換言之,馬端臨應該也要追問,唐太宗(599-649;626-649在位)為何要根據鄭玄(127-200)的說法,以左丘明等二十二儒為「先師」,[6]而未以親炙孔子

---

[3] 〔元〕馬端臨:《文獻通考》(杭州:浙江古籍出版社,2000年1月,萬有文庫《十通》本),卷43,頁407。

[4] 馬端臨批評的論點,早在唐玄宗開元八年(720)已經出現,並且成為後世沿襲之概念。《唐會要・褒崇先聖先師》曰:「開元八年三月十八日,國子司業李元瓘奏言:『京國子監廟堂,先聖孔宣父配坐先師顏子,今其像見在立侍。准《禮》:授坐不立,授立不跪。況顏子道亞生知,才充入室,既當配享,其像見立。請據《禮》文,合從坐侍。又四科弟子閔子騫等,並伏膺儒術,親承聖教,雖復列像廟堂,不參享祀。謹按〈祠令〉,何休等二十二賢,猶霑從祀,豈有升堂入室之子,獨不霑配享之餘?望請春秋釋奠,列享在二十二賢之上;七十子者,則文翁之壁,尚不闕如,豈有國庠,遂無圖繪?請令有司,圖形於壁,兼為立贊。庶敦勸儒風,光崇聖烈。」〔宋〕王溥:《唐會要》(北京:中華書局,1998年11月),卷35,頁639。

[5] 《後漢書・明帝紀》曰:「幸孔子宅,祠仲尼及七十二弟子。」〔南朝宋〕范曄撰,〔唐〕李賢注,〔清〕王先謙集解:《後漢書集解》(臺北:藝文印書館,1996年8月,長沙王氏虛受堂本),卷2,頁14。祠七十二弟子於闕里之事,首見漢明帝永平十五年(72),更早之前,或已有之。

[6] 《冊府元龜》記載顯慶二年七月十一日太尉長孫無忌奏議中,關於配享先師人數,出現二十一人與二十二人兩種說法。《冊府元龜・掌禮部・奏議》曰:「又准貞觀二十一年詔,

的十哲七十二賢為「先師」呢？唐太宗作法的合理性及其核心論述為何？國學傳授「師說」本身的意義，何以成為入祀配享的關鍵？這與初唐國學教化傳統的關聯性，又該從何分疏？

但上述問題，不見於馬端臨的陳述中。馬端臨的批評內容，成為後來元、明釋奠的主流意見，[7]而初唐釋奠與講學之義遂無聞問。事實上，國學釋奠之禮與講學之禮作為寄寓儒學精神之所的象徵，在於「學」之尊師「行禮」，而不僅是祭祀神靈；[8]因此，關於初唐貞觀、永徽年間據鄭

以孔子為先聖，更以左丘明等二十一人與顏子，俱配尼父於太學，並為先師。」〔宋〕王欽若等編：《冊府元龜》（北京：中華書局，2010年1月，明刻本），卷586，頁5。《冊府元龜‧學較部‧奏議》曰：「又准貞觀二十一年，以孔子為先聖，更以左丘明等二十二人與顏回，俱配尼父於太學，並為先師。」〔宋〕王欽若等編：《冊府元龜》，卷604，頁2。在唐代文獻當中，多從前列舉「二十二賢」；例如《通典》所載，貞觀二十一年「制：以左丘明、卜子夏、公羊高、穀梁赤、伏勝、高堂生、戴聖、毛萇、孔安國、劉向、鄭眾、杜子春、馬融、盧植、鄭玄、服虔、何休、王肅、王弼、杜元凱、范甯、賈逵，總二十二人，並為先師。」此與長孫無忌、許敬宗議於唐高宗的內容相合。〔唐〕杜佑：《通典》（臺北：臺灣商務印書館，1994年4月，萬有文庫《十通》本），卷53，頁305。但是，長孫無忌此議，其實是由唐太宗貞觀二十一年詔書而來。至於顯慶年間的「先師」人數，是否與貞觀年間一致，沒有後來的增補？根據《新唐書‧儒林傳》記載貞觀二十一年詔曰：「左丘明、卜子夏、公羊高、穀梁赤、伏勝、高堂生、戴聖、毛萇、孔安國、劉向、鄭眾、杜子春、馬融、盧植、鄭玄、服虔、何休、王肅、王弼、杜預、范甯二十一人，用其書，行其道，宜有以褒大之，自今並配享孔子廟廷。」〔宋〕歐陽修、宋祁：《新唐書》（北京：中華書局，2003年7月），頁5636。《文苑英華‧書二十四‧經史》錄皮日休〈請韓文公配饗太學書〉曰：「然國家以二十一賢者，代用其書，垂于國胄，並配饗於孔聖廟堂者。其為典禮也，大矣！美矣！」注曰：「若左丘明、卜子夏、公羊高、穀梁赤、伏勝、高堂生、戴聖、毛公、孔安國、劉向、鄭生、杜子春、馬融、盧植、鄭康成、服慎、何休、王肅、王弼、杜元凱、范甯等是也。」〔宋〕李昉等編：《文苑英華》（臺北：大化書局，1985年5月，明閩本），卷690，頁1622-1623。范甯之後，皆未有賈逵附入。事實上，以賈逵接續范甯之後，作為「二十二賢」的最後一人，著實不可理解。若調和二說之差異，則可推論：貞觀年間詔書的看法，未必等於長孫無忌所議。「二十一賢」與「二十二賢」的差異，在於賈逵一人，或許是高宗朝中始增賈逵為二十二賢，但不知為何在顯慶年間增加賈逵入祀，並且名列范甯之後？

[7] 例如，邱濬（1418-1495）《大學衍義補》曰：「若夫從祀諸儒，皆前代之縉紳，或當代之臣子，君拜於下，而臣坐於上，可乎？」〔明〕邱濬：《大學衍義補》（臺北：世界書局，1985年，《摘藻堂四庫薈要》本），卷65，頁13。馬端臨的論點，成為後世討論孔廟從祀的依據，可參見高明士《中國中古的教育與學禮‧廟學的學統》的說明。高明士：《中國中古的教育與學禮》（臺北：臺大出版中心，2005年9月），頁552-559。

[8] 如《南齊書‧禮志》載永泰元年（498）東昏侯即位，曹思文上表曰：「尋國之有學，本以興化致治也，天子於以諮謀焉，於以行禮焉。《記》云：『天子出征，受命於祖，受成於學。執有罪反，釋奠於學。』又云：『食三老五更於太學，天子袒而割牲，執醬而酳，以教諸侯悌也。』於斯學，是天子有國之基，教也或以之。」〔南朝梁〕蕭子顯：《南齊書》（北京：中華書局，1997年3月），頁144-145。

玄義配享之「先師」，並不是要比較東周時期孔門的登堂入室，或先後早晚，而是關乎初唐當代國學所「學」何事。「先師」之業，與「講學」、「釋奠」之間有何關聯？實為理解初唐釋奠變動的一大課題。

其次，從經學史的層面論之，經學史家往往著眼於經學在南北朝時期的分裂，[9]以及後來隋唐政治統一之後，造成南北學術混同的必然發展；遂以這樣的結果，當成眾所皆知的「共識」。[10]例如皮錫瑞（1850-1908）《經學歷史》曰：「經學統一之後，有南學，無北學。」[11]馬宗霍（1897-1976）《中國經學史》曰：「南北分立，至隋統一，學術政教，於焉混同。」[12]本田成之（1882-1945）《中國經學史》曰：「天下由北而征服南方，使成一統，學問卻是由南方而統一的，……實則是北學亡而為南學所統一了。」[13]唐長孺（1911-1994）《魏晉南北朝隋唐史三論》曰：

> 隋代統一南北，魏晉新經注傳入河北，劉焯、劉炫於《周易》、《尚書》、《左傳》三經注皆捨舊從新，改變了北方恪遵鄭學的學風，進入皮錫瑞《經學歷史》所謂經學統一的時代。[14]

但是，實際反映在隋唐之際經學，卻非完全如是。政治上統一南北之後，「三教」互別高下的「教說」，[15]仍然延續南北朝時期的影響力。佛教為

---

[9] 皮錫瑞《經學歷史》曰：「自劉、石十六國并入北魏，與南朝對立，為南北朝分立時代；而其時說經者亦有『南學』、『北學』之分。」皮錫瑞撰，周予同注：《經學歷史》（臺北：藝文印書館，1996年8月），頁179。劉師培《南北經學不同論》曰：「魏晉以降，義疏之體起，而所宗之說，南北不同。北儒學崇實際，喜以訓詁章句說經；南人學尚詩夸，喜以義理說經。……『南人約簡，得其英華；北學深蕪，窮其枝葉』。是南方經術，乃沿魏晉經師之新義者也；蓋北方大儒抱殘守闕，不尚空言，恥談新理。」劉師培：《南北經學不同論》，收於劉師培：《劉申叔遺書》（南京：江蘇古籍出版社，1997年11月），頁3-4。

[10] 江右瑜援引清末以來經學史上主要幾部著作，總結諸家所言曰：「尋繹上述諸說，將唐代經學視為一『統一』階段，是學界普遍的看法。」江右瑜：〈唐代《春秋》義疏之學研究——以詮解方法與態度為中心〉（彰化：彰化師範大學國文學系博士論文，2008年6月），頁2。

[11] 皮錫瑞撰，周予同注：《經學歷史》，頁208。

[12] 馬宗霍：《中國經學史》（上海：上海書店，1987年12月），頁89。

[13] 〔日〕本田成之：《中國經學史》（臺北：廣文書局，1990年7月），頁216。

[14] 唐長孺：《魏晉南北朝隋唐史三論》（北京：中華書局，2011年4月），頁227。

[15] 小林正美在《六朝道教史研究》中，已經關注到「三教」之所以為「教」，與言說之間的

「三教」最盛的現象,並未驟然消去,[16] 儒學亦無法擺脫「三教」的論述架構。南、北儒者之間的互相譏詆,各家義疏在詮解經典之時,互為異端,學術上的衝突矛盾,反而不如政治容易統一會通。經學「統一」的共識,未似經學史家描述的水到渠成,國學「師說」的爭端,往往也被無視略過。因此,初唐帝王在遭遇國學的學術亂流之時,對於應該如何「行禮」?如何詮釋「行禮」的儀式,如何完成「講學」教化的目的?都成為初唐之際值得深思的問題。

　　初唐釋奠立教面臨的經學困境,本屬經學史的問題範疇之一;但是今日經學史的研究,著墨在釋奠、講學之禮與經學的連結十分有限,許多議題仍亟待釐清。此事又與「三教」的問題,以及南北朝之釋奠、南北朝之經學皆有交涉,問題彼此之間的關聯為何?[17] 從上述的背景因素可知,南北之「學」本身的定位不明,更遑論皇權意識下的「先聖先師」會是不言自明的;那麼,僅從孔廟祭祀的變遷過程,探討初唐三帝各自在釋奠典禮中,分別定義的「先聖先師」,似乎難以得到清晰的理解。從經學史的立場,探討初唐國學所「學」與「釋奠」、「講學」概念的連結,實有迫切的必要。

關聯性。〔日〕小林正美著,李慶譯:《六朝道教史研究》(成都:四川人民出版社,2001年3月),頁500-507。但是不如作者於《六朝佛教思想研究》自言直截明晰,其曰:「關於『佛教』、『周孔之教』的『教』是『聖人之教說』的意思。」〔日〕小林正美著,王皓月譯:《六朝佛教思想研究》(濟南:齊魯書社,2013年1月),頁299。

16　劉林魁《《廣弘明集》研究》曰:「唐以後,三教論衡更加頻繁。……太宗以後,三教論衡風氣日益高漲。高宗時,李玄植『屢被召見,與道士、沙門在御前講說經義,玄植辯論甚美,申規諷,帝深禮之』。釋道宣《集古今佛道論衡》記載了高宗李治主持的10次三教論衡的詳細過程。」劉林魁:《《廣弘明集》研究》(北京:中國社會科學出版社,2011年6月),頁395-396。

17　久保田量遠《支那儒道佛交涉史・唐代における道佛二教の關係》雖論及初唐釋奠,但是重點擺置在佛、道「二教」之上。〔日〕久保田量遠:《支那儒道佛交涉史》(東京:大東出版社,1943年2月),頁181-183。根據古勝隆一所言,關於南北朝之釋奠,除作者本人之著作外,尚可見諸松浦千春之論著。古勝隆一〈論魏晉南北朝之釋奠〉曰:「關於魏晉釋奠禮,松浦千春教授已有〈釋奠儀禮についての覚え書き——その一:釋奠儀禮の形成〉、〈釋奠儀禮についての覚え書き——その二:魏、西晉の釋奠〉及〈魏晉南北朝の帝位繼承と釋奠儀禮〉三篇論文,十分強調魏晉皇權上的釋奠禮意義。」〔日〕古勝隆一:〈論魏晉南北朝之釋奠〉,余欣主編:《中古時代的禮儀、宗教與制度》(上海:上海古籍出版社,2012年6月),頁167。

本文探討初唐國學所「學」與「釋奠」、「講學」之禮的連結，並不是從「教育」或「科舉」制度的立場，分析「先師」或「師說」的意義，也不是將此歸諸宗教層面的「師授」；[18]而是由《五經正義》與南北義疏之學，在「師說」上的衝突入手。前人對此問題著墨之處，主要著重在剖析《五經正義》之撰著過程與體例，日本學者對此議題的相關著作甚夥，其中又以京都學派的研究為大宗。例如：內藤湖南（1866-1934）於1929年著〈影印宋槧單本尚書正義解題〉一文，主要研究《尚書正義》單疏本的刊刻形式與撰著者的問題；其以顏監《定本》即《五經正義》「定本」之說，尚須釐清之外，從單疏本到注疏本的研究，則彌補清人所未知。[19]鈴木虎雄（1878-1963）於1930年著〈五經正義撰定答問〉，以自設問答的行文形式，討論唐高祖武德七年釋奠到唐高宗永徽四年（653）《五經正義》撰定過程的問題。[20]福島吉彥（1935-）於1973年撰〈唐《五經正義》撰定考〉一文，也是討論關於《五經正義》撰定的過程，並懷疑于志寧（588-665）是編纂上的主事者。[21]野間文史（1948-）《五經正義の研究——その成立と展開》一書，主要的論點，在於《五經正義》引書與版本，並兼論與六朝義疏之淵源。[22]中文學界方面關於初唐《五經正義》撰著與體例的分析討論，則見張寶三（1956-）博士論文

---

[18] 例如，李弘祺《學以為己：傳統中國的教育・第三章中國教育的思想史》是由教育史的立場，理解「師說」的意義。曰：「道教實踐中對於老師的尊崇，帶有儒家思想所沒有的宗教面向。不過，就教義或知識的傳遞而言，道教與儒家之間卻有所交涉。儒家的『師法』與道教的『師授』無疑彼此相關，也反映了中國人判斷知識真實性或教義純正度的特有方式。這種以師承來判斷學衡或教義的正統性的做法，後來在佛教禪宗建立的教義傳承（傳燈的觀念）當中達到巔峰。」李弘祺：《學以為己：傳統中國的教育》（香港：香港中文大學出版社，2012年），頁215。

[19] 〔日〕內藤虎次郎著，錢稻孫譯：〈影印宋槧單本尚書正義解題〉，《國立北平圖書館館刊》（北平：國立北平圖書館，1932年），第4卷第4號，頁31-51。

[20] 〔日〕鈴木虎雄著，童嶺譯：〈《五經正義撰定答問》疏證〉，《藝衡》（北京：北京圖書館出版社，2009年12月），第2輯，頁117-122。

[21] 〔日〕福島吉彥撰，刁小龍譯，姚去兵修訂：〈唐《五經正義》撰定考——《毛詩正義》研究之一〉，彭林編：《中國經學》（桂林：廣西師範大學，2011年6月），第8輯，頁87-102。

[22] 〔日〕野間文史：《五經正義の研究——その成立と展開》（東京：研文出版，1998年10月），頁1-4。

〈五經正義之研究〉；[23] 以及蘇瑩輝（1915-2011）、陳鐵凡（？-1992）等人在敦煌文獻上的討論。

前人的相關討論，也有涉及《五經正義》與南北義疏之淵源的問題。像是牟潤孫（1908-1988）於1960年2月發表〈論儒釋兩家之講經與義疏〉一文，主張「羣經義疏仿自釋氏者」，其實是為了申述其師柯劭忞（1850-1933），[24] 以及梁啟超（1873-1929）、[25] 湯用彤（1893-1964）、[26] 孫楷第（1898-1986）等人的立場。[27] 此文先後又引起饒宗頤（1917-）於1966年8月，在《新亞學報》發表〈華梵經疏體例同異析疑〉一文，論證義疏源起於兩漢，起初與釋氏講經無涉；[28] 以及戴君仁（1901-1978）在1970年4月於《孔孟學報》發表〈經疏的衍成〉一文迴響，[29] 主張義疏之學應該上溯至於兩漢經學，而非止於南北朝的佛學。[30]

---

[23] 張寶三：〈五經正義之研究〉（臺北：臺灣大學中國文學研究所博士論文，1992年6月），頁7。

[24] 牟潤孫：《注史齋叢稿》（臺北：臺灣商務印書館，1990年6月），頁240。

[25] 梁啟超〈翻譯文學與佛典〉曰：「稍治佛典者，當知科判之學，為唐宋古佛學家所極重視，其著名之諸大經論，恆經數家或十數家之科判，分章分節分段，備極精密。……夫隋唐義疏之學，在經學界中有特別價值，此人所共知矣；而此種學問，實與佛典疏鈔之學同時發生。吾固不敢遽指此為翻譯文學之產物，然最少必有彼此相互之影響，則可斷言也；而此為著述進化一顯著之階段，則又可斷言也。」梁啟超：《飲冰室合集》（北京：中華書局，1989年11月），專集之59，頁29。

[26] 湯用彤：《漢魏兩晉南北朝佛教史》（臺北：臺灣商務印書館，1991年9月），頁117-120。

[27] 孫楷第〈唐代俗講軌範與其本之體裁〉曰：「要其誦經講經之制與夫講經時昇高座之事，自魏晉以來，儒釋二家通行之，而都講一職，亦為儒釋所共有，其事則彰然明白也。」孫楷第：《滄州集》（北京：中華書局，2009年1月），頁30。

[28] 饒宗頤曰：「惟婆羅門經典，或僅有疏，如《彌曼薩經》即只有疏而已，婆羅門經書簡質難明，非加注疏不可，故經與疏必合為一，疏則附經以行。若漢土則注疏初皆別本單行，單疏本至宋世猶盛行之，如紹興刊《毛詩正義》（現有日本影本），即其顯例。印度經疏不可分開，則因其『經』之性質，與吾華迥異故也。」饒宗頤：《梵學集》（上海：上海古籍出版社，1993年7月），頁270。

[29] 戴君仁曰：「儒家的經疏，自有它本身的歷史，由漢歷晉，以至南北朝，逐漸衍變而成，不是單純的由佛書產生出來的，可以說是二源的。」戴君仁：〈經疏的衍成〉，王靜芝等著：《經學論文集》（臺北：黎明文化公司，1981年1月），頁103。

[30] 關於義疏之學的相關研究，又可見諸日人古勝隆一（1970-）《中國中古の學術》上篇關於學術史的討論，該著作亦論及南朝釋奠，與都講等議題。〔日〕古勝隆一：《中國中古の學術》（東京：研文出版，2006年11月），頁20-24。以及喬秀岩《義疏學衰亡史論》一書，對於南北朝義疏個別論著的討論。〔日〕喬秀岩：《義疏學衰亡史論》（東京：白峰社，2001年9月），頁282-283。

近人對於唐太宗將南北朝義疏之學定義為「異端」之說,並且在《五經正義》重新建構「師說」與「先師」意義的討論幾乎闕如。爬梳唐人注解《漢書》與《後漢書》,以及其他唐代相關文獻,其實可以勾勒出初唐學者對於國學「講學」,與漢代「師說」之連結。這些唐代觀點,可以重新定義唐代「義疏」自身的淵源問題,以及「講學」的行為,對於解讀兩漢經學史的重要性;並且說明「義疏」作為經師「講學」的文本,必然涉及兩漢經學與唐代經學的對話,以及在兩漢經學研究中,長久被忽視的「言說」與「書寫」兩種授受形式的問題。[31] 本文的構想,實受到錢穆(1895-1990)〈兩漢博士家法考〉一文,對於重讀「今、古學」的啟發;雖然論述之構思上不與前人相同,卻因前說而使問題別開生面。[32]

至於如何從「講學」到國家教化?必須分析漢代「師說」論述背後的經典意識,其一源自於孔子,其二出自「太師/周公」;兩種「師」的教化權威,與「君」與「師」的兩種身分,在「講學」空間中之關聯為何?「釋奠」或謂之「祀孔」的儀式,又與現實之中的「師說」教化有何關聯?因此,從漢代皇帝尊師祀孔的儀式,到晉代以降對於「釋奠」概念的不斷論述,一直到唐玄宗(685-762;712-756 在位)方始定型的「釋奠」之禮;如何透過禮制上的「變遷」,論及現實之中兩種經典論述的不穩定及其影響?成為本文寫作的主要論題。

本文之構思,是將初唐「釋奠」儀式的差異問題化,並追問「先聖」與「先師」為何會是問題的關鍵?元代學者的考量,接近唐代後期的思維,卻非初唐時期的理解;換言之,什麼是初唐時期對於「先師」的理解?從唐太宗在貞觀十四年(640)與孔穎達(574-648)的問答,可以略知初唐「先師」概念轉折之一二。《舊唐書·禮儀志》曰:

> 太宗問穎達曰:「夫子門人,曾、閔俱稱大孝,而今獨為曾說,

---

[31] Martin Kern(柯馬丁), "Methodological Reflections on the Analysis of Textual Variants and the Modes of Manuscript Production in Early China", *Journal of East Asian Archaeology* 4.1-4(2002): pp.164-165.

[32] 錢穆:《兩漢經學今古文平議》(臺北:東大圖書公司,1989 年 11 月),頁 210-214。

不為閔說，何耶？」對曰：「曾孝而全，獨為曾能達也。」制旨駁之曰：「朕聞《家語》云：曾皙使曾參鋤瓜，而誤斷其本，皙怒，援大杖以擊其背，手仆地，絕而復蘇。孔子聞之，告門人曰：『參來勿內。』既而曾子請焉，孔子曰：『舜之事父母也，使之，常在側；欲殺之，乃不得。小箠則受，大仗則走。今參於父，委身以待暴怒，陷父於不義，不孝莫大焉。』由斯而言，孰愈於閔子騫也？」穎達不能對。太宗又謂侍臣：「諸儒各生異意，皆非聖人論孝之本旨也。孝者，善事父母，自家刑國，忠於其君，戰陳勇，朋友信，揚名顯親，此之謂孝。具在經典，而論者多離其文，迥出事外，以此為教，勞而非法，何謂孝之道耶！」[33]

將孔子弟子閔子騫（536-487B.C.）與曾參（505-435B.C.）兩個人的生命史概念化，然後比較二者的言行孰為高下？生命境界孰為究竟？其實會接近類似宗教或神話性質的議題；個人體悟或超驗感受，全然不能作為國學教化的依據。孔門論「孝」之大義，必須貼近經典之說，方為「聖人論孝之本旨」；如果離經而論道，空願孔門弟子之儀行，都只是徒勞無功之發想。

因此，在配享的問題上決斷孰是孰非，恐怕還須要釐清問題意識的內在底蘊，更何況初唐的論點也不只一端。《五經正義》作為傳經「先師」入祀依據的重要著作，對於討論初唐「釋奠」，帶有什麼樣的意義？如何能在釋奠「先聖」、「先師」的儀式中，從而建構起「正義」的宣說？從《五經正義》保存的漢、魏「師說」，[34]以及唐代學者將「義疏」的書寫，與漢儒「師說」比觀的啟發，可以發現，初唐儒者對於「師說」的流傳，與釋奠禮制中的「先師」之間，已有既定的思維，但今日對此討論甚寡。初唐「釋奠」如何作為「先師」授受的當代縮影，並且成為

---

[33] 〔後晉〕劉昫等撰：《舊唐書》（北京：中華書局，2002年12月），頁916-917。
[34] 經學史家的負面說辭，反而證明《五經正義》保存了「師說」。皮錫瑞《經學歷史》曰：「其所定《易》主王注，《書》主孔傳，《左氏》主杜解；鄭注《易》、《書》，服注《左氏》，皆置不取。論者責其朱紫無別，真贗莫分，唐初編定諸儒誠不得辭其咎。」皮錫瑞撰，周予同注：《經學歷史》，頁211。

國家教化的重要儀式?本文藉由各章節論述的勾連,冀能疏理上述之提問。

第二節　本文各章內容要述

　　本文說明,「師」作為政治與教化中的神聖權威,應該如何與國家權力共生呢?《禮記‧學記》曰:「當其為師則弗臣也。大學之禮,雖詔於天子,無北面,所以尊師也。」[35]「師」成為君臣關係之下的「例外」,古代與當代之「師」能被收編於政治之中,而成為一套系統嗎?或該如何推崇其「聖」呢?以此三大論題,作為探討問題衍生之諸脈絡。在寫作上,共分為七章,敘述於下:

　　第一章,「序論」。本章從初唐時期釋奠變遷的現象,扣問變遷的原因。在問題的提問中,將會遭遇到前人從釋奠研究、經學史、「三教」研究、各朝學術史等學科的參與。冀循前人之立論,以及爬梳唐代以前之著作,鉤稽初唐釋奠事件背後交錯的學術史。

　　第二章,「唐高祖武德七年釋奠講學的策略、目的及其問題」。本章的問題,在於為何武德七年(624)之釋奠,是以「三教講論」之形式舉行「講學之禮」?此一特殊性事件,將使「三教」概念之下的各教「經說」,都在國家禮典之中平起平坐,使「講學之禮」的政治意涵,不獨「儒教」專屬;反言之,此次釋奠的可能目的,正欲使在佛教儀式籠罩之下的釋奠與講學,能夠重拾「儒教」在教化上的權威地位。據此追問,「講學之禮」儀式的重要性為何?此次「講學之禮」中的「孔聖」,何以最後又成為「先聖周公」?在釋奠之中操作「先聖」議題的意義,又突顯了哪些問題?

　　第三章,「從『南北學』的眾說紛紜到定於一的『正義』」。承上章所問,隋唐之際儒學衰微的原因為何?從「師說」上呈顯的儒學歧義,

---

[35] 〔漢〕鄭玄注,〔唐〕孔穎達正義:《禮記注疏》(臺北:藝文印書館,1997年8月,阮元《十三經注疏》本),卷36,頁14。

到唐太宗時一連串崇儒興學的舉措,可以見證初唐儒學由眾說紛紜到定於一的過程。但是,在此過程之中,經文「定本」與「正義」的敕定,與當時學風之間的關聯為何?經學史的認知,是否未能體察全貌?另外,從清儒「疏不破注」的論述,可以反推《五經正義》編撰過程的問題,更能藉此重論,漢、唐之間「師說」的連結,與南北朝義疏的問題。

第四章,「唐前儒學『師說』的形成與變遷」。本章的核心論述,在於從唐代釋奠中的「先師」概念,架構「師說」與漢代關於「說」的傳承。從文獻的爬梳可知,文字著作有無流傳,與「師說」有無流傳,完全是兩回事;反觀隋代「師說」之流傳,即可明白隋、唐儒學流傳的「師說」,不僅完全相同,也與《五經正義》的選擇有關。當時對於「說」的認知,如同盛行之「義疏」,兩種形式互通的原因為何?可以藉由漢代經「說」之分析,構連與唐代「正義／義疏」之類比。本章分析漢代經「說」的形式,與經學史有密切的關係;「口說」與「書寫」兩種形式,在漢代經學的研究中,尚未有系統性的梳理,這不僅是理解兩漢經學的關鍵問題,更與帝王「講學」之事有著直接的關聯。

第五章,「『君』與『師』:教化者與國家教化儀式」。本章探討「說」經者的身分、帝王與「師」以及帝王為「師」的現象,並且論及「師說」的禮儀化,例如後起的「釋奠」討論。本章著重在「誰」來說經的問題上,亦即追問:誰是「師」?誰是教化者?這樣的問題,置諸儒家經典之中,實有兩套經典論述可供憑據,其一為《尚書》中的「太師」,其二則是「先師孔子」;在現實之中,「師」在教化上的地位,容易干涉帝王的絕對權力,在南北朝「釋奠」的討論中,可以得到印證。

第六章,「唐代國學釋奠先聖的空間與身分」。「釋奠」之禮的變動,意味國家體制對於儒學詮釋的改變,可從「先聖」、「先師」的指涉,祭祀規格上的升降,以及在廟中的位次進行說明。「釋奠」之禮的重要性,其實是經由慢慢建構的過程,孔子的地位,也隨之升降。在解讀廟中祭祀者,與「先聖」之間的空間關係時,可以投射成現實之中,帝王與「師」的尊卑關係;這樣的理解,與前章論述的經典之義有關。當唐朝

把淵源自周、孔二聖之經典形象混同之後,關於「先聖」、「先師」的指涉,則必須重新解釋。孔子如何從「二聖」成為文宣王?如何使國學講授可以上接兩漢「先師」之「說」,甚至上承「先聖」所「說」?皆與長孫無忌(約 597-659)當時如「師」之輔佐有關。

第七章,「結論」。總結前述各章所論,並借盛唐釋奠提高孔門弟子地位的現象,見證初唐釋奠關於師說、釋奠與講學之意義。

本文將「師說」作為一種歷史考察,必然遭遇經學史與政治、社會史上的諸多議題;「釋奠」與「講學」或稱之為「祀孔」的儀式,在國家禮典上的象徵意義,恰能作為解釋這些議題的共通事件。在「釋奠」儀式的空間之中,「先聖」與「先師」的位所,透過祭祀的召喚而與現實發生意義;本文藉此作為論文主題的開端,詮釋在「釋奠」儀式背後承載的經典意識。

第二章　唐高祖武德七年釋奠講學的策略、目的及其問題

第一節　文獻中描述的武德七年釋奠講學之禮

經學史家雖視唐高祖（565-635；618-626在位）於武德七年（624）二月丁巳釋奠講學,[1] 為唐代經學的開端事件之一；對此事件的意義，卻罕有著墨。[2] 若從唐代釋奠早晚而論，武德六年（623）之時，唐高祖已經「幸國學，觀釋奠，遣文遠發《春秋》題」,[3] 無異於歷代釋奠的行禮如儀。武德七年釋奠講學事件的特殊性，在於以「三教」為前題的概念下舉行；顯見學術上的複雜性，介入了原本屬於儒學的儀式與場域中。[4]

初唐進行尊儒之舉，顯然無法迴避「三教」的課題；從講學之禮的進行方式觀之，應是參照北周武帝（543-578；560-578在位）舉行八次的「三教論衡」的模式。[5] 但是，唐高祖裁奪「三教論談」的高明之處，在於舉行釋奠之禮，提昇儒學「先聖」的地位，而不似北周武帝以赤裸

---

[1] 此事發生的詳細時間，文獻之間的記載略有出入。就發生之年而言，有武德七年之說，如《冊府元龜》、《佛祖統紀》、《佛祖歷代通載》；也有武德八年之說，如《辯正論》、《續高僧傳》、《集古今佛道論衡》。在日期上，分別有二月丁巳，如《冊府元龜》；以及某月丁酉二說，如《舊唐書》。《資治通鑑》將此事繫於武德七年二月丁巳，等於是統合諸說得到的結果。〔宋〕司馬光編著：《資治通鑑》（北京：中華書局，1996年7月），頁5976-5977。

[2] 本田成之《中國經學史‧第六章唐宋元明底經學》僅言：「唐興（618）七年，高祖初置學校於州縣鄉，立周公孔子廟於國學，親行釋奠之禮。」〔日〕本田成之：《中國經學史》，頁225。

[3] 《舊唐書‧儒學傳》曰：「武德六年，高祖幸國學，觀釋奠，遣文遠發《春秋》題，諸儒設難蜂起，隨方占對，皆莫能屈。」〔後晉〕劉昫等撰：《舊唐書》，頁4944。《舊唐書》亦載武德七年釋奠之事，故知武德六年釋奠並非刊刻之誤。徐文遠亦參與過兩次釋奠，講論經典亦不同，故知二者不同。

[4] 例如，黃履翁《古今源流至論‧別集》批評唐代經學之「不純」。曰：「唐人外有尊經之名，而不知尊聖人之道。聖經雜於釋、老，故高祖釋奠，浮屠惠乘、道士劉進喜，乃得與徐文達、陸德明同講。……則士之通經，無怪其所學之不純矣。」〔宋〕林駉撰，〔宋〕黃履翁增補：《古今源流至論》（臺北：臺灣商務印書館，1983年，文淵閣四庫全書），別集卷6，頁9-10。

[5] 〔日〕鎌田茂雄著，關世謙譯：《中國佛教通史》（臺北：佛光出版社，1990年2月），冊3，頁451。

裸的政治威權，介入「三教」之優劣；[6]不僅得以迴避摧毀佛、道之惡名，也讓唐代儒學在「先聖」與「講學」之間，開展出更多的詮釋空間。此事將關乎唐代釋奠講學概念的屢次變動，以及日後唐代學者對於「學」的理解。

然而，後世對此「三教論衡」開場事件的輕描淡寫，簡化了初唐經學的複雜性。關注此一事件的興趣，散見在孔廟史、教育史，[7]甚至於宗教史、戲劇史的範疇中。[8]本文由經學史的立場，切入武德七年釋奠講學的獨特之處，作為重讀初唐與前代經學之發端。

一、在「三教」背景下的釋奠講學之禮

《冊府元龜》將武德七年二月己酉（二月九日）到二月丁巳（二月十七日），與釋奠相關之事件，切分為三個不同的主題。第一個主題，是釋奠前後的詔書；[9]第二個主題，則是說明陸德明（約 550-630）於講學過程之辯博；[10]第三個主題，是唐高祖對於講論結果之定調與釋奠祭祀的舉行。[11]《冊府元龜》對於詔書的內容、日期，記載較其他文獻詳盡，[12]至於「講學之禮」的細節，大多省略，致使僅見唐高祖定調下的儒教觀點，三教衝突的問題意識則未見載錄。

佛教相關文獻對此事件的結論，與唐高祖藉由陸德明定調的結果，

---

[6] 北周武帝於建德三年（574）五月舉行最後一次三教論談，同月十七日下詔斷佛、道二教。北周武帝在該次三教論談中，以政治威權介入的強硬態度，形同對於佛教的最後通牒。《佛祖統紀・法運通塞志》曰：「三年五月，帝欲偏廢釋教，令道士張賓飾詭辭以挫釋子。法師知玄抗酬精壯，帝意賓不能制，即震天威以垂難辭。左右吒玄聽制，玄安庠應對，陳義甚高；陪位大臣莫不欽難，獨帝不說。明日下詔，并罷釋、道二教，悉毀經像，沙門、道士並令還俗。」〔宋〕釋志磐：《佛祖統紀》（上海：上海古籍出版社，2002 年 3 月，《續修四庫全書》影明刻本），卷 38，頁 510。

[7] 高明士：《東亞傳統教育與法文化》（臺北：國立臺灣大學出版中心，2007 年 11 月），頁 198-199。

[8] 任半塘：《唐戲弄》（新北：漢京文化公司，1985 年 9 月），頁 740-741。

[9] 〔宋〕王欽若等編：《冊府元龜》，卷 50，頁 1-3。

[10] 〔宋〕王欽若等編：《冊府元龜》，卷 601，頁 8。

[11] 〔宋〕王欽若等編：《冊府元龜》，卷 599，頁 11。

[12] 《通志・藝文略》注曰：「景德中，詔王欽若、楊億編歷代君臣事跡。」〔宋〕鄭樵：《通志》（北京：中華書局，1987 年 1 月），卷 69，頁 814。《冊府元龜》的編輯概念，主要是記載「歷代君臣事迹」，故能詳於詔書。

全然不同。同一事件卻有不同的結論,一方面說明三教不同的立場,在敘事上會呈現不同的取捨;另一方面,此次釋奠的不同敘事,確實表示三教皆有各自表述的空間。從佛教相關文獻比對,《冊府元龜》的三個主題,只交待了事件的發端與結論,缺少了二教的主張與立場,以及在「講學之禮」過程中,三教交鋒的細節;而佛教的敘事,則將佛、道爭勝作為講論的主軸,而沒有儒教論點的介入。若從道教觀點的描述,唐高祖尊道教為講學次序之首的象徵意義,也被解讀成一種政治語言,彷彿呼應國學場外傅奕(555-639)關於「二教」之爭的主張。三種不同的敘事,往往被聚焦放大的部分,是唐高祖的尊道與抑佛;卻忽略「崇尚儒宗」,是尊道抑佛之外的另一層用意。

《冊府元龜・帝王部・崇儒術》將武德七年二月己酉的詔書,與武德七年二月丁巳釋奠之後詔書前後相續,貫串成此事的前因後果。從詔書內容主張與立國學,崇尚「周、孔之教」觀之,[13]此次「始立學」之釋奠,與歷來舉行的釋奠似乎不異。實際上,若從丁巳日釋奠之後的詔書細節,重新解釋釋奠之起因與目的,則此次在國學之中舉行的「始立學」釋奠,不是專屬儒學一家之事,與歷來舉行的釋奠講學不同。武德七年二月丁巳詔曰:

> 自古為政,莫不以學,則仁義禮智信,五者具備,故能為利博深。朕今欲敦本息末,崇尚儒宗,開後生之耳目,行先王之典訓。而三教雖異,善歸一揆。沙門事佛,靈宇相望;朝賢宗儒,辟雍頓廢,公王以下,寧得不懃?朕今親觀覽,仍徵集四方冑子,冀日就月將,竝得成業。禮讓既行,風教漸改,使期門介士,比屋可封,橫經庠序,皆遵雅俗。諸公王子弟竝皆率先,自相勸勵,賜學官冑子及五品以上各有差。[14]

就詔書內容而論,此次釋奠講學的特出之處,在於面對「隋季以來,喪亂茲甚。瞻言篇籍,皆為煨燼,周、孔之教闕而不脩,庠塾之義泯焉將

---

[13] 〔宋〕王欽若等編:《冊府元龜》,卷50,頁1-3。
[14] 〔宋〕王欽若等編:《冊府元龜》,卷50,頁2-3。

墜」的局面，[15]是在「三教雖異，善歸一揆」的概念中，進行「崇尚儒宗」之舉。如此一來，若以「三教」作為論「學」之前提，則「學」的場域，未必要在國學之中；倒過來說，此時在國學之中論「學」，也未必要「崇尚儒宗」，「三教」皆可論「學」。今日會就國學釋奠的場合論談「三教」，意即不單純進行傳統的「講學之禮」；唐高祖欲藉儒教的空間與釋奠「先聖」的儀式，重新定義「三教」之優劣先後，進而達到推闡儒教的目的。

但是，從釋奠之前的講學之禮準備「堂置三座，擬敘三宗」，[16]「三宗」代表俱持執該教經典以講說。[17]可以推想，唐高祖詔書將「儒宗」定義為「三教」之一，講學之禮也不為儒教所主導，將會影響講學之後舉行釋奠之禮的「先聖」概念，成為此時論難攻防的重點。因此，《禮記》所言「凡始立學者，必釋奠于先聖先師」，[18]此次講學之禮的過程中，「先聖」並非不言自明，「三教」宗主俱為講學之下的「先聖」。則國學之中將立何「學」？釋奠「先聖」當為何人？「始立學」的意義，又該著落於何「宗」之上？表面上仍是未定之論。

二、在「講學之禮」中的佛教式「唱導」流程

此次釋奠與講學之禮的先後次序，有兩種說法。《續高僧傳》認為先講學而後釋奠，與《新唐書》認為先釋奠而後講學不同。[19]然而，講學的結果，將會主導釋奠的進行，故以先講學而後釋奠為說。根據《冊府元龜》記載，此次釋奠講學登坐的「三教」人物，分別為「老教」劉進喜、

---

[15] 〔宋〕王欽若等編：《冊府元龜》，卷50，頁2。
[16] 〔唐〕釋道宣：《續高僧傳》（上海：上海古籍出版社，2002年3月，續修四庫全書影《磧砂藏》本），卷25，頁225。
[17] 《大唐新語》曰：「徐文遠講《孝經》，僧惠乘講《金剛經》，道士劉進嘉講《老子》。」〔唐〕劉肅：《大唐新語》（北京：中華書局，1984年5月），頁162。關於三教講說經典，亦有「沙門慧乘講《心經》」之出入。〔宋〕釋志磐：《佛祖統紀》，卷39，頁519。
[18] 〔漢〕鄭玄注，〔唐〕孔穎達正義：《禮記注疏》，卷20，頁9。
[19] 《新唐書》曰：「高祖已釋奠，召博士徐文遠、浮屠慧乘、道士劉進喜各講經。」〔宋〕歐陽修、宋祁等著：《新唐書》，頁5640。

「佛教」釋惠乘（555-630）、「孔教」徐文遠（550-623）。[20] 所進行講經的流程，也與一般的釋奠講學略有不同。[21]

根據《續高僧傳・唐京師勝光寺釋慧乘傳》與其他文獻所載，此次講學的流程，可以分解如下列之次序：

1. 立題

《續高僧傳・護法下・唐京師勝光寺釋慧乘傳》曰：「擬敘三宗。」

2. 唱導次序

《續高僧傳・護法下・唐京師勝光寺釋慧乘傳》曰：「天子下詔曰：『老教、孔教，此土先宗；釋教後興，宜崇客禮。令老先、次孔、末後釋宗。』」[22]

3. 登坐

《續高僧傳・護法下・唐京師勝光寺釋慧乘傳》曰：「乘雖登坐，情慮莫安。」[23]

4. 唱導開題

《續高僧傳・護法下・唐京師勝光寺釋慧乘傳》曰：「眾復樂推乘為導首。……既最末陳唱，諦徹前通。乃命宗云……。」[24]

5. 豎義正說

《續高僧傳・護法下・唐京師勝光寺釋慧乘傳》曰：「次述釋宗。」[25]

---

[20] 〔宋〕王欽若等編：《冊府元龜》，卷599，頁11。佛教代表人物姓名，除了「惠乘」，亦有作「慧乘」。道教代表人物姓名，除有作「劉進喜」、「劉進嘉」之外，尚有作「劉進善」。〔宋〕釋志磐：《佛祖統紀》，卷54，頁739。

[21] 郭永吉：〈自漢至隋皇帝與皇太子經學教育禮制蠡測〉（新竹：國立清華大學中國文學系博士論文，2005年11月），頁129-130。

[22] 〔唐〕釋道宣：《續高僧傳》，卷25，頁225。

[23] 〔唐〕釋道宣：《續高僧傳》，卷25，頁225。

[24] 〔唐〕釋道宣：《續高僧傳》，卷25，頁225。

[25] 〔唐〕釋道宣：《續高僧傳》，卷25，頁225。

6. 論難

《續高僧傳·護法下·唐京師勝光寺釋慧乘傳》曰：「後以二難，雙徵兩教。」[26]

《集古今佛道論衡·高祖幸國學當集三教問僧道是佛師事第二》曰：「先問道云：『先生廣位道宗，高邁宇宙。向釋《道德》云：上卷明道，下卷明德。未知此道更有大此道者？為更無大於道者？』」[27]

此次釋奠所舉行的「講學之禮」，就形式而論，與佛教的唱導說經無異。[28] 根據釋慧皎《高僧傳·唱導》曰：「唱導者，蓋以宣唱法理，開導眾心也。」用生動的說解方式對大眾宣揚佛法，[29] 是古印度、西域佛教本

---

[26] 〔唐〕釋道宣：《續高僧傳》，卷 25，頁 225。

[27] 〔唐〕釋道宣：《集古今佛道論衡》（臺北：新文豐出版公司，1996 年 12 月，《大正藏》本），卷丙，頁 381。

[28] 《四分律行事鈔資持記·釋導俗》曰：「導謂能化之法，俗即所化之機，以法接機，必遵正教。……夜下明設座，或是逼夜，不暇陳設，故開隨坐。三中六法。初禮三寶，二昇高座，三打磬靜眾（今多打木），四讚唄（文是自作。今多他作，聲絕、秉爐、說偈、祈請等），五正說，六觀機進止，問聽如法，樂聞應說（文中不明，下座今加續之），七說竟迴向，八復作讚唄，九下座禮辭。……最初鳴鍾集眾，總為十法。今時講導宜依此式。」〔唐〕道宣撰，〔宋〕釋元照述：《四分律行事鈔資持記》（北京：九州圖書出版公司，1998 年 10 月，《頻伽藏》本），卷 39，頁 690-692。又見日僧釋圓仁（794-864）著《入唐求法巡禮行記》，記載「赤山院講經儀式」，與「新羅一日講儀式」，亦大致如是。但「赤山院講經儀式」對於「正說」與「觀機進止，問聽如法，樂聞應說」的部分，描述較為詳盡。其云：「梵唄訖，講師唱經題目，便開題，分別三門，釋題目訖。維那師出來，於高座前，讀申會興之由，及施主別名、所施物色。申訖，便以其狀轉與講師。講師把麈尾，一一申舉施主名，獨自誓願。誓願訖，論義者論端舉問。舉問之間，講師舉麈尾，聞問者語。舉問了，便傾麈尾，即還舉之，謝問便答。帖問帖答，與本國同，但難儀式稍別。側手三下後，申解白前，卒爾指申難，聲如大嗔人，盡音呼諍。講師蒙難，但答，不返難。論義了，入文讀經。講訖，大眾同音長音讚嘆。讚嘆語中有『迴向』詞。講師下座。」〔日〕釋圓仁著，〔日〕小野勝年校註，白化文、李鼎霞、許德楠修訂校註：《入唐求法巡禮行記校註》（石家莊：花山文藝出版社，1992 年 9 月），頁 191-193。向達《唐代俗講考》據此二文曰：「唐宋寺院講經儀式，參照元照圓仁諸人所述，當可得其梗概。」向達：〈唐代俗講考〉，潘重規編：《敦煌變文論輯》（臺北：石門圖書公司，1981 年 12 月），頁 10-11。

[29] 《高僧傳·唱導》曰：「夫唱導所貴，其事四焉，謂聲、辯、才、博。非聲則無以警眾，非辯則無以適時，非才則言無可採，非博則語無依據。至若響韻鍾鼓，則四眾驚心，聲之為用也。辭吐後發，適會無差，辯之為用也。綺製彫華，文藻橫逸，才之為用也。商榷經論，採撮書史，博之為用也。能善茲四事，而適以人時。……若為君王長者，則須兼引俗典，綺綜成辭。……凡此變態，與事而興，可謂知時知眾，又能善說，雖然故以懇切感人，傾誠動物，此其上也。」〔南朝梁〕釋慧皎撰，湯用彤校注：《高僧傳》（北京：中華書局，1997 年 10 月），頁 521。

有的傳教方式；[30] 流入中土之後，在程序上曾經有過修正。[31] 又據秦王李世民遣使告釋惠乘曰「但述佛宗，光敷帝德，一無所慮」，[32] 知其陳述「佛宗」與「帝德」，是釋惠乘在唱導開題時的兩大主要內容。

然而，以唱導的方式「光敷帝德」，並不屬於釋奠講學的流程，而是佛教講經的重要環節之一。[33] 釋贊寧（919-1001）《大宋僧史略》曰：

> 唱導者，……又西域凡覲國王，必有讚德之儀，法流東夏，其任左重，如見大官、謁王者，須一明練者通暄涼、序情意、讚風化，此亦唱導之事也。[34]

李世民在三教登坐之際，已經從佛教式的唱導活動，來理解此次講論的形式，並視唱導為釋奠典禮中尋常之流程。《續高僧傳》又言釋惠乘為「最末陳唱」，在佛教之前的道、儒二教代表，理應也有唱導開題說經的形式。道教唱導說經之事，或許與佛教的流程類似，[35] 也有「讚德之儀」

---

[30] 《大宋僧史略·行香唱導》曰：「唱導者，始則西域上座。凡赴請，咒願曰：『二足常安，四足亦安，一切時中皆吉祥等。』以悅可檀越之心也。舍利弗多辯才，曾作上座，讚導頗佳，白衣大歡喜，此為表白之椎輪也。」〔宋〕釋贊寧：《大宋僧史略》（上海：上海古籍出版社，2002年3月，《續修四庫全書》影日本延寶八年（1680）淺野久兵衛刊本），卷中，頁31。

[31] 《續高僧傳·隋東都上林園翻經館沙門釋彥琮傳》曰：「又為諸沙門撰唱導法，皆改正舊體，繁簡相半，即現傳習，祖而行之。」〔唐〕釋道宣：《續高僧傳》，卷2，頁492。

[32] 〔唐〕釋道宣：《續高僧傳》，卷25，頁225。

[33] 《出三藏記集·鳩摩羅什傳》曰：「天竺國俗甚重文藻，其宮商體韻，以入絃為善。凡覲國王，必有讚德；見佛之儀，以歌歎為尊。經中偈頌，皆其式也。」〔南朝梁〕釋僧祐：《出三藏記集》（北京：中華書局，1995年11月），頁534。

[34] 〔宋〕釋贊寧：《大宋僧史略》，卷中，頁31。

[35] 《續高僧傳·隋京師大興善道場釋僧粲傳》曰：「時李宗有道士褚揉者，鄉本江表，陳破入京。既處玄都，道左之望，探微辯□，妙擬三玄，學勤宗師，情無推尚。每講《莊》、《老》，粲必聽臨。或以義求，或以機責，隨揉聲相，即勢沈浮。注辯若懸泉，起轉如風卷，故王公大人莫不解頤撫髀，訝斯權變。嘗下勅令揉講《老經》，公卿畢至，唯沙門不許預坐。粲聞之，不忍其術，乃率其門人十餘，携以行床，徑至館所。防衛嚴設，都無畏憚，直入講會，人不敢遮。揉『序王』將了，都無命及。粲因其不命，抗言激刺。詞若俳諧，義定張詮，既無以通，講席因散。群僚以事聞上。帝曰：『朕之福也，得與之同時。』」〔唐〕釋道宣：《續高僧傳》，卷9，頁633-634。據文可知，釋、道二教在講經之初，皆有先陳述「序王」之舉。釋灌頂《妙法蓮華經玄義·法華私記緣起》曰：「蓋序王者，敘經玄意。」〔隋〕釋智顗：《妙法蓮華經玄義》（臺北：新文豐出版公司，1996年12月，《大正藏》本），卷1上，頁686。釋湛然《法華玄義釋籤》曰：「王字去聲，謂起也、初也。

的橋段;[36] 儒家雖曾見唱導說經的例子，但與佛、道二教的異同，卻不得而詳，如《魏書・儒林列傳》曰：「時中山張吾貴與獻之，齊名海內，皆曰儒宗。吾貴每一講唱，門徒千數，其行業可稱者寡。」[37] 或如《陳書・文學列傳》曰：

> 岑之敬字思禮，……年五歲，讀《孝經》，每燒香、正坐，親戚咸加歎異。年十六，策《春秋左氏》、《制旨孝經》義，擢為高第。御史奏曰：「皇朝多士，例止明經，若顏、閔之流，乃應高第。」梁武帝省其策，曰：「何妨我復有顏、閔邪？」因召入面試。令之敬昇講座，敕中書舍人朱异執《孝經》，唱〈士孝章〉，武帝親自論難。之敬剖釋從橫，應對如響，左右莫不嗟服。[38]

「三教」雖然在講經之時，皆可舉出唱導的例證，但是彼此面對的對象、空間與目的不會一致。此時「三教」一同於國學之中釋奠講學，所處的空間、面對的聽眾相同，則講論者的身分是否也會受到影響？若是，一旦講論者的身分受到場域的影響而改變，則在國學釋奠講學的講臺上，是否還是佛教所理解「觀國王」的場域呢？因此，也無怪乎釋惠乘與眾人，會出現「當爾之時，相顧無色。乘雖登坐，情慮莫安」的複雜情緒反應。[39]

序起眾文之始，故云序王。」〔唐〕釋湛然述：《法華玄義釋籤》（臺北：新文豐出版公司，1996年12月，《大正藏》本），卷1，頁816。敘「序王」之時，必得「命及」所論主題大要，從僧粲直搗褚揉於玄都觀之講論，知二教說經之流程相近。

[36] 《續高僧傳・唐京師定水寺釋智凱傳》曰：「隋末唐初，嘉猷漸著，每有殿會，無不仰推。廣誦多能，罕有其類。嘗於殿內，佛道雙賦。兩門導師同時各唱。道士張鼎雄辯難加，自恨聲小，為凱陵架。欲待言了，方肆其術。語次『帝德』，鼎延其語，凱斜目之，知其度也。乃含笑廣引古今皇王治亂濟溺、得喪銓序。言無浮重，文極鋪要。鼎搆既窮，凱還收緒。」〔唐〕釋道宣：《續高僧傳》，卷31，頁376。

[37] 〔北齊〕魏收：《魏書》（北京：中華書局，2006年12月），頁1850。

[38] 〔唐〕姚思廉：《陳書》（北京：中華書局，2002年10月），頁461-462。案《高僧傳・義解二・晉長安五級寺釋道安》曰：「安既德為物宗，學兼三藏。所制《僧尼軌範》、《佛法憲章》，條為三例：一曰行香、定座、上經、上講之法，二曰常日六時行道、飲食唱時法，三曰布薩差使悔過等法。天下寺舍，遂則而從之。」〔南朝梁〕釋慧皎撰，湯用彤校注：《高僧傳》，頁183。岑之敬於年幼之際，已能仿佛教「行香、定座、上經」之法讀《孝經》，可見此儀式早為梁武帝當時的儒者習用。或可推論，朱异唱〈世孝章〉，也是受到佛教影響所致。

[39] 〔唐〕釋道宣：《續高僧傳》，卷25，頁225。

從上述沙門「見大官、謁王者」的唱導，須先進行「光敷帝德」可知，這仍是屬於佛教上的空間思維，並不屬於國學空間，也不是釋奠中應該出現的現象。今雖不知儒教在此次唱導之際，是否也有「讚德之儀」的流程？佛教唱導的形式，是否可能會遷就國學釋奠而有所調整？因為進入到國學的空間之中，就是進入一個「師生」的場域，已非「道俗」的空間觀。博士、沙門、道士的身分，必須經由國學釋奠之禮解讀，方能符合唐高祖武德七年二月己酉詔書所云「釋奠之禮，致敬先師」之說。因此，唐高祖要求「擬敘三宗」之意，必然與國學釋奠有關；故釋惠乘開題「命宗」的內容，[40] 也必然與國學釋奠有關。

根據釋惠乘「命宗」所云：

> 上天下地，榮貴所資，緣業有由，必宗佛聖。今將敘大致，理具禮儀，並合掌虔跪，使師資有據。[41]

其言「必宗佛聖」，又言「使師資有據」，二者都切合國學釋奠的主題。只是站在佛教的立場，「先聖」即為「佛聖」，至於所謂的「師資」，[42] 則以沙門為「師」；相對而言，道教、儒教對於「先聖」與「師」的認定，也不會與其他二教相同。另從《集古今佛道論衡・高祖幸國學當集三教問僧道是佛師事第二》引秦王李世民遣使告釋惠乘云「師但廣述佛宗，先敷帝德」；[43] 李世民尊稱登座講者為「師」，可能是依據國學空間中的「師生」關係論之，而此「師生」關係的意義，將開啟「學」之「先後」等議題。[44]

---

[40] 儒家經典區分章指，作為講說的主旨。「命宗」之「命」，即「命章」之「命」，「章」則如儒經章指之意。如《四分律行事鈔批・僧像致敬篇第二十二》曰：「至如《禮記・曲禮》、《周禮》、《儀禮》，皆備明卑遜揖讓之法，著在禮章中也。以禮章中明，即廣敬之儀式。故云俗禮命章也，命者召也，亦云告也，亦云作也。謂此謙恭之法，俗禮中，命之作章篇也。」〔唐〕釋大覺：《四分律行事鈔批》（北京：九州圖書公司，1998年10月，《頻伽藏》本），冊138，頁18。

[41] 〔唐〕釋道宣：《續高僧傳》，卷25，頁225。

[42] 范甯注楊士勛疏「師資」曰：「師者，教人以不及，故謂師為師資也。」〔晉〕范甯集解，〔唐〕楊士勛疏：《春秋穀梁傳注疏》（臺北：藝文印書館，1997年8月，阮元《十三經注疏》本），卷9，頁16。

[43] 〔唐〕釋道宣：《集古今佛道論衡》，卷丙，頁381。

[44] 若案《大唐開元禮・皇太子釋奠於孔宣父》曰：「侍講興，受，詣論義座。北面問所疑，

第二節 「講學」之次序

　　此次釋奠講學的形式，受到「三教」思維的影響，故有近似於佛教唱導之流程。在此思維的籠罩下，當時的「五都才學、三教通人」，似乎沒有考量釋奠講學與儒學之間的關係，直與尋常「三教論談」無異。由於「時勝光寺慧乘法師，隋煬所珍、道俗敦敬，眾所樂推」，以致預期他會為「導首」；[45]「導首」是唱導集會之首，應由當時學界的領袖人物擔任。[46] 然而，當唐高祖宣佈三教次序為「老先、次孔、末後釋宗」之時，佛教與眾人的預期顯然落空了。這一方面突顯出佛教確有自信作為當時「三教」的權威，另一方面卻也見證儒學的衰微，導致此時「釋奠」與儒學，未必能夠劃上等號。

　　唐高祖在講學次序上刻意地揚道抑佛，而不依從當時的主流期待，涉及到政治上的裁斷。實際上，唐高祖在武德元年（618）開國之初，已重提沙門拜王者之舊議題，並令「定儒、釋優劣，編入朝典」；[47] 可知此次「三教」談論的安排，本屬判定優劣的過程之一。站在佛教的立場，此次次序安排的意義，並不友善，很難不去聯想與武德四年（621）傅奕〈上廢省佛僧表〉有關。該文言：

　　　　執經者為通之。」〔唐〕蕭嵩等：《大唐開元禮》（北京：民族出版社，2000 年 5 月，日本東京大學大木庫本、清洪氏公善堂校刊本），卷 53，頁 12。從講學位次而論，釋奠講學之禮本序尊師之義，釋惠乘登坐之際，秦王「躬臨位席」，自是處於「北面」之位，故尊講者為師。此外，《續高僧傳》載高祖下詔問曰：「道士潘誕奏：悉達太子不能得佛，六年求道，方得成佛。是則道能生佛，佛由道成；道是佛之父師，佛乃道之子弟。……若以此驗，道大佛小，於事可知。」〔唐〕釋道宣：《續高僧傳》，卷 25，頁 225。此次講學的重點，在於從三教先後，論辯何者為「師」？故於講學之際，自然會以「師」自居而收攝二教之說。

45　〔唐〕釋道宣：《集古今佛道論衡》，卷丙，頁 381。

46　根據《續高僧傳‧護法下正傳‧唐京師大揔持寺釋智寶傳五》，釋惠乘為隋唐之際三大法師之一。曰：「武德之歲，初平鄭國，三大法師惠乘、道宗、辯相等西赴京師。主上時為秦王，威明寓內，志奉釋門，乃請前三德，并京邑能言之士二十餘僧，在弘義宮，通宵法集。」〔唐〕釋道宣：《續高僧傳》，卷 25，頁 226。

47　《佛祖歷代通載》曰：「帝受隋禪，百官拜舞；僧但山呼，拱立一面。鄂國公尉遲敬德、金吾衛將軍劉文靖奏曰：『僧未登聖，俱是凡夫，何乃高揖王侯，父母反拜？孰可忍也？』帝令定儒釋優劣，編入朝典。議訖表聞，不合拜上。」〔元〕釋念常：《佛祖歷代通載》（臺北：新文豐出版公司，1996 年 12 月，《大正藏》本），卷 11，頁 563。

> 義、農、軒、頊，治合李老之風；虞、夏、湯、姬，政符周、孔之教。雖可聖有先後，道德不別；君有沿革，治術尚同。……當此之時，共遵李、孔之教，而無胡佛故也。[48]

唐高祖以本土與外來，做為分判「三教」次序的理由，實與傅奕視佛為「胡佛」、「聖有先後」的說法相類；此外，又與北周武帝天和四年（569）三月，分判的三教談論次序的說詞相似。《廣弘明集‧敘周武帝集道俗議滅佛法事》曰：

> 天和四年，歲在己丑，三月十五日。敕召有德眾僧、名儒、道士、文武百官二千餘人。帝御正殿，量述三教，以儒教為先，佛教為後，道教最上，以出於無名之前，超於天地之表故也。時議者紛紜，情見乖咎，不定而散。[49]

五天之後，北周武帝再次舉行三教論談，且曰：「依前集論，是非更廣。帝曰：『儒、道二教，此國常遵；佛教後來，朕意不立。』」[50] 從北周武帝至於傅奕的排佛立場，釋惠乘對於唐高祖的安排次序，必定惟恐前朝排佛之事重現。只是唐高祖刻意「揚道抑佛」，是否就是完全認同傅奕所言？並且意屬道教為「三教」之首呢？

在相關文獻中，除了《冊府元龜》側寫徐文遠「講《孝經》，諸儒論難蜂起。文遠隨方辯折，言如湧泉，聽者忘倦焉」的情形外；[51] 關於三教豎義正說的狀況，以及彼此論難交鋒的衝突，[52] 僅見《集古今佛道論衡》記載釋惠乘論難道教，而使道教「遭難不通」。[53] 論難結束之後，唐高祖又下詔追問釋惠乘關於「三教」所宗先後的問題；這個問題，不僅與講學

---

[48] 〔唐〕釋道宣：《廣弘明集》（臺北：新文豐出版公司，1986年10月，影明汪道昆本），卷11，頁1。
[49] 〔唐〕釋道宣：《廣弘明集》，卷8，頁3。
[50] 〔元〕釋念常：《佛祖歷代通載》，卷10，頁556。
[51] 〔宋〕王欽若等編：《冊府元龜》，卷601，頁8。
[52] 關於「三教論衡」的進行模式，可參見《白居易集‧三教論衡》之陳述，可分列為「問－對－難－對」四段對敵之結構。〔唐〕白居易撰，朱金城箋注：《白居易集箋校》（上海：上海古籍出版社，2008年5月），頁3675-3677。
[53] 〔唐〕釋道宣：《集古今佛道論衡》，卷丙，頁381。

之初唐高祖宣佈「三教」次序相關，也會將影響隨後釋奠「先聖」的舉行。

案《冊府元龜・學較部・侍講》曰：「詔德明難此三人」，[54] 其中也包括以孔子為「先聖」的「孔教」。釋法琳（572-640）在《辯正論・釋李師資篇》中，載錄了此次論難的部分過程。[55] 篇中出現「儒生」與「開士」的對答形式，「儒生」所問的問題，主要關於佛、道二教之爭，與儒教沒有直接的關係。可以推定的是，篇中的「儒生」所問，即是陸德明所問；而「開士」既是開悟之士，用於沙門，則其所答，即是釋惠乘的答覆。根據《辯正論・釋李師資篇》，「儒生」所奉唐高祖口敕云：[56]

> 道士潘誕奏言：「悉達太子不能得佛，六年求道方得成佛。是則道能生佛，佛由道成，道是佛之父師，佛乃道之子弟。故佛經云：『求於無上正真之道。』又云：『體解大道，發無上意。』外國語云：『阿耨菩提。』晉音翻云：『無上大道。』若以此而驗，道大佛小，於事可知。」何得浪判「先後」及「師資」耶？[57]

唐高祖口敕的核心問題，在於「先後」的問題意識如何形成？以及「三教」分判「師資」高下的依據為何？藉由道士潘誕（？-612）所言「道能生佛」，則「師資」高下與「先後」關係可成正比。將這層關係放置在國學空間之中，則可轉喻於「師生」關係之上，道教成為「佛之父師」，佛教即淵源自道教之說。換言之，若以道教為最「先」，就等於是二教之「師」，國學釋奠的「先聖」，也必須以此作為依據。

---

[54] 〔宋〕王欽若等編：《冊府元龜》，卷599，頁11。

[55] 《辯正論・釋李師資篇》曰：「大唐運興，……考胄子以業六經，命司徒以敷五教。導德齊禮，仁布九區，懲惡勸善，威加四海。天成地平，遠安邇肅。光宅宇內，于茲八年。於協洽之歲，當夾鍾之月。天子躬幸辟雍，親臨釋奠，沙門、道士並預禮筵。」〔唐〕釋法琳：《辯正論》（臺北：新文豐出版公司，1996年12月，《大正藏》本），卷5，頁522。《續高僧傳・唐京師勝光寺釋慧乘傳》的部分內容，殆是修改此篇而成。

[56] 此段於《續高僧傳》，作「當又下詔問乘曰」，故知「開士」係指釋惠乘。〔唐〕釋道宣：《續高僧傳》，卷25，頁225。《辯正論》又言此問，為「儒生」奉「口敕」而問；《冊府元龜・學較部・侍講》又言「詔德明難此三人」，知是陸德明奉唐高祖「口敕」，問釋惠乘等。

[57] 〔唐〕釋法琳：《辯正論》，卷5，頁522。

第二章　唐高祖武德七年釋奠講學的策略、目的及其問題　25

在武德七年釋奠以前，已經發生傅奕與釋法琳的道、釋之爭；道、釋二教在建構自身權威之際，同時也等於重新界定儒教的地位。[58] 據《辯正論·釋李師資篇》中的「開士」答曰：

> 聃乃周末始興，佛是周初前出。計其相去，三十許王；論其所經，三百餘載。豈有昭王世佛，而退求敬王時道乎？句虛驗實，足可知也。[59]

釋惠乘從歷史上的「先聖」之「先後」，批評道教所說二教的「師資」關係不實。「儒生」又追問曰：

> 《靈寶》等經，有太上大道，先天地生，鬱勃洞虛之中，煒燁玉清之上，是佛之師，能生於佛。不言周時之老聃也，為定是耶？願聞其說。[60]

「儒生」此問，不從歷史先後而論，而是另從道教之經典，質問「太上大道」是否為「佛之師」？這樣的問題，是在追問二教孰為究竟？釋惠乘除了反證道教所言為非之外，又從「三教」的立場，收編二教，認為儒、道二教為「非出要之大道」。[61]

《辯正論·釋李師資篇》將此次論難，結束在一個奇妙的結局。「儒生」竟然「肉袒、叩頭、矯手而舐足。曰『余請罪矣，余請罪矣。』」[62]《續高僧傳·唐京師勝光寺釋慧乘傳》則曰：「言畢，下座，舉朝屬目。

58　傅奕〈上減省寺塔廢僧尼事〉曰：「布李老無為之風，而人民自化；執孔丘愛敬之禮，而天下孝慈。」傅奕援儒論道，以言先後之聖。但是法琳《破邪論》則引《列子》等著作，而結論曰：「若三皇五帝必是大聖，孔丘豈容隱而不說？便有匿聖之愆。以此校量，推佛為大聖也。」〔唐〕釋道宣：《廣弘明集》，卷11，頁2-6。
59　〔唐〕釋法琳：《辯正論》，卷5，頁523。
60　〔唐〕釋法琳：《辯正論》，卷5，頁523。
61　《辯正論》曰：「故《涅槃》云：『諸佛所師，所謂法也。』以法常，故諸佛亦常。吾更為子重明斯義。案《佛說空寂所問經》及《天地經》，皆云：『吾令迦葉在彼，為老子，號無上道。儒童在彼，號曰孔丘。』漸漸教化，令其孝順。……所以佛遣三聖，權化一方，布治國之儀，敘修身之術。庶令其代刑用禮，變薄還淳，並是抑物本情，非出要之大道也。」〔唐〕釋法琳：《辯正論》，卷5，頁524。
62　〔唐〕釋法琳：《辯正論》，卷5，頁524。

此時獨據詞宗，餘術無為而退。」[63] 二說的敘事，誇大了佛教的說服力，反而令人無法盡信。因為在《辯正論・釋李師資篇》中，陸德明身為「儒生」的身分，卻皆論難道、釋之爭，並未涉及太多儒教方面的議題，不應有此激烈之舉措；除非《辯正論・釋李師資篇》認為，「儒教」設定為依違於二教之間，於「三教」為最末，故有反悔請罪之舉。此外，從《冊府元龜》等文獻所載，陸德明「難此三人，各因其宗指，隨端立義，眾皆為之屈」，[64] 唐高祖亦稱「德明一舉而蔽之，可謂達學矣」，[65] 則此「儒生」不會屈從「開士」片面所言。

然而，今日雖已無法重現當時之實情，但是透過陸德明與釋惠乘之論難，知佛教所論「先後」，是以佛陀釋迦牟尼（977-949B.C.）的生年，[66] 早於儒教孔子（551-479B.C.）與道教老子（604B.C.-？）二聖，[67] 使之「必宗佛聖」；且又收編二教之說，使之「師資有據」。如此一來，當使佛教之說為眾說之「師」，「佛聖」之尊亦當列於國學釋奠之中。

若使這樣的結果實現，沙門與帝王之關係，將由「道俗」的身分，轉變成為「師生」的身分。藉由唐代宗（726-779；762-779在位）與徑山法欽禪師（714-792）的對話，可以說明當沙門面對帝王之際，「師生」與「道俗」之間的身分轉換：

> 詔徑山法欽禪師入見。上待以師禮，嘗在內廷，見帝至，起立。帝曰：「師何以起？」師曰：「檀越何得向四威儀中見貧道？」帝大悅。[68]

---

[63] 〔唐〕釋道宣：《續高僧傳》，卷25，頁226。
[64] 〔宋〕王欽若等編：《冊府元龜》，卷601，頁8。
[65] 〔宋〕王欽若等編：《冊府元龜》，卷599，頁11。
[66] 據《佛祖統紀・教主釋迦牟尼佛本紀・示降生》曰：「唐太宗勅尚書劉德威問法琳法師：『佛降生入滅，何故傳述乖亂？』琳乃論定：『周昭甲寅生，穆王壬申滅。』」〔宋〕釋志磐：《佛祖統紀》，卷2，頁34。即周昭王二十四年（977B.C.）生，周穆王五十三年（949B.C.）入滅。
[67] 老子生卒年，佛、道二教的說法不同，今依《佛祖統紀》言老子生於周定王三年（604B.C.），以明佛教之立場。〔宋〕釋志磐：《佛祖統紀》，卷54，頁735。
[68] 〔宋〕釋志磐：《佛祖統紀》，卷41，頁553。

唐代宗不使徑山法欽禪師起立，是因尊師之故；徑山法欽禪師不恃師尊而欲起立，乃是自居於道俗之君臣分際，故使代宗大悅。換言之，帝王之於「師資之禮」，[69]必須「北面」而為門生，形成一種權力尊卑上的轉換。從釋奠典禮的運作過程來理解，對於帝王而言，尊孔子為先聖，正是建構在「師生」關係之上。佛、道二教若能在國學之中，藉由「師生」之義取代「道俗」之義，即使如帝王之尊，也必須禮敬沙門與沙門之「先聖」。事實上，帝王以「師禮」尊高僧為「師」者，前朝已有例可循。[70]據此推知，類似糾纏已久的「沙門不敬王者」之爭論，都可能要在「師生」之義上重新界定；二教在教化上的權威與主張，也將會涉入國家施政上的諸多規範之中。

從唐高祖詔書中的目的可知，他對「三教」孰高孰下，其實已執有定見，鋪陳「三教」辯論的戲碼，實際上是為了打壓了「三教」的發言權。因此，絕不樂見佛、道二教的「先聖」，踞於國學廟堂之上；所以會在講論之「次序」上，另又增加陸德明的出場。所以陸德明並不是「三教」的代表，這是「釋奠」之外的插曲，代表唐高祖希望的結果。表面上，陸德明的論難竟然搶去三位「登坐」者講說的風采，只是因其「達學」之故；實際上，二教未必信服其說，只是完成了唐高祖原本對於「釋奠」結果的構想。

或許，唐高祖使「三教」學人於國學舉行「講學之禮」的目的，只是振興儒學的一個公開形式。想藉由通過「三教」之講論，重新讓儒學取得經典論述上的權威，並獲得政治上的背書。換言之，唐高祖此時即使想要藉由「崇尚儒宗」，達到廢黜釋、道二教的最終目的，[71]仍須進入

---

[69] 〔宋〕王欽若等編：《冊府元龜》，卷38，頁17。
[70] 《魏書·釋老志》曰：「道安後入苻堅，堅素欽德問，既見，宗以師禮。」又見：「和平初，師賢卒。曇曜代之，更名沙門統。初曇曜以復佛法之明年，自中山被命赴京，值帝出，見于路，御馬前銜曜衣，時以為馬識善人。帝後奉以師禮。」〔北齊〕魏收：《魏書》，頁3029-3037。《高僧傳》曰：「齊高親事幼主，恒有不測之憂。每以諮願，願曰：『後七月當定。』果如其言。及高帝即位，事以師禮。武帝嗣興，亦盡師敬。」〔南朝梁〕釋慧皎撰，湯用彤校注：《高僧傳》，頁518。
[71] 唐高祖本有廢黜佛、道之念頭，如《新唐書·高祖本紀》曰：「（武德九年）四月辛巳，廢浮屠、老子法。……六月丁巳，太白經天。庚申，秦王世民殺皇太子建成、齊王元吉。大

「三教」的範疇內重論「儒宗」；因為此時的「儒宗」，是在「三教」的知識範疇中的「孔教」，即使如陸德明、徐文遠之輩，皆屬會通「三教」之學的儒者。[72]

從唐高祖的「口敕」推想，徐文遠的表現可能未如原本預期，陸德明應是在匆忙之中臨危受命，而不是出自釋奠之前的安排。因匆忙之故，遂使此次釋奠會在講學之禮稱「孔教」，[73] 後來的釋奠之禮卻是以周公為「先聖」。[74] 前後二禮「先聖」改動的原因，可能與陸德明在應答「先聖」之「先後」，以及「師資」之究竟的議題有關。一方面，周公早於佛陀、老子；另一方面，以周公作為學禮之「師」，亦有歷史上與經典上的根據。

敕。復浮屠、老子法。」〔宋〕歐陽修、宋祁：《新唐書》，頁19。
[72] 《冊府元龜・學較部・選任》曰：「貞觀初，太宗謂侍臣曰：『隋末學者凋喪，儒教凌遲，唯陸德明、徐文遠為儒玄壺奧，二三年間，相次殂歿。豈有後進之士，經業優洽，而未深用者乎？』」〔宋〕王欽若等編：《冊府元龜》，卷597，頁21。
[73] 〔唐〕釋道宣：《續高僧傳》，卷25，頁225。
[74] 〔宋〕王溥：《唐會要》，卷35，頁635。

第三章　從「南北學」的眾說紛紜到定於一的「正義」

　　唐高祖武德七年釋奠舉行的「講學之禮」，使博士與道士、沙門共同在國學論學的現象，是歷來釋奠未有之舉；[1]不僅與以往釋奠的常態扞格，也與國學立學的內容有所差異。然而，帝王使儒、道、釋三教相互論難，並非偶發之想，南北朝時也屢見帝王觀三教談論之事。[2]縱使如此，刻意

---

[1] 隋唐之際，流傳著北朝釋奠之時，亦有儒、釋二教論辯之事；但此事有兩種不同的說法，其一以為是釋奠講經，另一則未言釋奠，只是三教談論。《續高僧傳・義解篇四・隋京師延興寺釋曇延傳》曰：「有陳躬使周弘正者，博考經籍，辯逸懸河，遊說三國，抗敵無礙，以周建德中年銜命入秦。帝訝其機捷，舉朝愈彩，勅境內能言之士，不限道俗，及搜採嚴穴遁逸高世者，可與弘正對論，不得墜于國風。時蒲州刺史中山公宇文氏，夙承令範，乃表上曰：『曇延法師器識弘偉，風神爽拔，年雖未立，而英辯難繼者也。』帝乃拕集賢能，期日釋奠。帝躬御法筵，朝宰畢至。時周國僧望二人，輪次登座。發言將訖，尋被正難，徵據重疊，救解莫通。帝及群僚，一朝失色，延座居末第，未忍斯懲，便不次而起。帝曰：『位未至，何事輒起？』延曰：『若是他方大士，可藉大德相臨；今行遠國微臣，小僧足堪支敵。』延徑昇高座。帝又曰：『何為不禮三寶？』答曰：『自力兼擬，未假聖賢加助。』帝大悅。正遂搗責陳難，延乃引義開闢。而正頗挾機調，用前義後，延乘勢挫拉，事等摧枯。因即頂拜伏膺，慨知歸之晚。自陳云：『弟子三國履歷，訪可師之師，不言今日乃遇於此矣。』即請奉而受戒。」〔唐〕釋道宣：《續高僧傳》，卷8，頁606-607。中唐時期釋神清（？-814）的《北山錄》，仍案《續高僧傳》所說。曰：「周建德年，陳周弘正來聘。詢謀談士，曇延首應之。大駕親臨釋奠，延當席抑揚，陳人數衽，稽首拜聽。……彼乃圖延形像歸于陳，晨夕向北致禮，以為曇延菩薩也。」〔唐〕釋神清撰，〔宋〕釋慧寶注：《北山錄》（臺北：文史哲出版社，1974年11月，影配宋本），卷9，頁4。唐代文獻認為，周弘正（496-574）與釋曇延（516-588）之論辯，屬於釋奠講經之類；但是從「何為不禮三寶」推論，此次講經不應在釋奠之時。因此，宋代的《佛祖統紀》描述此事的發生時地，改為周武帝為北齊文宣帝，時間相距十餘年，可能是遷就周弘正北上之事，並且不再言釋奠。《佛祖統紀・法運通塞志十七之四》曰：「天保元年。……法師曇延，長九尺六寸，帝每召入問道。會周使周弘正來聘，大臣舉師餞伴。弘正恃才任氣，及見延，悠然意消，求師畫象、所著經疏以歸。帝益加重。」〔宋〕釋志磐：《佛祖統紀》，卷38，頁506。宋人的修正，可能顧慮歷史上的周弘正。故嚴可均曰：「弘正于天嘉元年，往長安迎安成王頊，三年自周還。天嘉元年直周武成二年，護為晉公久矣。其封中山公在魏恭帝時，則《續高僧傳》所稱齊蒲州刺史、中山公皆誤也。弘正未嘗使齊，齊亦必無宇文氏。」〔清〕嚴可均校輯：《全上古秦漢三國六朝文》（北京：中華書局，1995年11月，影清光緒王毓藻刻本），〈全後周文〉，頁1。雖自《續高僧傳》以降，已有周弘正「遊說三國」故事；然而上述諸說，在人物、時間、地點上仍有不少不合理之處。但是從宋代改釋奠講經為三教談論可知，此次釋奠疑點重重，難以遽信。

[2] 《佛祖統紀・歷代會要志十九之三・三教訛偽》曰：「宋明帝幸莊嚴寺，觀三教談論。」〔宋〕釋志磐：《佛祖統紀》，卷54，頁739。北周武帝更是舉行八次「三教談論」。〔日〕野村耀昌：《周武法難の研究》（東京：東出版株式會社，1976年9月），頁188-189。

選擇在國學的場域中,並於釋奠講經之禮舉行三教論難,頗值得玩味。初唐儒學的發展,是否也因為唐高祖的崇儒方式,導致不同的結果?

第一節 「學」分南、北與「國學」

一、「高祖」崇儒興學的困境

唐高祖於武德七年二月己酉頒布「置學官備釋奠禮詔」的時間,[3]正是平定隋末大亂,天下初定之際。[4]文中先是推崇儒學經術與朝代正統之間的必然關係,[5]具有宣告朝代權力正統的意味;又對照隋末學校隳壞、諸生散亡的局面,[6]以言設學與「周、孔之教」的必要性。如詔書曰:

> 自叔世澆訛,雅道淪缺,懸歷歲紀,儒風莫扇;隋季以來,喪亂茲甚,眷言篇籍,皆為煨燼,周、孔之教,闕而不脩,庠塾之義,泯焉將墜。[7]

唐高祖所言的「叔世」為何?就文義而言,係泛指隋代儒學衰微之時。若從隋代國子學的變動而言,自從仁壽元年(601)「罷國子學」之後,[8]

---

[3] 在《唐大詔令》中,將武德七年二月的二篇詔書,分別命為「置學官備釋奠禮詔」、「興學敕」。〔宋〕宋敏求編:《唐大詔令集》(北京:中華書局,2008年4月),卷105,頁537。

[4] 《資治通鑑・唐紀・高祖武德七年》曰:「己未,高開道將張金樹殺開道來降。開道見天下皆定,欲降,自以數反覆,不敢;且恃突厥之眾,遂無降意。」〔宋〕司馬光編著:《資治通鑑》,頁5977。

[5] 〈置學官備釋奠禮詔〉曰:「六經茂典,百王仰則,四學崇教,千載垂範。是以西膠東序,春頌夏弦,悅《禮》敦《詩》,本仁祖義,建邦立極,咸必繇之……朕受命膺期,握圖馭宇,思弘至道,冀宣德化,永言墳索,深存講習。」〔宋〕王欽若等編:《冊府元龜》,卷50,頁1-2。

[6] 根據《資治通鑑》載隋恭帝義寧元年事曰:「時東都人皆以密為飢賊盜米,烏合易破,爭來應募,國子三館學士及貴勝親戚皆來從軍。……隋兵飢疲,遂大敗,長恭等解衣潛竄得免,奔還東都,士卒死者什五六。」〔宋〕司馬光編著:《資治通鑑》,頁5721。國子三館學士,盡皆陷於兵事之中,故《隋書・儒林傳》曰:「既而外事四夷,戎馬不息,師徒怠散,盜賊群起,禮義不足以防君子,刑罰不足以威小人,空有建學之名,而無弘道之實。其風漸墜,以至滅亡,方領矩步之徒,亦多轉死溝壑。凡有經籍,自此皆湮沒於煨塵矣。」〔唐〕魏徵等撰:《隋書》(臺北:鼎文書局,1979年2月),頁1707。

[7] 〔宋〕王欽若等編:《冊府元龜》,卷50,頁2。

[8] 《通典・職官典》曰:「仁壽元年,罷國子學,唯立太學一所,省國子祭酒、博士,置太學博士,總知學事。」〔唐〕杜佑:《通典》,卷27,頁161。

雖經隋煬帝（569-618；604-618 在位）更改太學為國子監，[9] 儒學之中亦有「二劉拔萃出類，學通南北」，[10] 儒學衰微的問題仍未解決；並自隋煬帝大業八年（612）三征遼東之後，盜賊蜂起，[11] 故詔書又曰：「凋弊之餘，湮替日久，學徒尚少，經術未隆。」[12] 唐高祖崇儒興學，舉行釋奠典禮的舉措，主要是因為隋代統一天下之後，儒學未能統一而為。

　　隋代儒學衰微的外在因素，與「三教」息息相關，尤其是當時盛行的佛教；因此重論「三教」，是崇儒興學必須面對的問題。但是事實上，唐高祖崇儒之舉，與隋高祖（文帝）（541-604；581-604 在位）當時的崇儒之舉相仿；乍看之下，兩位「高祖」在戰爭漸息之後的作為，唐高祖簡直是昔日隋高祖的翻版。例如，隋文帝開皇三年（583）四月詔曰：

> 建國重道，莫先於學，尊主庇民，莫善於禮。自魏氏不競，周、齊抗衡，分四海之民，鬬二邦之力，遞為強弱，多歷年所。務權詐而薄儒雅，重干戈而輕俎豆，民不見德，唯爭是聞。朝野以機巧為師，文吏用深刻為法，風澆俗敝，化之然也。雖復建立庠序，兼啟黌塾，業非時貴，道亦不行。其間服膺儒術，蓋有之焉，彼眾我寡，未能移俗。……若敦以學業，勸以經術，自可家慕大道，人希至德。[13]

詔告天下欲「勸學興禮」，強調設學的必要性，並且批判前朝風俗澆薄，顯然與唐高祖的思維模式相似。除此之外，《隋書‧儒林傳》又曰：

> 高祖膺期纂曆，平一寰宇，頓天網以掩之，貫旌帛以禮之，設好爵以縻之，於是四海九州強學待問之士，靡不畢集焉。天子乃整萬乘，率百僚，遵問道之儀，觀釋奠之禮。博士罄懸河之辯，侍中竭重席之奧，考正亡逸，研覈異同，積滯羣疑，渙然冰釋。於是超擢奇雋，厚賞諸儒，京邑達乎四方，皆啟黌校。

---

[9] 《冊府元龜‧學較部》曰：「煬帝改太學為國子監。」〔宋〕王欽若等編：《冊府元龜》，卷597，頁4。
[10] 〔唐〕魏徵等撰：《隋書》，頁1707。
[11] 〔唐〕魏徵等撰：《隋書》，頁1707。
[12] 〔宋〕王欽若等編：《冊府元龜》，卷50，頁2。
[13] 〔宋〕王欽若等編：《冊府元龜》，卷49，頁14-15。

> 齊、魯、趙、魏，學者尤多，負笈追師，不遠千里，講誦之聲，道路不絕。中州儒雅之盛，自漢、魏以來，一時而已。[14]

初唐二帝與隋文帝的釋奠崇儒之舉，並沒有太大的差別；《隋書‧儒林傳》說明隋文帝面對的儒學境況，言「自正朔不一，將三百年，師說紛綸，無所取正」，[15]也與初唐之時面對的儒學環境相類。

隋文帝於開皇中釋奠，推測是在開皇九年（589）平陳之後，統一南北四方無事，方有此偃武修文之舉。開皇九年詔曰：

> 今率土大同，含生遂性，太平之法方可流行。……世路既夷，羣方無事。武力之子俱可學文。人間甲仗，悉皆除毀。有功之臣降情文藝，家門子姪各守一經，令海內翕然，高山仰止。京邑庠序，爰及州縣，生員受業，升進於朝，未有灼然明經高第，此則教訓不篤，考課未精。明勅所繇，降茲儒訓。……見善必進，有才必舉，無或噤默，退有後言。[16]

此篇詔書的主旨，在於責備中央與地方學校「教訓不篤，考課未精」，貢舉朝廷的生員素質不如預期，因此責求學校舉任真正的人才，與唐高祖武德七年二月己酉詔書求賢的主旨類似。其言「家門子姪，各守一經。……生員受業，升進於朝」，則為《隋書‧儒林傳‧房暉遠》所曰「會上令國子生通一經者，並悉薦舉，將擢用之」之事。[17]根據《太平御覽‧職官部‧國子祭酒》曰：

> 元善遷國子祭酒，上嘗親臨釋奠，命善講《孝經》；於是敷陳義理，兼之以諷諫。上大悅，曰：「聞江陽之說，更起朕心。」賚絹百匹，衣一襲。[18]

案其文義，元善方遷國子祭酒不久，即有隋文帝釋奠之事；是以隋文帝

---

[14] 〔唐〕魏徵等撰：《隋書》，頁1706。
[15] 〔唐〕魏徵等撰：《隋書》，頁1706。
[16] 〔唐〕魏徵等撰：《隋書》，頁32-33。
[17] 〔唐〕魏徵等撰：《隋書》，頁1716。
[18] 〔宋〕李昉等撰：《太平御覽》（臺北：臺灣商務印書館，1997年7月，《四部叢刊三編》影南宋蜀刊本），卷236，頁3。

釋奠的時間，應當是在開皇九年詔書頒布與國子薦舉之間。同時參與釋奠的學者，包括元善、宇文弼（545-607）[19]、馬光[20]、王頗[21]，可能也包括劉炫（約546-613）與劉焯（544-610）等。[22] 此次釋奠，由國子祭酒元善講《孝經》，與歷來釋奠講經的常例相仿。又據《隋書‧李德林傳》記載，隋文帝於開皇十年（590）批評李德林（531-591）曰：「朕方以孝治天下，恐斯道廢闕，故立五教以弘之。公言孝由天性，何須設教。然則孔子不當說《孝經》也？」[23] 此時仍以儒家五常之教，作為施政教化上的依據，可見隋文帝此時提倡「儒教」的立場與態度。

但是，從《隋書‧儒林傳‧房暉遠》言策問國子生的現象，則可察覺儒學本身的危機，在行禮如儀的釋奠典禮背後隱然浮現。

> 會上令國子生通一經者，並悉薦舉，將擢用之。既策問訖，博士不能時定臧否。祭酒元善怪問之，暉遠曰：「江南、河北，義例不同，博士不能偏涉。學生皆持其所短，稱己所長，博士各各自疑，所以久而不決也。」祭酒因令暉遠考定之，暉遠覽筆便下，初無疑滯。或有不服者，暉遠問其所傳義疏，輒為始末誦之，然後出其所短，自是無敢飾非者。所試四、五百人，數日便決，諸儒莫不推其通博，皆自以為不能測也。[24]

---

[19] 《冊府元龜‧學較部‧侍講》「隋宇文弼，為太子虞候率。開皇中，文帝嘗親臨釋奠，弼與博士論議，詞致清遠，觀者屬目。帝大悅，顧謂侍臣曰：『朕今者親周公之制禮，見宣尼之論孝，實慰朕心。』於是頒賜，各有差。」〔宋〕王欽若等編：《冊府元龜》，卷599，頁11。

[20] 《冊府元龜‧學較部‧辯博》「馬光為大學博士。嘗因釋奠，高祖親幸國子學。王公以下畢集，光升坐講禮，啟發章問。已而，諸儒生以次論難者十餘人，皆當時碩學，光剖析疑滯，雖辭非俊辯，而理義弘贍。論者莫測其淺深，咸共推服，帝嘉而勞焉。」〔宋〕王欽若等編：《冊府元龜》，卷601，頁6-7。

[21] 《冊府元龜‧學較部‧辯博》「王頗，字景文，為著作佐郎，尋令於國子講授。會高祖親臨釋奠，國子祭酒元善講《孝經》，頗與相論難，詞義鋒起。善往往見屈，高祖大奇之，超授國子博士。」〔宋〕王欽若等編：《冊府元龜》，卷601，頁7-8。

[22] 《隋書‧儒林傳》曰：「後因子釋奠，與炫二人論義，深挫諸儒，咸懷妒恨，遂為飛章所謗，除名為民。」〔唐〕魏徵等撰：《隋書》，頁1718。

[23] 〔唐〕魏徵等撰：《隋書》，頁1208。

[24] 〔唐〕魏徵等撰：《隋書》，頁1717。

不僅在南北學的歧見上缺乏共識,就連國子祭酒本身,也沒有裁斷學術的能力。遂使隋文帝於仁壽元年(601)六月乙丑詔曰:

> 儒學之道,訓教生人,識父子君臣之義,知尊卑長幼之序。升之於朝,任之以職,故能贊理時務,弘益風範。朕撫臨天下,思弘德教,延集學徒,崇建庠序,開進仕之路,伫賢雋之人。而國學胄子垂將千數,州縣諸生咸亦不少。徒有名錄,空度歲時,未有德為代範,才任國用。良緣設學之理,多而未精。今宜簡省,明加獎勵。[25]

隋文帝認為學校設置過多而人才未精,因此需要「簡省」,獨留太學一所。[26] 將隋文帝之所言,與房暉遠(531-602)所論合觀,隋文「廢學」的主要原因,[27] 在於許多學者如《隋書・儒林傳》所言「儒罕通人,學多鄙俗」[28];真正貫通南北的儒學人才太少,儒學缺乏標準的根本問題無法解決。

根據宋人對此「廢學」事件的解讀,認為隋文帝無故而「廢學」,[29] 意味著求賢之途不能取才學校;葉適(1150-1223)舉仁壽三年(603)七月丁卯〈搜賢詔〉以論此事曰:

> 至三年七月,下詔令州縣搜揚賢哲。則云「雖求傅巖,莫見幽人,徒想崆峒,未聞至道。惟恐商歌於長夜,抱關於夷門」,

---

[25] 〔宋〕王欽若等編:《冊府元龜》,卷49,頁15-16。
[26] 後世謂此事為「廢學」,見《隋書・儒林傳》所載:「暨仁壽間,遂廢天下之學,唯存國子一所,弟子七十二人。」〔唐〕魏徵等撰:《隋書》,頁1706-1707。《隋書・百官志》又載「仁壽元年,……罷國子學,唯立太學一所,置博士五人,從五品,學生七十二人。」〔唐〕魏徵等撰:《隋書》,頁793。則仁壽元年廢學之事,有「國子學」與「太學」之異。據《隋書・高祖帝紀》曰:「(六月己丑)國子學唯留學生七十人,太學、四門及州縣學並廢。……秋七月戊戌,改國子為太學。」〔唐〕魏徵等撰:《隋書》,頁47。
[27] 《隋書・儒林傳・劉炫》曰:「開皇二十年,廢國子四門及州縣學,唯置太學博士二人,學生七十二人。炫上表言學校不宜廢,情理甚切,高祖不納。」〔唐〕魏徵等撰:《隋書》,頁1720-1721。
[28] 〔唐〕魏徵等撰:《隋書》,頁1706。
[29] 朱熹《通鑑綱目》對此事件質疑,認為歷代「廢學」之故,或因「軍興」,或因「國衰」,但隋代此時「方盛時,無故有此識者,有以知其不永也」。〔宋〕朱熹:《御批資治通鑑綱目》(臺北:臺灣商務印書館,1983年,《文淵閣四庫全書》),卷36下,頁11。

旨意懇切。且「限以三旬，咸令進路，徵召將送，必須以禮」，則所謂「精華將竭」，有所厭怠者亦未然。蓋其心實謂空設學校，未足以得人耳。[30]

儒學人才倘若不由學校，而改由地方舉薦獎勵，等同朝廷不思建立儒學的標準；葉適並不認同《隋書・儒林傳》所言隋文帝因為「精華將竭」而有此舉，[31]而是認為隋文帝完全否定了儒學的功能與價值。

此篇「簡省」學校詔書的發表時間，與隋文帝下詔「於國內立舍利塔」同日，都是「仁壽元年六月十三日，……降生日也」[32]，也就是隋文帝六十歲大壽之日；兩篇詔書同日發布，意謂著隋文帝國家教化的取向，準備以佛教取代儒教。自北魏以降，已有帝王於帝誕節時，到佛寺接受祝壽，[33]並舉行「三教論衡」的風氣；這樣的風氣，至宋代猶延續不止。《大宋僧史略・誕辰談論》曰：

> 昔漢祖與盧綰同日生，有奉酒饌相遺，此為慶生之權輿也；後則束帛壺酒，孩兒服玩以加祝賀。大則玉帛長生久視之意，屬于物品，以為慶生之豐禮也。及聞佛法中有弭災延命之說，則以佛事為慶也。元魏、後周、隋世多召名行廣學僧，與儒、道對論，悅視王道，亦慶生之美事矣。唐高宗召賈公彥於御前，與道士、沙門講說經義；德宗誕日御麟德殿，命許孟容等登座，與釋、老之徒講論。貞元十二年四月誕日，御麟德殿，詔給事中徐岱、兵部郎中趙需，及許孟容、韋渠牟，與道士葛參成、沙門談筵等二十人講論三教，渠牟最辯給。文宗九月誕日，召白居易與僧惟澄、道士趙常盈於麟德殿談論；居易論難

---

[30] 〔元〕馬端臨：《文獻通考》，卷41，頁391。
[31] 〔唐〕魏徵等撰：《隋書》，頁1706。葉適不認同的原因，或許與朱熹相同；因為〈儒林傳〉中又言「開皇之末，國家殷盛，朝野皆以遼東為意」，隋文帝正銳意於軍國之事，全然不似帝王暮年如風中殘燭。〔唐〕魏徵等撰：《隋書》，頁1721。
[32] 〔唐〕釋道宣：《集神州三寶感通錄》（臺北：新文豐出版公司，1996年12月，《大正藏》本），卷上，頁411。
[33] 《佛祖統紀・法運通塞志》載北魏太武帝時事曰：「（始光）二年，帝誕節詔於佛寺建祝壽道場。」〔宋〕釋志磐：《佛祖統紀》，卷38，頁500。

> 鋒起，辭辯泉注，上疑宿構，深嗟揖之。莊宗代有僧錄慧江，
> 與道門程紫霄談論，互相切磋，謔浪嘲戲，以悅帝焉；莊宗自
> 好吟唱，雖行營軍中，亦攜法師談讚，或時嘲挫，每誕辰飯
> 僧，則內殿論義明宗。石晉之時，僧錄雲辯多於誕日談讚，皇
> 帝親座，累對論義。至大宋太祖朝，天下務繁，乃罷斯務，止
> 重僧講，三學為上，此無乃太厚重而貞實乎。[34]

根據劉林魁（1972-）的統計，唐代、五代於帝誕節舉辦「三教論衡」慶生，是「三教論衡」最主要的舉行形式。[35] 隋文帝選擇在六十大壽對於儒、佛皆下詔旨，必定不是巧合之舉。根據王劭〈舍利感應記〉曰：

> 皇帝以仁壽元年六月十三日，御仁壽宮之仁壽殿，本降生之日
> 也。歲歲於此日，深心永念，修營福善，追報父母之恩，故延
> 諸大德、沙門，與論至道。[36]

此次帝誕節亦有舉行類似「三教論衡」之類的講論活動，雖然此次講論是「延諸大德、沙門，與論至道」，仍可能有儒、道二教人士，以及文武百官等共同參與。今日所能見到的文獻未有當時講論過程的紀錄，從王劭言其「追報父母之恩」推論，當時講論的核心議題，則與「孝道」有關，不應沒有儒教代表。但是，根據《隋書·高祖帝紀》記載隋文帝出世「有尼來自河東」的故事，[37] 與王劭《隋祖起居注》、〈舍利感應記〉所言「神尼智仙」的故事描述相近可知，數則文獻皆提及隋文帝「報父母

---

[34] 〔宋〕釋贊寧：《大宋僧史略》，卷下，頁 55。
[35] 劉林魁《《廣弘明集》研究》根據鄭阿財〈唐五代帝王誕節寺院活動與宮廷講經之管窺〉一文，重新增補並製表統計，約有百分之七十七的三教論衡，舉行於帝誕節。其結論曰：「誕日論衡是中唐以後非常盛行的一種宗教活動。」劉林魁：《《廣弘明集》研究》，頁 410-411。例如《白居易集·三教論衡》曰：「大和元年（827）十月，皇帝降誕日，奉勅召入麟德殿內道場，對御三教談論。」〔唐〕白居易撰，朱金城箋注：《白居易集箋校》，頁 3673。
[36] 王劭的為人雖見嗤於當世，但其文章主要為了迎合隋文帝的口味；正因如此，〈舍利感應記〉之所載，應符合隋文帝的想法。〔唐〕釋道世撰，周叔迦、蘇晉仁校注：《法苑珠林校注》（北京：中華書局，2011 年 3 月），卷 40，頁 1275。
[37] 〔唐〕魏徵等撰：《隋書》，頁 1。

之恩」之孝道;在該故事中,除了言及親生父母楊忠(507-568)與呂氏之外,尚視「神尼智仙」為母。[38] 換言之,史籍中對於隋文帝幼年,或家族的佛教信仰經驗的建構,未必完全能以實情視之,[39] 而是出於仁壽元年六月十三日,以佛教的立場講論「孝道」所形成的倒敘筆法,否則何須遲至此時?其目的在於藉由佛塔舍利與「神尼之像」,[40] 建立隋朝以佛教為天下正宗的神話。

根據《廣弘明集・佛德篇・立舍利塔詔》載隋文帝詔書曰:

> 朕歸依三寶,重興聖教。思與四海之內一切人民,俱發菩提,共修福業。使當今見在,爰及來世,永作善因,同登妙果。……馬五足分道送舍利。往前件諸州起塔。[41]

隋文帝興建的舍利塔為「轉輪王佛塔」,[42] 是模仿印度阿育王(約304-232B.C.)成為轉輪王之後,建塔護佛之故事;[43] 故所謂「重興聖教」,儼

---

[38] 《隋書・高祖帝紀》曰:「尼自外入見曰:『已驚我兒,致令晚得天下。』」〔唐〕魏徵等撰:《隋書》,頁1。又見王劭《隋祖起居注》曰:「有神尼者,名曰智仙,河東劉氏女也。少出家有戒行,和上失之,恐墮井,乃在佛屋儼然坐定,時年七歲,遂以禪觀為業。及帝誕日,無因而至,語太祖曰:『兒天佛所祐,勿憂也。』尼遂名帝為那羅延,言如金剛不可壞也。又曰:『兒來處異倫俗家穢雜,自為養之。』太祖乃割宅為寺,以兒委尼,不敢召問。後皇妣來抱,忽化為龍,驚遑墮地。尼曰:『何因妄觸我兒?遂令晚得天下。』及年七歲,告帝曰:『兒當大貴從東國來,佛法當滅,由兒興之。』」〔唐〕釋道宣:《集古今佛道論衡》,卷乙,頁379。

[39] 陳寅恪言隋文帝的幼年經驗與佛教的淵源,實屬史傳筆法。〈武曌與佛教〉一文曰:「帝王創業,史臣記述,例有符瑞附會之語,楊隋之興,何得獨異?……可注意者二事:一為隋高祖父母之佛教信仰;一為隋高祖本身幼時之佛教環境。……隋文帝代周自立,其開國首政即為恢復佛教。此固別有政治上之作用,而其家世及本身幼時之信仰要為一重要之原因,則無疑也。」陳寅恪:《陳寅恪先生論文集》(臺北:九思出版社,1977年6月),上冊,頁426。

[40] 王劭〈舍利感應記〉曰:「皇帝每以神尼為言云:『我興由佛』,故於天下舍利塔內,各作神尼之像焉。」〔唐〕釋道世撰,周叔迦、蘇晉仁校注:《法苑珠林校注》,卷40,頁1275。

[41] 〔唐〕釋道宣:《廣弘明集》,卷17,頁1。

[42] 《續高僧傳・義解篇・唐京師大總持寺釋慧遷傳》曰:「仁壽二年,勅令送舍利於本鄉弘博寺。既至,掘基入地六尺,感發紫光散衝塔上,其相如焰,似今像所佩者,又土上成字,黑文分明,云轉輪王佛塔也。」〔唐〕釋道宣:《續高僧》,卷12,頁678。

[43] 《續高僧傳・隋西京禪定道場釋曇遷傳》曰:「仁壽元年,追惟昔言將欲建立,乃出本所舍利,與遷交手數之。雖各專意,而前後不能定數。帝問所由,遷曰:『如來法身過於數量,

然是以**轉輪聖王**的身分護法。[44] 隋文帝何以必須如此？從阿育王在政治上統一印度後，續以佛教進行教化上的統一推論，[45] 隋文帝於生日主張「重興聖教」，也派遣「沙門三十人，諳解法相兼堪宣導者」，分送舍利於天下各州的用意，[46] 亦是要完成教化上的統一。從仁壽元年（601）到仁壽四年（604）之間，隋文帝總共建塔一百餘座，分佈全國一百九十郡中的八十二郡。據統計：「原南陳境內十六郡，原北齊境內四十三郡，原北周境內二十三郡」，[47] 隋文帝特意大建塔寺於故北齊境內，意圖藉由佛教統一教化北齊之域。

隋文帝當時的佛教，是以長安為學術中心，[48] 故能在佛學上藉由派遣高僧與設塔之舉，完成教化上的全國統一。對照當時儒學的境況，南方儒學盛於北方，關東又盛於關中。隋初即使設學京師之後，在儒學上仍屬「齊、魯、趙、魏，學者尤多，負笈追師，不遠千里，講誦之聲，道路不絕」的情形，[49] 北方儒學學術重心仍在北齊故地，而非關中之域。因此，仁壽三年會下詔地方尋訪人才，而煬帝開皇之初復開庠序，也是「使

今此舍利即法身遺質，以事量之，誠恐徒設耳。』帝意悟，即請大德三十人，安置寶塔為三十道，建軌制度，一准育王。」〔唐〕釋道宣：《續高僧傳》，卷18，頁93。

[44] 《歷代三寶記》曰：「《勝天王經》云：『轉輪聖王出世，則七寶常見。』藍田之山舊稱產玉，近代曠絕，書史弗聞，開皇已來，出玉非一。又太府寺是國寶淵，碇二十餘自變為玉，仁壽山所國之神靈，其山礪石復變為玉，地不愛寶，此則同於輪王相也。」〔隋〕費長房：《歷代三寶記》（上海：上海古籍出版社，2002年3月，《續修四庫全書》影《金刻趙城藏》本），卷12，頁623-624。古正美〈齊文宣與隋文帝的月光童子信仰及形象〉曰：「隋文帝自建國開始的佛教活動，無論是建塔、造像、寫經或教人民受持『八關齋』或『戒殺』的活動，都是遵照阿育王（King Aśoka）所奠立及施行的佛教教化方法發展佛教。譬如，隋文帝在四十五州所立的『大興國寺』的作用，就如阿育王在全國各地造『八萬四千塔、寺』的作用一樣。……隋文帝在從事同樣的事業之後，當然也有轉輪王或法王之名。」古正美：《從天王傳統到佛王傳統》（臺北：商周出版公司，2003年6月），頁170。

[45] 陸鑑冰：〈阿育王的統一與並治〉，《中華佛學研究》第2期（1998年3月），頁158-159。

[46] 〔唐〕釋道宣：《廣弘明集》，卷17，頁1。

[47] 游自勇：〈隋文帝仁壽頒天下舍利考〉，《世界宗教研究》2003年第1期，頁29。

[48] 湯用彤曰：「開皇七年（587）召六大德入關，洛陽慧遠、魏郡慧藏、清河僧休、濟陽寶鎮、汲郡洪遵、太原曇遷是也。隨慧遠、洪遵、曇遷入關者各有弟子名僧十人，隨慧藏入關者有智隱，文帝之意自在聚遠方之英華。……北人游南，多由於周武毀法，避難南渡。及晉王平陳，徵選精英，在南者復群北趣。由是關中復為佛法之中心，且融會南北之異說也。」湯用彤：《隋唐及五代佛教史》（臺北：慧炬出版社，1997年4月），頁7。

[49] 〔唐〕魏徵等撰：《隋書》，頁1706。

相與講論得失於東都之下」,而不是在西京,[50] 都是屈從於現實之舉;故知關中本非儒學盛行之地,難以藉由學校完成儒學教化上的南北統一,更是不待言之事。

二、「師說」紛綸,無所取正

隋文帝統一天下之後,亟思「正定經史」而不成,[51] 導致儒學缺乏定說。儒者爭論不休的原因,殆因延續《北史·儒林傳》所言「南北所為章句,好尚互有不同」的情形,[52] 遂有國學中各據義例所長,藉以文過飾非的現象。[53] 將《北史·儒林傳》所言,放諸已經政治統一的隋唐時期,「所為章句」卻有不同的立場分判,格外顯得不合時宜;分裂的思維,並未隨著朝代統一而消弭,甚將延續為國學內部「義例不同」的爭議,遂使地域上「南學」、「北學」分立的意識形態,延續為國學內部的分歧。

「學」即「國學」。《隋書·儒林傳》載房暉遠為當時博士之翹楚,所遭遇「江南、河北,義例不同」的情形,是指「所傳義疏」而論,[54] 並非經學史家強調的經注之異。「所傳義疏」的解釋不同,意即近代「師說」不一,將在解釋上衍生出不同的「凡例」,[55] 所依據的經文鈔本也必然不同。例如在《顏氏家訓·書證》篇中,比較「江南本」與「河北本」差異之事的意義。曰:

---

[50] 〔唐〕魏徵等撰:《隋書》,頁1707。此東都講論之事,又可見於《冊府元龜·學較部·選任》載孔穎達故事曰:「孔穎達字仲達,冀州衡水人。隋大業初舉明經高第,授河南郡博士。煬帝徵諸郡儒官,即遷東都,令國子秘書學士與之論難,穎達為最。」〔宋〕王欽若等編:《冊府元龜》,卷597,頁21。

[51] 即使如蕭該、何妥同屬梁滅入周之臣,開皇初年「正定經史」之時,仍「各執所見,遞相是非,久而不能就」,遂使「上譴而罷之」。〔唐〕魏徵等撰:《隋書》,頁1715。

[52] 〔唐〕李延壽:《北史》(北京:中華書局,2003年7月),頁2709。

[53] 〔唐〕魏徵等撰:《隋書》,頁1716-1717。

[54] 〔唐〕魏徵等撰:《隋書》,頁1717。

[55] 顏之推在《顏氏家訓·書證》篇中,以江南學士之「凡例」為穿鑿。曰:「江南學士讀《左傳》,口相傳述,自為凡例。軍自敗曰敗,打破人軍曰敗。諸記傳未見補敗反,徐仙民讀《左傳》,唯一處有此音,又不言自敗、敗人之別,此為穿鑿耳。」〔北齊〕顏之推撰,王利器集解:《顏氏家訓集解》(北京:中華書局,2002年8月),頁562。陸德明《經典釋文》曰:「及天自敗(薄邁反)、敗他(補敗反)之殊,自壞(乎怪反)、壞撤(音怪)之異,此等或近代始分,或古已為別,相仍積習,有自來矣。」〔唐〕陸德明:《經典釋文》(上海:上海古籍出版社,1985年10月,北京圖書館藏宋元遞修本),序錄,頁5。

> 《詩》云：「駉駉牡馬。」江南書皆作牝牡之牡，河北本悉為放牧之牧。鄴下博士見難云：「〈駉頌〉既美僖公牧于坰野之事，何限騲騭乎？」余答曰：「案：《毛傳》云：『駉駉，良馬腹幹肥張也。』其下又云：『諸侯六閑四種：有良馬，戎馬，田馬，駑馬。』若作放牧之意，通於牝牡，則不容限在良馬獨得駉駉之稱。良馬，天子以駕玉輅，諸侯以充朝聘郊祀，必無騲也。《周禮·圉人職》：『良馬，匹一人。駑馬，麗一人。』圉人所養，亦非騲也；頌人舉其強駿者言之，於義為得也。《易》曰：『良馬逐逐。』《左傳》云：『以其良馬二。』亦精駿之稱，非通語也。今以《詩傳》良馬，通於牧騲，恐失毛生之意，且不見劉芳《義證》乎？」[56]

北齊鄴下博士與顏之推（531-591）論難當時的經文鈔本，已見「江南本」與「河北本」之別。今日能夠瞭解兩種鈔本的細節有限，或即房暉遠所謂「江南、河北」之義？《顏氏家訓》於此商略質疑，在於兩種《毛詩》的經文鈔本不同，顏之推解毛《傳》「駉駉良馬」之義，並援引古代禮制判斷「江南本」為是，「河北本」為非，但其說未必即成定論。[57] 有趣的是，北魏劉芳時有「劉石經」之美稱，[58] 顏之推引據北人劉芳《義證》駁「河北本」為非，則南北之「學」的分判，恐不能以地域南北化約之。

顏之推之後，約與房暉遠同時的陸德明，也曾經比對江南、河北二種鈔本上的差異；故《經典釋文·序錄》曰「河北、江南最為鉅異」，[59] 實際上亦指經文鈔本的不同。《經典釋文》作「駉駉牡馬」，故知是以「江南本」為是；又曰「《草木疏》云『騭馬也』，《說文》同。本或作『牧』」，[60] 另又記「河北本」為或說。相對的情形，《毛詩正義》曰：「定

---

[56] 〔北齊〕顏之推撰，王利器集解：《顏氏家訓集解》，頁 414-415。
[57] 馬瑞辰《毛詩傳箋通釋》曰：「今按牧與牡本一聲之轉，其字同出明母，故本或作牧，或作牡。」〔清〕馬瑞辰：《毛詩傳箋通釋》（北京：中華書局，2004 年 2 月），頁 1125。
[58] 《魏書·劉芳傳》曰：「昔漢世造三字石經於太學，學者文字不正，多往質焉。芳音義明辨，疑者皆往詢訪，故時人號為『劉石經』。」〔北齊〕魏收：《魏書》，頁 1220。
[59] 〔唐〕陸德明：《經典釋文》，序錄，頁 5。
[60] 〔唐〕陸德明：《經典釋文》，毛詩音義，頁 30-31。

本,『牧馬』字作『牡馬』。」[61]《毛詩正義》卻依據「河北本」作「牧馬」,故曰:「魯人尊重僖公,作者追言其事,駉駉然腹幹肥張者,所牧養之良馬也。」[62] 根據阮元(1764-1849)《十三經注疏校勘記》曰「唐石經初刻『牡』,後改『牧』」;[63] 晚至唐石經刊刻之時所用的底本,仍是先據「江南本」,後又改動為「河北本」。

前人對於經文「定本」的議題,已經有過討論;在顏師古(581-645)勘定經文「定本」之前,南北朝時期歷經數次校訂群書,已有屬於當時的「定本」問世。[64] 對於「定本」的概念,不應假定在顏師古勘定「定本」之後,經文從此不變;《五經正義》也有可能批判顏師古「定本」之誤,否則怎麼會用「河北本」作「牧」呢?唐石經又何以能先據「江南本」,而不顧及《毛詩正義》之說呢?唐石經初刻與《毛詩正義》該條所謂「定本」之說相同,又與顏之推的認知相同,甚至也與顏師古《匡謬正俗》之說相同。[65] 此則被《五經正義》批評的「定本」,是否能判斷即是顏師古之「定本」呢?且不論《五經正義》引用的「定本」,究竟有多少是屬於顏師古「定本」?此條《正義》反應的經學史現象,自然不會如後世以為「有南學,無北學」的情形。[66]

《顏氏家訓・書證》篇中,列舉「江南本」與「河北本」之差異,不只一例。後人從經學史的論述方法,解讀顏之推所舉諸例的意義,使之符合經學史論述之邏輯。例如:許宗彥(1768-1819)《鑑止水齋集・記南北學》曰:

---

[61] 〔唐〕孔穎達:《南宋刊單疏本毛詩正義》(北京:人民文學出版社,2012年1月,影日本杏雨書屋藏南宋刊本),卷38,頁7。

[62] 〔唐〕孔穎達:《南宋刊單疏本毛詩正義》,卷38,頁7。

[63] 〔清〕阮元:《十三經注疏校勘記》(上海:上海古籍出版社,2002年3月,《續修四庫全書》影清嘉慶阮氏文選樓刻本),〈毛詩注疏校勘記〉,卷7,頁46。

[64] 野間文史在劉文淇的基礎上,又列舉六例,共有九例之數。〔日〕野間文史:《五經正義の研究──その成立と展開》,頁92-93。

[65] 《匡謬正俗・草馬》曰:「本以牡馬壯健堪駕乘及軍戎者,皆伏皂櫪芻而養之。其牝馬唯充蕃字不瑕服役,常牧于草,故稱『草馬』耳。」〔唐〕顏師古著,劉曉東平議:《匡謬正俗平議》(濟南:山東大學出版社,2000年10月),卷6,頁218。故知顏師古據「江南本」為說,即如《顏氏家訓・書證》曰:「良馬,天子以駕玉輅,諸侯以充朝聘郊祀,必無騲也。」〔北齊〕顏之推撰,王利器集解:《顏氏家訓集解》,頁414-415。

[66] 皮錫瑞撰,周予同注:《經學歷史》,頁208。

經學自東晉後，分為南、北。自唐以後，則有南學而無北學。……《五經正義》之作，元朗于時最為老師，未必不預其議，故《正義》用南學與《釋文》合。若《正義》中所謂定本者，蓋出於顏師古。師古之學，本之之推。之推《家訓・書證》篇，每是江南本而非河北本。……孔仲達本兼涉南、北學，〈本傳〉稱其習鄭氏《尚書》、王氏《易》。至其為《正義》，則已有顏氏考定本在前；且師古首董其事，遂專南學，而北學由此遂廢矣。[67]

此段論述的推理結構相當複雜，看似環環相扣，在語義上卻未必妥貼。因為《顏氏家訓・書證》篇雖然多數是以「江南本」為善，也並非全然「每是江南本而非河北本」。例如：

《詩》云：「將其來施施。」《毛傳》云：「施施，難進之意。」鄭《箋》云：「施施，舒行皃也。」《韓詩》亦重為「施施」。河北《毛詩》皆云「施施」。江南舊本，悉單為「施」，俗遂是之，恐為少誤。[68]

此例足以證實：顏之推明顯認為，「河北本」作「將其來施施」反而是正確的鈔本內容。與上述經學史粗略的「南／北學」論述相違，因此出現如臧琳（1650-1713）《經義雜記・將其來施》所言：

據顏氏說，知江南舊本皆作「將其來施」，顏以《傳》、《箋》重文，而疑其有誤。然顏氏述江南、江北書本，江北者往往為人所改，江南者多善本。則此之悉單為「施」，不得據河北本以疑之矣。[69]

臧琳以顏之推駁顏之推的奇怪解釋，反映出過度依賴經學史的某一命題，

---

[67] 〔清〕許宗彥：《鑑止水齋集》（上海：上海古籍出版社，2002 年 3 月，《續修四庫全書》影嘉慶二十四年德清許氏家刻本），卷 14，頁 17-18。
[68] 〔北齊〕顏之推撰，王利器集解：《顏氏家訓集解》，頁 420。
[69] 〔清〕臧琳：《經義雜記》（上海：上海古籍出版社，2002 年 3 月，續修四庫全書影武進臧氏拜經堂本），卷 28，頁 10。

在論證上反而進退維谷。經學史家預設從顏之推到《五經正義》,正是一脈從「南/北學」分立,到以「南學」取代「北學」之歷史發展。長久以來,似乎已成不言而喻之說。以《顏氏家訓‧書證》篇觀之,確實是有經文鈔本「南/北」分立的現象。但是,顏之推運用「江南本」與「河北本」校勘的目的,在於區分經文與經義之「正/俗」,書中屢見糾繆俗說之誤,或言俗說之由來;欲以「正說」取代紛綸之「俗說」的目的十分明顯,而非以「南學」取代「北學」。

但是,經文鈔本如此分歧,顏之推對於「正/俗」的分判與定義,仍難扭轉學界習尚。按照上述房暉遠的見解,國學之中發生義例上的分別歧見,問題在於「博士不能徧涉」。假若博士能夠徧涉諸家儒學義疏,「師說」義例上的歧見便能迎刃而解嗎?據《隋書‧儒林傳》曰:

> 爰自漢、魏,碩學多清通,逮乎近古,巨儒必鄙俗。文、武不墜,弘之在人,豈獨愚蔽於當今,而皆明哲於往昔?在乎用與不用,知與不知耳。然纂之弼諧庶績,必舉德於鴻儒,近代左右邦家,咸取士於刀筆。縱有學優入室,勤踰刺股,名高海內,擢第甲科,若命偶時來,未有望於青紫,或數將運舛,必委棄於草澤。然則古之學者,祿在其中,今之學者,困於貧賤,明達之人,志識之士,安肯滯於所習,以求貧賤者哉?此所以儒罕通人,學多鄙俗者也。[70]

《隋書‧儒林傳》以同情的口吻,說明上位者在取士之時,不用優良的儒者,而喜以刀筆之吏為用,導致沒有儒者願意深入鑽研,進而使學術倒退。換言之,「博士不能徧涉」、「儒罕通人,學多鄙俗」的主因,導源自社會結構上的惡性循環,致使儒學陷入危機。

因此,房暉遠據學生所持不同之義,回歸到各家「師說」的義疏本文,分析該家之義之短長,充其量只是彰顯個人博通之能;學者、師生之間仍然缺乏標準可供依循,在國學中南北「義例不同」的現象,並沒有發生任何改變。像是劉焯與諸儒論「古今滯義」之事,群儒既不能使

---

[70]〔唐〕魏徵等撰:《隋書》,頁 1706。

之屈服;相對而言,群儒們一方面也只是「服其精博」,另一方面仍然維持各持己見的現象。[71] 故知即使能夠博通諸家義疏的通儒,也只是能夠短暫地折衷南北之學,並不足以成為學子「取正」的依據。這是因為此一議題的高度,已是屬於帝王裁決的層級,由國家規範經文鈔本之「正說」,才是解決儒家「師說」紛紜的必要之事。

第二節　從「俗本」到「定本」

一、《五經正義》的經文文字與顏監《定本》

《隋書・經籍志》記載隋文帝開皇六年(586)遷徙石經殘石的過程,曰:「自鄴京載入長安,置于祕書內省,議欲補緝,立于國學。」[72]「補緝」石經的意義,乃欲藉由復原這個殘缺的「古本」,統一經文作為國學之「定本」。這個任務,是由劉焯與劉炫「奉敕考定」。根據《北史》的敘述,此次考定石經經文的過程,曾經歷過激烈的討論,曰「奉敕與劉炫二人論義,深挫諸儒,咸懷妒恨,遂為飛章所謗,除名」;[73] 劉焯、劉炫在義理上雖能屈折對手,但是最終卻未能改變師說紛紜的現象。

---

[71]《隋書・儒林傳》曰:「尋復入京,與左僕射楊素、吏部尚書牛弘、國子祭酒蘇威、國子祭酒元善、博士蕭該、何妥、太學博士房暉遠、崔崇德、晉王文學崔賾等於國子共論古今滯義,前賢所不通者。每升座,論難鋒起,皆不能屈,楊素等莫不服其精博。」〔唐〕魏徵等撰:《隋書》,頁 1718。

[72]〔唐〕魏徵等撰:《隋書》,頁 947。

[73]《隋書・儒林傳》本段作:「六年,運洛陽石經至京師,文字磨滅,莫能知者,奉敕與劉炫等考定。後因國子釋奠,與炫二人論義,深挫諸儒,咸懷妒恨,遂為飛章所謗,除名為民。」〔唐〕魏徵等撰:《隋書》,頁 1718。《北史・儒林列傳》將本段改作:「六年,運洛陽石經至京師,文字磨滅,莫能知者,奉敕與劉炫二人論義,深挫諸儒,咸懷妒恨,遂為飛章所謗,除名。」〔唐〕李延壽:《北史》(臺北:臺灣商務印書館,1988 年 1 月,百衲本影元大德刊本),列傳卷 70,頁 22。《北史》所書,明確說明劉焯、劉炫校定石經文字,必定觸怒諸儒不同的立場,導致遭受除名,而校定之事也不了了之。中華書局《北史》點校本則在「劉炫」與「二人」之間,插入「等考定。後因國子釋奠,與炫」數字,其曰:「諸本脫『等考定,後因國子釋奠,與炫』十一字,據《隋書》卷七五、《通志》卷一七四〈劉焯傳〉補。」〔唐〕李延壽:《北史》,頁 2774。但點校本根據《隋書》、《通志》補字,未必是李延壽之意。因為《北史》更能說明,劉焯、劉炫來自刊定經文「定本」遭受的阻力與攻擊。

與隋初幾乎相同的歷史情節，唐太宗貞觀年間又再次重演。顏師古受詔考定《五經》，並同時釐定《五經》文字，[74] 重新建立國學經典的標準。據《貞觀政要・崇儒學》曰：

> 貞觀四年，太宗以經籍去聖久遠，文字訛謬，詔前中書侍郎顏師古於秘書省考定《五經》。及功畢，復詔尚書左僕射房玄齡集諸儒重加詳議。時諸儒傳習師說，舛謬已久，皆共非之，異端蜂起。師古輒取晉、宋以來古本，隨方曉答，皆出其意表，諸儒莫不嘆服。[75]

隋初與初唐之際，國學中的學術氛圍，其實沒有太大的不同，仍舊要面對相同的問題。顏師古遭遇到諸儒激烈的反應，想必同樣不減於隋代二劉；然與隋代的不同之處，在於顏師古折服對手之後，能夠迅速得到唐太宗的支持，確立了國學《五經》「定本」。[76] 顏師古依據的「晉、宋以來古本」，可能也是因襲隋代校勘者曾經使用的底本而來。例如，《春秋正義》曰：

> 古本亦有不重言「諸侯」，今定之本重有「諸侯」。若重言「諸侯」，則天下諸侯以此事，故皆睦於晉也；劉炫云「晉、宋古本皆不重言『諸侯』」，則唯謂齊、魯、宋三國睦耳，不重是也。[77]

---

[74] 顏元孫〈干祿字書序〉曰：「元孫伯祖故秘書監，貞觀中刊正經籍，因錄字體數紙，以示讎校楷書。當代共傳，號為《顏氏字樣》。」〔唐〕顏元孫：《干祿字書》（日本龍谷大學藏寬延二年刊本），頁1。關於《顏氏字樣》的內容，見敦煌寫卷s388描述。該卷卷首為不詳撰者《字樣》殘卷，後為郎知本《正名要錄》，二篇之中有抄經人之案語曰：「右依顏監《字樣》甄錄要用者，考定折衷，刊削紕謬。顏監《字樣》先有六百字，至於隨漏續出不附錄者，其數亦多。」〔唐〕郎知本：《正名要錄》（上海：上海古籍出版社，2002年3月，《續修四庫全書》影英藏敦煌寫卷s388），頁335。

[75] 〔唐〕吳兢撰，謝保成集校：《貞觀政要輯校》（北京：中華書局，2009年7月），頁384。

[76] 《貞觀政要》曰：「頒其所定書於天下，令學者習焉。」〔唐〕吳兢撰，謝保成集校：《貞觀政要輯校》，頁384。《玉海》曰：「舊史，貞觀七年十一月丁丑，頒新定《五經》于天下。」〔宋〕王應麟輯：《玉海》（揚州：廣陵書社，2003年8月，影清光緒九年浙江書局刊本），卷42，頁33。

[77] 〔晉〕杜預集解，〔唐〕孔穎達正義：《左傳注疏》（臺北：藝文印書館，1997年8月，阮元《十三經注疏》本），卷38，頁3。

又如《禮記正義》曰：

> 隋祕書監王劭勘晉、宋古本，皆無「稷曰明粢」一句，立八疑十二證，以為無此一句為是。……王劭既背《爾雅》之說，又不見鄭玄之言。苟信錯書，妄生同異，改亂經籍，深可哀哉。[78]

從兩段引文可知，在顏師古以前，隋代學者已持「晉、宋古本」校勘經文。甚至在陸德明《經典釋文》中引用的「古本」，可能也是指「晉、宋以來古本」而言。[79] 至於顏師古「定本」是否盡依「晉、宋古本」為說？雖然無法從今日的經文全盤得知，然據顏師古《匡謬正俗·漙》曰：

> 《鄭詩·野有蔓草》篇云：「野有蔓草，零露漙兮。有美一人，清揚婉兮。」《詩》古本有「水」旁作「專」字者，亦有單作「專」字者，後人輒改為之「漙」字，讀為團圓之「漙」。[80]

《匡謬正俗·尚書》論〈古文尚書序〉「懼覽者之不一」曰：

> 然後之學者輒改「之」字居「者」字上，云「覽之者不一」，雖大意不失，而顛倒本文，語更凡淺，又不屬對，亦為妄矣。今有晉、宋時書，不被改者往往而在，皆云「覽者之不一」。[81]

由其所見可知，「晉、宋以來古本」不是意指某一種鈔本，而是多種鈔本的泛稱，它們彼此也有差異，或「被改」，或「不被改」。面對諸儒攻評而「隨方曉答」，所形成的正俗之見，也未必盡依古代鈔本為是。經文「定本」的正定工作，也不會全然憑藉「晉、宋古本」為是。

後人從《五經正義》的內容，判斷所據經文「定本」的文字時，有以為《五經正義》言「今定本」，即是指顏師古考定的《五經》「定本」；[82]

---

[78] 〔漢〕鄭玄注，〔唐〕孔穎達正義：《禮記注疏》，卷5，頁20-21。
[79] 《經典釋文》引「古本」解「稷曰明粢」，與王劭之說相同。曰：「音咨，一本作明梁；古本無此句。」〔唐〕陸德明：《經典釋文》，卷11，頁11。
[80] 〔唐〕顏師古著，劉曉東平議：《匡謬正俗平議》，卷1，頁16。
[81] 〔唐〕顏師古著，劉曉東平議：《匡謬正俗平議》，卷2，頁33。
[82] 如段玉裁〈十三經注疏釋文校勘記序〉曰：「又有顏師古奉勅考定《五經》，凡《正義》中

劉文淇（1789-1854）於〈左傳舊疏考正自序〉中已駁此論，以為「疏中所云『今定本』者，當係舊疏，指齊、隋以前而言，必知非師古《定本》者」。然而，劉文淇分析的部分例證，固能支持其推論，[83] 但也不是全然無疑。從上述唐石經改刻的現象可知，後世對於「定本」的細節，還會出現不斷的修正；今日無法得知顏師古「定本」之形式，但可知《五經正義》所依據經文經注，與顏師古的經文「定本」並不完全相同。[84] 此外，顏師古本身亦參與編定《五經正義》，在編定《五經正義》的過程中，也必定得見自己校訂過的經文「定本」，徵引顏師古「定本」本來就是可能之事，不應全盤否定。[85] 又從《匡謬正俗》的例證可知，即使是顏師古本人，對於經文的解讀，也會出現前後早晚不一的變化。[86] 故知顏監「定本」、《五經正義》定本、唐石經定本，三者所據經文鈔本可能都不相同，《五經正義》與顏師古「定本」立場不同，並不是不可能發生。又如，劉文淇曰：

> 《匡謬正俗》云：「『襄五年，楚公子壬夫字子辛』。今之學者以其字子辛，遂改壬夫為王夫。」此與庚午不相類，固宜依本字讀為壬夫。此書亦師古所作，其定本應與之同，今《左傳疏》作王夫，不云定本作壬夫。[87]

所云『今定本』者是也。」〔清〕段玉裁：《經韵樓集》（上海：上海古籍出版社，2008 年 4 月），卷 1，頁 1。

[83] 劉文淇共舉十例，證明《五經正義》中徵引的「定本」，皆屬於南北朝舊疏定本，並非顏師古「定本」。〔清〕劉文淇：《左傳舊疏考正》，自序，頁 3-5。〔日〕野間文史：《五經正義の研究——その成立と展開》，頁 111。

[84] 劉文淇認為，編定《五經正義》所依據的經文，必定依據顏師古「定本」。其曰：「〈孔穎達傳〉：『與師古同受詔撰《五經正義》』，今《疏》中有定本 非者，夫豈師古自駁其說？」〔清〕劉文淇：《左傳舊疏考正》（臺北：藝文印書館，1986 年 9 月，《清經解》本），自序，頁 3。

[85] 蘇瑩輝〈從敦煌本毛詩詁訓傳論毛詩定本及詁訓傳分卷問題〉一文曰：「余謂《釋文》、《正義》兩書所引之《詩傳》定本，縱不如劉氏所考皆出於齊、隋以前，然至少《釋文》所引之定本，必非顏氏定本，則可斷言。……以時稽之，《正義》未嘗不可徵引顏籀定本。」蘇瑩輝：《敦煌論集續編》（臺北：臺灣學生書局，1983 年 6 月），頁 28。

[86] 如劉曉東曰：「又按師古既以『求瘼』之語為『既易本字，妄為臆說』，然自屬文如〈聖德頌〉，亦云『蠲苛削密，求瘼恤隱』而自違其論者，蓋此書乃其晚年之說也。」〔唐〕顏師古著，劉曉東平議：《匡謬正俗平議》，卷 1，頁 32。

[87] 〔清〕劉文淇：《左傳舊疏考正》，自序，頁 4。

按照劉文淇的邏輯,《匡謬正俗》既然主張作「王夫」,而《五經正義》作「壬夫」,可見:是因為《五經正義》所據,非依顏氏《定本》;但是,阮元《十三經注疏校勘記》又指出「《漢書·古今人表》亦作公子壬夫」,[88] 顏師古則於《漢書·古今人表》無注。[89] 可知劉文淇假設「豈師古自駁其說」的說法,[90] 未必不會發生。雖然無法從《五經正義》判斷顏師古「定本」的狀況,卻能經由顏師古的著作,與《五經正義》比對,略知初唐經傳「定本」曾經有過的變化。

又據《貞觀政要》曰:

> 太宗又以儒學多門,章句繁雜,詔師古與國子祭酒孔穎達等諸儒,撰定五經疏義,凡一百八十卷,名曰:《五經正義》。[91]

唐太宗於貞觀十二年(638)下詔修撰「五經義疏」,[92] 距離貞觀四年(630)下詔修撰考定《五經》文字,已經歷時八年之久,當時的學界仍然呈現「儒學多門,章句繁雜」的現象。可見即使《五經》定本早已頒定問世,師說紛紜的問題依舊存在,因此必須從「義疏」的層次上有所規範。然而,根據《封氏聞見記》之所見:

> 初,太宗以經籍多有舛謬,詔顏師古刊定,頒之天下。年代久,傳寫不同。開元已來,省司將試舉人,皆先納所習之本;文字差互,輒以習本為定。義或可通,雖與官本不合,上司務於收獎,即放過。[93]

---

[88] 〔清〕阮元:《十三經注疏校勘記》,左傳注疏校勘記卷 20,頁 1。
[89] 〔漢〕班固撰,〔唐〕顏師古注,〔清〕王先謙補注:《漢書補注》(臺北:藝文印書館,1996 年 8 月,光緒二十六年長沙王氏校刊本),卷 20,頁 65。
[90] 〔清〕劉文淇:《左傳舊疏考正》,自序,頁 4。
[91] 〔唐〕吳兢撰,謝保成集校:《貞觀政要輯校》,頁 384。
[92] 《唐會要》曰:「貞觀十二年,國子祭酒孔穎達撰五經義疏一百七十卷,名曰《義贊》。有詔改為《五經正義》。」〔宋〕王溥:《唐會要》,卷 77,頁 1405。
[93] 〔唐〕封演撰,趙貞信校注:《封氏聞見記校注》(北京:中華書局,2005 年 11 月),頁 12。

這段話也許會被解讀為，從唐玄宗開元年間到唐德宗貞元年間，發生經文傳寫不同的現象，導致出現「習本」與「官本」之別。實際上，有「習本」與「官本」之別的時間區間，不是只從開元年間到貞元年間，「開元已來」是就科舉考試而論，「傳寫不同」則是長久存在的問題。因為，當時既沒有刻本，又無定本石經，士子在「傳寫」過程發生謬誤本是情理之事，而經文文字的統一本非易事，「習本」與「官本」不同也可理解。甚至於「習本」之「流行」，更甚於「官本」，也是可能發生之事。[94]

但是，「傳寫不同」的現象發生，除了可能是傳抄「官本」時致誤之外，也有可能是六朝諸儒的鈔本繼續流傳，而被歸類為社會上的「習本」。《匡謬正俗・架》曰：

> 《詩》鄭氏《箋》云：「鵲之有巢，冬至加功，至春乃成。」此言始起冬至加功力作巢，蓋直語耳。而劉昌宗、周續等音「加」為「架」，若以搆架為義，則不應為「架功」也。[95]

《毛詩・鵲巢》曰：「維鵲有巢，維鳩居之。」鄭玄《箋》曰：「鵲之作巢，冬至架之，至春乃成，猶國君積行累功，故以興焉。」[96]《釋文》曰：「架音嫁，俗本或作『加功』。」[97]根據《十三經注疏校勘記》曰：

> 小字本、相臺本同。案此《釋文》本也。《釋文》云：「架之音嫁，俗本或作加功。」考《正義》本當作「加功」，《正義》云：

---

[94] 例如，郭京〈周易舉正序〉一文中，除了郭京自稱得到王輔嗣、韓康伯手寫「真本」之外，坊間也有「流行本」與官本之別；由此可知，世間學子「所習之本」與「官本」出入是一回事，哪種較好是另一回事，官方定本未必就是影響最大、流通最廣的鈔本，卻是較好的本子。〈周易舉正序〉曰：「京也歷代傳授五經為業，其於《易》道，討覈偏深，曾得王輔嗣、韓康伯手寫註定傳授真本，讀誦比校，今世流行本，及國學、鄉貢舉人等本，或將經入注，用注作經。小〈象〉中間以下句，反居其上，爻辭注內移，後義卻處於前。又兼有脫漏，兩字顛倒，謬誤增省，義理不通。今並依定本，舉正其謬，仍於謬誤之處，以朱書異之。希好事君子，志學通儒，詳而觀之。」〔清〕董誥等編：《全唐文》（上海：上海古籍出版社，2007 年 5 月，揚州官刻本縮印），卷 902，頁 4175。
[95] 〔唐〕顏師古著，劉曉東平議：《匡謬正俗平議》，卷 1，頁 8。
[96] 〔漢〕毛公傳，〔漢〕鄭玄箋，〔唐〕孔穎達正義：《毛詩注疏》（臺北：藝文印書館，1997 年 8 月，阮元《十三經注疏》本），卷 1 之 3，頁 2。
[97] 〔唐〕陸德明：《經典釋文》，毛詩音義上，頁 6。

「故知冬至加功也。」是其證。《定本》當亦作「加功」，故《正義》不言有異也。《定本》出於顏師古，其《匡謬正俗》有論此一條，云：「始起冬至加功力為巢也。」是其證。顏又引「劉昌宗、周續等音加為架」，而駁其不應言「架功」，其說誤也。劉、周二本皆作「加之」，故音架，而以橫架為義；與《釋文》作「架之」者，實一本也。[98]

《毛詩正義》與《匡謬正俗》所據鈔本相同，「定本」即《經典釋文》所謂的「俗本」，皆應作「加功」。根據南宋建刻十行本《毛詩注疏》之鄭《箋》曰「鵲之作巢，冬至架之，至春乃成」，[99] 與今日諸傳本之鄭《箋》皆同作「架」，卻與《毛詩正義》所據鈔本作「加」不同。從「注」與「疏」相違的現象可知，劉昌宗、周續、陸德明所據的《毛詩》鄭《箋》本，後來必定成為流行的「習本」之一；而且沒有因為懾於「官本」的權威而消亡，也沒有因為取士依據《五經正義》而改變其文，最終甚至成為今日《毛詩注疏》普及鈔本的一部分。

若以劉昌宗、周續音注的著作論之，這些著作應該也是屬於「晉、宋古本」之一，但是《匡謬正俗》卻批評「劉、周之徒」之說「於義無取」；[100] 可見當時面對諸多鈔本，關於「正／俗」之間的「循名責實」，並不是單以「古／今」、「南／北」作為判準的依據。[101]

將「經學統一」之說，等同為「北學」的消亡，其實是忽略了在隋唐之際，如何從「南／北」學到「正義」的問題；所謂的「正義」，則關

---

[98] 〔清〕阮元：《十三經注疏校勘記》，毛詩注疏校勘記卷1，頁19。
[99] 〔漢〕毛公傳，〔漢〕鄭玄箋，〔唐〕孔穎達正義，〔日〕長澤規矩也解題：《毛詩注疏》（東京：汲古書院，1974年6月，日本足利學校遺迹後援會影南宋建刻十行本），卷1之3，頁13。
[100] 〔唐〕顏師古著，劉曉東平議：《匡謬正俗平議》，卷1，頁10。
[101] 如顏元孫〈干祿字書序〉曰：「所謂俗者，例皆淺近，唯籍帳、文案、券契、藥方，非涉雅言，用亦無爽，儻能改革，善不可加。所謂通者，相承久遠，可以施表、奏、牋、啟、尺牘、判狀，因免詆訶。所謂正者，並有憑據，可以施著述、文章、對策、碑碣，將為允當。有此區別，其故何哉？夫筮仕觀光，惟人所急；循名責實，有國恆規。既考文辭，兼詳翰墨，升沈是繫，安可忽諸？用舍之間，尤須折衷，目以干祿，義在茲乎！」〔唐〕顏元孫：《干祿字書》，頁2-3。

乎論斷「師說」之「正／俗」。事實上，初唐國學所要面對的課題，不僅是儒學內部經文解釋的一致；當修撰《五經正義》的工作，開始爬疏「儒學多門，章句繁雜」的儒學文獻時，孔穎達等人所要面對的問題，恐怕是要重新定義何謂儒學的「師門」？以及使其「師說」成為國學教化的一個標準。

二、《五經正義》的刊行與「異端」

《五經正義》在唐高宗永徽年間「就加增損」之後，[102] 成為「詔頒於天下，每年明經依此考試」的範本。[103] 後人在討論唐代修撰《五經正義》的意義時，多從明經考試上的影響，理解《五經正義》在經學史的是非功過。例如，劉文淇曰：

> 六朝諸儒說經之書，百不存一，使後人略有所考見者，則以唐人《正義》備載諸儒之說也。然唐制，試明經，一依《正義》，非是，黜為異端。遂使諸儒原書漸就亡佚，故昔人謂唐人《正義》功過相等。[104]

若案劉文淇所論，既然「六朝諸儒說經之書」的成書時間早於《五經正義》，又得以考見於《五經正義》徵引的內容之中，又何以會被視為「異端」之作呢？[105] 因此，這些六朝經說也不應全以「異端」視之。故可追問，「正義」之「異端」的指涉對象為何？

經學史家又罪咎孔穎達等人「所宗之注」不佳，以為「妄出己見，

---

[102] 〔宋〕歐陽修、宋祁等撰：《新唐書》，頁 5644。
[103] 〔宋〕王溥：《唐會要》，卷 77，頁 1405。
[104] 案劉文淇言「非是，黜為異端」之說，略有語病。取士上既已「一依《正義》」，豈有將應試者「黜為異端」之事？故所謂「黜為異端」，並不是就「試明經」而言，而是針對後來亡佚的「諸儒原書」，亦即「六朝諸儒說經之書」。〔清〕劉文淇：《左傳舊疏考正》，自序，頁 1。
[105] 後人批評《五經正義》如此作法，是勦襲舊疏的行為。劉文淇曰：「勦襲舊疏，斷非沖遠之意，而出於永徽諸臣之增損也。」〔清〕劉文淇：《左傳舊疏考正》，自序，頁 2-3。

去取失當」，[106] 或言「朱紫無別，真贗莫分」，蓋因「一時之好尚」所致。[107] 學者或許以為，《五經正義》在經注上「去取失當」的結果，將導致其他各家經注被視為「異端」而黜去乎？[108] 近代學者的理解，實將「正義」與「異端」的二元對立，建構在亡佚的漢代經注與流傳的魏晉經注之上，[109] 並且批評《五經正義》選擇經注後的影響。這樣的理解，是假設在《五經正義》「專主一家」經注之後，「正義」與「異端」從此涇渭分明；但是仍無法解釋，早在《五經正義》編纂之前，唐太宗已視儒學之中本有「異端」的既定事實。[110]

經學史家的思維模式，認為唐高宗以《五經正義》作為明經取士的依據，等於藉由權力規範，決定單一經注經說的合法性。但是，這僅能就明經取士而論；明經取士教科書以外的範疇，則未必受到同樣的要求。例如，《大唐六典・國子監》記載，在國學之中，是以九經教授。曰：

> 凡教授之經，以《周易》、《尚書》、《周禮》、《儀禮》、《禮記》、《毛詩》、《春秋左氏傳》、《公羊傳》、《穀梁傳》各為一經；《孝經》、《論語》、《老子》，學者兼習之。[111]

李林甫（？-752）等注「九經」經注則曰：

---

[106] 江藩曰：「惜乎孔沖遠、朱子奢之徒妄出己見，去取失當，《易》用輔嗣而廢康成，《書》去馬、鄭而信偽孔，……棄尊彝而寶康瓠，舍珠玉而收瓦礫，不亦慎哉！」〔清〕江藩：《國朝漢學師承記》（北京：中華書局，1998年12月），頁4。
[107] 皮錫瑞：《經學歷史》，頁211-212。
[108] 例如，劉師培《國學發微》曰：「至沖遠作疏，始立『正義』之名。夫所謂『正義』者，即以所用之注為正，而所舍之注為邪。」劉師培：《國學發微》，劉師培：《劉申叔遺書》（南京：江蘇古籍出版社，1997年11月），頁36。
[109] 例如，范文瀾徵引清代閻若璩等人之說曰：「就諸家之說觀之，大抵謂六朝經學勝於唐人，以六朝南北學相較，則北學又勝於南，以北人宗漢學，而南人不盡宗漢學也。至沖遠作疏，始輕北而重南，傳南而遺北，而漢學始亡，斯固不易之確論。然自吾觀之，則廢黜漢注，固為唐人《正義》之大疵，然其所以貽誤後世者，則專主一家之故也。」范文瀾：《群經概論》，收於范文瀾：《范文瀾全集》（石家莊：河北教育出版社，2002年11月），頁5。然漢注如過江之鯽，豈均為佳注？若均為佳注，何以魏、晉之際已太半消亡？此說乃清人宗漢大敝所致。
[110] 〔唐〕吳兢撰，謝保成集校：《貞觀政要輯校》，頁384。
[111] 〔唐〕李林甫等撰：《唐六典》（北京：中華書局，2005年4月），卷21，頁558。

> 諸教授正業：《周易》，鄭玄、王弼注；《尚書》，孔安國、鄭玄注；三《禮》、《毛詩》，鄭玄注；《左傳》，服虔、杜預注；《公羊》，何休注；《穀梁》，范甯注；《論語》，鄭玄、何晏注；《孝經》、《老子》，並開元御注。舊《令》：《孝經》，孔安國、鄭玄注；《老子》，河上公注。其《禮記》、《左傳》為大經，《毛詩》、《周禮》、《儀禮》為中經，《周易》、《尚書》、《公羊》、《穀梁》為小經。[112]

從注文可知，舉「舊《令》」的用意，在於唐玄宗御注頒行之後，國學「教授正業」的經注會發生改變；[113]原本《孝經》、《老子》經注，皆會被「開元御注」所取代。[114]據仁井田陞（1904-1966）《唐令拾遺》所言，「舊令」當指開元七年（719）以前之令。[115]換言之，除了《孝經》、《老子》經注變動外，其餘諸經經注，皆是唐玄宗以前至於唐玄宗之時國學教授的內容。又據藤原不比等（659-720）《養老律令·學令》曰：

> 凡教授正業：《周易》鄭玄、王弼注。《尚書》孔安國、鄭玄注。三《禮》、《毛詩》鄭玄注。《左傳》服虔、杜預注。《孝經》孔安國、鄭玄注。《論語》鄭玄、何晏注。[116]

日本八世紀時的《養老律令》，主要是參酌唐高宗永徽二年（651）的《永徽令》而成，[117]與「舊《令》」比對，幾無二致。合此推論，《大唐六典》注中所徵引的「舊《令》」，可以說明自永徽二年，甚至是更早的貞觀年間，國學教授的內容，就沒有太大的變動。甚至將此與隋代國學教

---

[112] 〔唐〕李林甫等撰：《唐六典》，卷21，頁558。
[113] 此時視《老子》為經也。《禮記·學記正義》曰：「教必有正業者。正業，謂先王正典，非諸子百家，是教必用正典教之也。」〔漢〕鄭玄注，〔唐〕孔穎達正義：《禮記注疏》，卷36，頁7。
[114] 任育才：《唐型官學體系之研究》（臺北：五南圖書公司，2007年11月），頁325。
[115] 〔日〕仁井田陞：《唐令拾遺》（東京：東京大學出版會，1964年9月），頁273。
[116] 〔日〕會田範治：《註解養老令》（京都：有信堂，1964年3月），頁593。
[117] 高明士〈日本沒有實施過科舉嗎〉曰：「日本貢舉制度定於《養老令》，其藍本為唐之《永徽令》及《開元前令》，已為學界公認。」高明士：〈日本沒有實施過科舉嗎？〉，《玄奘人文學報》第3期（2004年12月），頁11。

授之經注比對，也都完全一致（表二）。《隋書‧經籍志》記載隋代國學教授之經注曰：

> 至隋，（《周易》）王注盛行，鄭學浸微。……至隋，（《尚書》）孔、鄭並行，而鄭氏甚微。……唯《毛詩》鄭《箋》，至今獨立。……（三《禮》）唯鄭注立於國學，其餘並多散亡，又無師說。……至隋，（《左傳》）杜氏盛行，服義及《公羊》、《穀梁》浸微。……至隋，秘書監王劭于京師訪得（《孝經》）《孔傳》，送至河間劉炫，炫因序其得喪，述其義疏，講於人間，漸聞之朝廷。後遂著令，與鄭氏並立。……至隋，（《論語》）何、鄭並行，鄭氏盛於人間。[118]

隋代國學之中的經注，雖然有盛行與浸微之別，然而能夠立於學官，說明當時仍有教授。推想如是，從隋代國學以降，直至李林甫當時的唐代國學，在諸經經注的教授上完全一致，未有發生中絕的情形。

表二　隋、唐、日國學教授內容比對表

	周易	尚書	三禮	毛詩	左傳	公羊	穀梁	孝經	論語
隋書‧經籍志	王弼（盛）鄭玄（微）	孔安國（盛）鄭玄（微）	鄭玄	鄭玄	杜預（盛）服虔（微）	（微）	（微）	孔安國鄭玄	鄭玄何晏
大唐六典	王弼鄭玄	孔安國鄭玄	鄭玄	鄭玄	杜預服虔	何休	范甯	孔安國鄭玄	鄭玄何晏
養老律令	王弼鄭玄	孔安國鄭玄	鄭玄	鄭玄	杜預服虔			孔安國鄭玄	鄭玄何晏

從隋代國學盛行的經注可知，初唐《五經正義》在經注上的選擇，應與隋唐之際「師說」之盛衰有關；其次，若從孔穎達所宗經注之「好尚」論之，案《新唐書‧孔穎達傳》曰：

> 孔穎達字仲達，冀州衡水人。八歲就學，誦記日千餘言，闇記

---

[118]〔唐〕魏徵等撰：《隋書》，頁913-939。

《三禮義宗》。及長,明服氏《春秋傳》、鄭氏《尚書》、《詩》、《禮記》、王氏《易》,善屬文,通步曆。[119]

孔穎達所習除鄭玄《詩》注、《禮記》注與《五經正義》相同之外,其餘《春秋》、《尚書》、《易》三經的經注,皆與《五經正義》所主「師說」不同;由此可知,初唐《五經正義》在經注上的選擇,並不是取資於孔穎達個人學術之「好尚」。

唐代國學延續隋代國學授受之內容,並沒有因為《五經正義》後來在取士上的影響,而發生廢黜他家經注的現象;但是經注本身是否仍有「師說」流傳?[120] 以及唐代國學在延續前代國學授受之內容時,是否對於當時的「師說」也全盤接受?從《貞觀政要》記載顏師古定本完成以後,諸儒根據各自傳習的「師說」非議,導致「異端蜂起」的情形可知,這些「師說」被視為「異端」之說,一方面可能與所據鈔本文字有關;

---

[119] 〔宋〕歐陽修,宋祁等撰:《新唐書》,頁 5643。歐陽修《集古錄跋尾·唐孔穎達碑》曰:「右〈孔穎達碑〉,于志寧撰。其文磨滅,然尚可讀。今以其可見者,質于《唐書》列傳,〈傳〉所缺者,不載穎達卒時年壽,其與魏鄭公奉勅共修《隋書》亦不著。又其字不同,〈傳〉云字仲達,碑云字冲遠。碑字多殘缺,惟其名字特完,可以正〈傳〉之繆。不疑以冲遠為仲達,以此知文字轉易失其真者,何可勝數?幸而因余《集錄》所得,以正其訛舛者,亦不為少也。乃知余家所藏,非徒翫好而已,其益豈不博哉!治平元年端午日書。」〔宋〕歐陽修:《歐陽修全集》(北京:中華書局,2009 年 1 月),頁 2194-2195。知歐陽修於宋英宗治平元年(1064)之時,已據于志寧〈孔穎達碑〉論後史傳之舛誤。根據中華書局點校本《新唐書》之〈出版說明〉描述,「《新唐書》的編撰,約開始於北宋慶曆四年(1044),到嘉祐五年(1060)」。〔宋〕歐陽修,宋祁等撰:《新唐書》,〈出版說明〉,頁 1。歐陽修等人將《新唐書》編撰完成,是在治平元年以前。因此,歐陽修《集古錄》所見〈列傳〉「以冲遠為仲達」,有可能是指《舊唐書·孔穎達傳》,也有可能是指《新唐書·孔穎達傳》而言。另一方面,武英殿本《舊唐書》作「孔穎達字仲達」,知新、舊《唐書》皆作「孔穎達字仲達」,並無相異。〔後晉〕劉昫等撰:《舊唐書》(光緒 29 年五洲同文局石印武英殿本),卷 73,頁 15。今見北京中華書局點校本《舊唐書·孔穎達傳》篇末〈校勘記〉曰:「沖遠,各本原作『仲達』,據于志寧〈曲阜憲公孔公碑銘〉改」,故知中華書局點校本《舊唐書·孔穎達傳》作「沖遠」,《新唐書·孔穎達傳》仍作「仲達」,並非史傳相循之原貌。〔宋〕歐陽修,宋祁等撰:《新唐書》,頁 2601。

[120] 據開元年間〈正議大夫使持節易州諸軍事守易州刺史兼高陽軍使賞紫金魚袋上柱國田公德政之碑〉言田璀於太學之中所學,甚至還包括《大唐六典》注所述以外之經典。曰:「弱冠遊太學,尋師授《韓詩》、《曲禮》,以為〈小雅〉傷於怨刺,《大戴》失於奢侈。」〔清〕董誥等編:《全唐文》,卷 305,頁 1369。故知《隋書·經籍志》曰:「《韓詩》雖存,無傳之者。」唐代《韓詩》經典猶存,但已無「師說」流傳,所受或僅粗通文義。〔唐〕魏徵等撰:《隋書》,頁 918。

另一方面從長孫無忌〈進五經正義表〉認為，唐太宗勅使孔穎達刊定《五經正義》的原因，也是在於「先儒競生別見，後進爭出異端」，「異端」之說則與解釋經注的義疏相關。[121]因此，「正義」與「異端」的二元對立，亦即前朝辨析「正／俗」之見的翻版；只是在「師說」的內容上，出現「正／俗」之別，除了上述鈔本傳鈔上的出入之外，經學史上的「三教」之辨，以及書寫「師說」的南北義疏之作，是否才是「異端」的核心問題呢？如此一來，經由「正義」與「異端」啟發的正統思辨，除了呈現在作為國學讀本的《五經正義》上，並將呈現在「師說」的釐定。

第三節　初唐「正義」的波折

一、《五經正義》兩次頒行之啟示

蘇瑩輝在〈《五經正義》第一次頒行於貞觀年中說〉一文中，論證《五經正義》的兩次頒行，[122]第一次是在貞觀十六年（642）以前，《五經正義》不僅已經完成「撰定」，[123]並且曾經「頒行」於國學之中；[124]永徽四年（653）頒行的《五經正義》，則屬於第二次「頒行」。蘇瑩輝曰：

> 歸納諸書記載，明言《五經正義》於貞觀年間施行者，為《貞

---

[121]〔清〕董誥等編：《全唐文》，卷136，頁604。
[122] 蘇瑩輝〈《五經正義》第一次頒行於貞觀年中說〉曰：「馬嘉運之駁難孔疏，確在《五經正義》頒布以後。而永徽四年三月一日所施行之《正義》，乃長孫無忌等承詔繼貞觀『有詔更令裁定』後第二次大規模刊正之成果。」蘇瑩輝：〈《五經正義》第一次頒行於貞觀年中說〉，《國立中央圖書館館刊》新2卷第2期（1986年10月），頁30。
[123] 關於第一次撰定頒行的確切時間，《資治通鑑》將此事繫年於貞觀十四年二月丁丑，唐太宗幸國子監觀釋奠之事下，現存文獻，除此之外，並無他說。《資治通鑑・唐紀》曰：「上以師說多門，章句繁雜，命孔穎達與諸儒撰定五經疏，謂之《正義》。」〔宋〕司馬光編著：《資治通鑑》，頁6153。
[124] 一次「頒行」的理解，如福島吉彥撰〈唐《五經正義》撰定考〉曰：「《五經正義》之撰定，經三階段而成。第一階段，《正義》初稿之著述，今稱『撰修』；第二階段，『撰修』初稿之第一次訂正，今稱『審定』；第三階段，第一次訂正稿之第二次訂正，今稱『刊定』。此云『撰定』，為此三階段合稱。」〔日〕福島吉彥撰，刁小龍譯，姚去兵修訂：〈唐《五經正義》撰定考〉，彭林編：《中國經學》（桂林：廣西師範大學出版社，2011年6月），第8輯，頁93-94。

觀政要》（附國學施行）、《舊唐書·孔穎達傳》（付國子監施行）。而《舊傳》記馬嘉運駁難《正義》事在「……實為不朽。付國子監施行，賜穎達物三百段。」以後，尤足證明《正義》之頒布，確在嘉運駁以前。[125]

蘇瑩輝對此議題的疑惑，來自於新、舊《唐書·孔穎達傳》記載的《五經正義》修撰者，如顏師古、司馬才章、王恭、王琰，[126] 何以不見於各經《正義》序文之中記載？推測前後可能有所轉變。

從各經《正義》序文，也確實可以區分出貞觀十六年「奉勅刪定」，以及貞觀十六年以後「覆更詳審」的轉變。[127] 若據于志寧〈大唐故國子祭酒曲阜憲公孔公之碑銘〉之行文曰：

> 奉敕□撰五經義疏，公博極群書，遊□眾藝。削前□之紕繆，□往哲之□□，誠萬古之儀刑，實一代之標的。蒙敕賜名「五經正義」，付國子監施行，賜物三百段。……奉敕修《隨史》五十卷、《□禮》一百卷、《五經正義》一百七十卷。[128]

此碑刻於貞觀二十二年（648）孔穎達卒後，碑文已言《五經正義》之「施行」，而未言其「功竟未就」；[129] 從碑刻不朽的性質，可確認貞觀末年對於孔穎達編定《五經正義》，本有已經完成一百七十卷本《五經正

---

[125] 蘇瑩輝：〈《五經正義》第一次頒行於貞觀年中說〉，頁 30。
[126] 《舊唐書·孔穎達傳》曰：「先是，與顏師古、司馬才章、王恭、王琰等諸儒受詔撰定五經義訓。」〔後晉〕劉昫等撰：《舊唐書》，頁 2602。
[127] 〔魏〕王弼、〔晉〕韓康伯注，〔唐〕孔穎達正義：《周易注疏》（臺北：藝文印書館，1997年8月，阮元《十三經注疏》本，），易序，頁 2-3。
[128] 〔清〕董誥等編：《全唐文》，卷145，頁 643-644。李宗瀚藏宋拓本〈孔祭酒碑〉，此段字跡漶漫，而略有差異：「□□□撰五經義疏，公博極 書，遊□眾藝。削前□之□繆，□往哲之蕭秕，諒萬古之儀刑，寔一代之準的。蒙敕改名「五經正義」，付國子監施行，賜物三百段。……奉敕修《隨史》五十□、《新禮》一□卷、《五經正義》一百七十卷。」〔唐〕于志寧撰文：《唐孔祭酒碑》（上海：上海書畫出版社，2000年12月，宋拓本），頁 46-59。
[129] 《舊唐書·孔穎達傳》曰：「時又有太學博士馬嘉運駁穎達所撰正義，詔更令詳定，功竟未就。」〔後晉〕劉昫等撰：《舊唐書》，頁 2603。

義》的認定。[130] 然而，以《舊唐書》所載《五經正義》卷數為例，在〈儒學傳〉中作「一百七十卷」,[131] 在〈孔穎達傳〉則作「一百八十卷」,[132] 後世流傳已見二說並存；若以碑文為孔穎達生前之確論，關於《貞觀政要》與《舊唐書‧孔穎達傳》均作「一百八十卷」的說法，[133] 以及史書「功竟未就」的解讀，應該屬於孔穎達卒後衍生之說法，而不屬於孔穎達蓋棺論定當時的情形。

將修撰《五經正義》與孔穎達區別開來，從主持修撰者的身分觀之，貞觀十二年（638）孔穎達以國子祭酒的身分，奉勅撰定五經義疏，「名曰：《義贊》，有詔改為《五經正義》」。[134] 據長孫無忌〈進《五經正義》表〉所載，永徽四年三月頒布《五經正義》的主要修撰者，並不是國子祭酒的身分，而是曾任太子太師的太尉長孫無忌。[135]《唐會要‧貢舉下》曰：

> 至四年三月一日。太尉無忌、左僕射張行成、侍中高季輔，及國子監官，先受詔修改《五經正義》，至是功畢，進之。詔頒於天下。[136]

除去「國子三館博士、宏文學士」等人物，此次參與修撰的主要人物，還有另一個共同身分：「監修國史」。[137] 就其身分觀之，由六位宰相共同監

---

[130]《冊府元龜‧學較部‧註釋二》曰：「孔穎達為國子祭酒，太宗以儒學多門，章句繁雜，令穎達與諸儒撰正五經義疏一百七十卷，數年乃成。」〔宋〕王欽若等編：《冊府元龜》，卷606，頁14。
[131]《舊唐書‧儒學傳》曰：「又以儒學多門，章句繁雜，詔國子祭酒孔穎達與諸儒撰定五經義疏，凡一百七十卷，名曰《五經正義》，令天下傳習。」〔後晉〕劉昫等撰：《舊唐書》，頁4941。
[132]《舊唐書‧孔穎達傳》曰：「先是，與顏師古、司馬才章、王恭、王琰等諸儒受詔撰定五經義訓，凡一百八十卷，名曰《五經正義》。」〔後晉〕劉昫等撰：《舊唐書》，頁2602。
[133]〔唐〕吳兢撰，謝保成集校：《貞觀政要輯校》，頁384。
[134]〔宋〕王溥：《唐會要》，卷77，頁1405。
[135]〔後晉〕劉昫等撰：《舊唐書》，頁2452-2453。
[136]〔宋〕王溥：《唐會要》，卷77，頁1405。
[137]〈進《五經正義》表〉曰：「勅太尉揚州都督監修國史上柱國趙國公臣無忌、司空上柱國英國公勣、尚書左僕射兼太子少師監修國史上柱國燕國公臣誌寧、尚書右僕射兼太子少傅監修國史上護軍曲阜縣開國公臣行成、光祿大夫侍中兼太子少保監修國史上護軍蓼縣開國

修《五經正義》，似乎較國子祭酒提高了層級；但是從〈進《五經正義》表〉的用典推論：

> 筆削已了，繕寫如前。臣等學謝伏恭，業慚張禹，雖罄庸淺，懼乖典正，謹以上聞，伏增戰越。謹言。[138]

長孫無忌因為監修《五經正義》，將自己比擬為漢成帝（51-7B.C.；33-7B.C.在位）之「帝師」張禹（?-5B.C.），[139] 以及漢章帝（57-88；75-88在位）之「三老」伏恭（6B.C.-84）；[140] 其用意在於以「師／老」的身分，而非以宰相的身分，進呈《五經正義》之「師說」以輔弼天子。

第二次修定《五經正義》的時間相當短暫，[141] 從永徽二年三月下詔，永徽三年三月刊定，永徽四年三月即頒於天下。可能因為高宗初立的緣故，加快了修訂過程。第二次修定《五經正義》，是由「監修國史」主導其事，修定的場所，可能由外廷移至於禁中；[142] 從〈進《五經正義》表〉羅列的名單中，也沒有國子祭酒參與其中。在孔穎達致仕之後，繼任的國子祭酒為張後胤；[143] 但張後胤似乎與第二次修定《五經正義》無關，並且在貞觀二十三年（649）即已除散騎常侍。[144] 隔年唐高宗即位之後，從

公臣季輔、光祿大夫吏部尚書監修國史上柱國河南郡開國公臣褚遂良、銀青光祿大夫守中書令監修國史上騎都尉臣柳奭。」〔清〕董誥等編：《全唐文》，卷136，頁604。
138 〔清〕董誥等編：《全唐文》，卷136，頁604。
139 《漢書・匡張孔馬列傳》曰：「禹雖家居，以特進為天子師，國家每有大政，必與定議。」〔漢〕班固撰，〔唐〕顏師古注，〔清〕王先謙補注：《漢書補注》，卷81，頁13。
140 《後漢書・儒林列傳》曰：「建初二年冬，肅宗行饗禮，以恭為三老。」〔南朝宋〕范曄撰，〔唐〕李賢注，〔清〕王先謙集解：《後漢書集解》，卷79下，頁2。
141 趙紹祖《讀書偶記・五經正義》曰：「永徽二年考正，《舊書》言四年三月頒於天下，則二年而畢，其草率可知。」〔清〕趙紹祖：《讀書偶記》（北京：中華書局，2006年6月），頁2。
142 《舊唐書・職官志》曰：「歷代史官，隸祕書省著作局，皆著作郎掌修國史。武德因隋舊制。貞觀三年閏十二月，始移史館於禁中，在門下省北，宰相監修國史，自是著作郎始罷史職。」〔後晉〕劉昫等撰：《舊唐書》，頁1852。
143 《冊府元龜》曰：「唐太宗貞觀二十一年二月丁丑，詔皇太子之國學釋奠於先師。皇太子為初獻，國子祭酒張後裔為亞獻，光州刺史攝司業趙弘智為終獻。」〔宋〕王欽若等編：《冊府元龜》，卷260，頁19。
144 〈唐尚書張後胤碑〉云：「二十三年，除散騎常侍，出陪鸞輅。」〔明〕趙崡：《石墨鐫華》（臺北：藝文印書館，1966年，百部叢書影知不足齋叢書本），卷2，頁15。

永徽元年（650）至永徽四年之間，也就是在《五經正義》修訂的期間，則不詳何人擔任此時的國子祭酒。

此事有一不解之處，唐高宗於永徽四年先後任命兩位國子祭酒；先是任命趙弘智（572-653），卻旋卒於此年，後又任命令狐德棻（583-666）。[145] 在此之前，根據《冊府元龜・侍講》曰：

> 趙弘智為陳王師。永徽二年十二月，高宗命弘智於百福殿講《孝經》。召中書、門下三品，及弘文館學士、國子學官，並令預坐。弘智演暢微言，備陳五孝之義。學生等難問連環，弘智酬應如響。[146]

唐高宗使陳王之師趙弘智講《孝經》，一如國子祭酒之事，故於永徽四年「尋遷國子祭酒，仍為崇賢館學士」，[147] 似顯合情合理。但從孔穎達《五經正義》各篇的〈序〉文可知，唐太宗於貞觀十六年「詔更令詳定」之時，[148] 又「勅使趙弘智覆更詳審，為之正義」；[149] 趙弘智必定是當時主導覆審《五經正義》的最主要人物，並且也是最熟悉唐太宗心目中《五經正義》的人選。但是，趙弘智不僅不在〈進《五經正義》表〉的名單之列，也是在第二次修定《五經正義》完成，或者接近完成之後，方才被任命為國子祭酒。從時間與職務的安排，都顯得長孫無忌在此次修定《五經

---

[145] 《新唐書・趙弘智列傳》曰：「四年，進國子祭酒，仍為學士。卒，年八十二，諡曰宣。弘安亦終國子祭酒。」〔宋〕歐陽修、宋祁等撰：《新唐書》，頁 19。趙弘安為趙弘智之兄長，亦曾擔任國子祭酒之職，卒於任上；由文意可知，趙弘智亦卒於國子祭酒任上，即永徽四年。因此，唐高宗又任命令狐德棻繼之。《舊唐書・令狐德棻列傳》曰：「四年，遷國子祭酒，以修貞觀十三年以後實錄功，賜物四百段，兼授崇賢館學士。」〔後晉〕劉昫等撰：《舊唐書》，頁 2599。

[146] 〔宋〕王欽若等編：《冊府元龜》，卷 599，頁 12-13。

[147] 〔後晉〕劉昫等撰：《舊唐書》，頁 4922。

[148] 〔後晉〕劉昫等撰：《舊唐書》，頁 2603。

[149] 〔魏〕王弼、〔晉〕韓康伯注，〔唐〕孔穎達正義：《周易注疏》，易序，頁 3。〔漢〕孔安國注，〔唐〕孔穎達正義：《尚書注疏》（臺北：藝文印書館，1997 年 8 月，阮元《十三經注疏》本），書疏序，頁 4。〔漢〕毛公傳，〔漢〕鄭玄箋，〔唐〕孔穎達正義：《毛詩注疏》，書疏序，頁 2。〔漢〕鄭玄注，〔唐〕孔穎達正義：《禮記注疏》，禮記正義序，頁 4。〔晉〕杜預注，〔唐〕孔穎達正義：《春秋左傳注疏》，春秋正義序，頁 5。

正義》之事上,刻意與貞觀年間修訂《五經正義》,有所迴避與區隔。[150]

後世會將《五經正義》於太宗貞觀十六年之前頒行之事,與高宗永徽四年的頒行視為一事,其實是接受了《新唐書・儒學傳》的敘事。[151]《新唐書・儒學傳・孔穎達》曰:

> 初,穎達與顏師古、司馬才章、王恭、王琰受詔撰五經義訓凡百餘篇,號「義贊」,詔改為「正義」云。雖包貫異家為詳博,然其中不能無謬冗,博士馬嘉運駁正其失,至相譏詆。有詔更令裁定,功未就。永徽二年,詔中書門下與國子三館博士、弘文館學士考正之,於是尚書左僕射于志寧、右僕射張行成、侍中高季輔就加增損,書始布下。[152]

《舊唐書・孔穎達傳》則曰「時又有太學博士馬嘉運駁穎達所撰《正義》,詔更令詳定,功竟未就。十七年,以年老致仕」,[153]並未將永徽修撰與貞觀時期合論。新、舊《唐書》對於孔穎達受到馬嘉運(?-645)駁正之後的《五經正義》,理解也不一致,《舊唐書》僅認為《五經正義》「頗多繁雜」,馬嘉運「掎摭繁雜,蓋求備者也」;[154]《新唐書》則著重於《五經正義》「不能無謬冗」,馬嘉運「駁正其失,至相譏詆」。依照《新唐書》的敘事,會以為孔穎達於太宗朝中「功未就」的主因,是受到馬嘉運的駁正,因此高宗朝中的修訂工作,理應是接受馬嘉運的意見增損而來;若以《舊唐書》而論,僅於〈高宗本紀〉曰:「頒孔穎達《五經正義》於天下」,[155]未有論及于志寧等人增損之事。

再者,貞觀十四年(640)三月丁丑,[156]太宗親臨國子學觀釋奠,此

---

[150] 長孫無忌〈進《五經正義》表〉的時間為「永徽四年二月二十四日」,假設趙弘智遷國子祭酒未必會在年初,則知其有所迴避。〔清〕董誥等編:《全唐文》,卷136,頁604。
[151] 〔元〕馬端臨:《文獻通考》,卷175,頁1515中。
[152] 〔宋〕歐陽修、宋祁等撰:《新唐書》,頁5644。
[153] 〔後晉〕劉昫等撰:《舊唐書》,頁2602-2603。
[154] 〔後晉〕劉昫等撰:《舊唐書》,頁2603-2605。
[155] 〔後晉〕劉昫等撰:《舊唐書》,頁71。
[156] 〔後晉〕劉昫等撰:《舊唐書》,頁916。

次釋奠有可能是為了孔穎達撰定《五經正義》而設。[157]國子祭酒孔穎達講《孝經》，右庶子趙弘智難之；趙弘智論難孔穎達，實為太宗之意，故太宗駁之之後曰：「諸儒各生異意，皆非聖人論孝之本旨也。」[158]唐太宗對孔穎達能否掌握六朝以降諸家異義，進一步裁斷成為「正義」，並不是沒有疑惑。推究孔穎達的編輯意識，他將「五經義訓」理解為「義贊」，其實錯解了唐太宗藉由編定《五經正義》重理儒學「師說」的企圖心。因此，唐太宗詔改「義贊」為「正義」的意義，不只是表面上書名的變更，而是使當代儒學「正說」權威的建立，「正」眾說紛紜的「師說」，而使此後再無各家不一的「師說」，得以回歸孔門之「義」。

二、從《義贊》到「正義」

在《新唐書・藝文志》中，載有「賈公彥《禮記正義》八十卷」；[159]關於此書的流傳情況，宋代以後無聞。王應麟（1223-1296）《玉海・藝文・唐五經正義》，將《新唐書・藝文志》中「五經正義」的相關書目收聚如下：

〈志〉：《周易正義》十六卷、《尚書正義》二十卷、《毛詩正義》四十卷、《禮記正義》七十卷。賈公彥《禮記正義》八十

---

[157] 《資治通鑑》將唐太宗幸國子監觀釋奠之事，繫於貞觀十四年二月丁丑，與《舊唐書》言「三月丁丑」不同。《資治通鑑・唐紀》曰：「二月，丁丑，上幸國子監，觀釋奠，……命孔穎達與諸儒撰定五經疏，謂之《正義》。」〔宋〕司馬光編著：《資治通鑑》，頁6152-6153。

[158] 《太平御覽・學部・講說》曰：「太宗幸國子學，視釋奠。祭酒孔穎達講《孝經》，右庶子趙弘智問之曰：『夫子門人，曾、閔俱稱大孝，而今獨為曾說，不為閔說，何耶？』答曰：『曾孝特優，門人不能逮也。』制旨駁之曰：『朕聞《家語》云：「昔曾晳使曾參鋤瓜，而誤斷其本。晳怒，授大杖以擊其背，參手扑地，絕而後蘇。孔子聞之，告門人曰：參來勿內。既而曾子請焉，孔子曰：舜之事父也，使之常在側，欲殺乃不可得。小箠則受，大杖則走。今参誤於父，委身以待暴怒，陷父於不義，不孝莫大焉。由斯而言，孰愈於閔子騫也？」穎達不能對，太宗又謂侍臣曰：『諸儒各生異意，皆非聖人論孝之本旨也。夫孝者，善事父母，自家刑國，忠於其君；戰陣勇，朋友信，揚名顯親，此之謂孝。具在經典，而論者多離其文，迥出事外。以此為教，勞而非法，何謂孝之道耶！』」〔宋〕李昉等撰：《太平御覽》，卷615，頁6。

[159] 〔宋〕歐陽修、宋祁等撰：《新唐書》，頁1433。《舊唐書・經籍志》則作：「《禮記疏》八十卷。賈公彥撰。」〔後晉〕劉昫等撰：《舊唐書》，頁1974。

卷、《儀禮疏》五十卷、《周禮疏》五十卷。《春秋正義》三十六卷、楊士勛《穀梁疏》十二卷。[160]

王應麟聚集上列諸書的構想，表面上是以唐代編修的「五經」為主；而此「五經」的概念，實為後來「九經疏」的概念所覆蓋，而《公羊疏》不見於唐人編修之列。至於賈公彥的「《禮記正義》」著作於何時？為何而作？為何可以名曰「正義」？歷來沒有明確的說法。

但從賈公彥《儀禮疏》曰「畧陳《儀禮》元本，至於禮之大義，備於《禮記疏》」；[161] 賈公彥也許同時撰作「三《禮》」疏，在完成《儀禮疏》之際，同時也有《禮記疏》之著作寫成。《儀禮疏》又曰「此《疏》未敢專，欲以諸家為本，擇善而從，兼增己義。仍取四門助教李玄植，詳論可否」，[162]《儀禮疏》的作者，除了賈公彥之外，尚有李玄植參與。根據《新唐書‧藝文志》記載《尚書正義》之結銜，有「四門助教李玄植」。[163]《冊府元龜‧學較部‧侍講》則載唐高宗顯慶五年（660）六月，「直學士李玄植」登講之事；[164] 乾封元年（666）的〈唐李孟常碑〉文則曰：「太子文學、弘文館直學士、□知館事、侍　太子書李玄植書。」[165] 可以推測李玄植的身分，在永徽四年《五經正義》編定之前，仍為「四門助教」；顯慶五年以後，已是「弘文館直學士」。《舊唐書‧儒學傳》記

---

[160] 在上列諸書之中，《五經正義》的總卷數為 182 卷，既不符合 170 卷之數，也不符合 180 卷之數。此說流傳至今，其中《周易正義》卷數，本有十四卷、十六卷之別；十六卷之說，若非誤說，則於宋代《周易正義》之卷數，有十六卷本流傳。〔宋〕王應麟輯：《玉海》（揚州：廣陵書社，2003 年 8 月，清光緒九年浙江書局刊本），卷 42，頁 32。

[161] 〔漢〕鄭玄注，〔唐〕賈公彥疏：《儀禮注疏》（臺北：藝文印書館，1997 年 8 月，阮元《十三經注疏》本），卷 1，頁 3。

[162] 〔漢〕鄭玄注，〔唐〕賈公彥疏：《儀禮注疏》，卷 1，頁 3。

[163] 〔宋〕歐陽修、宋祁等撰：《新唐書》，頁 1428。

[164] 《冊府元龜‧學較部‧侍講》曰：「上官儀為弘文館學士。顯慶五年六月，高宗御齊聖殿，引儀及呂才、直學士李玄植、道士張惠元、李榮、黃玄歸，及名僧等，於御前講論。命李玄植登講坐，發《易》題，呂才、李榮等以次問難，敷揚經義，移時乃罷。」〔宋〕王欽若等編：《冊府元龜》，卷 599，頁 13。

[165] 孫遲：〈唐李孟常碑 —— 昭陵新發現碑刻介紹之四〉，《考古與文物》1985 年第 5 期，頁 56。

載李玄植「貞觀中，累遷太子文學、弘文館直學士」，[166] 顯然忽略了曾為「四門助教」之時段。

由此推知，賈公彥撰寫《儀禮疏》等著作的時間，李玄植擔任四門助教；如此一來，《儀禮疏》、《禮記疏》，甚至於《周禮疏》的可能成書時間，應該與《五經正義》的著作時間幾乎同時。從賈公彥與李玄植的師生關係推想，[167] 師承熊安生（？-578）、劉焯《禮記》傳統的賈公彥，[168] 一方面身為《禮記正義》編纂者之一，[169] 私下卻同時在疏解三《禮》。是否在「正義」的部分議題，與孔穎達《禮記正義》以皇侃（488-545）優於熊安生的立場出現歧見？「南／北學」之間的界線，並沒有隨著官定「正義」的刊定而消失；不僅會呈現在個人觀點的「掎摭」，經由師生關係建構的內部連結，仍在私下形成不同「正義」的壁壘。

賈公彥《禮記疏》名為「禮記正義」，可能因為後世經典範疇的擴張，從「五經」到「九經」所使然。孔穎達最初完成五經「義贊」，並不符合唐太宗對於經典「正義」的期待；「《禮記正義》」一書之名形成分歧，也與唐太宗對於「正義」的概念有關。因此，從馬嘉運的詆譏、趙弘智的論難，以及賈公彥《禮記疏》等現象，說明唐太宗勅使「更令裁定」之時的「正義」，仍未擺脫「南／北學」分歧的敘事，而且必須擺脫「南／北學」分歧。[170]

劉文淇《左傳舊疏考正》曾對《春秋正義》進行文本分析，切割出唐人「正義」與六朝「舊疏」之間的時間層疊；今人在解讀劉文淇方法論下的文本空間時，仍陷入何者為六朝「舊疏」？何者為唐人「正義」

---

[166]〔後晉〕劉昫等撰：《舊唐書》，頁4950。
[167]《舊唐書・儒學傳》曰：「時有趙州李玄植，又受三《禮》於公彥。」〔後晉〕劉昫等撰：《舊唐書》，頁4950。
[168]《舊唐書・儒學傳》曰：「張士衡 …… 軌思授以《毛詩》、《周禮》，又從熊安生及劉焯受《禮記》，皆精究大義。士衡既禮學為優，當時受其業擅名於時者，唯賈公彥為最焉。」〔後晉〕劉昫等撰：《舊唐書》，頁4949。
[169]〔漢〕鄭玄注，〔唐〕孔穎達正義：《禮記注疏》，禮記正義序，頁4。
[170] 黃承吉〈春秋左氏傳舊疏考正序〉曰：「其名奉召更裁，意在不甘居贊，定名曰正，則必有委棄前疏之心。」〔清〕黃承吉：〈春秋左氏傳舊疏考正序〉，收錄於〔清〕劉文淇：《劉文淇集》（臺北：中央研究院中國文哲研究所，2007年12月），頁473。

的辨析中。[171] 但就《義贊》的結構而論，主體仍以六朝舊疏為主。劉文淇〈左傳舊疏考正自序〉曰：

> 《唐書》孔穎達本傳云：本名「義贊」，後詔改為「正義」。今《左傳疏》閒有刪改未盡言「今贊」者，即是《義贊》，〈序〉所謂「特申短見」者也；其言「今贊」，皆在舊疏之後，而別為一說。又《疏》凡云「今刪定知不然者」，斯則沖遠之筆，與〈序〉「奉勅刪定」之言合。[172]

劉文淇分析的議題，實為關於貞觀十六年以後，《五經正義》從「義贊」到「正義」的問題；換言之，亦即追問從「奉勅刪定」與「更令裁定」，兩道詔書之間的編定概念為何？據其提揭的兩個關鍵詞：「今贊」與「今刪定知不然者」，可略知其形式一二：

（一）「今贊」：第一次修撰《五經正義》的殘存形式

「今贊」之形式，為孔穎達於貞觀十二年至貞觀十六年以前第一次修撰之例，在今日流傳的《五經正義》中，仍可作為「今贊」例證的蛛絲馬跡不多，僅有六例之數；主要四例，出現在《春秋正義》之中。[173] 例如，《左傳・襄公二十九年》曰：「祓殯而襚則布幣也。」《春秋正義》曰：

---

[171] 野間文史〈五經正義之研究〉曰：「基本上劉文淇繼承了從新舊斷層來辨別《春秋正義》，進而推論出舊疏中更有新舊之斷層。」〔日〕野間文史著，金培懿譯：〈五經正義之研究〉，《中國文哲研究通訊》第 15 卷第 2 期（2005 年 6 月），頁 4。

[172] 〔清〕劉文淇：《左傳舊疏考正》，自序，頁 2。

[173] 劉文淇列舉《春秋正義》中「今贊」的例子有四，分別是隱公元年、襄公元年、襄公二十九年、昭公二十年。〔清〕劉文淇：《左傳舊疏考正》，自序，頁 2。其餘二例，分別見於《毛詩正義・四牡》與《禮記正義・月令》。至於《尚書正義・堯典》中有「贊云」一例，則有爭議之處。歷來學者均將該例，視為屬於鄭玄《書贊》的內容，譬如皮錫瑞《今文尚書考證》曰：「鄭君《書贊》曰：『三科之條，五家之教。』」皮錫瑞：《今文尚書考證》（北京：中華書局，1998 年 12 月），卷 1，頁 1。然而，從《尚書正義》所引鄭玄《書贊》皆謂之「書贊」，而不單言「贊」推之，此例未必確定是鄭玄《書贊》而言；又從《尚書正義》的行文脈絡，將「贊云」讀成對於前引兩則案語的解釋，似乎亦無不妥，故存疑之。如《尚書正義》曰：「案鄭〈序〉以為：〈虞夏書〉二十篇、〈商書〉四十篇、〈周書〉四十篇。贊云：『三科之條，五家之教，是虞、夏同科也。其孔於〈禹貢註〉云『禹之王以是功』，故為〈夏書〉之首，則虞、夏別題也……。』」〔漢〕孔安國注，〔唐〕孔穎達正義：《尚書注疏》，卷 2，頁 2。

祓殯至幣也　正義曰：案〈雜記〉諸侯使臣致襚之禮云「委
衣於殯東」，今楚人以公身在，意欲輕魯公，依遣使之比。公
以楚人輕己，所以患之。故穆叔云若使巫人先往祓殯，則是
君臨臣喪之禮。祓除既了，而行襚禮，布陳衣物，與行朝之時
布陳幣帛無異，有何可患？劉炫云：「朝禮，兩君相見，先授
玉，然後致享，乃布陳幣帛於庭也。祓殯者，君臨臣喪之禮，
先使祓殯，行臨喪之禮，然後致襚，則全是布幣之禮。」言與
朝而布幣無異也。　君臨臣喪者，由先見臣，故以祓殯；比行
朝禮，自然致襚似布幣。楚以親襚屈魯，魯以祓殯自尊。今贊
曰：疏云：「以殯有凶邪，畏惡患之，不肯親襚。穆叔云：先
使巫人祓除殯之。凶邪既無，而行襚禮，布陳衣物，與行朝之
時，布陳幣帛無異。言俱無咎，有何可患。」[174]

單疏本《春秋正義》於「言與朝而布幣無異也」一句，與「君臨臣喪者」一句之間，有區隔一字之距的空號，作為前後分段之處；[175]因此「義贊」的段落，確實如劉文淇所言「皆在舊疏之後，而別為一說」，但是分段的現象，也僅見於此例。就此例而言，在「今贊」之前，仍有一部分的說明是屬於「沖遠之筆」，並非如劉文淇以為自「今贊」之後始然。[176]此外，關於「今贊」的內容陳述，則未必會與所引「舊疏」相關。以本段引文而論，劉文淇曰：

本《傳》所謂「義贊」，〈序〉所謂特申短見者也。孔釋「患之」，與舊說異，舊說謂公以楚人輕己，所以患之；〈贊〉謂公以殯有凶邪，所以患之。是其異也。〈贊〉所引《疏》，亦係

---

[174]〔唐〕孔穎達正義：《春秋正義》（上海：上海書店，1984年5月，《四部叢刊續編》影海鹽張氏涉園藏日本覆印景鈔正宗寺本），卷25，頁3。

[175] 空號分段的形式，南宋慶元六年（1200）紹興府刻宋元遞修本與單疏本相同，皆以空闕一格分段，阮刻本則以「○」符號代之。然而，二本在本段《正義》「言與朝而布幣無異也」、「君臨臣喪者」二句之間，皆無作區隔。〔晉〕杜預注，〔唐〕孔穎達正義：《春秋左傳正義》（上海：上海古籍出版社，2002年3月，《續修四庫全書》影宋慶元六年紹興府刻宋元遞修本），卷25，頁4。〔晉〕杜預注，〔唐〕孔穎達正義：《春秋左傳注疏》，卷39，頁3。

[176] 劉文淇以為：「今贊以下，則沖遠之詞。」〔清〕劉文淇：《左傳舊疏考正》，卷5，頁18。

舊疏，但無以考其姓名耳。若前為唐人之語，則前既云「公患其輕己」，後又云「患其凶邪」；一人之說，自相矛盾，必不其然。[177]

劉文淇在本則「今贊」留意到一個現象，「今贊」引《疏》與《正義》「舊疏」的立場，不見得相同；這顯示出孔穎達的《義贊》，與劉炫底本並沒有形成一致的解釋，具有不同的立場，也會形成兩說並陳的現象。

從杜預（222-285）注曰「先使巫祓除殯之凶，而行襚禮，與朝而布幣無異」，[178] 則杜預在解釋傳文中穆叔所言「祓殯而襚，則布幣也」，將使魯公患之的因素，歸諸如《正義》「舊疏」所謂是「公以楚人輕己，所以患之」。至於劉炫所謂「楚以親襚屈魯，魯以祓殯自尊」的主旨，也與此說立場相同。因此，「今贊」引《疏》云：「以殯有凶邪，畏惡患之，不肯親襚」，將魯公患之的因素，歸諸畏惡「凶邪」而患之，不與杜預注相同，也沒有批評劉炫的解釋。則《義贊》使兩說並陳，卻沒有裁定是非，這樣的作法，其實不是唐太宗要求「正義」之本意。

另見《左傳‧襄公元年》曰：「於是東諸侯之師次于鄫，以待晉師。晉師自鄭。以鄫之師侵楚焦夷，及陳。」《春秋正義》曰：

> 注於是至不書　正義曰：獻子先飯，《傳》无其事，正以不書侵楚、侵陳，知其必先飯矣。若獻子從師，則書，不待告；以獻子先飯，晉不告魯，故侵陳、楚，皆不書也。然不知獻子何以先飯？《傳》既不言，未測其故也。今贊云：則先飯者，以前年虛杅會獻子，先歸會葬。今公雖即位，年又幼小，君既新立，故獻子先飯。[179]

杜預注曰「於是孟獻子自鄭先歸，不與侵陳、楚，故不書」，[180] 孟獻子如果從師征伐，侵楚、陳則屬魯國之事，必定有所記載而不勞外國赴告。

---
[177]〔清〕劉文淇：《左傳舊疏考正》，卷5，頁18。
[178]〔晉〕杜預注，〔唐〕孔穎達正義：《春秋左傳注疏》，卷39，頁3。
[179]〔唐〕孔穎達正義：《春秋正義》，卷20，頁3。
[180]〔晉〕杜預注，〔唐〕孔穎達正義：《春秋左傳注疏》，卷29，頁3。

正因為孟獻子先歸之故，魯國並未參與這場戰役，所以要仰賴晉國的赴告；但是晉國既不赴告，所以魯國史官亦不書。「舊疏」言經文「不書」的原因，但不知獻子先歸的緣故，《義贊》則「贊成其義」，[181] 補充「舊疏」未詳的部分。

此外，《禮記正義・月令》解「月令第六」曰：

> 按鄭〈目錄〉云：「名曰『月令』者，以其記十二月政之所行也。」……今既贊釋其文，不得不略言其趣。按《老子》云：「道生一，一生二，二生三，三生萬物。」……，今皆畧而不錄。[182]

此段《贊》文內容遠較「舊疏」為多，反倒成為重點。「舊疏」引用鄭玄〈目錄〉，認為《禮記・月令》是呂不韋（？-235B.C.）所作，[183] 但仍有許多關於天文的議題未能論及，因此《義贊》以相當多的篇幅說明，故「不得不略言其趣」。並因《禮記》為鄭玄所注，《義贊》曰「今《禮記》是鄭氏所注，當用鄭義」、[184] 又曰「鄭無指解，其事有疑，但《禮》是鄭學，故具言之耳」。[185]《義贊》的主觀立場，認為《義贊》的形式，需要「贊釋其文」，「贊」必須以注家為依歸，並補充「舊疏」之不足。

孔穎達《義贊》的解經形式，與史傳論贊之類不同，另有經學上的淵源。《隋書・經籍志》載有「《論語》九卷。鄭玄注，晉散騎常侍虞喜贊」，[186]《新唐書・藝文志》曰：「虞喜贊鄭玄《論語》注十卷。」[187] 馬國翰

---

[181] 〔清〕劉文淇：《左傳舊疏考正》，卷4，頁17。
[182] 〔漢〕鄭玄注，〔唐〕孔穎達正義：《禮記注疏》，卷14，頁1-4。
[183] 〔漢〕鄭玄注，〔唐〕孔穎達正義：《禮記注疏》，卷14，頁1。
[184] 〔漢〕鄭玄注，〔唐〕孔穎達正義：《禮記注疏》，卷14，頁2。
[185] 〔漢〕鄭玄注，〔唐〕孔穎達正義：《禮記注疏》，卷14，頁3。「禮是鄭學」之說，出自《禮記正義》，並非泛論經學史之全貌。從經學史而言，「禮是鄭學」之說，是出於唐代「正義」的官方特殊要求上，而「不得不略言其趣」。〔日〕喬秀岩（又名：橋本秀美、陳秀琳）：《義疏學衰亡史論》，頁166-167。〔日〕陳秀琳（又名：橋本秀美、喬秀岩）：〈「禮是鄭學」說〉，《經學研究論叢》（臺北：臺灣學生書局，1999年6月），第6輯，頁113。
[186] 〔唐〕魏徵等撰：《隋書》，頁935。
[187] 〔宋〕歐陽修、宋祁等撰：《新唐書》，頁1444。

（1794-1857）《玉函山房輯佚書》自皇侃《論語義疏》中摘出兩則，[188] 這兩則虞喜（281-356）《贊》文，皆經皇侃剪裁，被擺置於該則義疏之末。例如，《論語・雍也》曰「子曰雍之言然」，疏曰「雍論簡既是，故孔子然許之也」；皇侃於義疏之末引虞喜之說，貌似根據虞喜引《說苑》補充何謂「大簡」之義。實際的情形，虞喜《贊》的對象，可能解釋整則經注，而非部分段落。[189] 另一則解《論語・鄉黨》曰：「色斯舉矣，翔而後集。曰：『山梁雌雉，時哉！時哉！』子路供之，三嗅而作。」虞氏《贊》曰：

> 「色斯舉矣，翔而後集。」此以人事喻於雉也。雉之為物，精儆難狎，譬人在亂世，去危就安，當如雉也；曰：「山梁雌雉，時哉」，以此解上義也，時者是也。「供」猶設也，言子路見雉在山梁，因設食物以張之。雉性明儆，知其非常，「三嗅而作」，不食其供也。正言「雌」者，記子路所見也。[190]

從經文比對可知，虞喜《贊》解釋的對象為整則經文。皇侃以「虞氏贊曰」作結，並不是要接續「云三嗅而作者」段落的義疏之末，而是作為補充整則義疏之不足；在「虞氏《贊》曰」之前，也應作空號以為區隔。虞喜《贊》與上述孔穎達《義贊》的形式相類，知孔穎達並不是別出心裁之所為；但是《義贊》這種並未干預前說的解經形式，只能視為以己說附益前疏之末的獨立形式，並不符合唐太宗的「正義」之義。

（二）「今刪定知不然者」：第二次修撰《五經正義》對於舊疏違注的立場

根據〈春秋正義序〉，孔穎達在貞觀十六年以後「刪定」前人舊疏的原則：「今奉勅刪定，據以為本。其有疎漏，以沈氏補焉。若兩義俱違，

---

[188] 〔清〕馬國翰輯：《玉函山房輯佚書》，收於《玉函山房輯佚書及補遺》（京都：中文出版社，1990年3月，同治十年濟南皇華館書局補刻本），論語虞氏贊注，頁2-3。
[189] 例如，何晏注引王肅曰：「『伯子』，書傳無見也。」虞喜即引《說苑》以證之。〔魏〕何晏集解，〔梁〕皇侃義疏：《論語集解義疏》（臺北：廣文書局，1991年9月，清王寘望重刊《知不足叢書》本），卷3，頁20-21。
[190] 〔魏〕何晏集解，〔梁〕皇侃義疏：《論語集解義疏》，卷5，頁38。

則特申短見。」[191] 從其方法可知，孔穎達在「刪定」底本時，會有三種抉擇。其一，是保留底本原說；其二，因底本「疏漏」而有補充他說，此與上述「今贊」相類；其三，劉炫、沈氏的說法都不恰當，則以自己的意見取代，相關例證可見諸「今刪定知不然者」的語詞之後。

《五經正義》中明言「刪定」之詞，見於《禮記正義》與《春秋正義》中，不見於他經《正義》。《禮記正義》中的例證，又集中在〈玉藻〉、〈喪服小記〉兩篇鄰近的篇目中；《春秋正義》中的例證，則是徧見於全書之中。或可推想，《五經正義》最後階段的審定工作，或許不夠完整全面，或許草草結束，致使「刪定」之跡尚錯落其間。《左傳·宣公十二年》曰：「其六曰：綏萬邦，屢豐年。」杜預注曰：「其六，六篇。綏，安也。屢，數也。言武王既安天下，數致豐年。此三六之數，與今《詩·頌》篇次不同，蓋楚樂歌之次第。」[192]《春秋正義》曰：

> 注其六至之第　正義曰：「綏，安」，〈釋詁〉文；「屢，數」，常訓也。杜以其三、其六，與今《詩·頌》篇次不同，故為疑辭「蓋楚樂歌之第」，言楚之樂人歌〈周頌〉者，別為次第，故〈賚〉第三，〈桓〉第六也。劉炫以為，其三、其六者，是楚子第三引「鋪時繹思」，第六引「綏万邦」。今刪定知非者，此《傳》若是舊文，及傳家敘事，容可言楚子第三引「鋪時繹思」，第六引「綏万邦」。此既引楚子之言，明知先有三、六之語，故楚子引之，得云其三、其六。若楚子始第三引《詩》，第六引《詩》，豈得自言其三曰、其六曰？劉以其三、其六為楚子引《詩》次第，以規杜過，何僻之甚！沈氏難云：「襄二十九年，季札觀樂，篇次不同。杜云：仲尼未刪定。此亦不同，而云楚樂歌之次者，襄二十九年雖少有篇次不同，大略不甚乖越，故云仲尼未刪定以前；此之三、六，全與《詩》次不同，故云楚樂歌之第。」今〈周頌〉篇次，〈桓〉第八、〈賚〉第九也。[193]

---

[191]〔晉〕杜預注，〔唐〕孔穎達正義：《春秋左傳注疏》，春秋序，頁4。
[192]〔晉〕杜預注，〔唐〕孔穎達正義：《春秋左傳注疏》，卷23，頁21。
[193]〔唐〕孔穎達正義：《春秋正義》，卷17，頁11。

此例《正義》簡述杜預注後,續引劉炫以《傳》曰「其三」、「其六」,為楚子引詩之次第,以駁杜注。孔穎達申杜注,並引沈文阿（503-563）之說補充說明,但仍錄劉炫所言。據此可知,「刪定」底本並不會刪去否定之義,反而保留否定之說,另據他說以駁之。

其次,何謂「兩義俱違,則特申短見」？所「違」的指涉又為何？《左傳‧莊公十一年》曰:「京師敗曰:王師敗績于某。」杜預注曰:

> 王者無敵於天下,天下非所得與戰者。然春秋之世據有其事,事列於經,則不得不因申其義；有時而敗,則以自敗為文,明天下莫之得校。[194]

《春秋正義》曰:

> 注王者至得校　正義曰:此亦周公舊凡。杜解舊凡之意,得有王師敗績者,以周公制禮,理包盛衰,故《周禮》載大喪及王師不功之事,故舊凡例有敗績之文。杜以尊卑逆順言之,天王不應有戰敗之事,遂申說凡例,故云:「无敵於天下,天下非所得與戰者。然春秋之世,據有其事。」〈成元年〉:「王師敗績于茅戎」,是事列於《經》,丘明不得不因申舊凡之義。蘇氏之說,義亦如此。沈氏不解杜意,以京師敗績,非周公舊凡,是孔子新意；丘明為《傳》,不得不因申孔子新意之義。劉炫亦不達杜旨,謂杜與沈氏意同,非也。[195]

此即劉炫與沈文阿「兩義俱違」之例。然而在此例中,孔穎達雖是「特申短見」,卻仍引蘇寬之說佐證。從《春秋正義》諸例可知,所有言「今刪定知不然」之例者,幾乎全指違注而言；[196] 孔穎達判斷解經上是否有「違」的依據,在於某義疏是否違背了經注。

---

[194] 〔晉〕杜預注,〔唐〕孔穎達正義:《春秋左傳注疏》,卷9,頁2。
[195] 〔唐〕孔穎達正義:《春秋正義》,卷8,頁19。
[196] 諸例之中也有例外,如《春秋正義‧僖公十六年》之例,已經「刪定」之後,卻使服、杜兩說並存。《春秋正義‧僖公十六年》曰:「劉炫用服義為說也。今刪定以杜注云石鶂:『陰陽錯逆所為,非人所生。』則陰陽錯逆,自然有此,非由人事之失,致此錯逆。……但聖賢之說,未知孰是？故兩載其義,以俟後賢。」〔唐〕孔穎達正義:《春秋正義》,卷12,頁2-3。

第四節　「正義」與《正義》:「疏不破注」的命題矛盾

「疏不破注」一詞，形成今日通行的學術術語，本是清人用來描述唐代《五經正義》之所「正」，唐人未有此術語。[197] 像是《五經正義》各經序文，視南北朝義疏「破注」的現象，如同「蠹生於木，而還食其木，非其理也」，孔穎達亦曾統計劉炫非毀杜預注「凡一百五十餘條」。[198] 故知唐太宗詔改「正義」的用義，與《正義》之所「正」，與南北朝義疏非毀經注「師說」有著直接的關聯。

一、《五經正義》「破注」與廣義的「破注」現象

既然所「正」在於「破注」問題上，理應排除《正義》中「破注」的解釋，但是在《五經正義》的文句中，卻又屢見「破注」之例，二者顯然矛盾，則令《五經正義》如何得以「正義」？因此，辨析《五經正義》中的「破注」的現象，實為初唐三帝亟使《五經》之義定於一的重要問題。

(一)《五經正義》「破注」舉隅

以《周易正義》為例，《周易·咸》曰：「咸，亨，利貞，取女吉。」《周易正義》曰：

> 先儒以《易》之舊題，分自此以上三十卦為上經，已下三十四卦為下經，〈序卦〉至此，又別起端首。先儒皆以上經明天道，下經明人事，然韓康伯注〈序卦〉破此義云：「夫《易》，六畫成卦，三才必備，錯綜天人，以效變化，豈有天道人事偏於上

---

[197]《四庫全書總目·經部·易類·周易正義》曰：「然疏家之體，主於詮解註文，不欲有所出入。故皇侃《禮疏》或乖鄭義，穎達至斥為『狐不首丘，葉不歸根』，其墨守專門，固通例然也。」〔清〕紀昀等編：《四庫全書總目》(臺北：藝文印書館，1997年9月)，卷1，頁12。又如劉毓崧《周易舊疏考正》曰：「唐人作疏，例不破注。駁注者，皆是舊疏。」〔清〕劉毓崧：《周易舊疏考正》(上海：上海古籍出版社，2002年3月，《續修四庫全書》影南菁書院刻《皇清經解續編》本)，頁1。

[198]〔晉〕杜預注，〔唐〕孔穎達正義：《春秋左傳注疏》，春秋序，頁3。

下哉?」案上經之內,明飲食必有訟,訟必有眾起,是兼於人事,不專天道。既不專天道,則下經不專人事,理則然矣。但孔子〈序卦〉不以〈咸〉繫〈離〉,〈繫辭〉云「二篇之策」,則是六十四卦舊分上下,〈乾〉、〈坤〉象天地,〈咸〉、〈恆〉明夫婦;〈乾〉、〈坤〉乃造化之本,夫婦實人倫之原,因而擬之,何為不可?[199]

此則《正義》先言先儒以「天道」與「人事」區分上下經,後乃申言韓康伯注〈序卦〉駁此先儒之說;但是,末又在韓康伯之說後,反駁韓注而以先儒為是,韓注為非。若據〈序卦·正義〉反觀〈咸卦·正義〉,顯見〈咸卦·正義〉「破注」之後的結論,並非韓康伯「言〈咸卦〉之義也」,[200] 在《周易正義》中顯然矛盾。

以《尚書正義》為例,《尚書·堯典》曰:「帝曰:『往,欽哉。』九載,績用弗成。」孔安國傳曰:「勅鯀往治水,命使敬其事。堯知其性很戾圮族,未明其所能,而據眾言可試,故遂用之。」《尚書正義》解曰:

> 《傳》解鯀非帝所意而命使之者,堯知其性很戾圮族,未明其所能。夫管氏之好奢尚僭,翼贊霸圖;陳平之盜嫂受金,弼諧帝業。然則,人有性雖不善,才堪立功者,而眾皆據之言鯀可試,冀或有益,故遂用之。孔之此說,據迹立言,必其盡理而論,未是聖人之實,何則?禹稱帝德廣運,乃聖乃神;夫以聖神之資,聰明之鑒,既知鯀性很戾,何故使之治水者?馬融云:「堯以大聖,知時運當然,人力所不能治;下民其咨,亦當憂勞,屈己之是,從人之非,遂用於鯀。」李顒云:「堯雖獨明於上,眾多不達於下,故不得不副倒懸之望,以供一切之求耳。」[201]

---

[199] 〔魏〕王弼、〔晉〕韓康伯注,〔唐〕孔穎達正義:《周易注疏》,卷4,頁1。
[200] 《周易·序卦正義》曰:「韓於此一節注,破先儒上經明天道,下經明人事,於〈咸卦〉之初已論之矣。」〔魏〕王弼、〔晉〕韓康伯注,〔唐〕孔穎達正義:《周易注疏》,卷9,頁13。
[201] 〔漢〕孔安國注,〔唐〕孔穎達正義:《尚書注疏》,卷2,頁23。

此則《正義》先是解釋《孔傳》所說，卻又認為《孔傳》的解釋「未是聖人之實」，顯然已屬「破注」的情形。從其依據馬融（79-166）、李顒之說，認為帝堯以「大聖」之資，豈有「未明」之時？實受外在因素囿限所致；援馬、李二說以駁《孔傳》，顯然不以經注為是。

以《毛詩正義》為例，《詩・商頌・那》曰：「於赫湯孫，穆穆厥聲。……顧予烝嘗，湯孫之將。」毛《傳》曰：「於赫湯孫，盛矣，湯為人子孫也。」鄭玄《箋》云：「穆穆，美也。於，盛矣。湯孫，呼太甲也。……顧，猶念也；將，猶扶助也。嘉客念我殷家有時祭之事而來者，乃太甲之扶助也，序助者之來意也。」《毛詩正義》曰：

> 毛以此篇祀成湯，美湯之德，而云湯孫，故云湯善為人之子孫也。……《箋》以湯孫為太甲，故言太甲之扶助，《傳》以湯為人之子孫，則將當訓為大，不得與鄭同也。王肅云：「言嘉客顧我烝嘗而來者，乃湯為人子孫顯大之所致也。」[202]

毛《傳》與鄭《箋》在「湯孫」一詞解釋不同，《毛詩正義》於前引申毛《傳》以「湯孫」指湯為人子孫之義，又解鄭玄以「湯孫」為湯之子孫，二說不同；最末復引王肅（195-256）之說申說毛《傳》之義，即以王肅之義駁鄭玄所注。《毛詩正義》與前例稍見複雜之處，在於王肅主要是因「申毛」的立場而駁鄭《箋》，而《傳》與《箋》都屬「注」的形式。

以《禮記正義》為例，《禮記・明堂位》云：「牲用白牡，尊用犧、象。」鄭玄注曰：「尊，酒器也。犧尊以沙羽為畫飾，象尊象骨飾之。」《禮記正義》曰：

> 云「犧尊以沙羽為畫飾」者。《鄭志》：「張逸問曰：『〈明堂注〉犧尊以沙羽為畫飾，前問曰：犧讀如沙，沙，鳳皇也。不解鳳皇何以為沙？』答曰：『刻畫鳳皇之象於尊，其形婆娑。然或有作獻字者，齊人之聲誤耳。』」又鄭注〈司尊彝〉云：「由罍亦刻而畫之，為山雲之形。」鄭司農注《周禮・司尊彝》

---

[202]〔漢〕毛公傳，〔漢〕鄭玄箋，〔唐〕孔穎達正義：《毛詩注疏》，卷20之3，頁8-9。

云:「獻讀為犧,犧尊飾以翡翠,象尊以象鳳皇;或曰:以象骨飾尊。」王注〈禮器〉云:「為犧牛及象之形,鑿其背以為尊,故謂之犧尊。」阮諶《禮圖》云:「犧尊畫以牛形。」[203]

《禮記正義》引《鄭志》張逸為問,意謂著對此鄭注的描述仍有存疑,雖又續引鄭眾(?-114)注《周禮》之說為據,卻不如王肅根據考古實物證明犧尊為「牛形」之說確切。[204] 故以王肅、阮諶所言為結論,亦知是駁鄭玄所注。

以《春秋正義》為例,《左傳·僖公三十二年》曰:「凡祀,啟蟄而郊。」杜預注曰:「啟蟄,夏正建寅之月,祀天南郊。」《春秋正義》曰:

> 鄭玄注書多用讖緯,言天神有六,地祇有二;天有天皇大帝,又有五方之帝,地有崑崙之山神,又有神州之神。〈大司樂〉冬至祭於圜丘者,祭天皇大帝北辰之星也;〈月令〉四時迎氣於四郊,所祭者,祭五德之帝,大微宮中五帝坐星也。《春秋緯·文耀鉤》云:「大微宮有五帝坐星,蒼帝其名曰靈威仰,赤帝曰赤熛怒,黃帝曰含樞紐,白帝曰白招拒,黑帝曰汁光紀。」五德之帝謂此也。其夏正郊天,祭其所感之帝焉;周人木德,祭靈威仰也,曾無冬至之祭,唯祭靈威仰耳。唯鄭玄立此為義,而先儒悉不然。故王肅作《聖證論》引羣書以證之,言郊則圜丘,圜丘即郊,天體唯一,安得有六天也?晉武帝王肅之外孫也,泰始之初,定南北郊祭一地一天,用王肅之義。杜君身處晉朝,共遵王說,《集解》、《釋例》都不言有二天。然則杜意,天子冬至所祭,魯人啟蟄而郊,猶是一天,但異時祭耳。此注直云「祀天南郊」,不言靈威仰,明與鄭異也。劉炫云:「夏正郊天,后稷配也;冬至祭天圜丘,以帝嚳配也。」[205]

---

[203] 〔漢〕鄭玄注,〔唐〕孔穎達正義:《禮記注疏》,卷31,頁6-9。
[204] 《毛詩正義》引王肅曰:「大和中,魯郡於地中得齊大夫子尾送女器,有犧尊,以犧牛為尊。然則象尊,尊為象形也。」〔漢〕毛公傳、〔漢〕鄭玄箋,〔唐〕孔穎達正義:《毛詩注疏》,卷20之2,頁9。
[205] 〔晉〕杜預注,〔唐〕孔穎達正義:《春秋左傳注疏》,卷6,頁11-14。

《春秋正義》先引鄭玄「六天」之說，認為郊祀「五方之帝」，圓丘祭「天皇大帝」；此說實據《周禮》、《禮記》、緯書而來，未必符合《左傳》的解釋。因此，《春秋正義》據王肅《聖證論》主張圓丘即郊，唯有「一天」之說，駁鄭玄「六天」之說，又據杜預著作申言同主王肅「一天」之說，而異於鄭玄「六天」之說。但是此則《春秋正義》之末，據劉炫分別郊天與圓丘為二，並配享不同可知，劉炫是申鄭玄「六天」之說以破杜注。

（二）廣義的「破注」現象

疏文立場與注家不同，不僅自違太宗詳定之旨，各經《正義》之中也會出現矛盾的立場。[206]事實上，不守一家之說的解釋，即可視為廣義的違背太宗「正義」之宗旨，尚可包括徵引數說而未有裁定、徵引他注而未解本注等現象；這些現象的殘存，皆與《五經正義》刪定過程有關。

1. 徵引數說而未有裁定

《尚書·微子之命》曰：「王命唐叔歸周公于東，作〈歸禾〉。」孔《傳》曰：「異畝同穎，天下和同之象，周公之德所致。周公東征未還，故命唐叔以禾歸周公，唐叔後封晉。」《尚書正義》曰：

> 禾者，和也。異畝同穎，是天下和同之象，成王以為周公德所感致。於時，周公東征未還，故命唐叔以禾歸周公於東也。歸禾年月，史傳無文，不知在啟金縢之先後也？王啟金縢，正當禾熟之月，若是前年得之，於時王疑未解，必不肯歸周公，當是啟金縢之後，喜得東土和平而有此應，故以歸周公也。[207]

此則《尚書正義》以「不知在啟金縢之先後也」句區別前後二說，前說不知歸禾時間是在「啟金縢」之先或後，後說則篤定在「啟金縢之後」，

---

[206] 如錢大昕《潛研堂文集·答問》曰：「如南郊祀感生帝，此鄭康成說而王肅極詆之，《禮記疏》是鄭而非王，《春秋疏》又是王而非鄭，使後人何所適從乎？」〔清〕錢大昕：《潛研堂文集》，收入陳文和主編：《嘉定錢大昕全集》（南京：江蘇古籍出版社，1997年12月），卷9，頁132。

[207] 〔漢〕孔安國注，〔唐〕孔穎達正義：《尚書注疏》，卷13，頁27。

而有歸禾之事。二說並存於《尚書正義》中,卻未見唐人之裁定。

又如《周易‧咸》曰:「象曰:咸其輔、頰、舌,滕口說也。」王弼(226-249)注曰:「輔、頰、舌者,所以為語之具也。咸其輔頰舌,則滕口說也。憧憧往來,猶未光大,況在滕口?薄可知也。」《周易正義》曰:

> 「滕口說也」者,舊說字作「滕」,徒登反;滕,竸與也,所竸者口,无復心實,故云「滕口說也」。鄭玄又作「媵口送也」,〈咸〉道極薄,徒送口舌言語相感而已,不復有志於其閒。王《注》義得兩通,未知誰同其旨也?[208]

此例引「先儒」與鄭玄二說,卻言「義得兩通,未知誰同其旨」,全然無法判斷王弼所注之依據;換言之,王弼注的意義,仍未形成定論之說。

2. 徵引他注而未解本注

《左傳‧昭公元年》曰:「吾與子弁冕端委以治民臨諸侯,禹之力也。」杜預注曰:「弁冕,冠也;端委,禮衣。言今得共服冠冕有國家者,皆由禹之力。」《春秋正義》曰:

> 冠者,首服之總名,弁冕,冠中之小別。弁冕是首服,端委是身服,言弁冕端委,總舉冠衣而言,非謂定公趙孟身所自衣也。哀七年《傳》云「大伯端委以治周禮,仲雍嗣之,斷髮文身」,以文身從彼之俗,知端委是依禮之衣。杜直言「端委,禮衣」,不知是何衣也;名曰「端委」,又無所說。《周禮‧司服》於士服之下云「其齊服有玄端素端」,鄭玄云「謂之端者,取其正也。謂士之衣袂皆二尺二寸,而屬幅是廣袤等也。其袪尺二寸,大夫以上侈之,侈之者,蓋半而益一焉。半而益一,則其袂三尺三寸、袪尺八寸」,如鄭此言,唯士服當端制,大夫以上不復端也。服虔云:「禮衣端正無殺,故曰端;文德之衣尚褒長,故曰委。案《論語‧鄉黨》『非帷裳必殺之』,鄭康

---
[208] 〔魏〕王弼、〔晉〕韓康伯注,〔唐〕孔穎達正義:《周易注疏》,卷4,頁3-4。

成云：『帷裳，謂朝祭之服，其制正幅如帷，非帷裳者，謂深衣，削其幅，縫齊倍要。』《禮記》深衣制短不見膚，長不被土，然則朝祭之服當曳地。」服言是也。[209]

縱使杜預所釋簡略，此例《正義》也不應不知杜預之義，而全據服虔為說；如此一來，將使杜預之說未解，卻又改以他家所注為是，與太宗定於一家之言的本意相違。

二、「正義」與「聖範」之對揚

《五經正義》「破注」現象既非罕見，關於「疏不破注」的意義，必定不能單純將此歸納為例外，須從「正義」到《正義》的過程論起。茲將《五經》「正義」之編定過程略表如下（表三）。

表三　《五經》「正義」編定過程略表

時間	事件
貞觀十二年	孔穎達奉勅撰五經疏義。（《玉海》、《貞觀政要》）
貞觀十六年以前	第一次五經義贊頒行，詔改為正義。（《唐會要》）
貞觀十六年	覆更詳審，功未就。（《唐會要》、《舊唐書》、《新唐書》）
貞觀十七年	廢太子承乾。孔穎達致仕。趙弘智免為庶人。（《舊唐書》）
貞觀二十二年	孔穎達卒。（《舊唐書》）
永徽二年	唐高宗下詔刊正《五經正義》。（《唐會要》）
永徽四年	修改《五經正義》功畢刊行。（《唐會要》、《舊唐書》、《新唐書》）

根據上述《新唐書・儒學傳》的敘事，貞觀十六年《五經正義》「覆更詳審」的原因，乃與馬嘉運「掎摭其疵」，《正義》仍未定於一有關。又據《五經正義》各經〈序〉，皆載趙弘智在貞觀十六年又奉勅「覆更詳審，為之『正義』」，覆審工作實由趙弘智一人承擔。然而在隔年，太子承乾（618-645）遭廢以後，趙弘智免為庶人，[210] 孔穎達亦致仕，覆審《正

---

[209] 〔晉〕杜預注，〔唐〕孔穎達正義：《春秋左傳注疏》，卷41，頁13。
[210] 《舊唐書・恆山王承乾傳》曰：「貞觀十七年，……其宮僚左庶子張玄素、右庶子趙弘智、令狐德棻、中舍人蕭鈞，並以材選用，承乾既敗，太宗引大義以讓之，咸坐免。」〔後晉〕劉昫等撰：《舊唐書》，頁2649。

義》的靈魂人物,皆因此事離職罷黜;《五經正義》的編定,與儲君之教化,以及輔弼太子之「師」有著直接的關聯,「正義」之功未成可知。[211]

根據《唐會要》記載,唐高宗永徽二年三月十四日詔書曰:

> 詔太尉趙國公長孫無忌、及中書門下、及國子三館博士、宏文學士,故國子祭酒孔穎達所撰《五經正義》,事有遺謬,仰即刊正。[212]

唐高宗即位之後,貞觀十七年太子承乾事件的影響亦告一段落;因此,永徽二年詔書追續唐太宗貞觀十六年「正義」之旨,亦即與馬嘉運的說法一致。長孫無忌〈進五經正義表〉亦謂此事曰:

> 姬、孔發揮於前,荀、孟抑揚於後。馬、鄭迭進,成均之望鬱興;蕭、戴同升,石渠之業愈峻。歷夷險其教不墜,經隆替其道彌尊,斯乃邦家之基,王化之本也。……以為聖教幽賾,妙理深元,訓詁紛綸,文疏踳駁。先儒競生別見,後進爭出異端,未辨三豕之疑,莫袪五日之惑。故祭酒上護軍曲阜縣開國子孔穎達,宏才碩學,名振當時,貞觀年中,奉敕修撰,雖加討覈,尚有未周。爰降絲綸,更令刊定。[213]

上述長孫無忌自比為漢代「帝師」張禹、伏恭之輩,並視刊定《五經正義》為輔佐新君之業;實承初唐二帝崇儒興學之功,讓「別見」、「異端」之義均能定於一尊,俾使儒學能歸之「典正」。若據孔穎達〈尚書正義序〉、〈毛詩正義序〉所言唐太宗勅使之義曰:「庶以對揚聖範,垂訓幼蒙」論之,[214]「正義」與經文的關係,即如劉炫《孝經述議》曰:「弟子

---

[211] 太子承乾遭廢之後,東宮群臣亦同遭罷黜,而太子李治繼之,唐太宗亦有忌憚之意。即令「太子居寢殿之側,絕不往東宮」,意圖隔絕太子。劉洎上書曰:「令太子優游棄日,不習圖書,臣所未諭,一也。……太子悠然靜處,不尋篇翰,臣所未諭,二也。……而令太子久趨入侍,不接正人,臣所未諭,三也。」故知覆審《正義》未成,與太子承乾事件有關。〔唐〕吳兢撰,謝保成集校:《貞觀政要輯校》,頁206。
[212] 〔宋〕王溥:《唐會要》,卷77,頁1405。
[213] 〔清〕董誥等編:《全唐文》,卷136,頁604。
[214] 〔漢〕毛公傳,〔漢〕鄭玄箋,〔唐〕孔穎達正義:《毛詩注疏》,毛詩正義序,頁2。

有請問之道,師儒有教誨之義,故假曾子之問,以為對揚」,[215] 亦即邢昺（932-1010）所謂曾子問、孔子答的「對揚之體」。[216] 換言之,「正義」是在疏文的形式上,復現孔子與弟子問答講學之「義」,自然不容後學別教自尋異端。

後人以「疏不破注」一語,概述《五經正義》與「聖範」之「對揚」,實則僅在《五經正義》與「舊疏」的文本脈絡之中遊走,而未能叩問「正義」之所「正」的根源,在於孔門師弟問答講學模式所建構的「對揚之體」；經此「師說」書寫下的「對揚之體」,即是初唐朝廷所認定的「義疏」之原型。因此,從「疏不破注」的解讀原則推論,僅能將發生「破注」諸例的原因,歸諸永徽四年刪定過程的技術問題,而不是質疑初唐國家崇儒尊孔之旨是否改變。劉文淇《左傳舊疏考正》曰：

> 既云「據以為本」,原非故襲其說,又〈序〉以旁攻賈、服為非,而《疏》中攻賈、服者正復不少。豈孔氏既斥其非,而復躬犯其失？……然則光伯本載舊疏,議其得失,其引舊疏,必當錄其姓名,而或引伸其說,或駁正其非。永徽中,將舊疏姓名削去,襲為己語,便似光伯申駁唐人。[217]

從技術層面而言,兩次刪定工作都繫於孔穎達名下,不僅孔穎達在貞觀十六年的刪定工作並沒有完成,永徽年間續之刪定,也不能算是真正的完成之作。從各經序文可以知道,不遵經注則屬「異端」之說,[218]「破注」的矛盾著實不該發生。因此,後人將編撰原則與內容矛盾的原因,直指永徽四年頒行過程「期限更促,乖謬宜多」,[219] 僅將「舊疏姓名削去,襲

---

[215] 〔日〕林秀一：《《孝經述議》復原に關する研究》（東京：林先生學位論文出版紀念會,1953年8月）,頁78。
[216] 〔唐〕唐玄宗注,〔宋〕邢昺疏：《孝經注疏》（臺北：藝文印書館,1997年8月,阮元《十三經注疏》本）,孝經序疏,頁1。
[217] 〔清〕劉文淇：《左傳舊疏考正》,自序,頁2。
[218] 〈周易正義序〉曰：「不顧其注,妄作異端。」〔魏〕王弼、〔晉〕韓康伯注,〔唐〕孔穎達正義：《周易注疏》,易序,頁2。
[219] 〔清〕劉文淇：《左傳舊疏考正》,自序,頁3。

為己語」,導致「難杜申杜,是劉非劉,且概不知所屬」。[220] 換言之,《五經正義》倘若未遵序文所述之原則,唐太宗所期待的「正義」,其實仍是未完成的作品。[221]

劉文淇父子的著作,皆從「疏不破注」的原則與《五經正義》的矛盾入手,在《左傳舊疏考正》列舉舊疏的例證,共有一百九十五則之數,在其子劉毓崧(1818-1867)《周易舊疏考正》則有十六則,《尚書舊疏考正》則有三十二則,其中頗見「破注」之例。先從「舊疏姓名削去,襲為己語」的刪削現象說起,如:《左傳‧襄二十九年》:「為之歌〈頌〉。」杜預注曰:「〈頌〉者,以其成功告於神明。」《春秋正義》曰:

> 成功者,營造之功畢也。天之所營,在於命聖;聖之所營,在於任賢;賢之所營,在於養民。民安而財豐,眾和而事濟,如是則司牧之功畢矣,故告於神明也。**劉炫又云**:干戈既戢,夷狄來賓,嘉瑞悉臻,遠近咸服。羣生遂其性,萬物得其所,即功成之驗也。萬物本於天,人本於祖,天之所命者牧人,祖之所本者成業,人安業就,告神明使知。雖社稷、山川、四嶽、河海,皆以民為主,欲民安樂,故作詩歌其成功,徧告神明,所以報神明恩也。王者政有興廢,未嘗不祭羣神、祖廟,政未大平,則神無恩力,故大平德洽,始報神功也。〈頌詩〉止法祭祀之狀,不言德神之力者,美其祭祀,是報德可知。[222]

《詩‧大序》曰:「〈頌〉者,美盛德之形容。以其成功告於神明者也。」《毛詩正義》曰:

> 成功者,營造之功畢也。天之所營,在於命聖;聖之所營,在於任賢;賢之所營,在於養民。民安而財豐,眾和而事節,如是則司牧之功畢矣。干戈既戢,夷狄來賓,嘉瑞悉臻,遠邇咸

---

[220] 〔清〕黃承吉:〈春秋左氏傳舊疏考證序〉,〔清〕劉文淇:《劉文淇集》,頁475-476。
[221] 劉文淇〈與劉楚楨書〉曰:「沖遠學識無媿通儒,然此書乃未成之作,又經後人刪竄,多失其真。」〔清〕劉文淇:《劉文淇集》,頁50。
[222] 〔晉〕杜預注,〔唐〕孔穎達正義:《春秋左傳注疏》,卷39,頁15。

服。羣生盡遂其性，萬物得其所，即是成功之驗也。萬物本於天，人本於祖，天之所命者牧民，祖之所命者成業也，民安業就，須告神使知。雖社稷、山川、四嶽、河海，皆以民為主，欲民安樂，故作詩歌其功，徧告神明，所以報神恩也。王者政有興廢，未嘗不祭羣神，但政未大平，則神無恩力，故太平德洽，始報神功。〈頌詩〉直述祭祀之狀，不言得神之力者，但美其祭祀，是報德可知。[223]

兩段《正義》文字幾乎完全相同，必有相同的出處。故知《毛詩正義》將「劉炫又云」刪去，使得整段解釋如同唐人所言，並且由《春秋正義》曰「劉炫又云」可知，自「成功者」至「如是則司牧之功畢矣，故告於神明也」，當亦屬劉炫所云，因此後段曰「又云」。

此例雖未涉及「破注」，但可知《五經正義》刪去舊疏出處的影響，將使讀者在閱讀之際，無法辨識疏文出自何人，以及前後段落的意義脈絡，導致「破注」違例之事頻頻發生。例如，〈春秋正義序〉批評蘇寬「不體本文，唯旁攻賈、服」，知《五經正義》不應有「旁攻賈、服」之事；但是據劉文淇的統計，《春秋正義》駁賈、服之例，共有一百八十五事之數，[224] 這必然是屬於舊疏的內容。只是刪去引文出處之後，駁難賈、服之例也就如同孔穎達等人所為。因此，如《左傳·昭公二十五年》曰：「季氏介其雞。」杜預注曰：「擣芥子，播其羽也。或曰：以膠沙播之為介雞。」《春秋正義》曰：

杜此二解，一讀介為芥，擣芥子為末，播其雞羽。賈逵云：「擣芥子為末，播其雞翼，可以坌郈氏雞目。」是此說也。鄭眾云：「介，甲也，為雞著甲。」高誘注《呂氏春秋》云：「鎧著雞頭。」杜又云「或曰」，不知誰說？「以膠沙播之」，亦不可解。蓋以膠塗雞之足爪，然後以沙糝之，令其澀，得傷彼雞也。以郈氏為金距言之，則著甲是也。[225]

---

[223]〔漢〕毛公傳，〔漢〕鄭玄箋，〔唐〕孔穎達正義：《毛詩注疏》，卷1之1，頁16-17。
[224]〔清〕劉文淇：《左傳舊疏考正》，卷1，頁6-8。
[225]〔晉〕杜預注，〔唐〕孔穎達正義：《春秋左傳注疏》，卷51，頁16。

此例以杜注為非,而以鄭眾「著甲」之說為是,顯然即是「破注」之說;依照《五經正義》序文的理解,此說必然出自南北義疏之說,而非唐人《正義》。[226]

又以《左傳・昭公二十六年》曰:「春王正月,庚申,齊侯取鄆。」杜預注曰:「前年已取鄆,至是乃發傳者,為公處鄆起。」《春秋正義》曰:

> 杜謂往年已取鄆,此又發《傳》言「齊侯取鄆」者,為下三月公處鄆以發端也。服虔以為往年齊侯取鄆,實圍鄆耳;經於「圍」書「取」,傳實其事,故於是言「取」。劉以服言為是,往年十二月庚辰圍鄆,今年正月庚申取之,凡三十一日。例書「取」言易,此「圍」乃「取」,言易者,齊侯取以居公,臣無拒君之義,若魯自與之然,故書「取」以見其易。《穀梁》曰:「以其為公取之,故易言之。」是也。[227]

劉炫以服虔之說駁難杜注,認為齊侯自昭公二十五年十二月至二十六年正月圍鄆而取之,此亦屬「破注」之說,而在「劉以服言為是」之後,仍持此論可知,此則《正義》全為劉炫引服虔之說。對照《春秋・昭公二十五年》曰「十有二月,齊侯取鄆」,[228]《左傳・昭公二十五年》曰「十二月,庚辰,齊侯圍鄆。」杜預注曰「欲取以居公,不書圍。鄆人自服,不成圍。」《春秋正義》曰:

---

[226] 《春秋正義》言「著甲是也」,則以鄭眾為是。但《能改齋漫錄・介雞》曰:「王觀國《學林新編》曰:『《春秋・昭公二十五年・左氏傳》:「季郈之雞鬥。季氏介其雞,郈氏為之金距。」杜預注曰:「擣芥子播其羽。或曰:以膠沙播之為介雞。」觀國按,《史記・魯世家》曰:「季氏與郈氏鬥雞,季氏芥雞羽,郈氏金距。」司馬遷改介為芥,而杜預用其說以訓《左傳》耳。……予按,杜預以介為芥,蓋用司馬遷之說,賈逵亦嘗取此說。至於以膠沙播羽,則孔穎達以為「以膠塗雞之足爪,然後以沙糝之。令其澀,得傷彼雞也。」然其說皆非是。予按,高誘注《呂氏春秋》云:「鎧著雞頭。」鄭眾曰:「介,甲也,為雞著甲。」蓋雞之鬥,所傷者頭,以鎧介者之是矣。』〔宋〕吳曾:《能改齋漫錄》(上海:上海古籍出版社,1979年11月),卷4,頁95。吳曾所論,貌似批評王觀國《學林》之說,其實就是據《正義》為說,卻又將解釋杜預注的第二種說法,視為孔穎達的解釋,使得在《正義》之中,呈現孔穎達引鄭眾自駁己說的怪現象,顯然惑於舊疏與《正義》之關係。
[227] 〔晉〕杜預注,〔唐〕孔穎達正義:《春秋左傳注疏》,卷52,頁2。
[228] 〔晉〕杜預注,〔唐〕孔穎達正義:《春秋左傳注疏》,卷51,頁5。

《經》書「取鄆」而《傳》言「圍鄆」，故云：「鄆人自服，不成圍。」以《傳》云：「書取言易也。」故賈為此解，杜從之也。劉炫以為，此時圍鄆而未得，明年方始取之，《經》即因「圍」書「取」，《傳》言實「圍」之日，非自服也，而規杜氏。今知非者，案二十六年「公圍成」，亦是「圍」而不得而書「圍」，此若「圍鄆」不得，何以不書「圍」？案元年「伐莒取鄆」，書「取」不言「伐」，此「圍鄆」、「取鄆」亦書「取」不言「圍」，其義正同，何為不可？劉何知此年圍鄆未服？鄆若未服，經何得書「取」？苟出胷臆而規杜氏，非也。[229]

昭公二十五年《正義》顯然駁斥昭公二十六年《正義》之說，並可清楚辨析出昭公二十六年的《正義》之說，全屬劉炫據服虔義所論。換言之，該則《正義》刪去開頭的「炫曰」，使如《正義》以服虔之說為是而「破注」，如果又刪去「劉以服言為是」，則將使前後兩則《正義》之說，出現自相矛盾的現象。

「破注」的現象，導致《正義》序文提揭的編撰原則，與《正義》內容不全一致，必須界定為刪定的技術層面未盡完備，方能不影響初唐三帝「對揚聖範」之本意；換言之，因為先能提揭初唐崇儒興學之義，「破注」諸例恰能佐證《五經正義》所「正」的複雜性，以及「正義」與國學中的「先師」傳統的關聯，這正是《五經正義》有別於南北朝義疏的主因。

---

[229]〔晉〕杜預注，〔唐〕孔穎達正義：《春秋左傳注疏》，卷51，頁22。

第四章　唐前儒學「師說」的形成與變遷

第一節　《五經正義》序文中的「先師」意識

儒學義疏混同二教之說，或是不遵從先儒經注而自鑄新說，是初唐以前儒學義疏的常態。像是陸德明《經典釋文》中的「經典」概念，承襲了六朝以降的「玄儒」思維；[1] 根據《集古今佛道論衡》記載，即使如國子祭酒孔穎達也曾經被歸諸「心存道黨」之流。[2] 如何能在「三教合一」的概念籠罩下，將儒學與道、釋之說切割，讓儒家的「先師」意識回歸「周、孔之教」？實為初唐經學所欲解決的一大課題。

一、以經師為「先師」

《貞觀政要‧慎所好》曰：

> 貞觀二年，太宗謂侍臣曰：「古人云：『君猶器也，人猶水也，方圓在於器，不在於水。』故堯、舜率天下以仁，而人從之；桀、紂率天下以暴，而人從之。下之所行，皆從上之所好。至如梁武帝父子，志尚浮華，惟好釋氏、老氏之教，武帝末年，頻率同泰寺，親講佛經，百寮皆大冠高履，乘車扈從，終日談

---

[1] 王利器：〈經典釋文考〉，王利器：《曉傳書齋文史論集》（香港：中文大學出版社，1989年），頁28-33。

[2] 《集古今佛道論衡‧皇太子集三教學者詳論事第五》曰：「貞觀十二年，皇太子集諸官臣，及三教學士於弘文殿，開明佛法，紀國寺慧淨法師預斯嘉會。有令召淨開《法華經》，奉旨登座，如常序胤。道士蔡晃講道論，好獨秀時英，下令遣與抗論。……有國子祭酒孔穎達者，心存道黨，潛扇斯玷曰：『承聞佛家無諍，法師何以構斯？』淨啟令曰：『如來存日，已有斯事。佛破外道，外道不通，反謂佛曰：汝常自言平等，今既以難破我，即是不平，何謂平乎？佛為通曰：以我不平破汝不平，汝若得平，即我平也，而今亦爾。以淨之諍，破彼之諍，彼得無諍，即淨無諍也。』於時皇儲語祭酒曰：『君既勤說，真為道黨。』淨啟：『常聞君子不黨，其知祭酒亦黨乎！』皇儲怡然大笑，合坐歡躍。」〔唐〕道宣：《集古今佛道論衡》，收於《大正新脩大藏經》，卷丙，頁383。此段文字的敘述，似乎僅見釋慧淨滔滔不絕，道士蔡晃難以應敵，孔穎達僅以緩頰而發言，其實未有明顯為「道黨」的言論；釋慧淨強指孔穎達為道黨，實為處於三教講論的場域，非此即彼所致。

說苦空，未嘗以軍國典章為意。及侯景率兵向闕，尚書郎已下多不解乘馬，狼狽步走，死者相繼於道路，武帝及簡文卒被侯景幽逼而死。孝元帝在江陵，為萬紐于謹所圍，帝猶講《老子》不輟，百寮皆戎服以聽，俄而城陷，君臣俱被囚繫。庾信亦嘆其如此，及作〈哀江南賦〉，乃云：『宰衡以干戈為兒戲，縉紳以清談為廟略。』此事亦足為鑒戒。朕今所好者，唯在堯、舜之道，周、孔之教，以為如鳥有翼，如魚依水，失之必死，不可暫無耳。」[3]

唐太宗藉由批評蕭梁因信佛而誤國之例，認為教化人民應以「周、孔之教」，統緒當以身作則，不該如梁武帝沈溺道、釋之說；其主要指涉的是屬於政治的層面，即視「周、孔之教」與「軍國典章」之事為合符，同時也反應在「三教」之間的取捨。

同年（628），房玄齡與朱子奢即建議「升夫子為先聖，以顏回配享」。[4] 此議的重要性，涉及唐太宗尊孔子為「先聖」的用意，是要將儒學的地位，與唐高祖武德年間的「三教」之說進行切割，[5] 把玄、釋之說，以及夾雜玄、釋之說的「儒教」，逐出「孔子廟堂」之外；構築一套由「先聖」到「先師」的「孔門」教化傳統，[6] 而非「三教」論述之下的「外教」，也與在此之前「周、孔之教」並稱「二聖」的問題意識不同。

唐太宗具體操作的方法，可以區分為現實時空的經典世界，以及古

---

[3] 〔唐〕吳兢撰，謝保成集校：《貞觀政要集校》，頁330-331。

[4] 〔宋〕王溥：《唐會要》，卷35，頁635-636。

[5] 這種切割的另一種面向，又可見諸佛道二教之爭的議題。傅奕排佛非聖，而蕭瑀以佛為「聖人」，傅奕之言反受唐太宗認可。《唐會要·議釋教上》曰：「武德七年七月十四日，太史令傅奕上疏請去釋教，高祖付群官詳議。太僕卿張道源稱奕奏合理，尚書右僕射蕭瑀與之爭論曰：『佛，聖人也；奕為此議，非聖人無法，請置嚴刑。』奕曰：『禮本事親，終于奉上，而佛踰城出家，逃背其父，以匹夫而抗天子，以繼體而背所親，蕭瑀非出空桑，乃遵無父之教。』瑀不能答，合掌云：『地獄所設，正是為人。』太宗嘗臨朝，謂奕曰：『佛道元妙，聖迹可師，卿獨不悟，何也？』奕對曰：『佛是胡中桀黠，欺誑夷俗，遵尚其道，皆是邪僻小人，模寫莊、老玄言，文飾妖幻之教耳。于百姓無補，于國家有害。』上然之。」〔宋〕王溥：《唐會要》，卷47，頁835-836。

[6] 《貞觀政要·崇儒學》曰：「貞觀二年，詔停以周公為先聖，始立孔子廟堂於國學，稽式舊典，以仲尼為先聖，顏子為先師，而籩豆干戚之容，始備于茲矣。」〔唐〕吳兢撰，謝保成集校：《貞觀政要集校》，頁376。

今時空下的廟學世界兩端。分別詔使顏師古考定《五經》文字、孔穎達等撰定《五經正義》，使之成為國學教化的典範；並提昇二十一位經師與顏回「並為先師」，使之得以配享孔廟。這一連串崇儒興學之舉的重要意義，在於從《五經》的「師說」傳統中，尋求一套得使後學求索經典，回歸至「先聖」、「先師」的論述。

在這個經典場域中的「先師」，並不是依據七十二弟子，或孔門四科來分類，而是羅列興學傳經的「經師」。據唐太宗貞觀二十一年詔曰：

> 左丘明、卜子夏、公羊高、穀梁赤、伏勝、高堂生、戴聖、毛萇、孔安國、劉向、鄭眾、杜子春、馬融、盧植、鄭玄、服虔、何休、王肅、王弼、杜預、范甯等二十一人，並用其書，垂於國冑。既行其道，理合褒崇，自今有事於太學，可並配享尼父廟堂。[7]

從「左丘明」到「孔安國」，都屬於傳經之先師；「鄭玄、服虔、何休、王弼、杜預、范甯」等，皆屬注經之先師。至於「鄭眾、杜子春、馬融、盧植、王肅」，可能與三《禮》有關，「劉向」則可能與《洪範五行傳》或《穀梁傳》相關。[8] 從唐太宗言「並用其書，垂於國冑」可知，二十一位「先師」的著作皆行用國學之中。

這些儒林「先師」的時代，實以兩漢經學為主，最晚則止於范甯（339-401），《五經正義》囊括的傳注名家也都名列其中。但可注意的現象是，藉由推崇孔子的神聖與權威，這些「先師」們的傳、注之作，成為「國學」行用的經典文本，卻未必皆有「師說」流傳。據唐太宗貞觀十四年詔書曰：

---

[7] 〔唐〕吳兢撰，謝保成集校：《貞觀政要集校》，頁379。

[8] 唐代從祀二十二儒擇別，關乎「並用其書」，大抵依據五經，分為「興學」與「傳學」兩端。東漢以降的儒者於經典有所注解，是有「傳學」之功；東漢以前的儒者重振儒學統緒，則有「興學」之功。如《事林廣記》言毛公曰：「孔徒受業，商也言《詩》。研精古訓，誰其嗣之？毛公興孝，永代師資。疏封錫命，禮洽禋期」；言劉向曰：「漢室之出，《穀梁》興孝。子政大儒，煥乎先覺。道業光顯，風流邈邈。展教逢辰，寵章優渥。」〔宋〕陳元靚：《事林廣記》（北京：中華書局，1963年8月，影元至順間建安椿莊書院刻本），聖賢類，後集卷4，頁6-8。

> 梁皇侃、褚仲都，周熊安生、沈重，陳沈文阿、周弘正、張
> 譏，隋何妥、劉炫等，並前代名儒，經術可紀。加以所在學
> 徒，多行其疏，宜加優異，以勸後生。可訪其子孫見在者，錄
> 名奏聞，當加引擢。[9]

從這些影響最盛的南北朝義疏名儒可知，唐太宗列舉在《五經正義》頒行之前，當時流傳的「師說」，集中在少數幾家經注之上。像是皇侃、熊安生、沈重（？-583）所疏，皆是《禮記》鄭玄注；[10]周弘正（496-574）大抵是主王弼《周易》義，[11]而張譏（514-589）受學於周弘正，於《周易正義》中往往是與褚仲都、何妥合論，或亦皆主王弼《周易》義。至於沈文阿、劉炫所為義疏，皆同為杜預《左氏》義。[12]

　　以「師說」而論，初唐盛行的義疏與義疏所從之「師說」，與隋代國學盛行之「師說」相同，也將直接影響初唐《五經正義》在「師說」上之選定。這些傳世之「師說」，必循「先師」傳經而來，但是在「三教合一」概念的影響下，傳統儒學義疏與經師，對於「師說」的理解與書寫，並不符合唐太宗在國學釋奠之禮中建構的師生關係；對於孔子廟堂呈顯的師生之義來說，經典大義必由「先聖」而來，「先師」將「先聖」在經典上的大義傳予後學，所以後學不能與「先師」之「師說」別異。因此，《五經正義》作為「正」此「師說」之義的標準本，必得對於前代名儒之「疏」有所勘正，此即上章所論「正義」與「異端」之「師說」的二元對立。後世視此二元性為「疏不破注」的原則，為唐太宗對於「義疏」文體的特別要求；卻未將此原則的形成，擺置於「三教」盛行的時空，致使「先師」與「師說」之間的問題未曾釐清，以儒學「先聖」為國學「宗主」之義，亦待初唐釋奠講學的儀式方才論定。

---

[9] 〔後晉〕劉昫等撰：《舊唐書》，頁 4941-4942。
[10] 〔漢〕鄭玄注，〔唐〕孔穎達正義：《禮記注疏》，〈禮記正義序〉，頁 3。
[11] 馬國翰《玉函山房輯佚書・周易周氏義疏》曰：「《釋文》引止四節，孔穎達《正義》丞引周氏不標其名，以〈序〉稱簡子斃之，知為宏正說，茲併合輯一卷。大抵衍輔嗣之旨，亦或用鄭說。」〔清〕馬國翰輯：《玉函山房輯佚書》，《周易周氏義疏》，序頁 1。
[12] 〔晉〕杜預注，〔唐〕孔穎達正義：《春秋左傳注疏》，〈春秋正義序〉，頁 2-3。

二、「以仲尼為宗」的《五經正義》

在《五經正義》各篇〈序〉文中,有一個共通之處,唐代編撰《正義》,對於「前代」疏家有所批評;批評的重點,主要在於兩個問題上。其一,是否雜染釋、道二教之說,而非純粹「孔門」之教?其二,是否是自創新見,妄駁傳注之說,而非依循「先師」傳注?例如,〈周易正義序〉曰:

> 江南義疏十有餘家,皆辭尚虛玄,義多浮誕。原夫《易》理難窮,雖復玄之又玄,至於垂範作則,便是有而教有;若論住內住外之空、就能就所之說,斯乃義涉於釋氏,非為教於孔門也。既違其本,又違於注。[13]

又如〈禮記正義序〉批評熊安生曰:

> 熊則違背本經,多引外義;猶之楚而北行,馬雖疾而去愈遠。又欲釋經文,唯聚難義;猶治絲而棼之,手雖繁而絲益亂也。[14]

熊安生引《老子》理解《禮記》之文,其例不只一見;[15] 所遵之注,也未必會以鄭玄為是。又如〈尚書正義序〉批評劉炫、劉焯義疏曰:

> 諸公旨趣,多或因循,帖釋注文,義皆淺略;惟劉焯、劉炫最為詳雅,然焯乃織綜經文,穿鑿孔穴,詭其新見,異彼前儒。非險而更為險,無義而更生義。[16]

---

[13] 〔魏〕王弼、〔晉〕韓康伯注,〔唐〕孔穎達正義:《周易注疏》,〈易序〉,頁1。
[14] 〔漢〕鄭玄注,〔唐〕孔穎達正義:《禮記注疏》,〈禮記正義序〉,頁3。
[15] 《禮記・曲禮》曰:「道德仁義,非禮不成……,是以君子恭敬、撙節、退讓以明禮。」《禮記正義》引熊氏云:「此是《老子》:『失道而後德,失德而後仁,失仁而後義。』今謂道德。」〔漢〕鄭玄注,〔唐〕孔穎達正義:《禮記注疏》,卷1,頁10-11。又如《禮記・曲禮》曰:「太上貴德。」《禮記正義》曰:「案《老子》云:『道常無名。』河上公云:『能生天地人,則當大易之氣也。』《道德經》云:『上德不德。』其德稍劣於常道,則三皇之世,法大《易》之道行之也。然則可行之道,則伏犧畫八卦之屬是也,三皇所行者也。『下德不失德』,河上公云:『下德,謂號諡之君。』則五帝所行者也。但三皇則道多德少,五帝則道少德多。此皆熊氏之說也。」〔漢〕鄭玄注,〔唐〕孔穎達正義:《禮記注疏》,卷1,頁12-14。
[16] 〔漢〕孔安國注,〔唐〕孔穎達正義:《尚書注疏》,書疏序,頁2。

這些現象，說明在南北朝最富盛名的義疏內容與說經形式，皆發生背經違注的現象，也幾乎都難以避免受到釋、道兩家之說的影響。[17]如此一來，不僅與所要申釋的「先師」傳注相去甚遠，又視非毀「師說」為尚，[18]更無「疏不破注」的原則。這是時代風氣所使然，而不是撰寫「師說」的形式使然。據此，唐太宗與《五經正義》的編撰者，對於南北朝各家儒學義疏所傳「師說」，都抱持著否定且負面的看法。按照《五經正義》編撰者的理解，儒學義疏應有的面貌，必定不能像是南北朝義疏呈現的情形。其中首要的問題是，對於《五經正義》的編撰者而言，「正確的」的義疏是如何理解的？

唐代對於義疏的內容規範，既要求「為教於孔門」，是以在《五經正義》的「五經」經典選擇上，「必以仲尼為宗」自是情理之事。[19]以《禮記正義》為例，其〈序〉視《三禮》為一，屢言《周禮》為「體」，《儀禮》為「履」，又言「《周禮》為本，則聖人體之；《儀禮》為末，賢人履之」，[20]卻又以《禮記》為「正義」的原因為何？在於《周禮》乃周公致太平之書，故言「體之」，高舉《周禮》則與「以仲尼為宗」的原則不能協調；因此據「《禮記》之作出自孔氏」，能夠明殘缺之舊禮，[21]方能符合「以仲尼為宗」之主旨。《五經》「必以仲尼為宗」的說法，也可參見諸經《正義》序中，此皆與唐太宗在現實之中躋孔子為「先聖」，又使儒林「先師」配享互為連結。從《五經》與孔子的絕對關係，以及「先聖」與「先師」的絕對關係，到國子生與「先聖」、「先師」的師說脈絡；要求《五經正義》不能與「先師」傳注相違，不能雜染他教之說，顯然是通過「孔門」之下的必然要求。這些要求，都是經由唐太宗「崇儒」的決心，將唐代的「孔門」儒學之學風，與南北朝以降的「三教」學風切割。

[17] 焦桂美《南北朝經學史》曰：「北朝……經學幾乎沒有受到玄學的浸染，這一點學術界已基本達成共識。」焦桂美：《南北朝經學史》（上海：上海古籍出版社，2009年7月），頁79。從熊安生援引《老子》之例可知，此說仍有商榷之處。
[18] 〔晉〕杜預注，〔唐〕孔穎達正義：《春秋左傳注疏》，〈春秋正義序〉，頁3。
[19] 〔魏〕王弼、〔晉〕韓康伯注，〔唐〕孔穎達正義：《周易注疏》，〈易序〉，頁1-2。
[20] 〔漢〕鄭玄注，〔唐〕孔穎達正義：《禮記注疏》，〈禮記正義序〉，頁9-11。
[21] 〔漢〕鄭玄注，〔唐〕孔穎達正義：《禮記注疏》，〈禮記正義序〉，頁12。

要求義疏回歸「先師」之意，是否即回歸南北朝以前的兩漢時期？這不僅將大異於南北朝義疏，並且對於後世解經傳統的影響亦極大。像是清人言疏家以「疏不破注」為原則，正是依循《五經正義》而來，而非更早的南北朝疏家之體例；顯見初唐「正義／義疏」與南北朝義疏之斷裂，已被後人區分。[22] 故而後世指涉初唐「義疏」的原則，已非僅止於《五經正義》編撰體例的問題，而是力圖使其上承兩漢「師說」，形成一種儒家道統式的解釋脈絡；而對此「漢－唐」相續的「師說」，其實是經由初唐儒學建構而來。例如，梁啟超《中國近三百年學術史・清代學者整理舊學之總成績》論陳立（1809-1869）《公羊義疏》，曰：「此書嚴守『疏不破注』之例，對於邵公只有引申，絕無背畔，蓋深知《公羊》之學專重口說相承，不容出入也。」[23] 由此可知，清人將唐人「疏不破注」的原則，理解為後人承接兩漢「師說」傳統的方法，反映出唐代「義疏」的原則，建構「以仲尼為宗」的「孔門」道統，使得南北朝義疏反而成為初唐儒學解釋傳統上，被批判的歧出一脈。

　　唐太宗藉由重論國學孔廟「先聖」、「先師」之義，重新建構國學經典世界的神聖性，這是在南北朝所不曾發生之事；除了具有經學上的傳承，也具有宗教上的分庭抗禮。使得唐代「正義」之學，得以上承兩漢先秦的「師說」傳統，同時也能擺脫釋、道二家的權威影響。

第二節　「師說」與義疏形式

　　《隋書・經籍志》記載隋唐之際五經「師說」之概況，有「盛行」與「浸微」之別，分判盛衰的依據並不在經籍所存與否，而是在於國學之中有無「師說」。例如，於《尚書》曰：「梁、陳所講，有孔、鄭二家，齊代唯傳鄭義。至隋，孔、鄭並行，而鄭氏甚微。自餘所存，無復

---

[22] 如孫詒讓〈周禮正義略例十二凡〉曰：「唐疏例不破注，而六朝義疏家則不盡然。」〔清〕孫詒讓：《周禮正義》（北京：中華書局，2000 年 3 月），〈周禮正義略例十二凡〉，頁 2。

[23] 梁啟超：《中國近三百年學術史》（臺北：里仁書局，1995 年 2 月），頁 279。

師說」;²⁴《隋書‧經籍志》記載孔、鄭二家注之外,所存《尚書》注尚有馬融、王肅(195-256)、謝沈、李顒、姜道盛(?-443)、范甯諸家,雖著作尚得傳世,卻已無「師說」可「講」。這種「有書無師」的現象,又可見諸西晉以後的《孟氏易》、《京氏易》,或是隋代的鄭玄《易注》等經注。²⁵

著作或存或亡,與「師說」之有無,其實是兩回事,後學有沒有傳授某師之「師說」,²⁶ 方為某家之學存續之關鍵。例如,《經典釋文‧序錄》言《公羊》、《穀梁》二《傳》「無師說」曰:「二《傳》近代無講者,恐其學隊絕,故為音以示將來」,²⁷ 此即《隋書‧經籍志》言《春秋》曰:「至隋,杜氏盛行,服義及《公羊》、《穀梁》浸微,今殆無師說」;²⁸《公羊》、《穀梁》「無師說」,等於「無講者」之義。²⁹ 又據《隋書‧經籍志》言二《傳》僅「但試讀文,而不能通其義」,³⁰ 故知所謂承師之「講」、「說」,與「讀文」之類不同;能知其音讀,便能「讀文」,但所謂「講」、「說」,則必由「師」以「通其義」。這些「講」、「說」之中的「師說」大義,又會被形諸文字,撰寫成「義疏」之類的著作。³¹

一、從初唐學者的理解重論義疏「淵源」問題

前人多認為,唐、宋群經義疏淵源自南北朝群經義疏,南北朝群經義疏淵源自佛門講經義疏;³² 又有據經疏之文本形式,以及講經之行為

---

²⁴ 〔唐〕魏徵等撰:《隋書》,頁915。
²⁵ 〔唐〕魏徵等撰:《隋書》,頁913。
²⁶ 例如,《隋書‧經籍志》曰:「《齊詩》,魏代已亡;《魯詩》亡於西晉;《韓詩》雖存,無傳之者。唯《毛詩》鄭《箋》,至今獨立。」〔唐〕魏徵等撰:《隋書》,頁918。
²⁷ 〔唐〕陸德明撰:《經典釋文》,序錄,頁28。
²⁸ 〔唐〕魏徵等撰:《隋書》,頁933。
²⁹ 謝明憲:〈論《穀梁傳》「膚淺」〉,《第一屆世界漢學中的春秋學學術研討會論文集》(宜蘭:佛光大學歷史學系,2004年11月),頁57。
³⁰ 〔唐〕魏徵等撰:《隋書》,頁933。
³¹ 《南齊書》曰:「永明三年,於崇正殿講《孝經》,少傅王儉以摘句令太〔子〕僕周顒撰為義疏。」〔梁〕蕭子顯:《南齊書》,頁399。
³² 牟潤孫〈論儒釋兩家之講經與義疏〉曰:「撰疏一事,非僅為詁經之書創闢新體例,即在我國學術史上思想史上亦為大事因緣,影響極為深遠。至於其中關鍵所繫,厥為儒家講經之採用釋氏儀式一端。僧徒之義疏或為講經之紀錄,或為預撰之講義,儒生既采彼教之儀

上,強調漢代講經與南北朝義疏之間的相似性,[33] 似乎認為:唐、宋群經義疏乃是本土與外來講經形式的混血兒。綜觀兩方的意見,可以發現彼此均欠缺了一個重要環節:當初唐《五經正義》頒行之時,如何界定與南北朝義疏之關係?以及初唐學者對於「義疏」之「淵源」,抱持如何的看法?

《漢書・睦兩夏侯京翼李傳》曰:「勝復為長信少府,遷太子太傅。受詔撰《尚書》、《論語》說」。顏師古注曰:

解說其意,若今義疏也。[34]

《後漢書・郭杜孔張廉王蘇羊賈陸列傳》曰:「奮晚有子嘉,官至城門校尉,作《左氏說》云」。李賢(654-684)注曰:

說,猶今之疏也。[35]

顏、李與孔、陸同時,他們的意見正可視為當時學者如何看待盛行的群經義疏:他們並未歸諸南北朝時期僧侶講解佛教經典的影響,而是回溯至兩漢儒生講說儒家經傳,並且專指以「說」為名的經學論著。初唐學者的理解,顯然與前學之說有所出入。只是如何將漢代之「說」,與唐代之「正義」劃上等號?對不同時代的文體言「若」、「猶」,二者之間的相似性,是否會等同今日對於「義疏」的理解?關於這些問題,必須先討論漢代以「說」為名的著作特色及其相關問題,並且理解初唐學人何以理解「今」之「義疏」,上承漢代之「說」?

《漢書・景十三王傳》曰:「獻王所得書,……皆經、傳、說、記,

式,因亦仿之有紀錄有講義,乃製而為疏。講經其因,義疏則其果也。」牟潤孫:《注史齋叢稿》,頁 240。

[33] 戴君仁〈經疏的衍成〉曰:「儒家的經疏,自有它本身的歷史,由漢歷晉,以至南北朝,逐漸衍變而成,不是單純的由佛書產生出來的,可以說是二源的。」戴君仁:〈經疏的衍成〉,收於王靜芝等著:《經學論文集》,頁 103。

[34] 〔漢〕班固撰,〔唐〕顏師古注,〔清〕王先謙補注:《漢書補注》,卷 75,頁 5。

[35] 〔南朝宋〕范曄撰,〔唐〕李賢注,〔清〕王先謙集解:《後漢書集解》,卷 49,頁 6。

七十子之徒所論」；³⁶ 在河間獻王劉德（？-129B.C.）所蒐羅的先秦舊書之中，已具有「傳、說、記」三類的早期翼經之作。呂思勉（1884-1957）區分三者的異同，認為：

> 傳、說二者，實即一物；不過其出較先，久著竹帛，則謂之傳；其出較後，猶存口耳者，則謂之說耳。……傳附庸於經，記與經則為同類之物，二者皆古書。……凡記皆記經所不備，兼記經外遠古之言。³⁷

「說」與「傳」、「記」二者之間的差異，主要在於流傳方式的不同。「傳」、「記」之類的著作，因書寫的緣故，會有隱諱的顧慮，而衍生出「非常異義可怪之論」；³⁸「說」的形式存於口耳之際，若在尚未書於竹帛之時，反而能夠流傳一些不能書寫的內容。³⁹

在解經的意義上，「說」則與「傳」相似，皆為通解經文而作。例如《春秋公羊傳·宣公十五年》傳文曰：

> 古者什一而藉。古者曷為什一而藉？什一者，天下之中正也。多乎什一，大桀小桀；寡乎什一，大貉小貉。什一者，天下之中正也。什一行，而頌聲作矣。⁴⁰

許慎《五經異義》引「今春秋公羊說」曰：

> 十一而稅。過於十一，大桀小桀；減於十一，大貉小貉。十一稅，天子之正。十一行，而頌聲作故。⁴¹

---

36 〔漢〕班固撰，〔唐〕顏師古注，〔清〕王先謙補注：《漢書補注》，卷53，頁1。
37 呂思勉：《呂思勉讀史札記》（上海：上海古籍出版社，2006年6月），頁749-751。
38 〔漢〕何休解詁，徐彥疏：《春秋公羊注疏》（臺北：藝文印書館，1997年8月，阮元《十三經注疏》本），何休序，頁2。
39 呂思勉曰：「古代文字用少，雖著之傳，其辭仍甚簡略，而又不能無所隱諱。若此，則不得不有藉於說明矣。」呂思勉：《呂思勉讀史札記》，頁750。
40 〔漢〕何休解詁，〔唐〕徐彥疏：《春秋公羊注疏》，卷16，頁15。
41 本文以袁鈞、袁堯年輯本斷句為據。〔漢〕許慎撰，〔漢〕鄭玄駁，〔清〕袁鈞輯，〔清〕袁堯年補輯，皮錫瑞疏證：《駁五經異義疏證》（上海：上海古籍出版社，2002年3月，《續修四庫全書》影河間李氏重刊本），卷4，頁1。

「傳」與「說」的文字內容,幾乎全然無別,「今春秋公羊說」的則略顯口語化。由此推論,「說」的內容確實與「傳」的性質相似,甚至是彼此相通;東漢戴宏(124-？)亦言《春秋公羊傳》在書於竹帛之前,本有經歷過類似「說」的口傳階段,至公羊壽、胡毋子都方才書於竹帛,[42] 導致「說」的部分內容與「傳」文全同,卻形成口說與書寫兩種文本形式。從《五經異義》徵引「今春秋公羊說」的其他內容,尚有許多不見於《春秋公羊傳》者,[43] 可知在「傳」文書寫之下,必定還有更多的先師口說之義被隱藏。

最初將「說」書於竹帛,僅是由弟子紀錄「師說」,猶如「門人相與輯而論篹」,[44] 而不屬於弟子的著作。以《詩》「魯說」為例,《漢書·儒林傳》記載申公:「獨已《詩經》為訓故已教,亡傳;疑者,則闕弗傳」,顏師古曰:「口說其指,不為解說之傳。」[45] 後世推測申公可能已作「訓故」的文字著作,[46] 但從顏師古之意,以為「為訓故已教」即「口說其指」,「亡傳」即「不為解說之傳」;是指申公有口傳《魯詩》之「說」,卻不作書寫之「傳」,[47]《漢書》的陳述亦區分口說與書寫兩端。因此,

---

[42] 戴宏〈序〉云:「子夏傳與公羊高,高傳與其子平,平傳與其子地,地傳與其子敢,敢傳與其子壽。至漢景帝時,壽乃共弟子齊人胡毋子都著於竹帛,與董仲舒皆見於圖讖是也。」〔漢〕何休解詁,〔唐〕徐彥疏:《春秋公羊注疏》,何休序,頁2。後漢李固(93-147)〈祀胡母先生教〉一文,亦以胡毋子都為《公羊傳》書於竹帛之始。曰:「自宣尼沒,七十子亡,經義乖散,秦復火之。然胡毋子都稟天淳和,沉淪大道,深演聖人之旨,始為《春秋》製造章句。是故嚴、顏有所祖述,微微後生,得以光啟。」〔唐〕許敬宗編:《日藏弘仁本文館詞林校證》(北京:中華書局,2001年10月),頁466。

[43] 《公羊說》中多有不見於《公羊傳》者。例如:「天子三臺,諸侯二。天子有靈臺,以觀天文;有時臺,以觀四時施化;有囿臺,觀鳥獸魚鱉。諸侯當有時臺、囿臺,諸侯卑,不得觀天文,無靈臺,皆在國之東南二十五里。東南少陽用事,萬物著見;用二十五里者,吉行五十里,朝行暮反也。」〔漢〕許慎撰,〔漢〕鄭玄駁,〔清〕陳壽祺疏證:《五經異義疏證》(上海:上海古籍出版社,2002年3月,《續修四庫全書》影三山陳氏本),卷中,頁65-66。

[44] 〔漢〕班固撰,〔唐〕顏師古注,〔清〕王先謙補注:《漢書補注》,卷30,頁20。

[45] 〔漢〕班固撰,〔唐〕顏師古注,〔清〕王先謙補注:《漢書補注》,卷88,頁15。

[46] 王先謙曰:「《魯故》即申公作。」〔漢〕班固撰,〔唐〕顏師古注,〔清〕王先謙補注:《漢書補注》,卷30,頁9。

[47] 《漢書·楚元王傳》曰:「申公始為《詩傳》,號《魯詩》。」顏師古注曰:「凡言『傳』者,謂為之解說,若今《詩》毛氏傳也。」〔漢〕班固撰,〔唐〕顏師古注,〔清〕王先謙補注:《漢書補注》,卷36,頁2。

將《魯說》書寫成文，應該是申公門人所為，而不是申公所為。[48] 姚振宗（1842-1906）據此而言：

> 按劉歆移書云：「至孝文時，《詩》始萌芽，武帝時，一人不能獨盡其經，或為〈雅〉，或為〈頌〉，相合而成。」此《魯說》二十八卷，依經本卷數編次，不著撰人，似即為〈雅〉為〈頌〉，劉向校定相合而成者歟。其《齊雜記》、《韓說》，諸不著撰人名氏者，亦此類也。[49]

「不著撰人名氏」是此時經傳之「說」的普遍特色，除了因為「一人不能獨盡其經」的理由之外；更重要的原因，在於口說本非依賴文字而流傳，「撰人」並非「作者」之義，後學紀錄「先師」之「師說」編成一書，自然不應紀錄轉述者之名氏。[50]

《漢書‧藝文志》記載的經傳之「說」，僅見魯、韓二家《詩》說，與《論語》、《孝經》各家之說，而《禮》有單篇的《中庸說》、《明堂陰陽說》，《尚書》另有《歐陽說義》，可能也屬於經說之作。這些經傳之「說」，已著錄篇卷之目，脫離原本的口傳形式而書於竹帛，如《論衡‧異虛》曰：「論說之家，著於書記者，皆云：『天雨穀者凶』」；[51] 故知後來「說」的發展，因有書於竹帛與否之別，形成部分流傳於口耳間的經

---

[48] 又如《漢書‧儒林列傳》言費直之學，曰：「長於卦筮，亡章句，徒以〈彖〉、〈象〉、〈系辭〉十篇、〈文言〉，解說上下《經》。琅邪王璜平中能傳之。」〔漢〕班固撰，〔唐〕顏師古注，〔清〕王先謙補注：《漢書補注》，卷 88，頁 10。陳澧《東塾讀書記》以「費氏以十篇為解說上下《經》，乃義疏之祖」，並自注曰：「〈儒林傳〉云『亡《章句》』。《釋文‧序錄》則云費直《章句》四卷，殘缺。澧謂此《章句》蓋傳費氏學者筆之於書，非費直自作。」〔清〕陳澧：《東塾讀書記》，收於黃國聲主編：《陳澧集》（上海：上海古籍出版社，2008 年 7 月），冊 2，頁 70。

[49] 〔清〕姚振宗：《漢書藝文志條理》，收於《二十五史補編》（北京：中華書局，1998 年 2 月），頁 21。

[50] 張舜徽《漢書藝文志通釋》曰：「說之為書，蓋以稱說大義為歸，與夫注家徒循經文立解、專詳訓詁名物者，固有不同。為《魯詩》者，依經撰說，故亦二十八卷，蓋傳申公之學者所述也。」張舜徽：《廣校讎略／漢書藝文志通釋》（武漢：華中師範大學出版社，2004 年 3 月），頁 200。

[51] 〔漢〕王充撰，黃暉校釋，劉盼遂集解：《論衡校釋》（北京：中華書局，1996 年 11 月），頁 221。

說，出現「有其說，無其文」的現象，例如，《漢書・王莽傳》曰：「今制禮作樂，實考周爵五等，地四等，有明文；殷爵三等，有其說，無其文。」[52]

這些有「說」無「文」的內容，東漢以後又常見諸緯書的文字之中，如《含文嘉》曰：「殷爵三等，周爵五等」；[53] 又如《漢書・司馬遷傳》引《史記・太史公自序》曰：「故《易》曰：『差以豪氂，謬以千里』」，顏師古注曰：

> 今之《易經》及〈彖〉、〈象〉、〈繫辭〉，並無此語。所稱《易緯》者，則有之焉。斯蓋《易》家之別說者也。[54]

司馬遷（145-86B.C.）引《易》而經傳俱無此文，後來卻見諸緯書之中；[55] 然據張衡（78-139）謂緯書之作「為起哀、平」，[56] 司馬遷不當見諸《易緯》文字，應同屬「有其說，無其文」之例，故顏師古認為是「經說」之類。在司馬遷前後的西漢時期，將此語視同為《周易》引用的現象已甚普遍，在引文上則略有出入；例如《大戴禮記・保傅》曰：「《易》曰：『正其本，萬物理，失之毫釐，差之千里』」，盧辯注曰：

---

[52] 〔漢〕班固撰，〔唐〕顏師古注，〔清〕王先謙補注：《漢書補注》，卷 99 上，頁 31。

[53] 《白虎通》雖引禮緯《含文嘉》言「殷爵三等」，實際上對於「殷爵三等」的內容解釋，則見諸《白虎通》對五經同異之討論：「殷爵三等，謂公侯伯。……或曰：合從子，貴中也」。但是類似的說法，在董仲舒《春秋繁露・三代改制質文》中，已有「周爵五等，《春秋》三等」之說。〔漢〕董仲舒撰，〔清〕蘇輿義證：《春秋繁露義證》（北京：中華書局，1996 年 9 月），頁 204。故知由《春秋》三等」至「殷爵三等」之說，即何休所謂「《春秋》改周之文，從殷之質，合伯子男以為一」，或鄭玄所謂「《春秋》變周之文，從殷之質，合伯子男以為一」；而何休、鄭玄對於「殷爵三等」在定義上的差異，有「公、侯、子」與「公、侯、伯」的「三等」之別。〔漢〕鄭玄注，〔唐〕孔穎達正義：《禮記注疏》，卷 11，頁 3-5。亦即《白虎通》對於「殷爵三等」的兩套解釋，至漢末仍並存二說。〔漢〕班固撰，〔清〕陳立疏證：《白虎通疏證》（北京：中華書局，1994 年 8 月），卷 1，頁 6-13。

[54] 〔漢〕班固撰，〔唐〕顏師古注，〔清〕王先謙補注：《漢書補注》，卷 62，頁 11。

[55] 任昉〈竟陵文宣王行狀〉曰：「聽受一謬，差以千里。」李善注曰：「《易乾鑿度》曰：『正其本而萬物理，失之毫釐，差之千里。』」〔南朝梁〕蕭統編，〔唐〕李善注：《文選》（臺北：華正書局，2000 年 10 月，清胡克家刻本），卷 60，頁 12。

[56] 〔宋〕王應麟輯：《玉海》，卷 63，頁 11。

「據《易說》言也」,[57]《禮記・經解》曰:「《易》曰:『君子慎始,差若豪氂,繆以千里』」,[58]《說苑・建本》曰:「《易》曰:『建其本而萬物理,失之毫釐,差以千里。』」[59] 古人不疑此非《周易》,也不怪其文字出入,故知視無明文之「說」,如同具文之經傳;因此,後來鄭玄有「轉緯為說」之事,亦不足為奇。《禮記・檀弓正義》曰:

> 「易說」者,鄭引云:「《易緯》也。」凡鄭云「說」者,皆緯候也。時禁緯候,故轉緯為說也。故《鄭志》曰:「張逸問:『《禮注》曰:《書說》,《書說》何書也?』答曰:『《尚書緯》也。當為注時,時在文網中,嫌引祕書,故諸所牽圖讖,皆謂之說。』」[60]

鄭玄何以認為能夠「轉緯為說」?意味著「緯」與「說」不同,但性質上相近。緯書被視為「內學」,得與經傳相通,師「說」傳諸口耳的隱密性質,亦與緯候秘書之類著作近似;[61] 然而,又因「五經說各不同,是無明文可據」之故,[62] 更可用以掩飾為緯書。從「今春秋公羊說」可以等於《春秋公羊傳》,「易說」也可視同《周易》經文,故知漢代早期之「經、傳、說、記」,在經歷口傳到書寫的過程時,「說」得兼具口傳與書寫的特質。

據此,由顏師古、李賢注衍生關於「說」的理解,推論兩漢本具「義疏」形式之雛型,是否就能直截畫上等號呢?就淵源論而言,恐怕仍相當薄弱。因為僅以「若」、「猶」二字,將初唐「義疏」與漢代經「說」的著作扣連,對於如何建構一套從「兩漢」→「南北朝」→「唐代」的

---

[57] 〔清〕王聘珍解詁:《大戴禮記解詁》(北京:中華書局,1998 年 12 月),頁 58。
[58] 〔漢〕鄭玄注,〔唐〕孔穎達正義:《禮記注疏》,卷 50,頁 6。
[59] 向宗魯曰:「此文自《小戴記》外,《大戴記・禮察》、〈保傅〉、《新書・胎教》、〈雜事〉、《史記・自序》、《漢書・東方朔傳》、〈杜欽傳〉皆引之。」〔漢〕劉向撰,向宗魯校證:《說苑校證》(北京:中華書局,2000 年 3 月),頁 56。
[60] 〔漢〕鄭玄注,〔唐〕孔穎達正義:《禮記注疏》,卷 10,頁 15。
[61] 李賢曰:「內學謂圖讖之書也。其事祕密,故稱內。」〔南朝宋〕范曄撰,〔唐〕李賢注,〔清〕王先謙集解:《後漢書集解》,卷 82 上,頁 2。
[62] 〔漢〕許慎撰,〔漢〕鄭玄駁,〔清〕陳壽祺疏證:《五經異義疏證》,卷上,頁 5。

歷史「淵源」論述？則仍付之闕如。若依本文於前章所論，初唐「義疏」與南北朝「義疏」縱然形式相近，卻屬於不同概念下的產物；因為初唐在編纂《五經正義》時，已藉由強調「疏不破注」的「師說」概念，與南北朝義疏別異。因此，初唐儒者對於「義疏」的主流見解，是藉由什麼樣的概念，表述「唐代」→「漢代」的直承？換言之，「若今義疏」與「猶今之疏」的說法，並不必然只是針對形式發展的來龍去脈；顏師古與李賢藉由漢代之於唐代的轉喻之義，恰可從「今義疏」與「說」在概念上的相近，更深入鉤稽漢唐兩代之「學」的互文見義。

二、「說」與「今義疏」的互文性

如何解讀漢代之「說」與「今義疏」的互文性呢？就顏師古與李賢而言，二注作者以古方今的用意，將使唐代注者的意義深化；[63]反讓「今」之義疏，得以乞靈自漢代「先師」之「說」，作為儒學傳統的敘事開端。初唐儒學義疏與「說」的聯結，不僅會在形式上進行對應，更深層的意義，在於二者具有相同經學根源的先聖先師。以徐防上疏所言為例：

> 臣聞《詩》、《書》、《禮》、《樂》，定自孔子；發明章句，始於子夏；其後諸家分析，各有異說。漢承亂秦，經典廢絕，本文略存，或無章句。收拾缺遺，建立明經，博徵儒術，開置太學。孔聖既遠，微旨將絕，故立博士十有四家，設甲乙之科，以勉勸學者，所以示人好惡，改敝就善者也。伏見太學試博士弟子，皆以意說，不修家法，私相容隱，開生姦路。每有策試，輒興諍訟，論議紛錯，互相是非。孔子稱「述而不作」，又曰「吾猶及史之闕文」，疾史有所不知而不肯闕也。今不依章句，妄生穿鑿，以遵師為非義，意說為得理，輕侮道術，寖以成俗，誠非詔書實選本意。改薄從忠，三代常道，專精務

---

[63] 根據顏師古對於前朝解釋典籍的批判，初唐注疏的解釋原則，在經史之間頗為一致。顏師古〈前漢書敘例〉曰：「近代注史，競為該博，多引雜說，攻擊本文。至有詆訶言辭，捃摭利病。顯前修之紕僻，騁己識之優長，乃效矛盾之仇讎，殊乖粉澤之光潤。今之注解，翼贊舊書，一遵軌轍，閉絕歧路。」〔漢〕班固撰，〔唐〕顏師古注，〔清〕王先謙補注：《漢書補注》，卷首，頁27。

> 本，儒學所先。臣以為博士及甲乙策試，宜從其家章句，開
> 五十難以試之。解釋多者為上第，引文明者為高說；若不依先
> 師，義有相伐，皆正，以為非五經。各取上第六人，《論語》不
> 宜射策。雖所失或久，差可矯革。[64]

徐防生於東漢初，當時關於經典文字的形式，已經區分為三個層次：孔子定「經」、子夏發明「章句」、諸家之「說」；「說」的文本形式，已如後世義疏對應孔子之經與先師傳注。[65] 根據徐防的描述：「今不依章句，妄生穿鑿，以遵師為非義，意說為得理」，知此時「依章句」等於「遵師」，學者在策試之時不遵章句，妄以己意解釋的情形相當普遍，與初唐時期批評南北朝風氣的說法接近。從所論「若不依先師，義有相伐，皆正，以為非五經」可知，徐防所「正」的原則，是以「先師」之說等同於「五經」之「義」，也與初唐「正義」的訴求相等。[66]

另舉《尚書》為例，《漢書‧郊祀志》曰：「歐陽、大、小夏侯三家說六宗，皆曰：『上不及天，下不及墜，旁不及四方，在六者之間，助陰陽變化，實一而名六』」，[67] 歐陽、大、小夏侯三家於「說」皆同，與上述諸家《易說》「大誼略同」的情形彷彿，故孫星衍（1753-1818）曰：「此蓋伏生所傳最古之說也。」[68] 由此可知，顏師古認為夏侯勝撰《尚書說》、《論語說》，為「解說其意，若今義疏也」，自然不應該全屬於夏侯勝個人的見解，而是夏侯勝將記憶中「師說」之意書於竹帛之中，所「說」必由「先師」而來；但是，「先師」並不等於伏生，伏生只是同為「傳」此「先師」之「說」的一個環節，師師相承的淵源，將溯及孔子

---

[64] 〔南朝宋〕范曄撰，〔唐〕李賢注，〔清〕王先謙集解：《後漢書集解》，卷44，頁4-5。
[65] 例如，《唐律疏議‧名例》曰：「昔者聖人制作，謂之為經，傳師所說，則謂之為傳；此則丘明、子夏於《春秋》、《禮經》作傳是也。近代以來，兼經注而明之，則謂之為義疏。」〔唐〕長孫無忌：《唐律疏議》（臺北：臺灣商務印書館，2005年4月），卷1，頁6。
[66] 李賢注引《東觀漢紀》徐防曰：「冀令學者務本，有所一心，專精師門，思核經意，事得其實，道得其真。於此弘廣經術，尊重聖業，有益於化。雖從來久，六經衰微，學問寖淺，誠宜反本，改矯其失。」〔南朝宋〕范曄撰，〔唐〕李賢注，〔清〕王先謙集解：《後漢書集解》，卷44，頁5。
[67] 〔漢〕班固撰，〔唐〕顏師古注，〔清〕王先謙補注：《漢書補注》，卷25下，頁21。
[68] 〔清〕孫星衍：《尚書今古文注疏》（北京：中華書局，2004年2月），頁40。

所「說」。經傳之「說」必定強調「先師」之義。但是，南北朝義疏及唐代義疏是否也像漢代經說一樣，是以解說「先師」之義，作為義疏的主要內容呢？

牟潤孫認為，南北朝時期的儒者在講經與撰疏上，與兩漢儒者異趣；因為兩漢儒者「所辯之重心不在名理，而在師承家法」。[69] 又曰：

> 不述其學如何，而記其善說經析理，或記其音辭清雅，兩《漢書‧儒林傳》中有類此之事歟？除其仕宦及有子孫外，移之《高僧傳‧義解篇》中，洵無愧色矣。皇侃直以孔子與釋迦等視，撰《論語義疏》，解以沙門義，幾何不視《孝經》如《觀世音經》歟？蓋玄學既效於釋，此時儒亦無異乎玄，遂亦同染乎釋矣。[70]

牟潤孫的說法，雖然合乎南北朝時期的經學概況，但是未必合於唐代學者對於「今義疏」與漢代經「說」的理解；換言之，他並未從初唐學風的立場，審視義疏之學的發展，故而其說僅能展示義疏之學在南北朝時期的合理性，卻未能論及義疏之學在南北朝時期的不合理性，是以未臻究竟。南北朝儒者不辨儒學與道、釋二家學風的區別，並不代表儒家義疏「無異乎玄」、「同染乎釋」就是正確的，也不代表義疏不重視「師承」，就可視為義疏之學的特色。

從《五經正義》批評南北朝經學義疏的種種現象看來，初唐學者對於儒學義疏的要求與認知，完全不認同南北朝混同道、釋二家的學風，反而回歸兩漢儒學「師說」傳統的建構。只不過兩漢儒學的「先師」傳統，也非一成不變，唐代義疏所銜接的漢代「師說」為何？則仍有辨析的空間。

---

[69] 牟潤孫：《注史齋叢稿》，頁 269。
[70] 牟潤孫：《注史齋叢稿》，頁 281。

第三節　漢代的經「說」與「說」經

一、「說」的內容

在漢代的各種解經形式中,「說」的特出之處,在於原本是以口傳「先師」之「說」為主,後又兼具口說與書寫兩端,並以書寫為主,口說為次。因為承載意義的形式不同,口說之「說」,不會完全等同書寫之「說」;經過不同弟子不斷轉寫「師說」為文字,也會形成不同的書寫文本,進而形成各「家」之別。當經師發揮說經之時,弟子同時紀錄講說的內容,需要經由「問難」之舉,方能判斷經師是否掌握「說」之「大義」？這在當時已有判斷的依據。例如《漢書·匡張孔馬傳》記載匡衡說《詩》曰:

> 匡衡字稚圭,……諸儒為之語曰:「無說《詩》,匡鼎來;匡說《詩》,解人頤。」衡射策甲科,以不應令除為太常掌故,調補平原文學。學者多上書薦衡經明,當世少雙,令為文學就官京師;後進皆欲從衡平原,衡不宜在遠方。事下太子太傅蕭望之、少府梁丘賀問,衡對《詩》諸大義,其對深美。望之奏衡經學精習,說有師道,可觀覽。[71]

所謂「無說《詩》,匡鼎來;匡說《詩》,解人頤」,《西京雜記》曰:

> 衡能說《詩》,時人為之語曰:「無說《詩》,匡鼎來;匡說《詩》,解人頤。」鼎,衡小名也。昔人畏服之如是,聞者皆解頤歡笑。衡邑人有言《詩》者,衡從之,與語質疑,邑人挫服,倒屣而去。衡追之曰:「先生留聽,更理前論。」邑人曰:「窮矣！」遂去不返。[72]

匡衡不僅善於說《詩》,也善於在他人說《詩》之時問難,因此沒有人敢

---

[71]〔漢〕班固撰,〔唐〕顏師古注,〔清〕王先謙補注:《漢書補注》,卷81,頁1-2。
[72]〔漢〕劉歆:《西京雜記》,收於〔清〕王謨輯:《漢魏叢書》(臺北:臺灣商務印書館,1995年2月,清金谿王氏刻本),卷2,頁5。

在匡衡之邑言《詩》。匡衡說《詩》竟能「解人頤」,[73] 可能是就論難的過程而言,經師說經無法回答質疑,反倒落荒而逃的狼狽模樣,可能會引起聽眾發笑;也有可能是就講「說」的過程而論。這些「解人頤」的內容,必然不屬於經文,也不屬於師說之「大義」,而是匡衡在說經時,所運用的演說技巧與增添的解釋,故經師「說」經本有巧訥之別。[74] 流俗大眾可能會被匡衡精湛的演說技巧所吸引,但是蕭望之(?-46B.C.)、梁丘賀所關注的,在於「說」的「大義」與「師道」之上,並以此作為匡衡所「說」價值的判準。

（一）「說」與「大義」的關聯及指涉

從蕭望之上奏表彰匡衡「說有師道,可觀覽」可知,官方對於經師說經的內容,強調須舉「大義」,[75]「大義」的內容必定與「師道／師法」有關。如《漢書‧匡張孔馬傳》記載張禹之例曰:

> 及禹壯,至長安學。從沛郡施讎受《易》,琅邪王陽、膠東庸生問《論語》,既皆明習,有徒眾舉為郡文學。甘露中,諸儒薦禹,有詔太子太傅蕭望之問,禹對《易》及《論語》大義,望之善焉。奏禹經學精習,有師法,可試事。[76]

此例與匡衡之例相似,蕭望之衡量張禹所說「大義」,仍以有無「師法」判斷。又如孔光(65B.C.-5)之例曰:

---

[73] 如淳曰:「使人笑不能止也。」〔漢〕班固撰,〔唐〕顏師古注,〔清〕王先謙補注:《漢書補注》,卷81,頁1。

[74] 例如,《漢書‧儒林傳》曰:「武帝時,江公與董仲舒並。仲舒通五經,能持論,善屬文。江公吶於口,上使與仲舒議,不如仲舒。」〔漢〕班固撰,〔唐〕顏師古注,〔清〕王先謙補注:《漢書補注》,卷88,頁23。又如,《後漢書‧儒林傳》曰:「何休字邵公,……休為人質朴訥口,而雅有心思。」〔南朝宋〕范曄撰,〔唐〕李賢注,〔清〕王先謙集解:《後漢書集解》,卷79下,頁11。

[75] 這方面,同樣在劉歆爭立《左傳》時重現。《漢書‧楚元王傳》曰:「及丞相翟方進受,質問大義。初,《左氏傳》多古字古言,學者傳訓故而已。及歆治《左氏》,引傳文以解經,轉相發明,由是章句義理備焉。」〔漢〕班固撰,〔唐〕顏師古注,〔清〕王先謙補注:《漢書補注》,卷36,頁31。

[76] 〔漢〕班固撰,〔唐〕顏師古注,〔清〕王先謙補注:《漢書補注》,卷81,頁11。

> 光凡為御史大夫、丞相各再，壹為大司徒、太傅、太師，歷三世，居公輔位，前後十七年。自為尚書，止不教授；後為卿，時會門下大生講問疑難，舉大義云。[77]

又如《漢書‧敘傳》亦曰：

> 時上方鄉學，鄭寬中、張禹朝夕入說《尚書》、《論語》於金華殿中，詔伯受焉。既通大義，又講異同於許商，遷奉車都尉。[78]

上述幾例的共通之處，說明漢代學者的部分「說」經形式，並不是單獨由經師口說，而是建構在「問－對」的模式之下；由問方設問疑難之後，再由對方援引「師說」之「大義」來回覆，從上述匡衡、張禹等例，都可得到印證。此即上章所論及師徒「對揚」之模式，並且對於後世講經形式造成影響。[79]

關於「說」的形式，又可見於《韓非子》書中〈內儲說〉、〈外儲說〉、〈難〉諸篇的關聯；在〈內儲說〉與〈外儲說〉中，分別為「經」與「說」，與〈難〉篇共同構成「說」經的形式。例如：

> 《經‧參觀一》曰：「觀聽不參則誠不聞，聽有門戶則臣壅塞。其說在侏儒之夢見竈。」[80]
> 《說》曰：「衛靈公之時，彌子瑕有寵，專於衛國。侏儒有見公者曰：『臣之夢踐矣。』公曰：『何夢？』對曰：『夢見竈，為見公也。』公怒曰：『吾聞見人主者夢見日，奚為見寡人而夢見竈？』對曰：『夫日兼燭天下，一物不能當也；人君兼燭一國，一人不能擁也。故將見人主者夢見日。夫竈，一人煬焉，則後人無從見矣。今或者一人有煬君者乎？則臣雖夢見竈，不亦可乎！』」[81]

---

[77] 〔漢〕班固撰，〔唐〕顏師古注，〔清〕王先謙補注：《漢書補注》，卷81，頁21。
[78] 〔漢〕班固撰，〔唐〕顏師古注，〔清〕王先謙補注：《漢書補注》，卷100，頁2。
[79] 鄭阿財：《鄭阿財敦煌佛教文獻與文學研究》（上海：上海古籍出版社，2011年10月），頁184。
[80] 〔清〕王先慎集解：《韓非子集解》（北京：中華書局，1998年7月），頁211-212。
[81] 〔清〕王先慎集解：《韓非子集解》，頁217。

《難‧四》曰:「衛靈公之時,彌子瑕有寵於衛國。侏儒有見公者曰:『臣之夢踐矣。』公曰:『奚夢?』『夢見竈者,為見公也。』公怒曰:『吾聞見人主者夢見日,奚為見寡人而夢見竈乎?』侏儒曰:『夫日兼照天下,一物不能當也;人君兼照一國,一人不能壅也。故將見人主而夢日也。夫竈,一人煬焉,則後人無從見矣。或者一人煬君邪?則臣雖夢竈,不亦可乎?』公曰:『善。』遂去雍鉏,退彌子瑕,而用司空狗。

或曰:侏儒善假於夢以見主道矣,然靈公不知侏儒之言也。『去雍鉏,退彌子瑕,而用司空狗』者,是去所愛而用所賢也。鄭子都賢慶建而壅焉,燕子噲賢子之而壅焉。夫去所愛而用所賢,未免使一人煬己也。不肖者煬主,不足以害明;今不加知而使賢者煬己,則必危矣。

或曰:屈到嗜芰,文王嗜菖蒲菹,非正味也,而二賢尚之,所味不必美。晉靈侯說參無恤,燕噲賢子之,非正士也,而二君尊之,所賢不必賢也。非賢而賢用之,與愛而用之同;賢誠賢而舉之,與用所愛異狀。故楚莊舉孫叔而霸,商辛用費仲而滅,此皆用所賢而事相反也。燕噲雖舉所賢,而同於用所愛,衛奚距然哉!則侏儒之未見也,君壅而不知其壅也。已見之後而知其壅也,故退壅臣,是加知之也。日不加知而使賢者煬己,則必危,而今以加知矣,則雖煬己,必不危矣。」[82]

《韓非子》中有「經」與「說」之別,《墨子》之中亦有〈經〉篇與〈經說〉篇之分,[83] 不獨儒家經典專有;「說」即以口說解釋經文之義,實淵源自先秦以降的解釋傳統。

「說」的主要內容,應以符合「師說/師法」為原則,方能謂為「大義」;若如前引班伯「既受大義」之後,「講異同於許商」,則屬講論不同「師說」,謂為「講異同」。《漢書‧儒林傳》曰:

張山拊字長賓,平陵人也。事小夏侯建,為博士,論石渠,至少府。……授同縣李尋、鄭寬中少君。……由是小夏侯有鄭、張、秦、假、李氏之學。[84]

---

[82] 〔清〕王先慎集解:《韓非子集解》,頁 385-386。
[83] 〔清〕孫詒讓:《墨子閒詁》(北京:中華書局,2001 年 4 月),頁 308。
[84] 〔漢〕班固撰,〔唐〕顏師古注,〔清〕王先謙補注:《漢書補注》,卷 88,頁 13-14。

鄭寬中持小夏侯《尚書》說，班伯原受《尚書》於鄭寬中，是以小夏侯《尚書》聞名。據《漢書‧儒林傳》曰：「周堪字少卿，齊人也。與孔霸俱事大夏侯勝。……堪授牟卿及長安許商長伯。……由是大夏侯有孔、許之學」，[85] 許商則持大夏侯《尚書》說。因此，班伯持所主之說於許商，則謂之「講異同」。

只是，究竟何謂「大義」？何以「師說」可以等同於「大義」？根據《漢書‧儒林傳》記載，唐長賓與褚少孫師事王式為例。曰：

> 山陽張長安幼君先事式，後東平唐長賓、沛褚少孫亦來事式，問經數篇。式謝曰：「聞之於師俱是矣，自潤色之。」不肯復授。唐生、褚生應博士弟子選，詣博士，摳衣登堂，頌禮甚嚴，試誦說有法，疑者丘蓋不言。[86]

所謂「誦說有法，疑者丘蓋不言」，意指「說」有「師法」，講說者以「師道」自處，[87] 顏師古注曰：「《論語》載孔子曰：『蓋有不知而作之者，我無是也。』欲遵此意，故效孔子自稱丘耳」；[88]「師說」、「師法」的權威，等同再現孔子所「說」之「師道」，因此「師」即孔子，是以王式謂：「聞之於師俱是矣」，意指「說」之「大義」即同孔子如面親言。此類說經的原則，又與申公「疑者，則闕弗傳」相同，[89] 也與《穀梁傳》言「《春秋》之義，信以傳信，疑以傳疑」，[90]《公羊傳》言「君子疑焉」、[91]「無聞焉爾」之說相同。[92] 因為經傳「大義」的內容隱晦，文字上的涵義並非究竟，必須依賴口傳的方式，方能掌握聖人的原義；故聖人所說與不說，皆指涉「大義」如實的表述。

---

[85] 〔漢〕班固撰，〔唐〕顏師古注，〔清〕王先謙補注：《漢書補注》，卷88，頁12-13。
[86] 〔漢〕班固撰，〔唐〕顏師古注，〔清〕王先謙補注：《漢書補注》，卷88，頁17。
[87] 《冊府元龜‧宮臣部‧講習》曰：「漢氏而下，學術尤盛，名儒碩生，乘時間出。乃有奉持素業，入參講議，敷暢經旨，進對宴說，以師道而自處，蒙休貌之殊等；博約浸潤，以敦乎藝文，切磋琢磨，以成乎德範。自非誦說有法，進退可度，秉踐言之善行，富博古之多聞者，疇以充是選哉！」〔宋〕王欽若等編：《冊府元龜》，卷710，頁10。
[88] 〔漢〕班固撰，〔唐〕顏師古注，〔清〕王先謙補注：《漢書補注》，卷88，頁17。
[89] 〔漢〕班固撰，〔唐〕顏師古注，〔清〕王先謙補注：《漢書補注》，卷88，頁15。
[90] 〔晉〕范甯集解，〔唐〕楊士勛疏：《春秋穀梁傳注疏》，卷3，頁10。
[91] 〔漢〕何休解詁，〔唐〕徐彥疏：《春秋公羊注疏》，卷4，頁13。
[92] 〔漢〕何休解詁，〔唐〕徐彥疏：《春秋公羊注疏》，卷3，頁5。

《漢書‧藝文志》曰:「後世經傳既已乖離,博學者又不思多聞闕疑之義,而務碎義逃難、便辭巧說、破壞形體」,[93] 意謂漢末習章句者,已與漢初經「說」重視「多聞闕疑之義」的風氣不同;章句家不斷擴張文本字數的篇幅,又迴避難解之疑,最終僅能越見析離所見所載,而專主論其字面之義,不能就其所信所疑而掌握其「義」之整體,故有「碎義」與「大義」的對比。因此,後學「說」經之時,必須追跡漢初「先師」所「說」的意義,在於這些「先師」口傳的「師說」,也是藉由「學」的師師相承而來,即顏師古所謂的「前學之師」;[94] 這些「先師」所「說」源於孔子之口,口耳相傳才能準確掌握經典「大義」的內容,與傳、記斟酌於字句之類不同。[95]

又見《孔叢子‧論書第二》曰:

> 子夏問《書》大義。子曰:「吾於〈帝典〉見堯、舜之聖焉,於〈大禹〉、〈皋陶謨〉、〈益稷〉,見禹、稷、皋陶之忠勤功勳焉,於〈洛誥〉,見周公之德焉。故〈帝典〉可以觀美,〈大禹謨〉、〈禹貢〉可以觀事,〈皋陶謨〉、〈益稷〉可以觀政,〈洪範〉可以觀度,〈秦誓〉可以觀義,五〈誥〉可以觀仁,〈甫刑〉可以觀誡。通斯七者,則《書》之大義舉矣。」[96]

此則陳述「大義」的形式,如同上述經由「問-對」的對揚模式,並以

---

[93] 〔漢〕班固撰,〔唐〕顏師古注,〔清〕王先謙補注:《漢書補注》,卷30,頁27。
[94] 〔漢〕班固撰,〔唐〕顏師古注,〔清〕王先謙補注:《漢書補注》,卷36,頁32。
[95] 這種思維模式並不限於儒家,道教關於「師授」的討論,亦同於此。《抱朴子內篇‧論仙》曰:「世人以劉向作金不成,便謂索隱行怪,好傳虛無,所撰列仙,皆後妄作。……夫作金皆在《神仙集》中,淮南王抄出,以作《鴻寶枕中書》,雖有其文,然皆秘其要文,必須口訣,臨文指解,然後可為耳。其所用藥,復多改其本名,不可按之便用也。劉向父德治淮南王獄中所得此書,非為師授也。向本不解道術,偶偏見此書,便謂其意盡在紙是以作金不成耳。」〔晉〕葛洪撰,王明校釋:《抱朴子內篇校釋》(北京:中華書局,2002年3月),頁21-22。吉川忠夫《六朝精神史研究‧第五部分六朝人與宗教》曰:「從老師到弟子的仙道的直接傳授,也就是『師授』,以及不體現在仙經表面上的秘要應該作為『口訣』而被傳授的情況,就是《抱朴子》極為強調的地方。」〔日〕吉川忠夫著,王啟發譯:《六朝精神史研究》(南京:江蘇人民出版社,2012年1月),頁333。
[96] 〔漢〕孔鮒撰,〔宋〕宋咸注:《孔叢子》(上海:上海古籍出版社,2002年3月,《續修四庫全書》影宋刻本),卷1,頁6。

親見孔子之「說」表述。在《尚書》之中，可以藉由閱讀經文文字而理解的內容，在於陳述「堯、舜之聖」、「禹、稷、皋陶之忠勤功勳」等事件；但是孔子所謂「觀美」、「觀事」等七者，並不屬於《尚書》的文句，而是出於孔子對《尚書》之「說」，於此涉及「大義」的層次問題。

《孔叢子》雖有偽書之嫌，但是所舉「大義」並非無根之談；如《尚書大傳》亦曰：

> 子夏讀《書》畢，孔子問曰：「吾子何為於《書》？」子夏曰：「《書》之論事，昭昭若日月焉，所受於夫子者，弗敢忘。退而窮居河、濟之間，深山之中，壞室蓬戶，彈琴瑟以歌先王之風，有人亦樂之，無人亦樂之。上見堯、舜之道，下見三王之義，可以忘死生矣。」孔子愀然變容曰：「嘻！子殆可以言《書》矣。雖然見其表，未見其裏，闚其門，未入其中。」顏回曰：「何謂也？」孔子曰：「丘常悉心盡志以入其中，則前有高岸，後有大蹊，填填正立而已。六〈誓〉可以觀義，五〈誥〉可以觀仁，〈甫刑〉可以觀誡，〈洪範〉可以觀度，〈禹貢〉可以觀事，〈皋陶謨〉可以觀治，〈堯典〉可以觀美。」[97]

以及《韓詩外傳・卷二》曰：

> 孔子造然變容曰：「嘻！吾子殆可以言《書》矣。然子以見其表，未見其裏。」顏回曰：「其表已見，其裏又何有哉？」孔子曰：「闚其門，不入其中，安知其奧藏之所在乎？然藏又非難也。丘嘗悉心盡志，已入其中，前有高岸，後有深谷，泠泠然如此，既立而已矣。」不能見其裏，蓋未謂精微者也。[98]

將《尚書大傳》、《韓詩外傳》此段，與《孔叢子》言「子夏問《書》大義」對讀，可以發現所謂「大義」，與經義層次的表裏內外之別有關。子

---

[97] 〔清〕皮錫瑞疏證：《尚書大傳疏證》（傅斯年圖書館藏光緒丙申師伏堂刊本），卷6，頁22。

[98] 〔漢〕韓嬰撰，許維遹校釋：《韓詩外傳集釋》（北京：中華書局，2009年5月），頁73-74。

夏雖能讀其字義，知「《書》之論事」，卻不能盡其精微；《尚書大傳》、《韓詩外傳》言孔子自喻所「說」，如泠泠然屹立於高岸深谷之間，進退維谷之貌，以示所「說」《尚書》的精微之處，不容些許更易，此即《孔叢子》所謂「大義」。

《尚書大傳》為伏生後學「各論所聞」，集體編錄伏生說經的著作，與前舉魯申公之例相似；根據鄭玄〈尚書大傳序〉曰：

> 蓋自伏生也。伏生為秦博士，至孝文時，年且百歲，張生、歐陽生從其學而授之。音聲猶有譌誤，先後猶有差舛，重已篆隸之殊，不能無失。生終後，數子各論所聞，已己意彌縫其間，別作章句；又特撰大義，因經屬指，名之曰《傳》。劉子政校書，得而上之。[99]

鄭玄當時見證伏生說經的著作，已經有「章句」與「大義」之別，此殆如夏侯勝與夏侯建「別作章句」之事。「章句」之類的著作，張生等人可能必須將「所聞」書於竹帛，並且遷就伏生未曾「說」及的《尚書》經文部分，而「已己意彌縫其間」；而「大義」之類的著作無此顧慮，在書於竹帛後，內容的呈現為「因經屬指」，將弟子所問的問題語境，根據經文與問題的關聯，分別疏理，[100] 不同於「章句」而名曰「傳」，亦即屬名伏生之《尚書大傳》。從《尚書大傳》的描述可知，二者之間的差別，除了在對應《尚書》經文的形式分歧外；更為究竟的原因，在於口說與書寫之別。

《尚書大傳》言「殆可以言《書》矣。……闚其門，未入其中」的比喻，可與《論語・八佾》言「起予者商也，始可與言《詩》巳矣」互

---

[99] 〔清〕嚴可均校輯：《全上古三代秦漢三國六朝文》，全後漢文卷84，頁3。
[100] 這樣的著作形式，與鄭玄弟子為其師輯錄《鄭志》之作類似。在今日不同的《鄭志》輯本當中，也是將「問—答」的對揚語境，還原為不同的問題意識，而非章句意識。劉欣怡：〈清代「鄭志」輯本及其「鄭學」之研究〉（臺北：臺北大學古典文獻學研究所碩士論文，2010年7月），頁99-101。

為聯想,[101]也與《論語・先進》言「升堂矣,未入於室也」之意相近。[102]孔子已經將空間上「室之奧」的裡外之分,[103]比擬為經典層次的深淺不同,用以說明書寫文字上的意義,與親炙「孔子／師」所「說」的意義不可相提並論;如果「大義」未經「師說」轉說,聖人之旨將沒而不聞。據此可以將孔子所「說」,復現在漢代說經的空間之中,得到經典大義的「奧藏之所在」。

(二)「大義」與「訓故」

前漢中葉以後,雖然章句之學儼然成為學界的主流,諸多大儒卻反而標榜「不為章句」、「不好章句」,以示與流俗的不同。例如:

> 《漢書・揚雄傳》曰:「雄少而好學,不為章句,訓詁通而已。」[104]
> 《後漢書・班彪列傳》曰:「固字孟堅。……所學無常師,不為章句,舉大義而已。」[105]
> 《後漢書・桓譚馮衍列傳》曰:「桓譚……博學多通,徧習五經,皆詁訓大義,不為章句。」[106]
> 《後漢書・吳延史盧趙列傳》曰:「盧植字子幹,……少與鄭玄俱事馬融,能通古今學,好研精而不守章句。」[107]
> 《後漢書・荀韓鍾陳列傳》曰:「荀淑字季和,……博學而不好章句,多為俗儒所非,而州里稱其知人。」[108]

何以大儒不喜廣大流俗熱衷的「章句」之學,反而能藉此聞名?也就是說,揚雄(53B.C.-18)、桓譚(23B.C.-56)等人偏好的經學形式,或謂

---

[101] 〔魏〕何晏集解,〔宋〕邢昺疏:《論語注疏》(臺北:藝文印書館,1997年8月,阮元十三經注疏本),卷3,頁5。
[102] 〔魏〕何晏集解,〔宋〕邢昺疏:《論語注疏》,卷11,頁5。
[103] 《禮記・仲尼燕居》曰:「目巧之室則有奧阼,席則有上下,車則有左右,行則有隨,立則有序,古之義也。」〔漢〕鄭玄注,〔唐〕孔穎達正義:《禮記注疏》,卷50,頁24。
[104] 〔漢〕班固撰,〔唐〕顏師古注,〔清〕王先謙補注:《漢書補注》,卷87上,頁2。
[105] 〔南朝宋〕范曄撰,〔唐〕李賢注,〔清〕王先謙集解:《後漢書集解》,卷40上,頁5。
[106] 〔南朝宋〕范曄撰,〔唐〕李賢注,〔清〕王先謙集解:《後漢書集解》,卷28,頁1。
[107] 〔南朝宋〕范曄撰,〔唐〕李賢注,〔清〕王先謙集解:《後漢書集解》,卷64,頁10。
[108] 〔南朝宋〕范曄撰,〔唐〕李賢注,〔清〕王先謙集解:《後漢書集解》,卷62,頁1。

之「大義」、「訓故」，在當時皆非世俗所尚，卻有自我標榜之效。《漢書》與《後漢書》都將這兩種治經方法，與「章句」之學判然二分，在大、小夏侯《尚書》亦分別兼有「章句二十九卷」與「解故二十九卷」兩種形式的著作，[109]可以推論在「大義」與「訓故」之間，應該有其相近之處，並且與「章句」不同。

　　古人對於「訓故」一詞，往往會與「訓詁」、「詁訓」等語彙混用，而今日對於「訓故」一詞的解釋，往往會聯想為文字上的「訓詁」，以為是辨析古今異辭意義之學；如牟潤孫文中，論及北朝徐遵明（475-529）及其弟子熊安生等諸儒之學：「義章之學，……頗類儒家之解訓詁名物」，[110]即作如此解。這種析文辨字的文字學方法，似乎應與章句之學的特色：「碎義逃難」、「破壞形體」比較相近，與「因經屬指」的「大義」反而無關才是。又從丁寬「訓故舉大誼」，[111]到揚雄、桓譚將「訓故」與「章句」對立；前漢經學家所論及的「訓故」，似乎都不應是一種字詞釋義之學，而與「大義」有著密切的關係，[112]如同司馬遷從孔安國「問故」之「故」。[113]因此，顏師古以為：「故者，通其指義也，它皆類此。今流俗《毛詩》改『故訓傳』為『詁』字，失真耳。」[114]

　　顏師古不只一次強調這樣的見解：

《漢書·楚元王傳》曰：「初《左氏傳》多古字古言，學者傳訓故而已。」顏師古注曰：「故謂指趣也。」[115]

《漢書·揚雄傳》曰：「雄少而好學，不為章句，訓詁通而已。」顏師古注曰：「詁謂指義也。」[116]

---

[109] 〔漢〕班固撰，〔唐〕顏師古注，〔清〕王先謙補注：《漢書補注》，卷30，頁6。
[110] 牟潤孫：《注史齋叢稿》，頁291。
[111] 〔漢〕班固撰，〔唐〕顏師古注，〔清〕王先謙補注：《漢書補注》，卷88，頁7。
[112] 如《說苑·奉使》曰：「《傳》曰：『《詩》無通詁，《易》無通吉，《春秋》無通義。』」〔漢〕劉向撰，向宗魯校證：《說苑校證》，頁293。
[113] 〔漢〕班固撰，〔唐〕顏師古注，〔清〕王先謙補注：《漢書補注》，卷88，頁14。
[114] 〔漢〕班固撰，〔唐〕顏師古注，〔清〕王先謙補注：《漢書補注》，卷30，頁9。
[115] 〔漢〕班固撰，〔唐〕顏師古注，〔清〕王先謙補注：《漢書補注》，卷36，頁31。
[116] 〔漢〕班固撰，〔唐〕顏師古注，〔清〕王先謙補注：《漢書補注》，卷87，頁2。

《漢書‧儒林傳》曰：「訓故舉大誼而已」，顏師古注曰：「故謂經之旨趣也，它皆類此。」[117]

《漢書‧儒林傳》曰：「申公獨以《詩經》為訓故以教」，顏師古注曰：「口說其指。」[118]

顏師古反覆強調「故」即「指」、「旨」、「旨趣」之義，又曰：「指，謂義之所趣，若人以手指物也」，[119]而非唐代當時已經通行的「詁訓」之義。[120]換言之，如鄭玄言伏生口說「大義」是「因經屬指」，「訓故」不能是對古今異辭的辨析，而是先師在「口說」之時所「指／旨」。藉此理解魯申公教以「訓故」之義，即以「口說」解說敷陳經文「大義」之「指／旨」，「大義」與「訓故」二者得以互文為義。

（三）分析「大義」的術語

經師所「說」的「大義」，係模仿孔子「口說」之時，揭示的經文義旨而來；然而，如何分疏辨析經文結構與「大義」之關係，使「說」經有所條理？經師則以「科」、「旨」等術語歸納。例如揚雄《法言‧寡見》曰：

> 或問：「司馬子長有言曰：五經不如《老子》之約也，當年不能極其變，終身不能究其業。」曰：「若是，則周公惑，孔子賊。古者之學耕且養，三年通一。今之學也，非獨為之華藻也，又從而繡其鞶帨，惡在其《老》不《老》也。」或曰：「學者之說可約邪？」曰：「可約解科」。[121]

揚雄描述的時空背景，已是西漢末年將經說書於竹帛，章句文字日益滋繁的情形。「科」亦可稱之為「條」，[122]「科／條」的作用，是分析「學者

---

[117] 〔漢〕班固撰，〔唐〕顏師古注，〔清〕王先謙補注：《漢書補注》，卷88，頁7。
[118] 〔漢〕班固撰，〔唐〕顏師古注，〔清〕王先謙補注：《漢書補注》，卷88，頁15。
[119] 〔漢〕班固撰，〔唐〕顏師古注，〔清〕王先謙補注：《漢書補注》，卷53，頁2。
[120] 例如《毛詩正義》曰：「然則詁訓者，通古今之異辭，辨物之形貌，則解釋之，義盡歸於此。」〔漢〕毛公傳，〔唐〕孔穎達正義：《毛詩注疏》，卷1之1，頁1。
[121] 〔漢〕揚雄著，汪榮寶義疏：《法言義疏》（北京：中華書局，1997年10月），頁222。
[122] 如《後漢書‧儒林傳》范曄論曰：「至有分爭王庭，樹朋私里，繁其章條，穿求崖穴，以

之說」形成條理，重新歸納分類，藉以約省口說經傳內容之紊亂。

漢代學者運用的這種分析術語，不僅運用在經文「大義」的解讀，也用於律令決獄之事上。

> 《後漢書‧郭陳列傳》曰：「寵為昱撰《辭訟比》七卷，決事科條，皆以事類相從。昱奏上之，其後公府奉以為法。」[123]
>
> 《後漢書‧桓譚馮衍列傳》曰：「今可令通義理、明習法律者，校定科、比，一其法度。」[124]

「通義理」與「習法律」者俱有依據「科」、「比」析論之事，二者之間本有可以互通之處。[125] 早在漢武帝（156-87B.C.；141-87B.C. 在位）以降，決事斷獄的方法便是「動以經對」，董仲舒亦作《春秋決獄》；[126] 藉儒術緣飾法律者，更能突顯儒法之間的互通，非僅止於字面上的踵事增華，更因為在方法論上具有共同思維。[127]

李賢曰：「科謂事條，比謂類例。」[128] 他將「科」、「比」二分，謂之為「事條」與「類例」，說明「科／條」與「比／例」二者的性質有所不同。此說與賈公彥《周禮疏》的解釋相符。《周禮‧大司寇》曰：「凡庶

合一家之說。故揚雄曰：『今之學者，非獨為之華藻，又從而繡其鞶帨。』」〔南朝宋〕范曄撰，〔唐〕李賢注，〔清〕王先謙集解：《後漢書集解》，卷 79 下，頁 16。

[123] 〔南朝宋〕范曄撰，〔唐〕李賢注，〔清〕王先謙集解：《後漢書集解》，卷 46，頁 5。

[124] 〔南朝宋〕范曄撰，〔唐〕李賢注，〔清〕王先謙集解：《後漢書集解》，卷 28 上，頁 3。

[125] 王充《論衡‧謝短》曰：「法律之家，亦為儒生。」〔漢〕王充撰，黃暉校釋，劉盼遂集解：《論衡校釋》，頁 564。《論衡》將法與禮並論，與《後漢書‧郭陳列傳》的陳寵之說相似。曰：「臣聞禮經三百，威儀三千，故〈甫刑〉大辟二百，五刑之屬三千。禮之所去，刑之所取，失禮則入刑，相為表裏者也。」〔南朝宋〕范曄撰，〔唐〕李賢注，〔清〕王先謙集解：《後漢書集解》，卷 46，頁 8-9。

[126] 應劭曰：「夫國之大事，莫尚載籍也。載籍也者，決嫌疑，明是非，賞刑之宜，允獲厥中，俾後之人，永為監焉。故膠東相董仲舒老病致仕，朝廷每有政議，數遣廷尉張湯，親至陋巷，問其得失。於是作《春秋決獄》二百三十二事，動以經對，言之詳矣。」〔南朝宋〕范曄撰，〔唐〕李賢注，〔清〕王先謙集解：《後漢書集解》，卷 48，頁 11-12。

[127] 有儒者緣飾法律者，《漢書‧翟方進傳》曰：「方進知能有餘，兼通文法吏事，以儒雅緣飾法律，號為通明相，天子甚器重之。」〔漢〕班固撰，〔唐〕顏師古注，〔清〕王先謙補注：《漢書補注》，卷 84，頁 7。亦有文法吏通經籍者，如《後漢紀‧孝殤皇帝紀》載陳寵之事曰：「寵雖文法，然兼通經籍，奏議溫察，號為名相。」〔晉〕袁宏撰，周天游校注：《後漢紀校注》（天津：天津古籍出版社，1987 年 12 月），頁 423。

[128] 〔南朝宋〕范曄撰，〔唐〕李賢注，〔清〕王先謙集解：《後漢書集解》，卷 28 上，頁 3。

民之獄訟，以邦成弊之。」鄭玄注曰：「邦成，八成也。以官成待萬民之治，故書弊為憋。鄭司農云：『憋當為弊。』邦成，謂若今時決事比也。弊之，斷其獄訟也。故《春秋傳》曰：『弊獄邢侯。』」賈公彥曰：

> 先鄭云：「邦成，謂若今時『決事比』也」者，此八者皆是舊法成事品式。若今律，其有斷事，皆依舊事斷之；其無條取，比類以決之。故云：「『決事比』也」。[129]

若按賈公彥的解釋，所謂的「決事比」，實為兩種判斷原則：「條」是指曾經發生的同類事件與細則，故可依據「舊事斷之」；「比」則是在無「舊事」可依循之時，根據類似的例證推斷。用之於經文「大義」的解讀，即如「聖人推類以記」，[130] 而有「科」、「指」、「條」、「例」、「比」等相關分析術語。例如，《春秋繁露·正貫》曰：「《春秋》，大義之所本耶！六者之科，六者之恉之謂也」；[131] 又如《春秋繁露·十指》曰：

> 《春秋》二百四十二年之文，天下之大，事變之博，無不有也，雖然，大略之要有十指。十指者，事之所繫也，王化之所由得流也。……說《春秋》者凡用是矣，此其法也。[132]

「科」、「指」除了是分析歸納「大義」的術語，能將「大義」歸類為幾種簡要之原則外，又是「說」經者提綱挈領之「法」。此又見諸《公羊疏》解「三科九旨」之義曰：

> 問曰：《春秋說》云：「《春秋》設三科九旨，其義如何？」答曰：「何氏之意以為，三科九旨正是一物。若揔言之，謂之三科；科者，段也。若析而言之，謂之九旨；旨者，意也。言三个科段之內，有此九種之意。故何氏作《文謚例》云：『三科

---

[129] 〔漢〕鄭玄注，〔唐〕賈公彥疏：《周禮注疏》（臺北：藝文印書館，1997 年 8 月，阮元《十三經注疏》本），卷 34，頁 18。
[130] 〔漢〕班固撰，〔唐〕顏師古注，〔清〕王先謙補注：《漢書補注》，卷 71，頁 7。
[131] 〔漢〕董仲舒撰，〔清〕蘇輿義證：《春秋繁露義證》，頁 143。
[132] 〔漢〕董仲舒撰，〔清〕蘇輿義證：《春秋繁露義證》，頁 145-147。

九旨者,新周、故宋、以《春秋》當新王,此一科三旨也。』又云:『所見異辭、所聞異辭、所傳聞異辭,二科六旨也。』又『內其國而外諸夏、內諸夏而外夷狄,是三科九旨也。』」問曰:「案宋氏之注《春秋說》:『三科者,一曰張三世、二曰存三統、三曰異外內,是三科也。九旨者,一曰時、二曰月、三曰日、四曰王、五曰天王、六曰天子、七曰譏、八曰貶、九曰絕,時與日、月,詳略之旨也;王與天王、天子,是錄遠近親疏之旨也;譏與貶、絕,則輕重之旨也。』如是,三科九旨聊不相干,何故然乎?」答曰:「《春秋》之內,具斯二種理。故宋氏又有此說,賢者擇之。」[133]

「科」與「旨」俱不見於《春秋》經文字句脈絡之中,此問答之形式與內容,俱為經師在說經時的方法陳述。何休(129-182)以為,「三科」與「九旨」之間具有從屬關係;但是宋衷顯然不認為「九旨」必然從屬於「三科」,反將「科」與「旨」並陳,形成不同的範疇架構,以及不同的「大義」分判。

董仲舒(179-104B.C.)將《春秋》之義統括為「六科」與「十指」,具有另一層次的意義;除了強調「大義」並非侷限於文字之間的比附,更重要的關鍵,說明「科」、「指」之作用,在於表述「孔子」經由講說彰顯經典「大義」的方法,即上所言「法」也。《春秋繁露‧竹林》曰:

> 《春秋》無通辭,從變而移。……不義之中有義,義之中有不義;辭不能及,皆在於指,非精心達思者,其庸能知之!《詩》云:「棠棣之華,偏其反而;豈不爾思,室是遠而。」孔子曰:「未之思也!夫何遠之有?」由是觀之,見其指者,不任其辭,不任其辭,然後可與適道矣。[134]

《春秋繁露‧精華》亦曰:「所聞《詩》無達詁,《易》無達占,《春秋》

---

[133]〔漢〕何休解詁,〔唐〕徐彥疏:《春秋公羊注疏》,卷1,頁4。
[134]〔漢〕董仲舒撰,〔清〕蘇輿義證:《春秋繁露義證》,頁46-51。

無達辭。」[135] 聖人言語所「說」所「指」，與文字之間沒有絕對的關係；因為「辭／文字」所能表述的意義，其實僅是表象所見的，實際上「各止其科」，[136] 甚至出現與文義相反的見解。不為文字所役使，方能掌握聖人所「指」之「大義」；故知「科」、「指」是孔子在「說」經之時，解釋的經典「大義」，亦即董仲舒、何休、宋衷等人「說」經「科」、「指」之所本，即後世所遵「師法」之所由。

「說」有「科」、「指」所本，當「說」被書於竹帛析為章句之後，同樣也有「科」、「指」可從。二者有何不同之處？根據趙岐（108-201）〈孟子題辭〉曰：

> 儒家惟有《孟子》，閎遠微妙，縕奧難見，宜在條理之科。於是乃述己所聞，證以經傳，為之章句。具載本文，章別其指，分為上下，凡十四卷。[137]

《孟子章句》是今日僅存完整的經學章句之作，趙岐在「七篇二百六十一章」的各章之末，均撰「章指」以明本「章」之所「指」。[138] 例如：「孟子見梁惠王」至「何必曰利」為《孟子》之首章，趙岐曰：

---

[135] 〔漢〕董仲舒撰，〔清〕蘇輿義證：《春秋繁露義證》，頁 95。
[136] 〔漢〕董仲舒撰，〔清〕蘇輿義證：《春秋繁露義證》，頁 53。
[137] 〔漢〕趙岐注：《孟子》（南京：江蘇古籍出版社，2001 年 10 月，《續古逸叢書》影宋槧大字宋本），題辭，頁 5。又可見諸皇侃《論語義疏》曰：「中間講說，多分為科段矣」，例如「學而時習之」一章，皇侃疏曰：「就此一章，分為三段，自此至『不亦悅乎』為第一，明學者幼少之時也，學從幼起，故以幼為先也。又從『有朋』至『不亦樂乎』為第二，……又從『人不知』訖『不君子乎』為第三。」亦分別章句之科指也。〔魏〕何晏集解，〔梁〕皇侃義疏：《論語集解義疏》，卷 1，頁 1-2。
[138] 〔漢〕趙岐注：《孟子》，題辭，頁 2。所言「章別其指」，在孫奭《疏》本之中不見，或經刪節隱沒。案焦循《孟子正義》曰：「考《崇文總目》載陸善經注《孟子》七卷，稱善經刪去趙岐〈章指〉與其〈注〉之繁重，復為七篇。是刪去〈章指〉，始於善經，邵武士人作疏，蓋用善經本也。」〔周〕孟軻撰，〔漢〕趙岐注，〔清〕焦循正義：《孟子正義》（北京：中華書局，2004 年 2 月），頁 43-44。又據山井鼎《七經孟子考文補遺》所見：「古本、足利本每章註末有章指，即〈題辭〉所謂『章別其指』是也。」〔日〕山井鼎：《七經孟子考文並補遺》（上海：商務印書館，1936 年，《叢書集成初編》本），孟子卷 1，頁 1356。今見《續古逸叢書》本《孟子》於每章之末皆有趙岐「章指」，或為山井鼎所見古本乎？

> 章指言：治國之道明，當以仁義為名，然後上下和親，君臣集穆。天經地義，不易之道，故以見篇之始也。[139]

又如：「孟子曰由堯舜至於湯五百有餘歲」至「無有乎爾」為《孟子》之末章，趙岐曰：

> 章指言：天地剖判，開元建始，三皇以來，人倫攸敘。弘析道德，班垂文采，莫貴乎聖人。聖人不出，名世承間，雖有此限，蓋有遇不遇焉。是以仲尼至「獲麟」而止筆，《孟子》以「無有乎爾」終其篇章，斯亦一契之趣也。[140]

從首章章指言「仁義」，末章章指聯繫孔子作《春秋》止筆於「獲麟」，趙岐仍然依從於章句文本形式的影響；於是「指」屈從為文本的附庸，主要陳述該「章」文字之主旨，僅能從析文辨句的過程，論斷二百六十一章之「義」。對於章句之徒而言，分章的動作也是有「義」的；因此在分章之後，經文之「指」必然依從於書寫文本形式。故而《孟子》七篇之篇次、數目、先後，以及章數、字數皆可析言其「指」義；這些「指」義，能夠在章句的文字之間，自足形成一套意義語境。[141]

二、以「說」為前提的「師法」與「家法」

（一）「說」的口傳形式與「師法」

揚雄《法言‧學行》曰：「天之道不在仲尼乎？仲尼駕說者也，不在茲儒乎？如將復駕其所說，則莫若使諸儒金口而木舌。」經師「說」經具有「大義」，實因經師本不據此「說」出自於己，皆謂「聞之於師」

---

[139]〔漢〕趙岐注：《孟子》，卷1，頁2。
[140]〔漢〕趙岐注：《孟子》，卷14，頁20。
[141] 如趙岐於《孟子》之末，著〈孟子篇敘〉一文，說明「崇宣先聖之指務」。曰：「〈孟子篇敘〉者，言《孟子》七篇所以相次敘之意也。……蓋所以佐明六藝之文義，崇宣先聖之指務，王制拂邪之隱括，立德立言之程式也，洋洋浩浩，具存乎斯文矣。」〔漢〕趙岐注：《孟子》，卷14，頁20。

的「師說」而來,[142]如同仲尼之說常在。[143]例如,《漢書・眭兩夏侯京翼李傳》引翼奉曰:

> 臣聞之於師:治道要務,在知下之邪正。人誠鄉正,雖愚為用;若乃懷邪,知益為害。知下之術,在於六情十二律而已。……臣聞之於師曰:天地設位,懸日月,布星辰,分陰陽,定四時,列五行,以視聖人,名之曰道。聖人見道,然後知王治之象,故畫州土,建君臣,立律曆,陳成敗,以視賢者,名之曰經。賢者見經,然後知人道之務,則《詩》、《書》、《易》、《春秋》、《禮》、《樂》是也。《易》有陰陽,《詩》有五際,《春秋》有災異,皆列終始,推得失,考天心,以言王道之安危。至秦乃不說,傷之以法,是以大道不通,至於滅亡。[144]

翼奉所學為《齊詩》,故述「師說」言「五際六情」之義。[145]

又如《漢書・儒林傳》載王式與江公故事曰:

> 博士江公世為《魯詩》宗,至江公著《孝經說》,心嫉式,謂歌吹諸生曰:「歌〈驪駒〉。」式曰:「聞之於師:客歌〈驪駒〉,主人歌客〈毋庸歸〉。今日諸君為主人,日尚早,未可也。」江翁曰:「經何以言之?」式曰:「在〈曲禮〉。」江翁曰:「何狗曲也!」式恥之,陽醉逿墜。式客罷,讓諸生曰:「我本不欲來,諸生彊勸我,竟為豎子所辱!」遂謝病免歸,終於家。[146]

根據顏師古注曰:

---

[142]《法言義疏》引柳宗元曰:「金口木舌,鐸也。使諸儒駕孔子之說如木鐸也。」〔漢〕揚雄撰,汪榮寶疏:《法言義疏》,頁6-7。
[143] 李軌注曰:「駕,傳也。茲,此也。金寶其口,木質其舌,傳言如此,則是仲尼常在矣。」〔漢〕揚雄撰,汪榮寶疏:《法言義疏》,頁6。
[144]〔漢〕班固撰,〔唐〕顏師古注,〔清〕王先謙補注:《漢書補注》,卷75,頁16。
[145] 此「說」至後漢而書于緯書之中,故《毛詩正義》曰:「鄭作《六藝論》引《春秋緯演孔圖》云:『《詩》含五際六情』者。」〔漢〕毛公傳,〔漢〕鄭玄箋,〔唐〕孔穎達正義:《毛詩注疏》,卷1之1,頁17。
[146]〔漢〕班固撰,〔唐〕顏師古注,〔清〕王先謙補注:《漢書補注》,卷88,頁17-18。

服虔曰:「逸《詩》篇名也,見《大戴禮》。客欲去歌之。」文
穎曰:「其辭云:『驪駒在門,僕夫具存;驪駒在路,僕夫整
駕』也。」[147]

漢宣帝時,王式因唐長賓、褚少孫誦說《魯詩》有法而徵為博士,名動一時;[148]這樣的盛況,頗令三代均為「《魯詩》宗」的江公嫉恨;[149]因此,當王式作客江公之時,藉此例羞辱王式所謂「聞之於師」之說為「狗曲」,意味王式所說並非《魯詩》之正說。從服虔言「〈驪駒〉」為「逸《詩》」,又從王式自言此說出自「〈曲禮〉」可知,《大戴禮》載錄此詩的依據,殆如鄭玄《三禮目錄》論《禮記・奔喪》為「逸〈曲禮〉」之類:

〈奔喪〉者,以其居他國,聞喪奔歸之禮。此於《別錄》屬喪服之禮矣,實逸〈曲禮〉之正篇也。漢興,後得古文,而禮家又貪其說,因合於《禮記》耳。[150]

然而,逸《禮》三十九篇「絕無師說」,[151]王式不可能「聞之於師」而論此逸《詩》,自然不屬於《魯詩》先師之「說」。江公身為《魯詩》宗師的權威,羞辱王式引據「逸〈曲禮〉」為「狗曲」,除了貶損王式在《魯詩》的權威形象之外,實是說明「聞之於師」是「再現」先師之「說」,不能任意據他經之說更動師法。

孟喜「改師法」之事,亦與此例相似,《漢書・儒林傳》曰:

---

[147] 〔漢〕班固撰,〔唐〕顏師古注,〔清〕王先謙補注:《漢書補注》,卷88,頁18。
[148] 《漢書・儒林傳》曰:「式徵來,衣博士衣而不冠,曰:『刑餘之人,何宜復充禮官?』既至,止舍中,會諸大夫博士,共持酒肉勞式,皆注意高仰之。」〔漢〕班固撰,〔唐〕顏師古注,〔清〕王先謙補注:《漢書補注》,卷88,頁17。
[149] 博士江公為瑕丘江公之子。《漢書・儒林傳》曰:「瑕丘江公受《穀梁春秋》及《詩》於魯申公,傳子至孫為博士。」〔漢〕班固撰,〔唐〕顏師古注,〔清〕王先謙補注:《漢書補注》,卷88,頁23。
[150] 〔漢〕鄭玄注,〔唐〕孔穎達正義:《禮記注疏》,卷56,頁1。
[151] 賈公彥《儀禮疏》曰:「至武帝之末,魯恭王壞孔子宅得古《儀禮》五十六篇,其字皆以篆書,是為古文也。古文十七篇與高堂生所傳者同,而字多不同;其餘三十九篇絕無師說,秘在於館。」〔漢〕鄭玄注,〔唐〕賈公彥疏:《儀禮注疏》,卷1,頁7。

> 喜從田王孫受《易》。喜好自稱譽，得《易》家候陰陽災變書，詐言師田生且死時，枕喜黎，獨傳喜，諸儒以此耀之。同門梁丘賀疏通證明之，曰：「田生絕於施讎手中，時喜歸東海，安得此事？」又蜀人趙賓好小數書，後為《易》，飾《易》文，以為「箕子明夷，陰陽氣亡箕子；箕子者，萬物方荄茲也。」賓持論巧慧，《易》家不能難，皆曰：「非古法也。」云：「受孟喜。」喜為名之。後賓死，莫能持其說。喜因不肯仞，以此不見信。……博士缺，眾人薦喜。上聞喜改師法，遂不用喜。[152]

孟喜因好名之故，引「《易》家候陰陽災變書」假為田生不傳之密；由此可知，經師企欲別樹一格，又不敢輕違師說，故附會異說於師說之上，此係好名之累，已非自述「聞之於師」的弟子應該的行為。又趙賓具文飾說，同樣附會出於孟喜，孟喜亦據此名之；此與上述王式抑鬱而終之例，皆被視為「改師法」之大忌。從此例之中可知，諸儒批評趙賓「非古法」之時，趙賓答以「受孟喜」，意以承孟喜所說即是有「師法」之保證；然而，孟喜、田生所傳俱不應被當世之人稱之為「古」，故知漢儒以「師法」為「古法」的原因，在於「聞之於師」可以復現古代孔子之「說」，是以孟喜、趙賓不當擅改孔子口傳之「師法」。

對於漢儒而言，「師法」除了因「說」而上推「先師」孔子之外，[153]「先師」另指「建元先師」而論。《史記‧儒林列傳》曰：

> 自是之後，言《詩》，於魯則申培公，於齊則轅固生，於燕則韓太傅；言《尚書》，自濟南伏生；言《禮》，自魯高堂生；言《易》，自菑川田生；言《春秋》，於齊、魯則胡毋生，於趙則董仲舒。[154]

此即劉歆（？-23）移書讓太常博士曰：

---

[152] 〔漢〕班固撰，〔唐〕顏師古注，〔清〕王先謙補注：《漢書補注》，卷88，頁8-9。
[153] 《史記‧儒林傳》曰：「咸遵夫子之業而潤色之，以學顯於當世。」〔漢〕司馬遷撰，〔日〕瀧川龜太郎會注考證：《史記會注考證》（臺北：天工書局，1993年9月），卷121，頁4。
[154] 〔漢〕司馬遷撰，〔日〕瀧川龜太郎會注考證：《史記會注考證》，卷121，頁7-8。

至孝武皇帝，然後鄒、魯、梁、趙頗有《詩》、《禮》、《春秋》先師，皆起於建元之間。當此之時，一人不能獨盡其經，或為〈雅〉，或為〈頌〉，相合而成，〈泰誓〉後得，博士集而讀之。[155]

申公、轅固生等儒者，皆是在漢武帝建元年間以前為學者所宗，故知「於魯則申培公」，是指魯申公之「說」而言，即劉歆所論建元時期之「先師」，博士傳此「先師」之「說」。此時之「先師」，或有書寫之「傳」，卻不能沒有「先師」之口「說」；因為「師法」的神聖性再現孔子所「說」，口說的形式較書寫文本深刻，即使有書寫之作，也不如口說直承聖人。像是《漢書·爰盎鼂錯傳》曰：「太常遣錯受《尚書》伏生所，還，因上書稱說。」顏師古注曰：「稱師法而說其義」；[156] 由此可知，鼂錯（200-154B.C.）所受之「師法」，即伏生之「說」之「大義」，「說」等於「師法」可知。

（二）「說」的書寫形式與「家法」

最早將「說」書於竹帛的原因，可能是出於「學」的需求。因此，當建元先師的弟子陸續進入朝廷立為博士，或為皇帝近臣之後，將「先師」所「說」書於竹帛，並將「師法」寓於不同的書寫文本之中，成為必然的趨勢。呂思勉舉夏侯勝遷太子太傅之後，受詔撰《尚書說》、《論語說》之事為說，曰：「凡說，率至漢師始著竹帛」，又自注曰：「以前此未著竹帛，故至漢世仍謂之說也。」[157] 夏侯勝於漢宣帝時擔任太子太傅，意謂晚至漢宣帝以後的經師，將「說」書於竹帛，方才逐漸盛行。關於將「說」書於竹帛，又可見諸夏侯建「次章句」之例，此例亦與「學」的需求相關。《漢書·眭兩夏侯京翼李傳》曰：

> 勝從父子建字長卿，自師事勝及歐陽高，左右采獲，又從五經諸儒問與《尚書》相出入者，牽引以次章句，具文飾說。勝非

---

[155] 〔漢〕班固撰，〔唐〕顏師古注，〔清〕王先謙補注：《漢書補注》，卷36，頁32-33。
[156] 〔漢〕班固撰，〔唐〕顏師古注，〔清〕王先謙補注：《漢書補注》，卷49，頁8。
[157] 呂思勉：《呂思勉讀史札記》，頁750。

之曰:「建所謂章句小儒,破碎大道。」建亦非勝為學疏略,難以應敵。建卒自顓門名經,為議郎、博士,至太子少傅。[158]

夏侯建在尚未「顓門名經」之前,當持夏侯勝之「章句」,故從諸儒所問的五經經說,以「次」夏侯勝的《尚書》章句;也就是說,此時大夏侯《尚書》章句已經寫就。又從夏侯建批評夏侯勝「為學疏略,難以應敵」,也可以證明此時夏侯建是持夏侯勝「章句」改作,而非後來的《小夏侯章句》,並且能與他家章句比較,批評夏侯勝之「疏略」,故知當時不只有夏侯勝有「章句」之作。因此,關於「牽引以次章句,具文飾說」之「說」,[159] 說明夏侯建將匯集所問的各家經說,「具文」書寫於夏侯勝「章句」之下,以「飾」夏侯勝原本所無之「說」,如同上述伏生後學為伏生造「章句」的情形;由此可知,在夏侯勝原本的「章句」之中,亦已有書寫其「說」。

夏侯建為了「應敵」,冒大不韙地將諸家經說「次章句」的作法,必然將不同師承來源的口傳經說,依照夏侯勝章句分別書寫歸納;[160] 後來的《小夏侯章句》,也必有從諸儒所問的五經經說,[161] 在形式上也許會與今日的義疏接近。如此一來,夏侯建在「章句」上別出心裁的呈現,必與夏侯勝承之於師的「師說」文本落差太大,才會批評夏侯建為「章句小儒,破碎大道」。在夏侯建將各家之「說」依附於章句文字,形成經說的

---

[158] 〔漢〕班固撰,〔唐〕顏師古注,〔清〕王先謙補注:《漢書補注》,卷75,頁5。
[159] 案錢穆曰:「具文者,備具原文而一一說之。遇有不可說處,則不免於飾說矣。」錢穆:《兩漢經學今古文平議》,頁202。所謂的「具文飾說」,包括師說所不具的解釋。
[160] 呂思勉曰:「漢世所謂說者,蓋皆存於章句之中。章句之多者,輒數十百萬言,而《漢書》述當時儒學之盛,謂一經說至百萬言,可知章句之即說。」呂思勉:《呂思勉讀史札記》,頁754。
[161] 陳喬樅《今文尚書經說攷》論《潛夫論・卜列》引《書》曰:「假爾元龜,罔敢知吉。」云:「作『假爾』者,當是小夏侯本。〈曲禮〉:『假爾泰龜有常,假爾泰筮有常』,鄭注以為『命龜筮詞』,自是經師相傳舊說。『爾』古文作『尒』,與『人』相近。《漢書》言夏侯建『從五經諸儒問與《尚書》相出入者,牽引以次章句,具文飾說。夏侯勝非之曰:「建所謂章句小儒,破碎大道。」建亦非勝為學疏畧,難以應敵。建卒自顓門名經。』此蓋據〈曲禮〉文,疑《尚書》:『假人』為『假尒』之譌,故讀從『尒』字。王符所引,殆小夏侯《尚書》與?」〔清〕陳喬樅:《今文尚書經說攷》(上海:上海古籍出版社,2002年3月,《續修四庫全書》影清刻《左海續集》本),卷8,頁3-4。

一種書寫形式之後，可能仍名為「說」，或名為「章句」，[162]雖仍保持「師說」，卻已失去原本「先師」口說的面貌。

夏侯建之後，又有再傳弟子秦恭「增師法至百萬言」之事，理應也是為了「應敵」而增益；根據顏師古曰：「言小夏侯本所說之文不多，而秦恭又更增益，故至百萬言也」，[163]秦恭增益夏侯建書寫下來的「師法」，殆以「《小夏侯說》文」為本，此時的「師法」已經改以書寫形式為主，與起初自口說轉寫的情形不同。桓譚《新論》曰：「秦近君能說〈堯典〉，篇目兩字之說，至十餘萬言，但說『曰若稽古』三萬言」，[164]《文心雕龍·論說》又曰：「秦延君注『堯典』十餘萬字，……所以通人惡煩，羞學章句。」[165]從秦恭「注」解「堯典」一詞的十餘萬字，即其所「說」的十餘萬言可知，「說」作為說解經文的書寫形式，可以等同文字的「注」。經說即使在「章句化」之後，仍然用於「說」經的講學活動上，只不過篇秩之龐大，遠非早期經師所能記誦，必定更加依賴書寫文本而「說」之。由此推論，後世許多名為「章句」的著作，可能都必須將經「說」改寫成為「章句」，[166]方

---

[162]《漢書·儒林傳》曰：「無故善修章句，為廣陵太傅，守《小夏侯說》文。」〔漢〕班固撰，〔唐〕顏師古注，〔清〕王先謙補注：《漢書補注》，卷88，頁13。張無故因「善修章句」而得為廣陵太傅，又言其「守《小夏侯說》文」，於此「說」與「章句」或可互通，皆屬書寫文本。

[163]〔漢〕班固撰，〔唐〕顏師古注，〔清〕王先謙補注：《漢書補注》，卷88，頁13。

[164]〔漢〕班固撰，〔唐〕顏師古注，〔清〕王先謙補注：《漢書補注》，卷30，頁27。

[165]〔南朝梁〕劉勰著，詹鍈義證：《文心雕龍義證》（上海：上海古籍出版社，1999年12月），頁701。

[166]案王充《論衡·正說》對於「章句」的描述為：「夫經之有篇也，猶有章句也；有章句，猶有文字也。文字有意以立句，句有數以連章，章有體以成篇，篇則章句之大者也。謂篇有所法，是謂章句復有所法也。」〔漢〕王充撰，黃暉校釋，劉盼遂集解：《論衡校釋》，頁1129。又如《文心雕龍·章句》曰：「夫人之立言，因字而生句，積句而成章，積章而成篇。」〔南朝梁〕劉勰著，詹鍈義證：《文心雕龍義證》，頁1250。《論衡》所言與《文心雕龍》相近，皆視「章句」為分析經文的最小單位。但是，兩漢章句若僅止於此，理應僅有經文之字數，將無法解釋章句中動則數十百萬言的現象究竟從何而來？應劭〈風俗通義序〉形容漢代章句繁富的情形曰：「漢興，儒者競復不誼會意，為之章句。家有五、六，皆析文便辭，彌以馳遠，綴文之士，雜襲龍鱗，訓、注、說、難，轉相陵高，積如丘山，可謂繁富者矣。」〔漢〕應劭撰，王利器校注：《風俗通義校注》（臺北：明文書局，1988年3月），序，頁4。章句之雜沓如「雜襲龍鱗」，其內容則采「訓、注、說、難」等各種解經之作。因此，漢儒所謂「章句」的定義，應有廣義與狹義的分別；廣義的章句，不應只有分別經文，必然包含解釋經文的部分，或可謂之注，或可謂之訓，亦或可謂之「說」，皆以「章句」之名概括一切；如焦循《孟子正義》言趙岐「章句」之義，是據「章」與

能致使「一經說至百餘萬言」。[167] 像是《後漢書‧桓榮丁鴻列傳》曰：

> 初，榮受朱普學章句四十萬言，浮辭繁長，多過其實。及榮入授顯宗，減為二十三萬言。郁復刪省定成十二萬言，由是有桓君大小太常章句。[168]

又如《後漢書‧鄭范陳賈張列傳》曰：「初，霸以樊儵刪《嚴氏春秋》猶多繁辭，乃減定為二十萬言，更名張氏學」；[169]《後漢書‧皇甫張段列傳》曰：「奐少遊三輔，師事太尉朱寵，學《歐陽尚書》。初，牟氏章句浮辭繁多，有四十五萬餘言，奐減為九萬言」，[170] 均可說明這種現象的普遍。

此種以書寫而非記誦口傳之「說」的形式，使「說」反而成為章句下的附庸，與原始的「說」漸行漸遠。因此亦被視之為「章句」，而幾乎不謂之為「說」，但「章句」與「說」的名稱仍有互通的現象。據《漢書‧儒林傳》載景帝時期的丁寬「作《易說》三萬言，訓故舉大誼而已，今『小章句』是也」，[171] 以及《後漢書‧儒林列傳》曰：「（伏黯）以明《齊詩》，改定章句，作《解說》九篇。……初，父黯章句繁多，恭乃省減浮辭，定為二十萬言」，[172]「章句」之作亦可謂之為「說」，甚至班固（32-92）直以當時慣用的「章句」之俗稱，加諸西漢早期的丁寬《易說》之上。

「說」在經歷由口說到書寫的過程後，純粹口說傳經逐漸沒落，書寫成了主流形式；不可避免地也會開始受到文本的制約，已非原本純粹的「師說」，故需有考校之事。如《漢書‧儒林傳》所載：

「句」有所「敷衍而發明」，曰：「蓋經各有義，注各有體；趙氏於《孟子》，既分其章，又依句，敷衍而發明之，所謂『章句』也。」〔周〕孟軻撰，〔漢〕趙岐注，〔清〕焦循正義：《孟子正義》，頁27。

[167]〔漢〕班固撰，〔唐〕顏師古注，〔清〕王先謙補注：《漢書補注》，卷88，頁25。
[168]〔南朝宋〕范曄撰，〔唐〕李賢注，〔清〕王先謙集解：《後漢書集解》，卷37，頁5。
[169]〔南朝宋〕范曄撰，〔唐〕李賢注，〔清〕王先謙集解：《後漢書集解》，卷36，頁17。
[170]〔南朝宋〕范曄撰，〔唐〕李賢注，〔清〕王先謙集解：《後漢書集解》，卷65，頁7。
[171]〔漢〕班固撰，〔唐〕顏師古注，〔清〕王先謙補注：《漢書補注》，卷88，頁7。
[172]〔南朝宋〕范曄撰，〔唐〕李賢注，〔清〕王先謙集解：《後漢書集解》，卷79下，頁2。

至成帝時，劉向校書，考「易說」，以為諸《易》家說，皆主田何；楊叔、丁將軍大誼略同，唯京氏為異，黨焦延壽獨得隱士之說，託之孟氏，不相與同？[173]

這段引文，藉由劉向（77-6B.C.）校書顯示「說」的幾項特質。其一，劉向既能校對諸《易》「家說」，故知在田何口說之後，「易說」均已從口說轉為書寫，據書寫文本而有各「家」之別；[174] 各「家」的區別，必定是在書寫文本上的差異。其二，劉向以諸「家」《易說》「大誼略同」，故知諸「家」在「說／師法」上的差異不大；但是當書於竹帛之後，轉寫成文字的「說／師法」必然有所差異。所「說」的主要內容，則關乎經傳「大義」。[175] 其三，包括京房（77-37B.C.）在內的各「家」《易說》，雖然都宣稱淵源自田何，但是在劉向校對之下，認定京房之說與各「家」經說的「大誼」不同，或許是有不同的「師說」淵源，而京房未必知情？

從此例可推知，所謂的各「家」之別，是建構在各「家」不同的書寫文本之上；各「家」之間，雖然容有歧異之處，但也會有共同承認的「說／師法」之「大義」，否則劉向將何從考校？在劉向考校的問題層次上，「師法」等於「家法」，此即所謂「皆主田何」之意。「說」的發展過程，同時具有口傳與書寫兩種形式，書寫形式更是淵源自「師說」口傳而來；上述三項特質，皆關乎承「師」之義，均可在唐代對於「正義」的訴求中，勾勒出與漢代「經說」的關聯。

據此重論夏侯勝與夏侯建的分歧結果，《漢書・眭兩夏侯京翼李傳》曰：「建卒自顓門名經」，顏師古曰：「顓與專同。專門者，自別為一家

---

[173] 本文此處斷句，依顏師古之讀法，「黨」讀為「儻」，具有質疑之意。〔漢〕班固撰，〔唐〕顏師古注，〔清〕王先謙補注：《漢書補注》，卷88，頁10。
[174] 張爾田《史微・口說》曰：「至戰國始紛紛言著述矣，而人亦因其著述稱為某甲氏之學、某乙氏之學，是學反藉書為重也。學藉書重，學斯衰矣，而於是依託諸弊起焉。」張爾田：《史微》（上海：上海書店，2006年1月），頁169。
[175] 如呂思勉曰：「傳不足以盡義，而必有待於說，試亦引一事為徵。王魯，新周，故宋，非《春秋》之大義乎？然《公羊》無其文，非《繁露》其孰能明之？」呂思勉：《呂思勉讀史札記》，頁752。

之學」,[176] 即《後漢書・樊宏陰識列傳》曰:「博士、議郎,一人開門,徒眾百數」,李賢注曰:「開門,謂開一家之說」;[177] 類似之例,又可見諸《漢書・儒林傳》言眭孟死後,「彭祖、安樂各顓門教授」,顏師古亦曰:「顓與專同。專門,言各自名家。」[178] 所謂的「一家之學」、「開一家之說」、「各自名家」,即李賢所謂:「儒有一家之學,故稱家法。」[179]

「家法」即「顓門」之學,各「家」皆有專屬的書寫文本,書寫文本之間雖然具有共同的口說「師法」,但是文本的形成已屬後世經師之書寫。此即《後漢書・卓魯魏劉列傳》魯丕(36-111)言後世「說」經的現象曰:「法異者,各令自說師法,博觀其義」,[180]「法異」即「家法」有不同之際,必令說者「說師法」,方知其「大義」之歸趣;換言之,「家法」之枝節仍源自於「師法」而來。因此,漢章帝(57-88;75-88在位)的詔書,會從漢武帝建元年間興立五經博士,論及後世「家法」之分立。其詔曰:

> 蓋三代導人,教學為本。漢承暴秦,褒顯儒術,建立五經,為置博士。其後學者精進,雖曰「承師」,亦別名家。孝宣皇帝以為去聖久遠,學不厭博,故遂立大、小夏侯《尚書》,後又立京氏《易》。至建武中,復置顏氏、嚴氏《春秋》,大、小戴《禮》博士。此皆所以扶進微學,尊廣道藝也。[181]

所謂「承師」,即承師所「說」,一如上言「聞之於師」所「說」;而所謂的「亦別名家」,即如上述的「顓門」之學。說明即使已經各有「家法」,仍謂「承師」所「說」而來;也就是描述在建元年間建立五經博士之時,「說」從以口說為主,過渡到以書寫文本為主的歷程。漢代帝王所立各「家」之學,亦即各「家」有不同的書寫文本,稱之「章句」、「家

---
[176] 〔漢〕班固撰,〔唐〕顏師古注,〔清〕王先謙補注:《漢書補注》,卷75,頁5。
[177] 〔南朝宋〕范曄撰,〔唐〕李賢注,〔清〕王先謙集解:《後漢書集解》,卷32,頁6。
[178] 〔漢〕班固撰,〔唐〕顏師古注,〔清〕王先謙補注:《漢書補注》,卷88,頁22。
[179] 〔南朝宋〕范曄撰,〔唐〕李賢注,〔清〕王先謙集解:《後漢書集解》,卷61,頁4。
[180] 〔南朝宋〕范曄撰,〔唐〕李賢注,〔清〕王先謙集解:《後漢書集解》,卷25,頁10。
[181] 〔南朝宋〕范曄撰,〔唐〕李賢注,〔清〕王先謙集解:《後漢書集解》,卷3,頁6。

法」，故李賢曰：「言雖承一師之業，其後觸類而長，更為章句，則別為一家之學。」[182]

然而，從漢章帝的結論，仍可質疑上述推論的不周全之處，因為所謂「扶進微學，尊廣道蓺」，與劉歆移書讓太常博士時的論點完全相同。在劉歆的論述中，「學」的根據，除了建元先師「承師」之「說」外，後世帝王對於經典文本的裁斷，重要性並不亞於「承師」所「說」。

（三）被「創通」的「大義」

劉歆建立《左氏春秋》等著作於學官的論述憑據，是藉由「先帝所親論，今上所考視」，建構「古文舊書，皆有徵驗，外內相應」的經典地位。並且從「孝成皇帝閔學殘文缺，稍離其真，乃陳發秘藏，校理舊文」的結果，促成「口說」與「傳記」的優劣倒錯，從而將建元「先師」描述為後世之「末師」。[183] 劉歆之所為，說明在書寫盛行之後，本由先師「口說」轉寫而成的各家文本，竟與「古文」舊書一同校理，進而質疑經典的完整性與正當性。顯然帝王裁決之「聖意」，不僅可與傳聞先師之「說」分庭抗禮，甚至已經凌駕聖人所「說」。

事實上，當權者將「非正經」建立經典的地位，漢初黃老盛行之時已然，[184] 不僅已有「經說」流傳於世，[185] 並也具備一套「孔子師老聃」的「師說」系譜。[186] 但就《左傳》而言，劉向《別錄》雖也論述一套《左傳》的「師說」系譜，[187] 且「傳問民間，則有魯國桓公、趙國貫公、膠東

---

[182] 〔南朝宋〕范曄撰，〔唐〕李賢注，〔清〕王先謙集解：《後漢書集解》，卷3，頁6。
[183] 〔漢〕班固撰，〔唐〕顏師古注，〔清〕王先謙補注：《漢書補注》，卷36，頁33-34。
[184] 《史記・外戚世家》曰：「竇太后好黃帝、老子言，帝及太子、諸竇不得不讀《老子》尊其術。」〔漢〕司馬遷撰，〔日〕瀧川龜太郎會注考證：《史記會注考證》，卷49，頁14。
[185] 〔漢〕班固撰，〔唐〕顏師古注，〔清〕王先謙補注：《漢書補注》，卷30，頁34。
[186] 《韓詩外傳》曰：「仲尼學乎老聃。」〔漢〕韓嬰撰，許維遹校釋：《韓詩外傳集釋》，頁196。在《禮記・曾子問》中，亦有「吾聞諸老聃」之說四例，例如：「吾聞諸老聃曰：『天子崩，國君薨，則祝取群廟之主而藏諸祖廟，禮也。卒哭成事，而后主各反其廟，君去其國，大宰取群廟之主以從，禮也。祫祭於祖，則祝迎四廟之主，主出廟入廟，必蹕。』老聃云。」〔漢〕鄭玄注，〔唐〕孔穎達正義：《禮記注疏》，卷18，頁20。此即孔子述師說之事也。
[187] 劉向《別錄》曰：「左丘明授曾申，申授吳起，起授其子期，期授楚人鐸椒，鐸椒作《抄撮》八卷授虞卿，虞卿作《抄撮》九卷授荀卿，荀卿授張蒼。」〔晉〕杜預注，〔唐〕孔穎

庸生之遺學與此同」，同樣也有「訓故」之「師說」；[188] 只不過，這套「師說」並不是淵源自孔子而是左丘明，必然與劉歆後來欲興立學官的「章句」不同，故杜預〈春秋序〉謂：「劉子駿創通大義。」[189]《漢書·楚元王傳》言劉歆「治《左氏》，引傳文以解經，轉相發明，由是章句義理備焉」，[190] 劉歆「引傳文以解經」之舉，等於是始將左丘明納入孔門傳經之列，[191] 其「章句」之類的著作，也將漢初張蒼（256-152B.C.）、賈誼（200-168B.C.）等人的《左傳》「大義」收編其中，此皆屬劉歆孤詣獨造，而非承之於師而有。

據此，似乎說明不須經由「先師」，也可以經由帝王的認可而自鑄「章句」？若依范升對於《左傳》的批評，這樣的「章句義理」並無真正的依據。其曰：

> 《左氏》不祖孔子，而出於丘明，師徒相傳，又無其人，且非先帝所存，無因得立。……今《費》、《左》二學，無有本師，而多反異，先帝前世，有疑於此，故《京氏》雖立，輒復見廢。……願陛下疑先帝之所疑，信先帝之所信，以示反本，明不專己。天下之事所以異者，以不一本也。……《五經》之本自孔子始，謹奏《左氏》之失凡十四事。[192]

「不祖孔子」、「無有本師」，說明這些「非正經」的書寫文本，沒有如口「說」相傳的「本師」，興立此學也非「一本」於孔子。換言之，《左傳》如欲立於學官，成為當時之經典，除了推尊孔子，將左丘明論述為「丘明至賢，親受孔子」之外；僅有的方法，便是推尊當世帝王為聖人，如陳元所謂：「非陛下至明，孰能察之。」[193]

達正義：《春秋左傳注疏》，卷1，頁1-2。
[188] 《漢書·儒林傳》曰：「漢興，北平侯張蒼及梁太傅賈誼、京兆尹張敞、太中大夫劉公子皆修《春秋左氏傳》。誼為《左氏傳》訓故，授趙人貫公。」〔漢〕班固撰，〔唐〕顏師古注，〔清〕王先謙補注：《漢書補注》，卷88，頁25。
[189] 〔晉〕杜預注，〔唐〕孔穎達正義：《春秋左傳注疏》，卷1，頁21。
[190] 〔漢〕班固撰，〔唐〕顏師古注，〔清〕王先謙補注：《漢書補注》，卷36，頁31。
[191] 《漢書·楚元王傳》曰：「歆以為左丘明好惡與聖人同。」〔漢〕班固撰，〔唐〕顏師古注，〔清〕王先謙補注：《漢書補注》，卷36，頁31。
[192] 〔南朝宋〕范曄撰，〔唐〕李賢注，〔清〕王先謙集解：《後漢書集解》，卷36，頁7-9。
[193] 〔南朝宋〕范曄撰，〔唐〕李賢注，〔清〕王先謙集解：《後漢書集解》，卷36，頁9-10。

若從劉歆的立場推論，將當世帝王比擬如同文、武、周公之聖王，業經聖王親論之著作，何以不能成為今之經典？[194]當世帝王若使通儒、鴻儒仿效《尚書》、《春秋》之作，著成漢世之經，何以不能成為今之令典？故如王充（27-97）言：「使漢有弘文之人，經傳漢事，則《尚書》、《春秋》也。儒者宗之，學者習之，將襲舊六為七」，[195]未必僅有「是古非今」的一種選項。此即司馬相如（？-127B.C.）〈封禪文〉曰：

> 因雜縉紳先生之略術，使獲曜日月之末光絕炎，以展采錯事。猶兼正列其義，祓飾厥文，作《春秋》一藝。將襲舊六為七，攄之無窮，俾萬世得激清流，揚微波，蜚英聲，騰茂實，前聖之所以永保鴻名而常為稱首者用此。[196]

司馬相如給漢武帝的建議，是要仿效孔子作《春秋》，增立漢朝當代的經典，[197]以頌漢代之功德。除了司馬相如之外，司馬談（？-110B.C.）父子，亦沿獲麟以降五百年的概念以繼《春秋》，[198]知太初元年（104B.C.）以前，有相近想法者不只一人。

無論是「祓飾厥文，作《春秋》一藝」，[199]或如司馬遷謙稱曰：「比之《春秋》，謬矣」，[200]都是要將新的當代經典，定位在接續《春秋》之後。若《論衡‧案書》所言：

> 漢作書者多，司馬子長、楊子雲，河、漢也；其餘，涇、渭也。然而子長少臆中之說，子雲無世俗之論，仲舒說道術奇

---

[194]《論衡‧宣漢》曰：「能致太平者，聖人也，世儒何以謂世未有聖人？天之稟氣，豈為前世者渥，後世者泊哉？周有三聖，文王、武王、周公，並時猥出。漢亦一代也，何以當少於周？周之聖王，何以當多於漢？漢之高祖、光武，周之文、武也。文帝、武帝、宣帝、孝明、今上，過周之成、康、宣王。非以身生漢世，可褒增頌歎，以求媚稱也。核事理之情，定說者之實也。」〔漢〕王充撰，黃暉校釋，劉盼遂集解：《論衡校釋》，頁821。
[195]〔漢〕王充撰，黃暉校釋，劉盼遂集解：《論衡校釋》，頁821。
[196]〔漢〕班固撰，〔唐〕顏師古注，〔清〕王先謙補注：《漢書補注》，卷57下，頁24-25。
[197] 服虔曰：「舊為六經，漢欲七經。」〔梁〕蕭統編，〔唐〕李善注：《文選》，卷48，頁4。
[198]〔漢〕司馬遷撰，〔日〕瀧川龜太郎會注考證：《史記會注考證》，卷130，頁18-20。
[199] 顏師古解「祓飾厥文」曰：「祓，除也。祓飾者，言除去舊事，更飾新文也。」〔漢〕班固撰，〔唐〕顏師古注，〔清〕王先謙補注：《漢書補注》，卷57下，頁24。
[200]〔漢〕司馬遷撰，〔日〕瀧川龜太郎會注考證：《史記會注考證》，卷130，頁27。

矣，比方三家尚矣。……孔子生周，始其本；仲舒在漢，終其末，班叔皮續《太史公書》，蓋其義也。[201]

班彪（3-54）等人續《太史公書》之義，[202] 是使《太史公書》之〈本紀〉，接續《春秋》經文，以「傳」考「紀」，班固稱之為「春秋考紀」；故孟康《漢書音義》曰：「『春秋考紀』，謂帝紀也。言考覈時事，具四時以立言，如《春秋》之經」，[203] 又曰：

猶作《春秋》者，正天時，列人事也。言諸儒既得展事業，因兼正天時，列人事，敘述大義為一經也。[204]

對於班固來說，司馬遷將漢朝之「紀」置於「百王之末，廁於秦、項之列」的作法，等於使漢代接續秦、項二代而來；與漢末廣為流傳的「漢紹堯運，以建帝業」的理解不符，更無法顯著漢德居於百王之上，因此「探篹前記，綴輯所聞，以述漢書」。[205]

今之《漢書》即是《太史公書》，所以《史記集解》引韋昭曰：「今《漢書》增一，仍舊六為七也。」[206] 班氏父子撰作《太史公書》成為今之經典，可能已有講說之事，《後漢書・宗室四王三侯列傳》載劉復事曰：「初，臨邑侯復好學，能文章。永平中，每有講學事，輒令復典掌焉，與班固、賈逵共述漢史，傅毅等皆宗事之」；[207] 對於「大義」上的辨析，必使之同於聖人之義，故班彪曰：「誠令遷依五經之法言，同聖人之是非，意亦庶幾矣」，[208] 與劉歆以左丘明好惡同於聖人之意相同。

---

[201] 〔漢〕王充撰，黃暉校釋，劉盼遂集解：《論衡校釋》，頁 1170-1171。
[202] 《史通・古今正史》曰：「《史記》所書，年止漢武，太初已後，闕而不錄。其後劉向、向子歆及諸好事者，若馮商、衛衡、揚雄、史岑、梁審、肆仁、晉馮、段蕭、金丹、馮衍、韋融、蕭奮、劉恂等相次撰續，迄於哀、平間，猶名『史記』。」〔唐〕劉知幾撰，〔清〕浦起龍釋：《史通通釋》（臺北：里仁書局，1993 年 6 月），頁 338。
[203] 〔南朝宋〕范曄撰，〔唐〕李賢注，〔清〕王先謙集解：《後漢書集解》，卷 40 上，頁 8。
[204] 〔漢〕班固撰，〔唐〕顏師古注，〔清〕王先謙補注：《漢書補注》，卷 57 下，頁 24。
[205] 〔漢〕班固撰，〔唐〕顏師古注，〔清〕王先謙補注：《漢書補注》，卷 100 下，頁 1。
[206] 〔漢〕司馬遷撰，〔日〕瀧川龜太郎會注考證：《史記會注考證》，卷 117，頁 99。
[207] 〔南朝宋〕范曄撰，〔唐〕李賢注，〔清〕王先謙集解：《後漢書集解》，卷 14，頁 7。
[208] 〔南朝宋〕范曄撰，〔唐〕李賢注，〔清〕王先謙集解：《後漢書集解》，卷 40 上，頁 3。

亦如荀悅（148-209）於《漢紀・孝成皇帝紀・河平三年》論曰：「至劉向父子典校經籍而新義分方，九流區別，典籍益彰矣。自非至聖之崇，孰能定天下之疑」，[209] 所謂的「至聖」，自然是指帝王之裁斷而言，並非指涉孔子。因此，自劉向父子之後「新義」興立的主張，背後的「聖王」意識，致使兩套立「學」原則在各說各話；二者所據之別，實即反映在口說與書寫之「學」的差異問題。

第四節　後漢「學通古今」風氣下的師說

一、章句盛行之後的「守文」之徒

《後漢書・黨錮列傳》曰：「自武帝以後，崇尚儒學，懷經協術，所在霧會；至有石渠分爭之論，黨同伐異之說，守文之徒，盛於時矣」；[210] 所謂的「守文」，是指漢宣帝甘露三年（51B.C.）於石渠閣「詔諸儒講五經同異」之後，[211] 儒者開始專經分家，各「守」自家章句的現象。[212] 揚雄〈解嘲〉言章句家「守文」曰：「章句之徒相與坐而守之，亦亡所患」；[213] 這些「守文之徒」倚恃著已立於學官之列，掌握朝廷賦予的論述權力，不斷地著墨在擴大書寫章句，藉此「守」其家法，成為當時的學術主流。「守文」之弊，如范曄（398-445）所言：

> 及東京，學者亦各名家。而守文之徒，滯固所稟，異端紛紜，互相詭激，遂令經有數家，家有數說，章句多者或乃百餘萬言，學徒勞而少功，後生疑而莫正。[214]

後漢時期「守文之徒」的共通特色，除了使所守章句內容不斷增益，導

---
[209] 〔漢〕荀悅：《前漢紀》（臺北：鼎文書局，1977年9月），卷25，頁174。
[210] 〔南朝宋〕范曄撰，〔唐〕李賢注，〔清〕王先謙集解：《後漢書集解》，卷67，頁2。
[211] 〔漢〕班固撰，〔唐〕顏師古注，〔清〕王先謙補注：《漢書補注》，卷8，頁23。
[212] 錢穆〈兩漢博士家法考〉曰：「直捷言之，則家法即章句也。漢儒經傳有章句，其事亦晚起，蓋在昭宣以下。」錢穆：《兩漢經學今古文平議》，頁201。
[213] 〔漢〕班固撰，〔唐〕顏師古注，〔清〕王先謙補注：《漢書補注》，卷87下，頁11。
[214] 〔南朝宋〕范曄撰，〔唐〕李賢注，〔清〕王先謙集解：《後漢書集解》，卷35，頁16-17。

致「儒者競論浮麗」外；[215] 各家歧異日甚，不僅導致經典之義無所取正，形成價值觀的倒錯，經傳文字也未能有所「正定」。這些現象，在後漢經學史上的影響甚廣，小則排拒他「家」異說，大則發生關乎數萬太學諸生的黨錮之禍，[216] 迫使淵源自建元先師之「說」的價值，遭受後儒的嘲弄。

何休〈公羊傳解詁序〉曰：「恨先師觀聽不決，多隨二創，此世之餘事，斯豈非守文持論，敗績失據之過哉」，[217] 所論「守文之徒」之「二創」，《公羊疏》以何休據戴宏《解疑論》難《左氏》不成而論曰：

> 上文云：「至有背《經》任意，反《傳》違戾者」，與《公羊》為一創；又云：「援引他《經》，失其句讀」者，又與《公羊》為一創。今戴宏作《解疑論》，多隨此二事，故曰：「多隨二創」也。[218]

何休所恨「先師／守文之徒」的對象，即〈公羊解詁序〉言「說者疑惑」之「說者」；但是，「說者」若是承師之「說」而來，何以在講說之際尚有疑惑？知此「說者」是指在書於竹帛之後，因「應敵」而生疑的博士為主。故《公羊疏》區別「說者」，曰：「此說者，謂胡毋子都、董仲舒之後，嚴彭祖、顏安樂之徒」，[219] 說明在漢宣帝以後，分立章句而「說」的顏、嚴二氏《公羊》學者，於說經有疑而不能決，若又遭逢後學所問，於是「多隨二創」而「不得不廣」。

徐彥在《公羊疏》中，時以何休與「章句家說」對照，說明何休對於「章句家說」的諸多見解並不認同。例如，《春秋公羊傳・襄公十五年》曰：「劉夏逆王后于齊。劉夏者何？天子之大夫也。劉者何？邑也。其稱劉何？以邑氏也」，何休曰：

---

[215] 〔南朝宋〕范曄撰，〔唐〕李賢注，〔清〕王先謙集解：《後漢書集解》，卷32，頁6。
[216] 袁宏《後漢紀》形容東漢末「守文」之極端，將引起政治上的黨錮之禍，而有正邪之別。曰：「逮乎元、成、明、章之間，尊師稽古，賓禮儒術。故人重其學，各見是其業，徒守一家之說，以爭異同之辨，而守文之風盛矣。自茲以降，主失其權，閹豎當朝，佞邪在位，忠義之士，發憤忘難，以明邪正之道，而肆直之風盛矣。」〔晉〕袁宏撰，周天游校注：《後漢紀校注》，頁626。
[217] 〔漢〕何休解詁，〔唐〕徐彥疏：《春秋公羊注疏》，序，頁4。
[218] 〔漢〕何休解詁，〔唐〕徐彥疏：《春秋公羊注疏》，序，頁4。
[219] 〔漢〕何休解詁，〔唐〕徐彥疏：《春秋公羊注疏》，序，頁2。

諸侯入為天子大夫不得氏，國稱本爵，故以所受采邑氏稱子。所謂采者，不得有其土地人民，采取其租稅爾。《禮記·王制》曰：「天子三公之田視公、侯，卿視伯，大夫視子、男，元士視附庸。」稱子者，參見義。顧為天子大夫，亦可以見諸侯不生名，亦可以見爵，亦可以見大夫稱，《傳》曰：「天子大夫。」是也。不稱劉子而名者，禮逆王后，當使三公，故貶去大夫，明非禮也。[220]

徐彥《疏》引許慎《五經異義》曰：

《異義》：「《公羊說》云：『天子至庶人皆親迎，所以重婚禮也。』」……《異義》：「《公羊說》云：『天子親迎』」者，彼是章句家說，非何氏之意也。云：「故貶去大夫，明非禮也」者，謂「子」是大夫之稱，今貶而去之，故曰：「貶去大夫」也。去其大夫正稱，非禮明矣，故云：「故貶去大夫，明非禮也」。[221]

何休曰：「禮逆王后，當使三公」，今使大夫往迎失禮，故不稱「劉子」而稱其名；徐彥以《公羊說》」屬「章句家說」，「章句家」主張婚禮應「天子親迎」，何休顯然不與之同。

又如《春秋公羊傳·隱公元年》曰：「賵者何？喪事有賵，賵者，蓋以馬，以乘馬束帛。」何休注曰：

此道周制也。以馬者，謂士不備四也；《禮·既夕》曰：「公賵，玄、纁束帛、兩馬。」是也。乘馬者，謂大夫以上，備四也。禮大夫以上至天子皆乘四馬，所以通四方也。天子馬曰龍，高七尺以上；諸侯曰馬，高六尺以上；卿、大夫、士曰駒，高五尺以上。束帛謂玄三纁二，玄三法天，纁二法地，因取足以共事。[222]

---

[220] 〔漢〕何休解詁，〔唐〕徐彥疏：《春秋公羊注疏》，卷20，頁5。
[221] 〔漢〕何休解詁，〔唐〕徐彥疏：《春秋公羊注疏》，卷20，頁6。
[222] 〔漢〕何休解詁，〔唐〕徐彥疏：《春秋公羊注疏》，卷1，頁18。

徐彥《疏》載何休與《公羊說》之異曰：

> 問曰：若然，《異義》：「《公羊說》引《易經》云：『時乘六龍以馭天下』也。」知天子駕六，與此異何？
> 答曰：彼謹案亦從《公羊說》，即引〈王度記〉云：「天子駕六龍，諸侯與卿駕四，大夫駕三」以合之。鄭《駁》云：「《易經》時乘六龍者，謂陰陽六爻上下耳，豈故為禮制。〈王度記〉云：『今天子駕六』者，自是漢法，與古異；『大夫駕三』者，於經無以言之者。」是也。然則彼《公羊說》者，自是章句家意，不與何氏合。何氏此處不依漢禮者，蓋時有損益也。[223]

徐彥舉鄭玄《駁五經異義》佐證何休以周制「駕四」為是，與《公羊說》依據〈王度記〉言「駕六」之說不同，同樣也將「《公羊說》」定位為「章句家意」，顯見何休與「章句家」的立場迥異。

根據何休〈公羊傳解詁序〉末所言：「往者略依胡毋生條例，多得其正」，[224] 胡毋生亦屬建元「先師」，何休所持「條例」的來源，當如王充所謂口說的「先師古語」之類；[225] 故知何休將「守文」之徒，與建元「先師」二分之思維，實因師「說」在轉寫章句之後的困境所致。據此方能理解，《公羊疏》何以解何休曰：「是以講誦師言，至於百萬，猶有不解」時，必將「師言」解釋為「胡、董之前公羊氏之屬」的意義，並與「講誦」者為「嚴、顏之徒」分別的原因為何。因為二種「師言」所「說」的形式全然不同，一從「聞之於師」之「說」而來，一則為守章句而書寫。何休〈公羊解詁序〉非議《公羊》前儒之立意，實以淵源自胡毋生以前之「說」，陟評漢宣帝末年以後顓門名經的現象。

---

[223] 〔漢〕何休解詁，〔唐〕徐彥疏：《春秋公羊注疏》，卷1，頁18。
[224] 〔漢〕何休解詁，〔唐〕徐彥疏：《春秋公羊注疏》，序，頁4。
[225] 王充《論衡‧定賢》曰：「以經明帶徒聚眾為賢乎？則夫經明，儒者是也。儒者，學之所為也。儒者學，學儒矣。傳先師之業，習口說以教，無胷中之造，思定然否之論。郵人之過書，門之傳教也，封完書不遺，教審令不遺誤者，則為善矣。儒者傳學，不妄一言，先師古語，到今具存，雖帶徒百人以上，位博士、文學，郵人、門者之類也。」〔漢〕王充撰，黃暉校釋，劉盼遂集解：《論衡校釋》，頁1114-1115。

二、兼通多經的治「古學」者

〈公羊解詁序〉曰：「是以治古學、貴文章者，謂之俗儒」，[226] 何休既認為「治古學」者批評《公羊》的「守文之徒」為「俗儒」，何以「略依胡毋生條例」便能導「俗」得「正」？且又自目所解著作為「解詁」，並謙稱「何休學」以示「受學於師」？[227] 關於這些問題，涉及「古」與「今」、「正」與「俗」的相對辨析，仍須經由漢代經「說」變遷中的口說與書寫論起。

從「說」的指涉對象而論，孔壁之中的出土文獻，或是秘中所藏古文舊書之類的文獻，皆謂之為「古」，這是就古文獻而立說；而漢宣帝以後的章句經師，轉寫當世師「說」的文本則為「今」；此即許慎《五經異義》所謂：「古者《春秋左氏說》，今者《春秋公羊說》」，[228]「古／今」皆已屬於書寫文本。若從「說」所依據的聖人而言，建元先師之「說」能成為經典的解釋，實據聖人孔子口授之系譜，故「聞之於師」可以成為孔子所「說」復現的保證；相對來說，倘若孔子之後亦有聖王興立經典，該經之解釋亦可如同孔子所「說」。這樣的說法，即上述劉歆的論述模式，一如王充《論衡‧宣漢》曰：「天下已太平矣。未有聖人，何以致之？未見鳳皇，何以效實？問世儒不知聖，何以知今無聖人也」，[229]「世儒」即「好長古而短今」之「俗儒」，[230] 根據是「古」非「今」之義言之，章句經師所傳為「古」聖人所授，而劉歆等人所說則為「今」聖人所定。

「古」、「今」概念的指涉不一，討論漢代經學中的「古」與「今」，應先釐清概念的指涉為何。何休將「古學」與「俗儒」對比，等於是「古學」與「今學」、章句之學的對比；指涉的是研究方法上的差異，以章句之學興起以前的建元「先師」之法為「古」。例如，《孔叢子‧連叢子下》

---

[226] 〔漢〕何休解詁，〔唐〕徐彥疏：《春秋公羊注疏》，序，頁3。
[227] 《公羊疏》曰：「『解詁』者，何所自目。……今案《博物志》曰：『何休注《公羊》云：何休學，有不解者？』或答曰：『休謙辭受學於師，乃宣此義不出於己。』」〔漢〕何休解詁，〔唐〕徐彥疏：《春秋公羊注疏》，卷1，頁1。
[228] 〔漢〕何休解詁，〔唐〕徐彥疏：《春秋公羊注疏》，序，頁3。
[229] 〔漢〕王充撰，黃暉校釋，劉盼遂集解：《論衡校釋》，頁817。
[230] 〔漢〕王充撰，黃暉校釋，劉盼遂集解：《論衡校釋》，頁857。

曰:「長彥頗隨時為今學」,宋咸注曰:「『隨時為今學』,言其時多為章句學。」[231] 又載孔昱對孔季彥所言:「今朝廷以下、四海之內,皆為章句內學,而君獨治古義。治古義,則不能不非章句內學。非章句內學,則危身之道也」,[232] 此說與《後漢書‧桓譚馮衍列傳》言桓譚相近:

> 博學多通,徧習五經,皆詁訓大義,不為章句。能文章,尤好古學,數從劉歆、揚雄辯析疑異。性嗜倡樂,簡易不修威儀,而意非毀俗儒,由是多見排抵。[233]

桓譚與《孔叢子》將「古學」與「章句」判然二分,然而《後漢書》言賈逵之時,「古學」與「章句」卻似並不相違。《後漢書‧鄭范陳賈張列傳》曰:「逵悉傳父業,弱冠能誦《左氏傳》及五經本文,以《大夏侯尚書》教授,雖為古學兼通五家《穀梁》之說」,[234] 范曄論賈逵是「能附會文致」者,不盡同於桓譚、鄭興等「古學」之輩,[235] 具有「今學」者之習氣。賈逵一方面以《大夏侯尚書》章句之學教授,卻又以「古學兼通」五家《穀梁》之說,知所謂的「古學」,是尚「博學多通」、「兼通」之學,也有可能兼通章句「今學」。

此外,桓譚「不為章句」則尚「詁訓大義」,賈逵的著作亦名「解詁」、「解故」,皆有建元先師之遺風,故李賢解賈逵「作《周官解故》」曰:「故,謂事之指義。」[236] 由此可知,何休「解詁」依據胡毋生條例的意義,以及批判章句學者為「俗儒」的用意,正是因為何休也像賈逵、桓譚等人一樣,皆為尚「博學」、「兼通」的「古學」者,[237] 而不屬於《公

---

[231] 〔漢〕孔鮒撰,〔宋〕宋咸注:《孔叢子》,卷7,頁9。
[232] 〔漢〕孔鮒撰,〔宋〕宋咸注:《孔叢子》,卷7,頁12。
[233] 〔南朝宋〕范曄撰,〔唐〕李賢注,〔清〕王先謙集解:《後漢書集解》,卷18上,頁1。
[234] 〔南朝宋〕范曄撰,〔唐〕李賢注,〔清〕王先謙集解:《後漢書集解》,卷36,頁12。
[235] 〔南朝宋〕范曄撰,〔唐〕李賢注,〔清〕王先謙集解:《後漢書集解》,卷36,頁17。
[236] 〔南朝宋〕范曄撰,〔唐〕李賢注,〔清〕王先謙集解:《後漢書集解》,卷36,頁15-16。
[237] 《拾遺記》言何休的「博學」、「兼通」曰:「何休木訥多智,《三墳》、《五典》,陰陽筭術,《河》、《洛》、讖、緯,及遠年古諺,歷代圖籍,莫不咸誦也。門徒有問者,則為註記,而口不能說。……京師謂康成為經神,何休為學海。」〔晉〕王嘉:《拾遺記》(臺北:臺灣商務印書館,1995年2月,清金谿王氏刻本),卷6,頁12-13。

羊》顏、嚴二氏的「章句家」；至於所謂的「追述李育意以難二《傳》，作《公羊墨守》、《左氏膏肓》、《穀梁廢疾》」，也應是指模仿李育「古學」的方法。《後漢書・儒林傳》曰：

> 李育字元春，……頗涉獵古學，嘗讀《左氏傳》，雖樂文采，然謂不得聖人深意，以為前世陳元、范升之徒更相非折，而多引圖讖，不據理體，於是作《難左氏義》四十一事。[238]

李育以為，陳元、范升互難的層次，僅在論辯師承家法之有無上，而不在經文大義之推求，故批評陳元、范升之徒「不據理體」，因此在兼通三《傳》的層次上，與賈逵以「理證」論難。[239] 有趣的是，陳元與范升在爭立學官的議題上水火不容，各據《左傳》、《公羊傳》為說；在「古學」的視野中，二人同屬「今學」方法範疇的思維模式，皆是各守一家之說。李育的批評，最能釐清「今學」與「古學」的差異，並不是在所「守」經典文本的異同上；此即范曄傳末〈贊〉曰：

> 中世儒門，賈、鄭名學，眾馳一介，爭禮甗幄。升、元守經，義偏情較。[240]

將後漢經學之境況，使賈逵、鄭玄等「古學」之徒，與范升、陳元等「守學」之徒判然二分的依據，主要是治學方法上的差異。李育於白虎觀會議中「最為通儒」，不主一家之說，而所謂的「古」學，其實正是模仿章句萌芽以前的建元「先師」說經之學。他們治學強調「訓故」、「大義」，且相對於「章句家」為「古」；又因古文舊書漸受重視，尚「博學多通」、「兼通」皆屬「古學」之特色。

事實上，漢代博士官本是掌「通古今」，[241] 建元「先師」如夏侯始昌、

---

[238] 〔南朝宋〕范曄撰，〔唐〕李賢注，〔清〕王先謙集解：《後漢書集解》，卷79下，頁11。
[239] 〔南朝宋〕范曄撰，〔唐〕李賢注，〔清〕王先謙集解：《後漢書集解》，卷79下，頁11-12。
[240] 〔南朝宋〕范曄撰，〔唐〕李賢注，〔清〕王先謙集解：《後漢書集解》，卷36，頁20。
[241] 〔漢〕班固撰，〔唐〕顏師古注，〔清〕王先謙補注：《漢書補注》，卷19上，頁7。

董仲舒、韓嬰之輩,皆有「兼通」的現象,[242] 所「說」也不侷限於一經。[243] 桓譚、賈逵等人推原的「古學」,其實已是以書寫文本為主,雖與建元先師當時的形式已有差異,但追跡建元先師治學主「訓故」、「大義」為「古」則無異;但在漢宣帝石渠閣會議以後的顓門之學,卻使章句書寫盛行,導致太學所尚與時人的風評形成兩極。例如,《後漢書·儒林傳》曰:

> 張玄字君夏,河內河陽人也。少習《顏氏春秋》,兼通數家法。建武初,舉明經,補弘農文學,遷陳倉縣丞。清淨無欲,專心經書,方其講問,乃不食終日。及有難者,輒為張數家之說,令擇從所安。諸儒皆伏其多通,著錄千餘人。……會顏氏博士缺,玄試策第一,拜為博士。居數月,諸生上言玄兼說嚴氏、冥氏,不宜專為顏氏博士。光武且令還署,未及遷而卒。[244]

張玄的例子與賈逵相似,一方面能講說章句,卻也能兼通數家之說,但是在太學教授之際,關乎設科射策之利祿,不容許兼說之事發生。象牙塔的話語,與時人稱美儒者的話語,相去日遠;例如:「許慎字叔重,……少博學經籍,馬融常推敬之,時人為之語曰:『五經無雙許叔重』」、[245]「周舉,……博學洽聞,為儒者所宗,京師語曰:『五經縱橫周宣光也』、[246]「井丹字大春,……通五經,善談論,故京師為之語曰:『五經紛綸井大春』、[247]「丕字叔陵,……兼通五經,以《魯詩》、《尚

---

[242] 《漢書·眭兩夏侯京翼李傳》曰:「夏侯始昌,魯人也。通五經,以《齊詩》、《尚書》教授。自董仲舒、韓嬰死後,武帝得始昌,甚重之。」〔漢〕班固撰,〔唐〕顏師古注,〔清〕王先謙補注:《漢書補注》,卷75,頁2。
[243] 《漢書·儒林傳》曰:「申公卒以《詩》、《春秋》授,而瑕丘江公盡能傳之,徒眾最盛。」〔漢〕班固撰,〔唐〕顏師古注,〔清〕王先謙補注:《漢書補注》,卷88,頁16。
[244] 〔南朝宋〕范曄撰,〔唐〕李賢注,〔清〕王先謙集解:《後漢書集解》,卷79下,頁10-11。
[245] 〔南朝宋〕范曄撰,〔唐〕李賢注,〔清〕王先謙集解:《後漢書集解》,卷79下,頁15。
[246] 〔漢〕劉珍撰,吳樹平校注:《東觀漢記校注》(鄭州:中州古籍出版社,1987年3月),頁737。
[247] 〔南朝宋〕范曄撰,〔唐〕李賢注,〔清〕王先謙集解:《後漢書集解》,卷83,頁7。

書》教授,為當世名儒。……關東號之曰『五經復興魯叔陵』」。[248] 皆指「古學」兼通五經,而得獲致美名之例,知其有別于章句「今學」。

後世學者多從書寫文本上的差異,區分「今文」、「古文」之學,[249] 實為忽視「口說」現象所衍生的學術形式與變異,以及文本寫定的過程,該如何付之「講說」的問題。如果以經典的壁壘論之,魯丕以《魯詩》、《尚書》教授,則該隸屬於後世所謂的「今文經學」,如何是由「古文經學」大儒賈逵引薦,並且與之論難於帝前?又見魯丕上疏所言:

> 臣以愚頑,顯備大位,犬馬氣衰,猥得進見,論難於前,無所甄明,衣服之賜,誠為優過。臣聞說經者,傳先師之言,非從己出,不得相讓;相讓則道不明,若規矩權衡之不可枉也。難者必明其據,說者務立其義,浮華無用之言不陳於前,故精思不勞而道術愈章。法異者,各令自說師法,博觀其義。覽詩人之旨意,察〈雅〉、〈頌〉之終始,明舜、禹、皋陶之相戒,顯周公、箕子之所陳,觀乎人文,化成天下。[250]

魯丕雖非博士,但從上疏所言可知,章句「今學」增益字數的現象,反被視為「浮華無用之言」,與《魯詩》、《尚書》是否為「今文經」無關,而關乎如何「說」的問題;魯丕所論「說經」,完全與前漢建元「先師」之「說」相符,也與上述蕭望之考校「師法」的方法相符,所舉《尚書》之例,也與上述伏生《尚書大傳》所說的「大義」相符。由此可知,「講說」的概念方法不同,方為「今」、「古」之學的分野。

三、「師說」的世俗化

王充《論衡》一書中,雖未有「今學」、「古學」之術語區分,但是藉由對「俗儒」的詰問,仍可勾勒出「今」、「古」之學分野的諸多面

---

[248] 〔南朝宋〕范曄撰,〔唐〕李賢注,〔清〕王先謙集解:《後漢書集解》,卷25,頁9-10。

[249] 此類思維模式,實屬近代經學建構的一種論述,未必符合兩漢經學之實情。李學勤:〈《今古學考》與《五經異義》〉,李學勤:《當代學者自選文庫・李學勤卷》(合肥:安徽教育出版社,1999年5月),頁647。

[250] 〔南朝宋〕范曄撰,〔唐〕李賢注,〔清〕王先謙集解:《後漢書集解》,卷25,頁10。

向；據之以「今學」為「俗儒／世儒」，而以「古學」為「通儒／鴻儒」。但是在王充的「今」、「古」之學論述上，又以「俗儒」為是「古」非「今」的守學之徒；相對而言，「通儒／鴻儒」則為「宣漢」之說所憑據。

「俗儒」即指上述「守文之徒」而言，《後漢書・王充列傳》論王充曰：

> 王充字仲任，……後到京師，受業太學，師事扶風班彪，好博覽而不守章句。……充好論說，始若詭異，終有理實；以為俗儒守文，多失其真，乃閉門潛思，絕慶弔之禮，戶牖牆壁各著刀筆。著《論衡》八十五篇，二十餘萬言。[251]

「博覽」、「不守章句」、「有理實」與「俗儒」、「守文」、「失其真」的區分，與上述何休、李育批評守學之徒相同。然而，「俗儒」與「通儒」的相對意義，其實頗見於後漢批評章句之學的論述中。例如《風俗通》曰：

> 儒者，區也，言其區別古今。居則翫聖哲之詞，動則行典籍之道，稽先王之制，立當時之事，此通儒也。若能納而不能出，能言而不能行，講誦而已，無能往來，此俗儒也。[252]

又如許慎〈說文解字敘〉曰：

> 俗儒啚夫，翫其所習，蔽所希聞，不見通學；未嘗覩字例之條，怪舊埶而善野言，以其所知為祕妙，究洞聖人之微恉。……博采通人，至于小大，信而有證。[253]

許慎批評「俗儒」的問題，在於所學不知「字例之條」，亦即不曉文字之「大義」。對於許慎而言，「文字」是「經藝之本」，其所建構的書寫「條例」，即推演「六書」所得到的「神恉」。[254] 這樣的想法，是在大量書寫文獻問世之後，形成的文字中心論思維；因此，批評「俗儒」說經曰：

---

[251]〔南朝宋〕范曄撰，〔唐〕李賢注，〔清〕王先謙集解：《後漢書集解》，卷49，頁1。
[252]〔南朝宋〕范曄撰，〔唐〕李賢注，〔清〕王先謙集解：《後漢書集解》，卷27，頁5。
[253]〔漢〕許慎撰，〔清〕段玉裁注：《說文解字注》（臺北：黎明文化公司，1994年7月，經韵樓本），卷15上，頁20-22。
[254]〔漢〕許慎撰，〔清〕段玉裁注：《說文解字注》，卷15上，頁21-22。

乃猥曰:「馬頭人為長、人持十為斗、虫者屈中也。」廷尉說律,至以字斷法:「『苛人受錢』,『苛』之字『止句』也。」若此者甚眾。皆不合孔氏古文,謬于史籀。[255]

從「俗儒」所「說」至於《說文解字》可知,文字中心論的書寫特色,早已取代了口耳相傳的口說傳統。漢宣帝以降的「說」經形式,在依賴書寫之後,口說的語言與文字的符號系統已經混同為一;「說」經的意義來源,留意於視覺圖像化的表意文字系統,而非聽覺耳聞之師「說」。只不過這些後起之「通儒」,依據的是更有說服力的「古」文字系統,藉以批評「俗儒」依據漢宣帝以降的「今」文字系統為謬。至於「六書」之「條例」,是否與建元「先師」所「說」之「指」相通?則難以論證。

從先秦文獻陸續問世,進而影響經典意義的形成,這些「說章句者」執守一家章句的一大問題,在於「初為章句者,非通覽之人」;[256] 但是藉由「通覽」的優勢,是否就能解決章句家學衍生的問題呢?從《漢書》形容通儒揚雄《太玄經》曰:「皆以解剝玄體,離散其文,章句尚不存焉」,顏師古曰:「《玄》中之文雖有章句,其旨深妙,尚不能盡存,故解剝而離散也」可知,[257] 時人難揚雄《太玄經》「大深」的主因,是著墨於文字卻不能盡知其意,是否還須仰賴作者親自口說?因此,揚雄〈解難〉舉師曠「知音」、老子「遺言」之例,與「孔子作《春秋》,幾君子之前睹也」相喻,說明「通儒」們倚恃的文字中心思惟,仍未盡得口耳相傳的口說傳統之「幽說」、「眇指」。[258]

揚雄從另一種角度轉說,正因為文字幽深,更不能自以為全知全能而「溺於所聞而不自知其非」,進而訛訾聖人之說為怪迂,並且自行造說。[259]「俗儒」守文正有如此的問題,王充《論衡‧正說》篇舉例曰:

---

[255] 〔漢〕許慎撰,〔清〕段玉裁注:《說文解字注》,卷15上,頁19-20。
[256] 〔漢〕王充撰,黃暉校釋,劉盼遂集解:《論衡校釋》,頁1160。
[257] 〔漢〕班固撰,〔唐〕顏師古注,〔清〕王先謙補注:《漢書補注》,卷87下,頁16。
[258] 〔漢〕班固撰,〔唐〕顏師古注,〔清〕王先謙補注:《漢書補注》,卷87下,頁17-19。
[259] 〔漢〕班固撰,〔唐〕顏師古注,〔清〕王先謙補注:《漢書補注》,卷87下,頁19。

堯老求禪，四嶽舉舜。堯曰：「我其試哉！」說《尚書》曰：「試者，用也；我其用之為天子也。」文為天子也。文又曰：「女于時觀厥刑于二女。」觀者，觀示虞舜於天下，不謂堯自觀之也。若此者，高大堯、舜，以為聖人相見已審，不須觀試，精耀相炤，曠然相信。又曰：「四門穆穆，入于大麓，烈風雷雨不迷。」言大麓，三公之位也。居一公之位，大總錄二公之事，眾多並吉，若疾風大雨。

夫聖人才高，未必相知也。聖成事，舜難知佞，使皋陶陳知人之法。佞難知，聖亦難別。堯之才，猶舜之知也，舜知佞，堯知聖。堯聞舜賢，四嶽舉之，心知其奇，而未必知其能，故言：「我其試哉！」試之於職，妻以二女，觀其夫婦之法，職治修而不廢，夫道正而不僻。復令人入大鹿之野而觀其聖，逢烈風疾雨，終不迷惑。堯乃知其聖，授以天下。夫文言觀、試，觀試其才也。說家以為譬喻增飾，使事失正是，滅而不存；曲折失意，使偽說傳而不絕。[260]

此段引文的上半部，為「說家」之意，亦即章句家言。[261] 故以經文所言「觀、試」屬譬喻之辭，並將「大麓」解為三公「大錄」；按此「說家」解釋的結果，則使「觀、試」之說不存，彷彿「聖人」之「聖」是自然外顯，這樣的理解或許與王莽（45B.C.-23）代漢有關。[262] 但是，「觀、

---

[260] 〔漢〕王充撰，黃暉校釋，劉盼遂集解：《論衡校釋》，頁 1145-1147。
[261] 陳喬樅曰：「案《論衡》所駁《尚書說》，疑指大小夏侯之學。……今〈正說〉篇但言『說《尚書》者』，是乃博士之『說』，亦今文家言也。」〔清〕陳喬樅：《今文尚書經說攷》，卷1上，頁 75-76。
[262] 皮錫瑞《今文尚書考證・堯典第一》曰：「據伏生、史公之義，則今文說以大麓為山麓，伏生不以麓為錄也。知伏生不以麓為錄者，《大傳》曰：『致天下於大麓之野。』又曰：『禹乃興〈九招〉之樂於大麓之野。』是伏生以麓為山麓，與《史記》同，若以麓為錄，何必加『之野』二字耶？……訓麓為錄，由漢博士傅會，改其師說。」皮錫瑞：《今文尚書考證》，頁 41。清代學者據「今、古文」說理解時，遭遇到「以麓為錄」究竟是否為「今文」的難題？因此以歐陽《尚書》與大小夏侯《尚書》不同的觀點，將兩種解釋收攝在「今文經」的解釋脈絡之中。據此益可證明，王充此例，可能涉及章句家對於王莽據堯、舜禪讓故事稱帝的論述，而非建元先師當時的見解。《漢書・王莽傳》載陳崇對於王莽的稱美曰：「比三世為三公，再奉送大行，秉冢宰職，填安國家，四海輻奏，靡不得所。《書》曰：『納于大麓，列風雷雨不迷』，公之謂矣。」顏師古曰：「麓，錄也。言堯使舜大錄萬機之政。」〔漢〕班固撰，〔唐〕顏師古注，〔清〕王先謙補注：《漢書補注》，卷99上，頁

試」之說早已見諸《史記》，說家刻意忽略不解，此即《論衡・正說》批評五經「俗儒」之「說」失實：

> 儒者說五經，多失其實。前儒不見本末，空生虛說；後儒信前師之言，隨舊述故，滑習辭語，苟名一師之學，趨為師教授，及時蚤仕，汲汲競進，不暇留精用心，考實根核。故虛說傳而不絕，實事沒而不見，五經並失其實。[263]

「俗儒」實因利祿仕進之故，讓「假經設誼，依託象類」之說大行其道，[264] 這樣的現象到了王莽之時，已為極致，故須朝廷介入，規範章句字數；[265] 對於所「說」的內容是否如實？是否合於經典？已屬次要的考量。

在《論衡・正說》篇中，又質疑《春秋》「十二公」是否具有大義？因為「說家」分別從「三世」與「二百四十二年」分論「十二公」，而得到相反的說法，故王充曰：「夫據『三世』，則『浹備』之說非；言『浹備』之說為是，則據『三世』之論誤。二者相伐，而立其義，聖人之意何定哉？」《公羊》家以《春秋》終乎魯哀公十四年（481B.C.）為「人道浹，王道備」，[266] 又言「所見異辭、所聞異辭、所傳聞異辭」的「三世」異辭之說，何休曰：

13。在王莽以前，以「大麓」為「大錄」的說法，早已流傳于章句家之間，並為王莽所接受。《漢書・王莽傳》引王莽自言：「予前在大麓，至于攝假，深惟漢氏三七之阨，赤德氣盡，思索廣求，所以輔劉延期之術靡所不用。」顏師古曰：「大麓者，謂為大司馬、宰衡時，妄引『舜納于大麓，烈風雷雨不迷』也。攝假，謂初為攝皇帝，又為假皇帝。」〔漢〕班固撰，〔唐〕顏師古注，〔清〕王先謙補注：《漢書補注》，卷 99 中，頁 6-7。顏師古所注，即王充所謂「說家」以「大麓」為三公之義，王莽亦將「大麓」至「攝假」視為一個階段，在此階段當中，已經認為漢德氣數已盡，自將取而代之。由此可知，王莽自己也認為，自己在「大麓」之時，已著其聖，故言「前在大麓，至于攝假」，必定也認同「聖人相見已審，不須觀試」。

[263]〔漢〕王充撰，黃暉校釋，劉盼遂集解：《論衡校釋》，頁 1123。
[264]〔漢〕班固撰，〔唐〕顏師古注，〔清〕王先謙補注：《漢書補注》，卷 75，頁 33。
[265]《論衡・效力》曰：「王莽之時，省五經章句，皆為二十萬，博士弟子郭路夜定舊說，死於燭下，精思不任，絕脈氣滅也。」〔漢〕王充撰，黃暉校釋，劉盼遂集解：《論衡校釋》，頁 583。
[266]〔漢〕何休解詁，〔唐〕徐彥疏：《春秋公羊注疏》，卷 28，頁 13。

> 所見者，謂昭、定、哀，己與父時事也；所聞者，謂文、宣、成、襄，王父時事也；所傳聞者，謂隱、桓、莊、閔、僖，高祖、曾祖時事也。異辭者，見恩有厚薄，義有深淺，時恩衰義缺，將將以理人倫序人類，因制治亂之法。故於所見之世，恩已與父之臣尤深，大夫卒有罪、無罪，皆日錄之，丙申，季孫隱如卒是也；於所聞之世，王父之臣恩少殺，大夫卒無罪者日錄，有罪者不日，略之，叔孫得臣卒是也；於所傳聞之世，高祖、曾祖之臣恩淺，大夫卒有罪、無罪皆不日，略之也。[267]

「三世」之義與魯國時事的發展相反，越接近孔子之時則世愈亂，故與「浹備」之說相伐。然而，因《春秋》為漢制法之故，亦有依託漢朝「十二代」為「人道浹，王道備」者，也有以為是「赤制之中數」者，言漢朝當中斷於此數。[268] 例如，從郅惲上書勸諫王莽應歸還帝位予劉氏可知，即使王莽對於郅惲言「漢歷久長，孔為赤制」，以為「漢必再受命」之說，感到不悅而意欲殺之，卻猶忌憚郅惲所說是「據經讖」而來，等於也認同郅惲所說是「天文聖意，非狂人所能造」。[269] 換言之，即使「俗儒」說經可能過度詮釋而失實，郅惲與王莽皆不認為「據經讖」而說為非，這是屬於章句「今學」之流衍。

對照公孫述（7B.C.-36），也引用同樣的「經讖」之說：

> 引讖記以為，「孔子作《春秋》，為赤制」而斷十二公，明漢至平帝十二代，歷數盡也，一姓不得再受命。[270]

公孫述解釋《春秋》「斷十二公」為漢代曆數止於十二代，且不得再受命，與郅惲所說截然相反；從此說與其他讖記的效應得知，這不只是公孫述自我陶醉的說辭。《後漢書》曰：「數移書中國，冀以感動眾心，帝

---
[267]〔漢〕何休解詁，〔唐〕徐彥疏：《春秋公羊注疏》，卷1，頁23。
[268]〔漢〕王充撰，黃暉校釋，劉盼遂集解：《論衡校釋》，頁1132。
[269]〔南朝宋〕范曄撰，〔唐〕李賢注，〔清〕王先謙集解：《後漢書集解》，卷29，頁9-11。
[270]〔南朝宋〕范曄撰，〔唐〕李賢注，〔清〕王先謙集解：《後漢書集解》，卷13，頁16。

患之」,²⁷¹ 足以造成的影響,已經引起漢光武帝(6B.C.-57;25-57 在位)的憂慮。據此,「俗儒」說經的傾向,將使學術的價值成為陟評世俗的工具,而不在辯證經典之說如何是實?各執一是的說法,遂讓「世未有聖人」、²⁷²「不應天命」等說合理化,²⁷³ 並為覆滅漢朝之論據,也將導致經說顯得膚淺而不可盡信。

因是之故,《後漢書‧蘇竟楊厚列傳》載蘇竟勸降劉龔之書亦曰:

> 世之俗儒末學,醒醉不分,而稽論當世,疑誤視聽。或謂天下迭興,未知誰是,稱兵據土,可圖非冀。或曰聖王未啟,宜觀時變,倚彊附大,顧望自守。二者之論,豈其然乎?夫孔丘祕經,為漢赤制,玄包幽室,文隱事明。且火德承堯,雖昧必亮,承積世之祚,握無窮之符,王氏雖乘閒偷篡,而終嬰大戮,支分體解,宗氏屠滅,非其効歟?皇天所以眷顧踟躕,憂漢子孫者也。論者若不本之於天,參之於聖,猥以師曠雜事輕自眩惑,說士作書,亂夫大道,焉可信哉?²⁷⁴

新莽前後的末世之說紛紜,各自被不同的陣營徵引,彷彿皆能得到天命之助;但從「俗儒」所說偏狹淺近可知,儒者的學術傾向已經從俗所趨。故《論衡‧效力》曰:「諸生能傳百萬言,不能覽古今,守信師法,雖辭說多,終不為博」,²⁷⁵ 又《論衡‧謝短》曰:「夫總問儒生以古今之義,儒生不能知,別各以其經事問之,又不能曉,斯則坐守信師法,不頗博覽之咎也。」²⁷⁶ 雖然「通儒」對於「俗儒」的批評振振有詞,認為「章句」學者營造出的狹小研究領域,不僅無法經世致用,也不是經文「大義」所在。但是這些的「俗儒」學者,仍屬當時學界的主流多數,卻未能主導日後學術的風氣。

---

²⁷¹ 〔南朝宋〕范曄撰,〔唐〕李賢注,〔清〕王先謙集解:《後漢書集解》,卷 13,頁 16。
²⁷² 〔漢〕王充撰,黃暉校釋,劉盼遂集解:《論衡校釋》,頁 821。
²⁷³ 〔漢〕班固撰,〔唐〕顏師古注,〔清〕王先謙補注:《漢書補注》,卷 75,頁 31。
²⁷⁴ 〔南朝宋〕范曄撰,〔唐〕李賢注,〔清〕王先謙集解:《後漢書集解》,卷 49,頁 1。
²⁷⁵ 〔漢〕王充撰,黃暉校釋,劉盼遂集解:《論衡校釋》,頁 580。
²⁷⁶ 〔漢〕王充撰,黃暉校釋,劉盼遂集解:《論衡校釋》,頁 567。

第五章 「君」與「師」：教化者與國家教化儀式

司馬遷在《史記・儒林列傳》提問道：「縉紳先生之徒負孔子禮器，往委質為臣者，何也？以秦焚其業，積怨而發憤于陳王也」，[1] 意即若非發憤積怨于秦，孔鮒（約264-約208B.C.）等魯中諸儒，未必願屈膝委身陳涉（？-208B.C.）而為臣。[2]《說苑・反質》篇亦載錄孔子問道於老聃曰：

> 仲尼問老聃曰：「甚矣！道之於今難行也！吾比執道，委質以當世之君，而不我受也。道之於今難行也。」老子曰：「夫說者流於聽，言者亂於辭，如此二者，則道不可委矣。」[3]

孔子委質事君而不可得，故知聖人本欲藉由「說」，委「道」于君以行之，[4] 而有受與不受之際遇。從孔子委質以「說」可知，將「學」置於君臣的尊卑關係之下，必與「學」於師生之際的權力關係不同。

漢初之際的儒學重鎮猶在齊、魯之域，[5] 從《史記・叔孫通列傳》記載「魯有兩生」不從叔孫通所徵之事可知，當時齊、魯儒生亦未必皆願委

---

[1] 〔漢〕司馬遷撰，〔日〕瀧川龜太郎會注考證：《史記會注考證》，卷121，頁5。
[2] 《左傳・僖公二十五年》曰：「策名委質。」杜預注曰：「屈膝而君事之。」〔晉〕杜預注，〔唐〕孔穎達正義：《春秋左傳注疏》，卷15，頁7。
[3] 〔漢〕劉向撰，向宗魯校證：《說苑校證》，頁529。
[4] 《孔子家語・觀周》的載錄，則可互見異同：「孔子見老聃而問焉，曰：『甚矣！道之於今難行也！吾比執道，而今委質以求當世之君，而弗受也。道於今難行也。』老子曰：『夫說者流於辯，聽者亂於辭，如此二者，則道不可以忘也。』」〔魏〕王肅注：《孔子家語》（臺北：臺灣中華書局，1985年3月，影宋蜀本），卷3，頁4。《混元聖紀》所載錄的故事，又增「子之所言者，其人與骨皆已朽矣，獨其言在耳。《詩》、《書》、《禮》、《樂》，先王之陳跡也，豈其所以跡哉」等內容，知其解讀此則敘事的重點，在於口說之上，而非書寫之事。〔宋〕謝守灝編：《混元聖紀》（北京：華夏出版公司，2004年1月，《中華道藏》本），卷6，頁72。
[5] 《史記・劉敬叔孫通列傳》曰：「漢王拜叔孫通為博士，號稷嗣君」，《史記集解》引徐廣曰：「蓋言其德業，足以繼蹤齊稷下之風流也。」〔漢〕司馬遷撰，〔日〕瀧川龜太郎會注考證：《史記會注考證》，卷99，頁13。漢初以博士為「稷嗣君」，故知博士之制雖是承秦而有，儒學之業卻是繼踵齊魯稷下之域而來。

質為漢臣。[6]直至公孫弘（200-121B.C.）等議，使「教化之行也，建首善，自京師始，由內及外......為博士官置弟子五十人，復其身」,[7]收編儒者「咸登諸朝」之後,[8]學術重心方始逐漸挪移。

然而，又見《呂氏春秋・遇合》所言：

> 孔子周流海內，再干世主，如齊至衛，所見八十餘君，委質為弟子者三千人，達徒七十人；七十人者，萬乘之主得一人用可為師，不為無人，以此游僅至於魯司寇，此天子之所以時絕也，諸侯之所以大亂也。[9]

儒者「委質」為臣而「說」之於君，與弟子「委質」而尊之於師,[10]為「師」與為「臣」的身分二重性，早在孔子及其弟子周遊列國之時發生；後世儒者在面對這種身分二重性的處境時，是以「侍講」與「教授」的行為差異，呈顯在「講學」之事上。相對而言，當國君接受儒學教化之後，為「君」與為「弟子」的身分二重性，往往透過祀孔儀式以示尊崇；另一方面，又通過祀孔儀式中的「講學」，呈顯為「君」與為「師」的身分二重性，作為國家權力結構下的最高教化者。

第一節　「入說」與「教授」：兩種「說經」的現象

審視漢代的儒者說經的現象時，可以區別為「侍講」與「教授」兩種身分。兩種觀點的相同之處，在於同屬講說之事；二者的相異之處，在於講授地點、對象、身分、權力結構等皆不相同，講說的目的也不相

---

[6] 《史記・劉敬叔孫通列傳》曰：「於是叔孫通使徵魯諸生三十餘人。魯有兩生不肯行，曰：『公所事者且十主，皆面諛以得親貴。今天下初定，死者未葬，傷者未起，又欲起禮樂。禮樂所由起，積德百年而後可興也。吾不忍為公所為，公所為不合古，吾不行。公往矣，無汙我！』叔孫通笑曰：『若真鄙儒也，不知時變。』」〔漢〕司馬遷撰，〔日〕瀧川龜太郎會注考證：《史記會注考證》，卷99，頁14-15。

[7] 〔漢〕司馬遷撰，〔日〕瀧川龜太郎會注考證：《史記會注考證》，卷121，頁10。

[8] 〔漢〕班固撰，〔唐〕顏師古注，〔清〕王先謙補注：《漢書補注》，卷88，頁4。

[9] 〔秦〕呂不韋編，陳奇猷校釋：《呂氏春秋校釋》（臺北：華正書局，1988年8月），頁815。

[10] 《史記・仲尼弟子列傳》曰：「子路後儒服委質，因門人請為弟子。」〔漢〕司馬遷撰，〔日〕瀧川龜太郎會注考證：《史記會注考證》，卷67，頁10。

同。後世析分「侍講」與「教授」，是否就能說明漢代儒者所「說」的諸現象？兩種觀點可否相合？可藉「執經」之事理解，並可據此勾稽漢代以降經師說經的面貌。

一、「入說」侍講的儒者

兩漢文獻記載「說經」的過程中，「執經」者的身分，時作講授之師，時作弟子門生之類，二者分別「執經」的原因為何？與「說經」之事有何關聯？可從前、後《漢書》中，試取諸例論之。

> 《漢書‧雋疏于薛平彭傳》曰：「定國乃迎師學《春秋》，身執經，北面，備弟子禮。」[11]
>
> 《後漢書‧卓魯魏劉列傳》曰：「輒引學官祭酒，及處士諸生執經對講。」[12]
>
> 《後漢書‧儒林列傳》曰：「孫期字仲彧，……遠人從其學者，皆執經壟畔以追之。」[13]
>
> 《後漢書‧桓榮丁鴻列傳》曰：「臣幸得侍帷幄，執經連年，而智學淺短，無以補益萬分。」[14]

前、後《漢書》中所見「執經」諸例，除《後漢書‧桓榮列傳》記載桓榮「侍講」太子而自稱「執經」，餘曰「執經」者，皆指弟子而言。可以推測，「侍講」之時「執經」，與「教授」時「執經」的意義不同。

《冊府元龜》對於「侍講」的描述曰：「列儒生而備清問，雖復禁庭沖邃，廣內凝嚴，而通經之士得以方領矩步，侍講清燕，稽古之力，不亦榮乎」，[15]「侍講」者是以儒生為主，並且身處內廷之中，以顧問經典為事。在《漢書》中並無「侍講」一詞，就入侍的行為而論，則謂之「入說」、「入講」；就入侍所講的行為而論，則有名曰「勸講」、「講勸」、「勸

---

[11] 〔漢〕班固撰，〔唐〕顏師古注，〔清〕王先謙補注：《漢書補注》，卷71，頁6。
[12] 〔南朝宋〕范曄撰，〔唐〕李賢注，〔清〕王先謙集解：《後漢書集解》，卷25，頁12。
[13] 〔南朝宋〕范曄撰，〔唐〕李賢注，〔清〕王先謙集解：《後漢書集解》，卷79上，頁7。
[14] 〔南朝宋〕范曄撰，〔唐〕李賢注，〔清〕王先謙集解：《後漢書集解》，卷37，頁2。
[15] 〔宋〕王欽若等編：《冊府元龜》，卷599，頁1。

學」等，[16] 由於不是加官之官銜，而是指涉一種行為，故不拘於一詞。此外，「入說」的對象為內廷的皇帝或東宮的太子，也會有內廷、東宮屬官共同參與。[17] 例如：

> 《漢書‧儒林傳》曰：「梁丘賀字長翁，琅邪諸人也。……待詔黃門，數入說教侍中以召賀。賀入說，上善之，以賀為郎。……傳子臨，亦入說，為黃門郎。甘露中，奉使問諸儒於石渠。」顏師古注曰：「為諸侍中說經為教授。」又注曰：「說於天子之前。」[18]
> 《漢書‧敘傳》曰：「伯少受《詩》於師丹。大將軍王鳳薦伯宜勸學，召見宴昵殿，容貌甚麗，誦說有法，拜為中常侍。時上方鄉學，鄭寬中、張禹朝夕入說《尚書》、《論語》於金華殿中，詔伯受焉。」[19]

周壽昌（1814-1884）解「大將軍王鳳薦伯宜勸學」句曰：

> 壽昌案：勸學，勸上學也，時帝方鄉學也。……如後世侍講、侍讀之類。《後書‧馬嚴傳》：「除子鱣為郎，令勸學省中」、〈楊秉傳〉：「以明《尚書》徵入勸講」，皆是也。[20]

梁丘賀、鄭寬中、張禹、班伯「入說」天子，謂之勸上向學，屬於被動

---

[16] 《後漢書‧楊震列傳》記載楊秉「桓帝即位，以明《尚書》，徵入勸講。……秉因上疏諫曰：『……臣奕世受恩，得備納言，又以薄學，充在講勸。』」李賢注曰：「勸講，猶侍講也。」〔南朝宋〕范曄撰，〔唐〕李賢注，〔清〕王先謙集解：《後漢書集解》，卷 54，頁 8-9。〈太尉劉寬碑〉曰：「帝初即位，開學稽古，詔咨儒林，僉曰公優。徵拜大中大夫，納用勸講。」〔宋〕洪适：《隸釋》（北京：中華書局，2003 年 12 月，洪氏晦木齋刻本），卷 11，頁 2。

[17] 後世「侍講」的概念，所指涉的「侍講」對象，並不全然是皇帝或東宮的太子，也包括弟子侍講其師，如《後漢書‧盧植列傳》曰：「植侍講積年，未嘗轉眄，融以是敬之」；弟子入侍之行為，《論語》之中屢見，故知「侍講」概念與制度的形成，必然牽連後世儒者為「師」與為「臣」的自我認同。〔南朝宋〕范曄撰，〔唐〕李賢注，〔清〕王先謙集解：《後漢書集解》，卷 64，頁 10。

[18] 〔漢〕班固撰，〔唐〕顏師古注，〔清〕王先謙補注：《漢書補注》，卷 88，頁 9。

[19] 〔漢〕班固撰，〔唐〕顏師古注，〔清〕王先謙補注：《漢書補注》，卷 100 上，頁 2。

[20] 〔清〕周壽昌：《漢書注校補》（北京：北京圖書館出版社，2004 年 4 月，思益堂刊本），卷 56，頁 1。

第五章 「君」與「師」：教化者與國家教化儀式　151

的要求，同時也見侍中、黃門郎、中常侍等內廷近臣共同參與。由此可見，「入說」者雖與皇帝好尚休戚與共，但不能以師徒之「學」視之；其性質又與議郎、侍中等內廷臣僚職司相近，故往往又見「入說」者遷轉內廷之職。[21]

漢代當時對於「入說」者地位的重視，頗有值得玩味之處。例如《後漢書·桓榮丁鴻列傳》曰：

> 和帝即位，富於春秋。侍中竇憲自以外戚之重，欲令少主頗涉經學。上疏皇太后曰：「《禮記》云：『天下之命，懸於天子；天子之善，成乎所習。習與智長，則切而不勤；化與心成，則中道若性。昔成王幼小，越在襁保，周公在前，史佚在後，太公在左，召公在右。中立聽朝，四聖維之。是以慮無遺計，舉無過事。』孝昭皇帝八歲即位，大臣輔政，亦選名儒韋賢、蔡義、夏侯勝等入授於前，平成聖德。近建初元年，張酺、魏應、召訓亦講禁中。臣伏惟皇帝陛下，躬天然之資，宜漸教學，而獨對左右小臣，未聞典義。昔五更桓榮，親為帝師，子郁，結髮敦尚，繼傳父業，故再以校尉入授先帝。父子給事禁省，更歷四世。今白首好禮，經行篤備。又宗正劉方，宗室之表，善為《詩經》，先帝所襃。宜令郁、方並入教授，以崇本朝，光示大化。」由是遷長樂少府，復入侍講。頃之，轉為侍中奉車都尉。[22]

竇憲（？-92）薦舉桓郁（？-93）、劉方「入教授」，不僅是根據漢代大儒「入授」、「講禁中」為說，甚至將「入說」者的權責影響，比擬為左右帝王之臣，一如周公等輔翼周成王之「四聖」。[23]由此可知，《後漢書》

---

[21] 如《後漢書·卓魯魏劉列傳》載劉寬曰：「靈帝初，徵拜太中大夫，侍講華光殿。遷侍中，賜衣一襲。」〔南朝宋〕范曄撰，〔唐〕李賢注，〔清〕王先謙集解：《後漢書集解》，卷25，頁12。《後漢書·宣張二王杜郭吳承鄭趙列傳》載趙典曰：「徵拜議郎，侍講禁內，再遷為侍中。」〔南朝宋〕范曄撰，〔唐〕李賢注，〔清〕王先謙集解：《後漢書集解》，卷27，頁13。

[22] 〔南朝宋〕范曄撰，〔唐〕李賢注，〔清〕王先謙集解：《後漢書集解》，卷37，頁4-5。

[23] 《大戴禮記·保傅》曰：「『明堂之位』曰：『篤仁而好學，多聞而道慎，天子疑則問，應而不窮者，謂之道；道者，導天子以道者也；常立於前，是周公也。誠立而敢斷，輔善而

對於「侍講」概念的理解，與「入說」者的職秩高下沒有太大的關係，反而因為親近皇帝之故，而成為顯要之職；[24]「入說」者的重要性，不僅是近侍輔佐天子、太子講說問學之人，並包括行為舉措上的勸諫與規正。[25] 因此，「入說」所「說」會涉及帝王之習尚，以及帝王之養成，而不侷限在講說教授之事上。

又如班彪所言：

> 孔子稱「性相近，習相遠也」。賈誼以為「習與善人居，不能無為善，猶生長於齊，不能無齊言也；習與惡人居，不能無為惡，猶生長於楚，不能無楚言也」。是以聖人審所與居，而戒慎所習。昔成王之為孺子，出則周公、召公、太史佚，入則大顛、閎夭、南宮括、散宜生；左右前後，禮無違者，故成王一日即位，天下曠然太平。是以《春秋》：「愛子教以義方，不納於邪。驕奢淫佚，所自邪也。」《詩》云：「詒厥孫謀，以宴翼子。」言武王之謀，遺子孫也。漢興，太宗使鼂錯導太子以法術，賈誼教梁王以詩書。及至中宗，亦令劉向、王襃、蕭望之、周堪之徒，以文章儒學保訓東宮以下，莫不崇簡其人，就成德器。今皇太子諸王，雖結髮學問，修習禮樂，而傅相未值賢才，官屬多闕舊典。宜博選名儒、有威重、明通政事者，以為太子太傅、東宮及諸王國，備置官屬。[26]

相義者，謂之充；充者，充天子之志也；常立於左，是太公也。絜廉而切直，匡過而諫邪者，謂之弼；弼者，拂天子之過者也；常立於右，是召公也。博聞強記，接給而善對者，謂之承；承者，承天子之遺忘者也；常立於後，是史佚也。』成王中立而聽朝，則四聖維之，是以慮無失計，而舉無過事；殷周之前以長久者，其輔翼天子，有此具也。」〔清〕王聘珍解詁：《大戴禮記解詁》，頁 54-55。

[24] 例如，在朱浩毅文中，據劉歆身為黃門郎有所申論。朱浩毅：《辨偽與詮釋：劉歆學史中的漢代劉歆與劉歆學》（臺北：中國文化大學史學系博士論文，2011 年 12 月），頁 92。

[25] 《後漢紀・孝明皇帝紀》曰：「上使越騎校尉桓郁、郎中張酺授太子經。二人朝夕侍講，勸以經學。是時太子家頗為奢侈，酺每正諫，甚見嚴憚。會平陽公主薨，太子同生也，哀戚過禮。酺以為太子舉措，宜動合禮度，於是上疏曰：『臣伏見皇太子仁厚寬明，發言高遠，卓然絕異，非人所能及也。今平陽公主薨，悲哀發中，形體骨立，恩愛惻隱，世希是見。臣愚淺不識大體，以為宜選名儒高行，以充師傅。門訊起居之日，太傅時賜謙所，以宣德音，以成聖德也。侍中丁鴻仁而有讓，達於從政。謁者費惲，資性敦篤，遵令法度。如並侍左右，必能發起微意，增廣徽猷者也。』」〔晉〕袁宏撰，周天游校注：《後漢紀校注》，頁 282。

[26] 〔南朝宋〕范曄撰，〔唐〕李賢注，〔清〕王先謙集解：《後漢書集解》，卷 40 上，頁 4-5。

班彪雖舉周成王為例，主述的對象實為太子。對於「入說」的概念，則謂之為「保訓」，亦即《後漢紀・安帝紀》載尚書侍郎岑宏所議曰：

> 非聖人不能無過，故王侯世子生，為立賢師傅以訓導之，所以目不見惡，耳不聞非，能保其社稷，高明令終。[27]

「保訓」即「立賢師傅以訓導」之義，如潘尼（約250-約311）〈釋奠頌〉曰：「太傅在前，少傅在後，恂恂乎弘保訓之道。」[28]若案班彪徵引賈誼（200-168B.C.）《新書・保傅》之義可知，[29]諸如竇憲言霍光（？-68B.C.）輔政，「選名儒韋賢、蔡義、夏侯勝等入授於前」，與漢宣帝選「劉向、王襃、蕭望之、周堪之徒」的「入侍講經」之行為，[30]以及薦舉桓郁、劉方等，都是期許儒者「入說」，猶如周公等「四聖」輔相之故事。[31]因此，在王莽篡位之後，為太子設置「四師」、「四友」、「九祭酒」之職事，[32]殆亦循此概念所形成。

由後世的「侍講」概念，理解漢代「入說」者之所為，以及對於「四聖」之指涉；「入說」者除了在表面上要授業讀書、回答疑問之外，還要代替皇帝、太子讀書、[33]存學問難，並且替皇帝、太子撰「說」等，未

---

[27] 〔晉〕袁宏撰，周天游校注：《後漢紀校注》，頁459。

[28] 〔唐〕房玄齡等修，吳士鑑、劉承幹注：《晉書斠注》（臺北：藝文印書館，1970年），卷55，頁25。

[29] 〔漢〕賈誼撰，閻振益、鍾夏校注：《新書校注》（北京：中華書局，2007年10月），頁183-184。

[30] 李賢注曰：「時元帝為太子，宣帝使王襃、劉向、張子僑等之太子宮，娛侍太子，朝夕讀誦。蕭望之為太傅，周堪為少傅。」〔南朝宋〕范曄撰，〔唐〕李賢注，〔清〕王先謙集解：《後漢書集解》，卷40上，頁5。

[31] 又以漢元帝即位以後，蕭望之等四人受遺詔輔政為例，《漢書・蕭望之傳》曰：「及宣帝寢疾，選大臣可屬者，引外屬侍中樂陵侯史高、太子太傅望之、少傅周堪為禁中，拜高為大司馬車騎將軍，望之為前將軍光祿勳，堪為光祿大夫，皆受遺詔輔政，領尚書事。宣帝崩，太子襲尊號，是為孝元帝。望之、堪本以師傅見尊重，上即位，數宴見，言治亂，陳王事。望之選白宗室明經達學散騎諫大夫劉更生給事中，與侍中金敞並拾遺左右。四人同心謀議，勸道上以古制，多所欲匡正，上甚鄉納之。」〔漢〕班固撰，〔唐〕顏師古注，〔清〕王先謙補注：《漢書補注》，卷78，頁9。

[32] 〔漢〕班固撰，〔唐〕顏師古注，〔清〕王先謙補注：《漢書補注》，卷99中，頁17-18。

[33] 《漢書・敘傳》曰：「斿博學有俊材，左將軍師丹舉賢良方正，以對策為議郎，遷諫大夫、右曹中郎將，與劉向校祕書。每奏事，斿以選，受詔進讀羣書。」〔漢〕班固撰，〔唐〕顏

必會與博士教授的章句之學相同。最重要的目的，是要使皇帝或太子因「入說」之臣的輔佐，成為天下之師範；在對外講說教化之際，言行舉止皆能成為天下之「正」，一如《大戴禮記・保傅》曰：「夫教得而左右正，則天子正矣，天子正而天下定矣。」[34]

二、帝王講「師說」的依據

漢章帝於建初四年（79），仿效漢宣帝石渠故事，「親稱制臨決」考論諸儒所傳文本之異同；在此之前，已先依循漢宣帝召蔡千秋等說《穀梁傳》之故事，於建初元年（76）延請賈逵「入講」《左傳》。《後漢書・鄭范陳賈張列傳》曰：

> 肅宗立，降意儒術，特好《古文尚書》、《左氏傳》。建初元年，詔逵入講北宮白虎觀、南宮雲臺。帝善逵說，使出《左氏傳》大義長於二《傳》者。逵於是具條，奏之曰：「臣謹擿出《左氏》三十事尤著明者，斯皆君臣之正義，父子之紀綱。」[35]

賈逵為漢明帝、章帝之時的內廷近臣，「入講」所「說」的內容，理應會迎合漢章帝之需求。從他批評哀帝朝中劉歆的作法：「欲立《左氏》，不先暴論大義，而輕移太常，恃其義長，詆挫諸儒，諸儒內懷不服，相與排之。」導致漢哀帝（21-1B.C.；7-1B.C. 在位）必須轉向迎合博士，無法遂行其本意可知。賈逵奉詔「擿出《左氏》三十事」的「大義」，[36]其實是應皇帝的要求而事先「使出」，以俾作為皇帝未來舉行白虎觀會議「稱制臨決」時的依據，而非全憑賈逵的個人意志。

據此反觀，漢宣帝興立《穀梁傳》的過程，擇使蔡千秋、尹更始等人講說，又命劉向等受「《穀梁》說」，當同屬儒者「入說」之事。《漢書・儒林傳》曰：

師古注，〔清〕王先謙補注：《漢書補注》，卷100 上，頁 4-5。《冊府元龜》將此事列于「侍講」之列。案顏師古所注，班游與劉向一同校書；校書的成果，是由班游奏事于漢成帝，並且需在成帝面前讀書解說，使天子知該書之義。
[34] 〔清〕王聘珍解詁：《大戴禮記解詁》，頁 56。
[35] 〔南朝宋〕范曄撰，〔唐〕李賢注，〔清〕王先謙集解：《後漢書集解》，卷 36，頁 13。
[36] 〔南朝宋〕范曄撰，〔唐〕李賢注，〔清〕王先謙集解：《後漢書集解》，卷 36，頁 14。

> 上善《穀梁》說，擢千秋為諫大夫給事中，後有過，左遷平陵令。復求能為《穀梁》者，莫及千秋。上愍其學且絕，乃以千秋為郎中戶將，選郎十人從受。汝南尹更始翁君本自事千秋，能說矣。會千秋病死，徵江公孫為博士。劉向以故諫大夫通達待詔，受《穀梁》，欲令助之。江博士復死，乃徵周慶、丁姓待詔保宮，使卒授十人。自元康中始講，至甘露元年，積十餘歲，皆明習。[37]

漢宣帝遣內廷近臣受「《穀梁》說」，並在石渠之議「稱制臨決」的意義，[38] 與上章言劉歆移書讓太常博士之事，以及上述賈逵「入講」後，舉行白虎觀會議之事相似。帝王欲建立新的經典，主要還是要依賴通儒「入說」輔佐，業經數年的時間，使內廷僚屬「明習」，並在「大義」上能有殊勝之處，方能與外廷博士傳習之學有所頡頏。[39] 此外，又見《漢書・霍光金日磾傳》所述：

> 時王莽新誅平帝外家衛氏，召明禮少府宗伯鳳入說為人後之誼，白令公卿、將軍、侍中、朝臣並聽，欲以內屬平帝而外塞百姓之議。[40]

由諸例可知，帝王縱使擁有無上的權威，或如王莽已經權傾朝野，在政策的執行上，若不先「暴論大義」，則無以折服各家博士之說，甚至是說服皇帝自己與百姓，皇帝也無從名正言順地「稱制臨決」，敢與聖人所「說」違逆。

「稱制臨決」得以遂行，並非純然運用皇帝的威權，而是經由「入

---

[37] 〔漢〕班固撰，〔唐〕顏師古注，〔清〕王先謙補注：《漢書補注》，卷88，頁24。
[38] 例如，《通典・凶禮》曰：「漢石渠禮議：戴聖曰：『大夫在外者，三諫不從而去，君不絕其祿位，使其嫡子奉其宗廟。言長子者，重長子也，承宗廟宜以長子為文。』蕭太傅曰：『長子者，先祖之遺體也。大夫在外，不得親祭，故以重者為文。』宣帝制曰：『以在故言長子。』」〔唐〕杜佑：《通典》，卷90，頁492。
[39] 《漢書・儒林傳》曰：「議三十餘事，望之等十一人各以經誼對，多從《穀梁》。由是《穀梁》之學大盛。」〔漢〕班固撰，〔唐〕顏師古注，〔清〕王先謙補注：《漢書補注》，卷88，頁24。
[40] 〔漢〕班固撰，〔唐〕顏師古注，〔清〕王先謙補注：《漢書補注》，卷68，頁22。

說」者的輔佐，讓皇帝在自說之際，能具有聖人「說」經的權威，適足作為天下之「師」。因此，除了像是石渠、白虎「稱制臨決」之事外，凡是皇帝在「說」經之時，皆應如同聖人「說」經。只不過，要如何讓諸儒信從皇帝所「說」，就等同聖人「說」經？此事或可從漢代以後的資料論證之。例如：

> 《三國志・魏書・三少帝紀》曰：「九月庚子，講《尚書》業終，賜執經親授者司空鄭沖、侍中鄭小同等各有差。」[41]
> 《晉書・鄭沖列傳》載曰：「及高貴鄉公講《尚書》，沖執經親授，與侍中鄭小同俱被賞賜。」[42]
> 《晉書・荀顗列傳》曰：「荀顗字景倩，……擢拜散騎侍郎，累遷侍中。為魏少帝執經，拜騎都尉，賜爵關內侯。」[43]

由此三段引文可知，荀顗（？-274）「為魏少帝執經」，知「執經」發問之人，本該是魏少帝曹芳（232-274），而非「入說」者；「入說」者替皇帝「執經」的用意，應是模擬「問難」者的身分，發問並且親授解說。[44] 同時扮演「對揚」之師弟兩端的目的，是為使帝王或太子能「講」，並能明確應答諸儒所「問」。一如《三國志》言「講《尚書》業終」者的指涉對象，為高貴鄉公曹髦（241-260），而非鄭沖（？-274）；故知「入說」者「侍」君王所「講」，而非君王所「問」，實親授所「講」的流程，並模擬「執經」發問，與「師」之所授學不同。

「入說」之事，雖似「師」之授業，但只能視為一種參贊侍從行為，被動的輔佐帝王或太子能「說」經；例如，《宋書・禮志》曰：

---

[41] 〔晉〕陳壽撰，〔南朝宋〕裴松之注：《三國志》（北京：中華書局，2005年2月），頁133。
[42] 〔唐〕房玄齡等修，吳士鑑、劉承幹注：《晉書斠注》，卷33，頁8。
[43] 〔唐〕房玄齡等修，吳士鑑、劉承幹注：《晉書斠注》，卷39，頁10-11。
[44] 漢代「侍講」者或有專掌于「問難」之事，如《冊府元龜・學較部・侍講》曰：「魏應，經明行修，建初四年為五官中郎將，章帝甚重之，數進見，論難於前，特授賞賜。時會京師諸儒於白虎觀，講論五經同異，使應專掌問難，侍中淳于恭奏之，帝親臨稱制，如石渠故事。」〔宋〕王欽若等編：《冊府元龜》，卷599，頁3。

魏齊王正始二年三月，帝講《論語》通；五年五月，講《尚書》通；七年十二月，講《禮記》通，並使太常釋奠，以太牢祀孔子於辟雍，以顏淵配。[45]

「通」即為「解」，為陳述解說之義，[46]顏師古曰：「通謂陳道之也」；[47]據《世說新語・文學》為例曰：

支道林、許掾諸人共在會稽王齋頭。支為法師，許為都講。支通一義，四座莫不厭心。許送一難，眾人莫不抃舞。但共嗟詠二家之美，不辨其理之所在。[48]

支道林（341-366）所「通」，即是「說」經之「義」，也可謂之「通義」，故《白虎通》、《風俗通》皆不妨「通義」之名。由此可知，「入說」授業之事是建構在君臣之義上，臣下輔助帝王或太子在講學之時，能如「師」之「說」，而非師生之義上的「學」之授受，故知漢代「侍講」者並不是真正的「師」。

---

[45] 〔南朝梁〕沈約：《宋書》（北京：中華書局，2000年11月），頁485。

[46] 《容齋隨筆・容齋五筆・經解之名》曰：「晉、唐至今，諸儒訓釋《六經》，否則自立佳名，蓋各以百數，其書曰傳、曰解、曰章句而已。若戰國迄漢，則其名簡雅。一曰故，故者，通其指義也。《書》有《夏侯解故》，《詩》有《魯故》、《后氏故》、《韓故》也。《毛詩故訓傳》，顏師古謂流俗改故訓傳為詁，字失真斗。小學有杜林《蒼頡故》。二曰微，謂釋其微指。如《春秋》有《左氏微》、《鐸氏微》、《張氏微》、《虞卿微傳》。三曰通，如注丹《易通論》名為《洼君通》、班固《白虎通》、應劭《風俗通》、唐劉知幾《史通》、韓滉《春秋通》。凡此諸書，唯《白虎通》、《風俗通》僅存耳。」〔宋〕洪邁：《容齋隨筆》（北京：中華書局，2005年11月），頁893。《顏氏家訓・書證》曰：「徐仙民音介，俗儒就為通云。」王利器集解曰：「通，猶言解說也。」〔北齊〕顏之推撰，王利器集解：《顏氏家訓集解》，頁428。

[47] 〔漢〕班固撰，〔唐〕顏師古注，〔清〕王先謙補注：《漢書補注》，卷75，頁4。又皇侃《論語義疏》中多以「通」代「解」，如《論語・為政》曰：「子曰：『殷因於夏禮，所損益可知也；周因於殷禮，所損益可知也。其或繼周者，雖百世，可知也。』」皇侃疏曰：「然舊問云：『夏用見寅為正，物初出色黑，故尚黑，今就草木初生皆青，而云黑何也？』舊通云：『物初出乃青，遠望則黑，人功貴廣遠故也。且一日之中，天有青時，故取其黑也。』」〔魏〕何晏集解，〔梁〕皇侃義疏：《論語集解義疏》，卷1，頁31-32。又如〈論語義疏敘〉發端即曰：「《論語》通曰」，知「通」即陳道解釋之義。〔魏〕何晏集解，〔梁〕皇侃義疏：《論語集解義疏》，〈論語義疏敘〉，頁1。

[48] 〔南朝宋〕劉義慶撰，〔南朝梁〕劉孝標注，余嘉錫箋疏：《世說新語箋疏》（上海：上海古籍出版社，1996年8月），頁227。

根據衛宏《漢舊儀》曰：

> 太傅一人，真二千石，禮如師，亡新更為太子師。中庶子五人，職如侍中，秩六百石。[49]

又據《通典・職官・太子六傅》曰：

> 漢魏故事，太子於二傅執弟子禮，皆為書，不曰令。少傅稱臣，而太傅不臣。[50]

《漢舊儀》言「太傅一人」，即指「太子太傅」而言；又說太傅「禮如師」，意謂「太傅」亦非「師」，故言「如」。《通典》言太子之於太傅與少傅皆「執弟子禮」，卻有「稱臣」與「不稱臣」之別，知「執弟子」之禮尚有分別，「太傅／師」方得「不臣」。也因為「太傅」非「師」，所以新莽時才能「更為太子師」，欲使其名實相符；相對而言，漢代朝廷使「太傅」充當「師傅」，[51] 或以名儒「侍講」為學，[52] 都說明在制度上，皇帝與太子俱沒有名實相符之「師」。[53]

漢代一直到了王莽當權的期間，方才出現「太師」的設置。[54] 例如《漢書・匡張孔馬傳》曰：

---

[49] 〔漢〕衛宏撰，〔清〕孫星衍輯：《漢舊儀》，收於〔清〕孫星衍等輯，周天游點校：《漢官六種》（北京：中華書局，2008 年 5 月），頁 78。

[50] 〔唐〕杜佑：《通典》，卷 30，頁 171。

[51] 若以「太傅」論，西漢立「太傅」時間相當短暫，《漢書・百官公卿表》曰：「太傅，古官，高后元年初置，金印紫綬。後省，八年復置。後省，哀帝元壽二年復置。位在三公上。」王先謙《漢書補注》列舉有：王陵、審食其、孔光、王莽。〔漢〕班固撰，〔唐〕顏師古注，〔清〕王先謙補注：《漢書補注》，卷 19 上，頁 6。若以「太子太傅」論，王先謙列舉：「卜式、疏廣、韋玄成、魏相、丙吉、蕭望之、張禹、周亞夫、叔孫通、衛綰、夏侯勝、師丹、石奮。」〔漢〕班固撰，〔唐〕顏師古注，〔清〕王先謙補注：《漢書補注》，卷 19 上，頁 18。

[52] 如《後漢書・朱樂何列傳》朱穆說大將軍梁冀曰：「宜為皇帝選置師傅及侍講者，得小心忠篤敦禮之士。將軍與之俱入，參勸講授，師賢法古，此猶倚南山坐平原也，誰能傾之！」〔南朝宋〕范曄撰，〔唐〕李賢注，〔清〕王先謙集解：《後漢書集解》，卷 43，頁 5。

[53] 郭永吉：《自漢至隋皇帝與皇太子經學教育禮制蠡測》（新竹：清華大學中國文學系博士論文，2005 年 11 月），頁 32-34。

[54] 孫星衍曰：「案：三公，太師在太傅前。後漢省太師、太保，唯置太傅。」〔漢〕應劭撰，〔清〕孫星衍輯：《漢舊儀》，收於〔清〕孫星衍等輯，周天游點校：《漢官六種》，頁 121。

> 莽權日盛,光憂懼不知所出,上書乞骸骨。莽白太后:「帝幼少,宜置師傅。」徙光為帝太傅,位四輔,給事中,領宿衛供養,行內署門戶,省服御食物。明年,徙為太師,而莽為太傅。[55]

王莽先為漢平帝(9B.C.-6A.D.;1B.C.-6A.D.在位)「置師傅」,後又使孔光由「太傅」而為「太師」的意義為何?從經學史的角度論之,王莽之時的「太師」是一種創造性的設置,得以實現經典所說。然而,「太師」於帝王之「學」的必要性,究竟是為了建構「四輔之政」,[56]從而論述的師生關係?抑或是「學」的本身,便有一位「太師」隱而未彰,未獲真正的尊重?如何與經學傳統接軌,可從另一種「說經」的行為論起。

三、「大師在是」的空間意義

《後漢書·桓榮丁鴻列傳》記載桓榮以太子少傅的身分「侍講」,曾為太子劉莊(28-75)「執經」;該〈傳〉又載,當劉莊即位之後,又有漢明帝劉莊為桓榮「執經」之事:

> 顯宗即位,尊以師禮,甚見親重,拜二子為郎。榮年踰八十,自以衰老,數上書乞身,輒加賞賜。乘輿嘗幸太常府,令榮坐東面,設几杖,會百官驃騎將軍東平王蒼以下,及榮門生數百人。天子親自執業,每言輒曰:「大師在是。」既罷,悉以大官供具賜太常家。其恩禮若此。永平二年,三雍初成,拜榮為五更。每大射、養老禮畢,帝輒引榮及弟子,升堂執經,自為下說。[57]

《禮記·曲禮》曰:「禮聞來學,不聞往教。」[58]漢光武帝建武三十年

---

[55] 〔漢〕班固撰,〔唐〕顏師古注,〔清〕王先謙補注:《漢書補注》,卷81,頁21。
[56] 〔漢〕班固撰,〔唐〕顏師古注,〔清〕王先謙補注:《漢書補注》,卷99上,頁6。
[57] 〔南朝宋〕范曄撰,〔唐〕李賢注,〔清〕王先謙集解:《後漢書集解》,卷37,頁3。
[58] 〔漢〕鄭玄注,〔唐〕孔穎達正義:《禮記注疏》,卷1,頁10。「來學」之「學」,並非指太學而論,而是「師說」之所在。據《後漢書·儒林列傳》曰:「包咸字子良,會稽曲阿人也。……光武即位,乃歸鄉里。太守黃讜署戶曹史,欲召咸入授其子。咸曰:『禮有來學,而無往教。』讜遂遣子師之。」〔南朝宋〕范曄撰,〔唐〕李賢注,〔清〕王先謙集解:《後漢書集解》,卷79下,頁1。另據《後漢書·方術列傳》曰:「郭憲字子橫,汝南宋

(54) 拜桓榮為太常,[59] 此時漢明帝幸太常府「親自執業」,知是「來學」而尊重師門。漢明帝自居弟子而「來學」于師的行為,如同「委質」於師,是歷來帝王從無之舉;桓榮身為太常而被帝王尊以「師禮」,顯然也不是依其官銜而行此「禮」。換言之,漢明帝將先前「侍講」之事,置於「學」的場域之中,已非早先東宮內廷的「入說」之義。

《東觀漢紀》載「天子親自執業,每言輒曰:『大師在是』」句,曰:「天子親自執業,時執經生避位發難,上謙曰:『太師在是』」;[60] 漢明帝親自「執業」下說,自是面對「執經」之生解說先師之「業」。由此可知,此是弟子門生「執經」之例,弟子門生北面「執經」向漢明帝叩問,也許因尊其為帝之故,也是尊其為師之故,其中有登堂而進者會避席而「發難」,以示對於皇帝謙言有所尊崇。[61] 漢明帝在回答弟子所「難」之時,「每言輒曰:『大師在是』」,表明所言之「說」非己所出,乃是「聞之於師」之義。

漢明帝以桓榮的高業弟子姿態說經,而不是自居於「師」的身分;但是,「執經」之生北面受業,卻是以「師」視之,故仍是「師」。何以言此?《後漢書・桓榮丁鴻列傳》曰:

人也。少師事東海王仲子。時王莽為大司馬,召仲子,仲子欲往。憲諫曰:『禮有來學,無有往教之義。今君賤道畏貴,竊所不取。』仲子曰:『王公至重,不敢違之。』憲曰:『今正臨講業,且當記事。』仲子從之,日晏乃往。莽問:『君來何遲?』仲子具以憲言對,莽陰奇之。」〔南朝宋〕范曄撰,〔唐〕李賢注,〔清〕王先謙集解:《後漢書集解》,卷 82 上,頁 4。《汝南先賢傳》載此事曰:「王莽為大司馬,權貴傾朝。莽召仲子,欲令為兒講;仲子聞,即褰裳欲徃。憲曰:『今君位為博士,如何輕身賤道。禮有來學,無徃教之義,不宜輕道也。』」〔宋〕李昉等撰:《太平御覽》,卷 457,頁 6。由《汝南先賢傳》補充可知,王仲子身為博士,則可能于太學講學;今王莽召仲子,日暮方至而言遲,故知講學地點距王莽府第不遠。王莽、黃讜皆以權貴之身召師,見得當時此舉亦頗頻繁;但當時受業者四方而至的現象,仍舊相當普遍,並且如鄭玄「客耕東萊,學徒相隨已數百千人」之例,亦不止鄭玄一人,故「來學」之義,在於從「師」而學。如鼂錯往受伏生《尚書》,申公歸魯家教之後,又有「弟子自遠方至,受業者千餘人」之事,皆屬弟子「來學」。〔漢〕班固撰,〔唐〕顏師古注,〔清〕王先謙補注:《漢書補注》,卷 88,頁 11-15。
59 〔南朝宋〕范曄撰,〔唐〕李賢注,〔清〕王先謙集解:《後漢書集解》,卷 37,頁 3。
60 〔漢〕劉珍撰,吳樹平校注:《東觀漢紀校注》,頁 621。
61 如《禮記・哀公問》曰:「孔子蹴然辟席而對。」《禮記正義》曰:「孔子蹴然辟席而對曰者,以公謙退,故蹴然恭敬辟席而起對。」〔漢〕鄭玄注,〔唐〕孔穎達正義:《禮記注疏》,卷 50,頁 14-15。

第五章 「君」與「師」：教化者與國家教化儀式 161

> 榮以太子經學成畢，上疏謝曰：「臣幸得侍帷幄，執經連年，⋯⋯臣師道已盡，皆在太子，謹使掾臣汜再拜歸道。」太子報書曰：「莊以童蒙，學道九載，而典訓不明，無所曉識。夫五經廣大，聖言幽遠，非天下之至精，豈能與於此！況以不才，敢承誨命。昔之先師謝弟子者有矣，上則通達經旨，分明章句，下則去家慕鄉，求謝師門。今蒙下列，不敢有辭，願君慎疾加餐，重愛玉體。」[62]

桓榮為太子少傅之際，太子劉莊實以師事之，故授業予劉莊結束之後，[63] 自言「師道已盡」，於是向弟子道謝，以示傳道與人的責任已經結束，不據此說為己所私。這種老師辭謝弟子的態度，與王式授《詩》唐長賓、褚少孫之業畢，亦有「式謝曰：『聞之於師俱是矣』」，[64] 丁寬受《易》於田何，同樣「學成，何謝寬。寬東歸，何謂門人曰：『《易》已東矣』」，[65] 皆同為儒家說經傳統之遺風。

王充《論衡‧別通》曰：「學士同門，高業之生，眾共宗之。何則？知經指深，曉師言多也」，[66] 對於弟子而言，能授業者即是「師」；但是對於「師」而言，所說的「師說」、「經指」亦是「聞之於師」而來，仍有一位「先師」在場，而非出於己意。因此，當桓榮言「師道已盡」之後，按理漢明帝應該捨棄「弟子之儀」，改從「君臣之禮」；[67] 但實際情形卻非如是，所以《東觀漢紀》以「謙」論漢明帝所言「大師在是」，具有褒美之義；相對於漢末之馬融，「喟然謂門人曰：『鄭生今去，吾道東矣』」之意，[68] 則有將「道」據為己有之嫌。

---

[62] 〔南朝宋〕范曄撰，〔唐〕李賢注，〔清〕王先謙集解：《後漢書集解》，卷37，頁2。
[63] 即《後漢書‧顯宗孝明帝紀》曰：「師事博士桓榮，學通《尚書》。」〔南朝宋〕范曄撰，〔唐〕李賢注，〔清〕王先謙集解：《後漢書集解》，卷2，頁1。
[64] 〔漢〕班固撰，〔唐〕顏師古注，〔清〕王先謙補注：《漢書補注》，卷88，頁17。
[65] 〔漢〕班固撰，〔唐〕顏師古注，〔清〕王先謙補注：《漢書補注》，卷88，頁7。
[66] 〔漢〕王充撰，黃暉校釋，劉盼遂集解：《論衡校釋》，頁595。
[67] 例如，《後漢書‧袁張韓周列傳》言張酺曰：「元和二年，東巡狩，幸東郡，引酺及門生並郡縣掾史並會庭中。帝先備弟子之儀，使酺講《尚書》一篇，然後修君臣之禮。」〔南朝宋〕范曄撰，〔唐〕李賢注，〔清〕王先謙集解：《後漢書集解》，卷45，頁10-11。
[68] 〔南朝宋〕范曄撰，〔唐〕李賢注，〔清〕王先謙集解：《後漢書集解》，卷35，頁11。

此次講說的地點，是在桓榮宅邸之中，參與者除百官之外，尚有桓榮弟子與門生。[69] 然其講學的位次與過程，是使主人桓榮反坐於東面之尊位，而非主人之位；與永平二年（59）十月漢明帝於辟雍養老禮畢之後，「正坐自講」的描述相類。[70] 漢明帝在辟雍之中，將大射、養老與講學之事結合，同時具備「帝」與「師」的二重身分；是使帝王可以如「師」能講，並使帝王禮敬其「師」，使「師」的重要性不可同日而語。故如《後漢書·樊宏陰識列傳》曰：

> 至孝明皇帝，兼天地之姿，用日月之明，庶政萬機，無不簡心，而垂情古典，游意經蓺，每饗射禮畢，正坐自講，諸儒並聽，四方欣欣。雖闕里之化，矍相之事，誠不足言。[71]

對於當世經師而言，「天子親自執業」、「正坐自講」的意義，遠比大射、養老之禮的「闕里之化，矍相之事」更為重要。因為經師關注的對象，是那位「在場」卻不發言的「先師」，即桓榮東面而坐所象徵的意義。

關於「先師」的在場性，與《論語·先進》篇中孔子的譬喻有關。曰：

> 子曰：「由之瑟，奚為於丘之門。」門人不敬子路。子曰：「由也，升堂矣，未入於室也。」[72]

《論語》用建築中的門、堂、室，作為學問深淺之譬喻，並且作為弟子、門人的區別；[73] 這樣的作法，除了上述經說的部分有過類比之外，現實上的授業，也有相似的空間思維。例如：

---

[69] 洪适《隸釋·門生故吏名》曰：「漢儒開門受徒著錄，有盈萬人者，其親受業則曰弟子，以久次相傳授則曰門生，未冠則曰門童，揔而稱之亦曰門生。舊時所治官府，其掾屬則曰故吏，占籍者則曰故民，非吏非民則曰處士，素非所涖則曰義士、義民，亦有稱議民、賤民者。」〔宋〕洪适：《隸釋》，卷7，頁8。

[70] 〔漢〕劉珍撰，吳樹平校注：《東觀漢紀校注》，頁59。

[71] 〔南朝宋〕范曄撰，〔唐〕李賢注，〔清〕王先謙集解：《後漢書集解》，卷32，頁6。

[72] 〔魏〕何晏集解，〔宋〕邢昺疏：《論語注疏》，卷11，頁5。

[73] 李紀祥：〈孔子稱「師」考〉，《北京師範大學學報（社會科學版）》2012年第4期，頁65-75。

《漢書·董仲舒傳》曰：「董仲舒，⋯⋯下帷講誦弟子，傳以
久；次相受業，或莫見其面。蓋三年不窺園，其精如此。」[74]

董仲舒在室中屏室「下帷」與外區隔之後，方始從事「講誦」弟子之事；弟子再將師所「講誦」之「業」，傳予未能入室之門人。區隔而出的空間，如同孔子所處「室」之「奧」，「入室」者則為親授之弟子。這種場域的根源，可見諸《禮記·曲禮》所言；《禮記·曲禮》有言師生禮容應對之道，[75] 並有空間上的描述。曰：

帷薄之外不趨，堂上不趨，執玉不趨。堂上接武，堂下布武，
室中不翔。並坐不橫肱，授立不跪，授坐不立。[76]

《禮記正義》言「帷，幔也；薄，簾也。⋯⋯，故其敬處亦各有遠近也」。[77] 董仲舒「下帷」的空間範疇，即室中之「敬處」，用來區隔授業之師與入室之弟子。「舊弟子」於室中傳習之後，至於堂上將老師所傳之「業」授之於「新學者」。對於其餘未得入室的弟子門生而言，雖「莫見其面」，卻仍知「師」是隱於室中帷薄之後；故視堂上弟子之所講，亦是如實轉誦師言。[78]

董仲舒以帷薄轉喻為「先師」講學「室」中的意義，遠大於模仿之義。例如馬融之例是以絳紗帳為之：

達生任性，不拘儒者之節。居宇器服，多存侈飾。常坐高堂，施
絳紗帳，前授生徒，後列女樂，弟子以次相傳，鮮有入其室者。[79]

---

[74] 王先謙曰：「劉氏曰：『久，衍字。』先謙曰：『《史記》亦有久字，文義較足，劉說非。』」〔漢〕班固撰，〔唐〕顏師古注，〔清〕王先謙補注：《漢書補注》，卷56，頁1。然不知何謂「文義較足」？劉氏以為衍字，實以斷句不明其意，本文以「次」字分前後斷之。

[75] 例如，《禮記·曲禮》首句即曰：「從於先生，不越路而與人言。」鄭玄注曰：「尊不二也。先生，老人教學者」。〔漢〕鄭玄注，〔唐〕孔穎達正義：《禮記注疏》，卷2，頁1。

[76] 〔漢〕鄭玄注，〔唐〕孔穎達正義：《禮記注疏》，卷2，頁6。

[77] 〔漢〕鄭玄注，〔唐〕孔穎達正義：《禮記注疏》，卷2，頁6。

[78] 顏師古曰：「言新學者但就其舊弟子受業，不必親見仲舒。」〔漢〕班固撰，〔唐〕顏師古注，〔清〕王先謙補注：《漢書補注》，卷56，頁1。

[79] 〔南朝宋〕范曄撰，〔唐〕李賢注，〔清〕王先謙集解：《後漢書集解》，卷60上，頁13-14。

《後漢書》言馬融直接於堂上以絳紗帳區別前後空間，帳後即視之為「室」，而非另於室中授業予弟子。[80] 然據《後漢書‧張曹鄭列傳》所言：「融集諸生考論圖緯，聞玄善算，乃召見於樓上」，[81] 馬融宅邸甚大，甚至是重屋之類，不應沒有「室」的空間。[82] 講論空間的前後區別，漢代以後猶然，例如束晳〈玄居釋〉曰：

> 束晳閑居，門人並侍。方下帷深譚，隱几而咍，含毫散藻，考撰同異，在側者進而問之。……束子曰：「居！吾將導爾以君子之道，諭爾以出處之事。爾其明受余訊，謹聽余志。……請子課吾業於千載，無聽吾言於今日也。」[83]

從束晳描述「下帷」深說的場景，侍側之門人並有所問，知師之授業並不是在一個開放空間中；入室弟子入侍其師的任務，[84] 是要將其師之「業」傳予後世。因此，用絳紗帳作為區別堂室的象徵之物，與董仲舒用帷幔營構的「先師」場域相同，都是在轉喻「先師」講學之「室」。

據此可知，在絳紗帳之外，以高業弟子授業門人的方式也如出一轍。董仲舒之門人莫見其面，與《後漢書‧張曹鄭列傳》曰：「融門徒四百

---

[80] 《後漢書‧吳延史盧趙列傳》曰：「融外戚豪家，多列女倡歌舞於前。植侍講積年，未嘗轉眄，融以是敬之。」〔南朝宋〕范曄撰，〔唐〕李賢注，〔清〕王先謙集解：《後漢書集解》，卷64，頁10。盧植為馬融高足，能入室侍講積年，故知馬融使帳前為堂，帳後為室。
[81] 〔南朝宋〕范曄撰，〔唐〕李賢注，〔清〕王先謙集解：《後漢書集解》，卷35，頁10。
[82] 《後漢書‧張曹鄭列傳》曰：「玄日夜尋誦，未嘗怠倦。會融集諸生考論圖緯，聞玄善算，乃召見於樓上，玄因從質諸疑義，問畢辭歸。」〔南朝宋〕范曄撰，〔唐〕李賢注，〔清〕王先謙集解：《後漢書集解》，卷35，頁10。
[83] 〔唐〕房玄齡等修，吳士鑑、劉承幹注：《晉書斠注》，卷51，頁24-27。
[84] 毛奇齡《孝經問》曰：「若侍，則有侍立、侍坐之分，侍立曰侍，側曰侍。《論語》：『淵、季路侍』、『閔子侍側』是也。侍坐者，必曰侍坐。《論語》：『子路、曾晳、冉有、公西華侍坐』是也。蓋侍立在正席之側請業，必膝于席端，請畢即起，故孔子閒居子夏侍。此侍立者，立則膝席問業，問畢便起。起者，起立也，故曰：『子夏蹶然而起，負牆而立』。侍坐在正席之前之側，《曲禮》所謂『席間函丈』者，東西設席而坐於席間，請業則起跪，請畢還坐，故曰：『侍坐于先生，……請業則起，請益則起』。起者，起跪也。而至于避席，則不止起跪，而反越席而起立以致敬。故〈哀公問〉篇初祇稱『哀公問於孔子曰』，此侍立也。既而坐，則特稱『孔子侍坐於哀公』，然後稱『孔子蹴然辟席而對』，此明明者。今儼有『曾子辟席』，有復坐語，則非侍立而侍坐矣。」〔清〕毛奇齡：《孝經問》（北京：商務印書館，2005年12月，文津閣四庫全書），頁16-17。

餘人，升堂進者五十餘生。融素驕貴，玄在門下，三年不得見，乃使高業弟子傳授於玄」相同。[85] 高業弟子常任「都講」之事，[86] 登席講授「師說」之時，意謂「師說」同時在場，並與諸門人弟子講說問難。《漢書‧翟方進傳》曰：

> 是時宿儒有清河胡常，與方進同經。常為先進，名譽出方進下，心害其能，論議不右方進。方進知之，候伺常大都授時，遣門下諸生至常所問大義疑難，因記其說。如是者久之，常知方進之宗讓己，內不自得，其後居士大夫之間未嘗不稱述方進，遂相親友。[87]

《漢紀‧孝成皇帝紀三》作：「方進伺常大都講日，遣生咨問疑義，因記其說」，[88] 故知「都授」即是「都講」；顏師古又曰：「都授，謂總集諸生大講授也」，是以「都」謂「總集諸生」而進行講授之事。顏師古此注又可與《漢書‧兒寬傳》載兒寬（？-103B.C.）曰：「貧無資用，嘗為弟子都養。」相互參看，顏師古注曰：「都，凡眾也。養，主給烹炊者也。貧無資用，故供諸弟子烹炊也。」[89] 太學中以「都」為名之職銜，概指全體弟子而言，[90] 故知漢代「都講」是對同門之中所有弟子，主要是為未能入室的弟子集體講說問難。翟方進與胡常雖以《穀梁春秋》為「同經」，[91] 仍有門戶之別，按理說翟方進之弟子不會至胡常講所問記，但使弟子問難記說之舉，實已尊胡常為師。

---

[85] 〔南朝宋〕范曄撰，〔唐〕李賢注，〔清〕王先謙集解：《後漢書集解》，卷35，頁10。
[86] 《後漢書‧侯霸列傳》曰：「霸矜嚴有威容，家累千金，不事產業。篤志好學，師事九江太守房元，治《穀梁春秋》，為元都講。」〔南朝宋〕范曄撰，〔唐〕李賢注，〔清〕王先謙集解：《後漢書集解》，卷26，頁6。
[87] 〔漢〕班固撰，〔唐〕顏師古注，〔清〕王先謙補注：《漢書補注》，卷84，頁1。
[88] 〔漢〕荀悅：《前漢紀》，卷26，頁183。
[89] 〔漢〕班固撰，〔唐〕顏師古注，〔清〕王先謙補注：《漢書補注》，卷58，頁10。
[90] 余嘉錫〈晉辟雍考證〉曰：「都講之與都養，雖取義不同，而命名正復相類，皆所以代凡眾也。」余嘉錫：《余嘉錫論學雜著》（北京：中華書局，2007年11月），頁162。
[91] 《漢書‧翟方進傳》曰：「方進雖受《穀梁》，然好《左氏傳》、天文星曆，其《左氏》則國師劉歆，星曆則長安令田終術師也。」〔漢〕班固撰，〔唐〕顏師古注，〔清〕王先謙補注：《漢書補注》，卷84，頁7。《漢書‧儒林傳》曰：「始江博士授胡常，常授梁蕭秉君房，王莽時為講學大夫。由是《穀梁春秋》有尹、胡、申章、房氏之學。」〔漢〕班固撰，〔唐〕顏師古注，〔清〕王先謙補注：《漢書補注》，卷88，頁25。

漢代都講所「說」即為「師說」，此風至於南北朝時猶存。例如，《梁書‧許懋傳》曰：

> 許懋字昭哲，……篤志好學，為州黨所稱。十四入太學，受《毛詩》，旦領師說，晚而覆講，座下聽者常數十百人，因撰《風雅比興義》十五卷，盛行於世。[92]

「覆講」的過程並非僅止于背誦經文，必有覆述師說大義；[93] 又有大義上的論難，故有以善論難者而為都講。[94] 然而，南北朝以降的講經之事，與兩漢的最大差異之處，在於「師說」概念的變化，未必保存兩漢之舊觀；故自業教授者有之，[95] 雜染二教之說亦有之，但是講說的場域空間卻不見太大的不同。如《陳書‧袁憲列傳》曰：

> 大同八年，武帝撰《孔子正言》章句，詔下國學，宣制旨義。憲時年十四，被召為國子正言生，謁祭酒到溉，溉目而送之，愛其神彩。在學一歲，國子博士周弘正謂憲父君正曰：「賢子

---

[92] 〔唐〕姚思廉：《梁書》(北京：中華書局，2003 年 9 月)，頁 575。
[93] 「覆講」，即背誦覆述「師說」。如《高僧傳‧義解二‧晉長安五級寺釋道安》曰：「釋道安，……數歲之後，方啟師求經，師與《辯意》一卷，可五千言。安齋經入田，因息就覽，暮歸，以經還師，更求餘者。師曰：『昨經未讀，今復求耶？』答曰：『即已闇誦。』師雖異之，而未信也。復與《成具光明經》一卷，減一萬言，齋之如初，暮復還師。師執經覆之，不差一字，師大驚嗟而異之。後為受具戒，恣其遊學。至鄴入中寺，遇佛圖澄。澄見而嗟歎，與語終日。眾見形貌不稱，咸共輕怪，澄曰：『此人遠識，非爾儔也。』因事澄為師。澄講，安每覆述，眾未之愜，咸言：『須待後次，當難殺崑崙子。』即安後更覆講，疑難鋒起，安挫銳解紛，行有餘力。時人語曰：『漆道人驚四鄰。』」〔梁〕釋慧皎撰，湯用彤校注：《高僧傳》，頁 177-178。從「澄講，安每覆述，眾未之愜」可知，釋道安所「述」內容的多寡，即佛圖澄所「說」多寡；因此當聽者意猶未盡，仍欲聽講接下來的內容時，釋道安並不能逕自在講座中講，而是「須待後次」。待「後更覆講」之際，若有「疑難」的現象，仍為所述「師說」辯正其義；由此推想，佛圖澄所「說」的場域，與釋道安所「講」的場域，不應是在同一個時空之中，與漢代儒者說經相同，必須先待佛圖澄「說」後，方有釋道安「後更覆講」之事。
[94] 如《後漢書‧丁鴻列傳》曰：「鴻年十三，從桓榮受歐陽《尚書》，三年而明章句，善論難，為都講。」〔南朝宋〕范曄撰，〔唐〕李賢注，〔清〕王先謙集解：《後漢書集解》，卷 37，頁 9。
[95] 《梁書‧儒林傳》曰：「伏曼容字公儀，……聚徒教授以自業。」〔唐〕姚思廉：《梁書》，頁 662-663。

今茲欲策試不?」君正曰:「經義猶淺,未敢令試。」居數日,君正遣門下客岑文豪與憲候弘正,會弘正將登講坐,弟子畢集,乃延憲入室,授之麈尾,令憲樹義。

時謝岐、何妥在坐,弘正謂曰:「二賢雖窮奧賾,得無憚此後生耶!」何、謝於是遞起義端,深極理致,憲與往復數番,酬對閑敏。弘正謂妥曰:「恣卿所問,勿以童稚相期。」時學眾滿堂,觀者重沓,而憲神色自若,辯論有餘。弘正請起數難,終不能屈,因告文豪曰:「卿還咨袁吳郡,此郎已堪見代為博士矣。」[96]

周弘正(496-574)延請袁憲(529-598)「入室」,並授麈尾令其宣說樹義,如同都講說經;換言之,在「令憲樹義」之後的故事發展,即是都講移至堂上宣說的過程,故有描述「觀者重沓」之盛況。周弘正並非袁憲的授業之師,但是周弘正于士林館講梁武帝《周易》義,袁憲又是「國子正言生」,可知二者所述「師說」皆本諸梁武帝(464-549;502-574在位)所「說」;因為在場之「師」為梁武帝,故周弘正當北面執經與袁憲論難,而非以「師」的身分自居。

據此,知漢明帝「天子親自執業」、「正坐自講」的意義,在於皇帝學從「大師」而來;所「講」之「業」承自桓榮,與太學諸生皆屬同門。這樣的想法,與儒者「入說」侍講的概念完全不同;而漢明帝與桓榮之誼,恰可作為兩種「說經」現象的見證。根據陳元于建武十三年(37)上疏漢光武帝曰:「臣聞師臣者帝,賓臣者王,故武王以太公為師,齊桓公以管夷吾為仲父,古之道也」,此說改寫自《戰國策·燕策·燕昭王收破燕後即位》:「帝者與師處,王者與友處,霸者與臣處,亡國與役處」之語,[97]帝王視「入說」儒者為「師」為「臣」的差異,[98]正可反映在

---

[96] 〔唐〕姚思廉:《陳書》,頁312。

[97] 〔漢〕劉向集錄,范祥雍箋證《戰國策箋證》(上海:上海古籍出版社,2006年12月),頁1684。

[98] 周天游注曰:「《范書·陳元傳》作『賓臣者霸』。按《戰國策·燕策》引郭隗語曰:『帝者與師處,王者與友處,霸者與臣處,亡國與役處。』賓即友也,則《袁紀》是。」〔晉〕袁宏撰,周天游校注:《後漢紀校注》,頁178。

兩種「說」之上；由此反觀班彪所論「保訓」之義，帝王對於「入說」者的尊崇與否，也有「四師」與「四友」的兩種論述方式，禮制上則有「不臣」與「稱臣」之別。

第二節　作之君師：教化者的空間與身分轉變

一、由「入說」授業到輔政之「師」的轉折

漢明帝使桓榮居於東面之尊位，並以「太師」名號稱之，實屬極大之尊榮，然與上述孔光之例略有差異。王莽使孔光為「太師」的目的，在於建構所謂的「四輔之政」，[99] 成為名實相符之「師」。然自孔光病逝之後，「太師」之職轉由馬宮暫代；馬宮不敢久據此位，故又奉還印綬，[100] 改由王莽的堂弟王舜（？-11）任之。王舜不久死後，王莽欲使王舜之子王延世襲「太師」之位，曰：「昔齊太公以淑德累世，為周氏太師，蓋予之所監也。」[101] 此說殆出於賈誼《新書・傅職》所言：

> 天子不諭於先聖人之德，不知君國畜民之道，不見禮義之正，不察應事之理，不博古人之典傳，不閑於威儀之數，詩書禮樂無經，天子學業之不法；凡此其屬太師之任也，古者齊太公職之。[102]

賈誼該文的架構，除以周武王與「齊太公」故事，作為「太師」的象徵之外，另又以「魯周公」為「太傅之任也」。[103] 此說的概念，與王莽「四輔之政」的架構相符，王莽欲為當世之周公，則「太傅」之職必由王莽任之，孔光只能由原本的「太傅」轉任而為「太師」，成為當世之「齊太公」。

---

[99] 《漢書・王莽傳》曰：「太傅博山侯光宿衛四世，世為傅相，忠孝仁篤，行義顯著，建議定策，益封萬戶，以光為太師，與四輔之政。」〔漢〕班固撰，〔唐〕顏師古注，〔清〕王先謙補注：《漢書補注》，卷99上，頁6。依照王莽的理解，「四輔」又等同〈堯典〉「四岳」。〔漢〕班固撰，〔唐〕顏師古注，〔清〕王先謙補注：《漢書補注》，卷99中，頁29。
[100] 〔南朝宋〕范曄撰，〔唐〕李賢注，〔清〕王先謙集解：《後漢書集解》，卷81，頁23。
[101] 〔漢〕班固撰，〔唐〕顏師古注，〔清〕王先謙補注：《漢書補注》，卷99中，頁17。
[102] 〔漢〕賈誼撰，閻振益、鍾夏校注：《新書校注》，頁173。
[103] 〔漢〕賈誼撰，閻振益、鍾夏校注：《新書校注》，頁173。

然而，若使「太師」即「齊太公」之職的論述，置於漢明帝的論「學」場域中，「太師」在儒學經典空間之中的意義，顯然無法藉由「齊太公」之意象進行說解。因此，前、後漢之際對於「太師」的相關論述，並非僅存一說；漢明帝言「太師在是」之「太師」，也非王莽所論「齊太公」之形象。因此，關於「師」如何為「太師」？此一問題環節，仍欠缺分析。

回顧元帝王皇后（71B.C.-13A.D.）慰留孔光為「太師」的詔書可以發現，孔光身為「太師」的意義，比起王延為「齊太公式」的「太師」，更為貼近漢明帝「太師在是」的意旨。因為元帝王皇后的理解，是從授業之師的立場，申言太師「輔道于帝」。元帝王皇后詔曰：

> 太師光，聖人之後，先師之子。德行純淑，道術通明，居四輔職，輔道于帝。今年耆有疾，俊艾大臣，惟國之重，其猶不可以闕焉。《書》曰：「無遺耆老」，國之將興，尊師而重傅。其令太師毋朝，十日一賜餐。賜太師靈壽杖，黃門令為太師省中坐置几，太師入省中用杖，賜餐十七物，然後歸老于第，官屬按職如故。[104]

孔光為「太師」的理由，除了在經術上的成就外，更因「聖人之後，先師之子」的孔子家族血緣關係為說。因為在孔光之父孔霸之時，已經憑藉著漢元帝（76-33B.C.；49-33B.C.在位）「帝師」的特殊經歷，賜爵「關內侯」而號「褒成君」，[105]並始將授業之「師」的身分，與「奉孔子祭祀」連結；[106]案如淳所言：「為帝師，教令成就，故曰褒成君」，[107]故知「褒成」之名並非因於孔子，而是褒美孔霸為「師」而「入說」漢元帝。

《漢書・匡張孔馬傳》中記載孔霸因賜爵之事，求奉孔子祭祀：

---

[104] 〔漢〕班固撰，〔唐〕顏師古注，〔清〕王先謙補注：《漢書補注》，卷81，頁21。
[105] 《漢書・儒林傳》曰：「霸以帝師，賜爵號褒成君。傳子光。」〔漢〕班固撰，〔唐〕顏師古注，〔清〕王先謙補注：《漢書補注》，卷88，頁13。
[106] 《漢書・匡張孔馬傳》曰：「始光父霸，以初元元年為關內侯食邑。霸上書，求奉孔子祭祀，元帝下詔曰：『其令師褒成君關內侯霸，以所食邑八百戶，祀孔子焉。』故霸還，長子福名數於魯，奉夫子祀。霸薨，子福嗣。福薨，子房嗣。房薨，子莽嗣。」〔漢〕班固撰，〔唐〕顏師古注，〔清〕王先謙補注：《漢書補注》，卷81，頁22。
[107] 〔漢〕班固撰，〔唐〕顏師古注，〔清〕王先謙補注：《漢書補注》，卷81，頁15。

> 霸亦治《尚書》，事太傅夏侯勝，昭帝末年為博士，宣帝時為太中大夫，以選授皇太子經。遷詹事、高密相。是時，諸侯王相在郡守上。元帝即位，徵霸，以師賜爵關內侯，食邑八百戶，號褒成君，給事中，加賜黃金二百斤，第一區，徙名數于長安。霸為人謙退，不好權勢，常稱爵位泰過，何德以堪之！……始，光父霸以初元元年為關內侯食邑。霸上書求奉孔子祭祀，元帝下詔曰：「其令師褒成君關內侯霸，以所食邑八百戶祀孔子焉。」故霸還長安，子福名數於魯，奉夫子祀。[108]

漢元帝因太子階段的「入說」經歷，而視孔霸為「師」。從引文中的「名數」，[109] 與爵位的變動可知，孔霸從高密相遷轉為關內侯，先是自己「徙名數于長安」，[110] 後又使其子孔福之「名數於魯」。根據《冊府元龜・崇儒術》對此事的理解：

> 元帝即位，徵高密相孔霸為師。霸上書，求奉孔子祭禮。帝下詔曰：「其令師褒成君關內侯霸，以所食邑八百戶祀孔子焉。」故霸還長安，子福名數於魯，奉孔子祀。[111]

孔霸「以師賜爵」而「求奉孔子祭禮」，並非為了接續已經失國的功臣蓼侯孔氏之世，而是藉由「師」的身分，求奉已經絕祀的孔子「家業」。[112] 根據《後漢紀・靈帝紀》曰：

---

[108] 關於此段引文，王先謙列舉官本、江南淳化本作「故霸還長安子福名數於魯」，浙本作「故霸還長子福名數於魯」，而從景祐本作「故霸還長子福名數於魯」，本文從官本、江南淳化本之說。〔漢〕班固撰，〔唐〕顏師古注，〔清〕王先謙補注：《漢書補注》，卷81，頁15-22。

[109] 顏師古注曰：「名數，戶籍也。」〔漢〕班固撰，〔唐〕顏師古注，〔清〕王先謙補注：《漢書補注》，卷81，頁15。

[110] 顏師古注曰：「言有侯號而居京畿，無國邑。」〔漢〕班固撰，〔唐〕顏師古注，〔清〕王先謙補注：《漢書補注》，卷19上，頁26。

[111] 〔宋〕王欽若等編：《冊府元龜》，卷49，頁3。

[112] 孔霸以前，典掌孔氏家業者，本屬蓼侯孔臧一脈；《史記索隱》引《孔臧集》曰：「臧歷位九卿，為御史大夫，辭曰：『臣經學，乞為太常典禮。臣業與安國，綱紀古訓。』武帝難違其意，遂拜太常典禮，賜如三公。」其先為蓼夷侯孔聚，《史記・高祖功臣侯者年表》曰：「元朔三年，侯臧坐為太常，南陵橋壞，衣冠車不得度，國除。」知隔年孔臧失國。〔漢〕司馬遷撰，〔日〕瀧川龜太郎會注考證：《史記會注考證》，卷18，頁31。

下詔曰：「大司徒楊賜，敦德允元，忠愛恭懿，親以《尚書》侍講。……《詩》不云乎：『無德不報，無言不讎。』故襃成君孔霸、故太尉黃瓊侍講先帝，竝宜受茅土之封。」賜上言曰：「臣前與故太尉劉寬、司徒張濟竝被侍講，俱受三事；張角謀亂，又共陳便宜，而獨蒙師傅之澤，茅土之祚，而寬、濟不蒙雲雨之潤。乞減賜戶，以封寬、濟。」[113]

對於漢靈帝（156-189；168-189 在位）而言，並不是曾為侍講之事，便能視之如「師」。從其列舉孔霸、黃瓊（86-164）擬之，知孔霸、黃瓊、[114]楊賜（？-185）皆因「師傅之澤」得受土封爵；這些「師傅之澤」、「師傅之義」、「師傅之恩」等形容，皆因「師」行輔政之事而受封，尊「師」之義更甚於尊「孔」，故使「襃成」之號加諸「宣尼」之謚。

受封為關內侯，理應只有食邑而沒有封地，[115]孔霸卻有「茅土之封」得以「祀孔子」。根據蔡邕（133-192）《獨斷》所述「茅土之封」：

天子太社，封諸侯者取其土，苴以白茅授之，以立社其國，故謂之受茅土。漢興，唯皇子封為王者得茅土，其他功臣以戶數租入為節，不受茅土，不立社也。[116]

《後漢志》曰：「諸王封者，受茅土，歸以立社稷，禮也」，[117]孔霸等因「師傅之澤」而封爵者，雖非封王，卻仍受「茅土之封」，實為特殊之榮典；故知孔福歸魯的原因，實為歸魯以立社。此事決非偶然，帝王尊敬「師傅」的師生之誼，已經形成特殊的君臣關係。因此，自孔霸封爵之後，尊「入說」者如「師」賜爵之例不只一見；賜爵之「師」的地位，

---

[113]〔晉〕袁宏撰，周天游校注：《後漢紀校注》，頁 703-704。
[114]《後漢書‧左周黃列傳》曰：「以師傅之恩，而不阿梁氏，乃封為邟鄉侯，邑千戶。」〔南朝宋〕范曄撰，〔唐〕李賢注，〔清〕王先謙集解：《後漢書集解》，卷 61，頁 17。
[115]《後漢志‧百官志》曰：「關內侯無土，寄食在所縣民租多少，各有戶數為限。」〔南朝宋〕范曄撰，〔唐〕李賢注，〔清〕王先謙集解：《後漢書集解》，後漢志卷 28，頁 13。
[116]〔南朝宋〕范曄撰，〔唐〕李賢注，〔清〕王先謙集解：《後漢書集解》，後漢志卷 9，頁 9。
[117]〔南朝宋〕范曄撰，〔唐〕李賢注，〔清〕王先謙集解：《後漢書集解》，後漢志卷 28，頁 13。

也不同於「入說」講授之時,「師」之所為等同宰相之位,[118] 受到帝王的信賴。例如,《漢書‧匡張孔馬傳》曰:

> 元帝崩,成帝即位,徵禹、寬中,皆以師賜爵關內侯,寬中食邑八百戶,禹六百戶。拜為諸吏光祿大夫,秩中二千石,給事中,領尚書事。是時,帝舅陽平侯王鳳為大將軍輔政專權,而上富於春秋,謙讓,方鄉經學,敬重師傅。而禹與鳳並領尚書,內不自安,數病上書乞骸骨,欲退避鳳。上報曰:「朕以幼年執政,萬機懼失其中,君以道德為師,故委國政。君何疑而數乞骸骨,忽忘雅素,欲避流言?朕無聞焉。君其固心致思,總秉諸事,推以孳孳,無違朕意。」[119]

漢成帝以張禹領尚書,稱「君以道德為師,故委國政」的說法,與上述元帝王皇后詔之例相同,也被初唐時期的長孫無忌引以自擬;在他們的仕宦為「師」的生涯中,皆有以「師」為「相」的身分轉折,不僅是傳道授業而已。

從漢元、成、靈三帝尊「師」賜爵成為輔政大臣的故事,解讀孔光在漢平帝元始元年(1)以「太師」之職輔政可知,[120] 王莽亟欲在現實中建構的「四輔之政」,以及模仿周公之行,藉以保傅輔佐帝王的做法,其實就是在此模糊的君臣關係與師生關係之間擺盪;以「師傅」的姿態,承用周、孔二聖之「說」,作為權臣「居攝」的權力來源,這本是以「師」為「相」的教化思維下的合理之舉。例如,《漢書‧王莽傳》曰:

> 《尚書‧康誥》:「王若曰:『孟侯,朕其弟,小子封。』」此周公居攝稱王之文也。《春秋》隱公不言即位,攝也。此二經周

---

[118] 班固于《漢書‧匡張孔馬傳》贊曰:「蔡義、韋賢、玄成、匡衡、張禹、翟方進、孔光、平當、馬宮及當子晏,咸以儒宗居宰相位。」〔漢〕班固撰,〔唐〕顏師古注,〔清〕王先謙補注:《漢書補注》,卷81,頁23。

[119] 〔漢〕班固撰,〔唐〕顏師古注,〔清〕王先謙補注:《漢書補注》,卷81,頁11-12。

[120] 《漢書‧百官公卿表》曰:「太師、太保,皆古官,平帝元始元年皆初置,金印紫綬。太師位在太傅上,太保次太傅。」〔漢〕班固撰,〔唐〕顏師古注,〔清〕王先謙補注:《漢書補注》,卷19上,頁6。

公、孔子所定，蓋為後法。孔子曰：「畏天命，畏大人，畏聖人之言。」臣莽敢不承用！[121]

當「師生」之義轉變為「君臣」之義時，「師」能否謹守「臣」之分際，而非據「聖」而為「君」？則不能無疑。故班固曰：「傳先王語，其醞藉可也，然皆持祿保位，被阿諛之譏。彼以古人之迹見繩，烏能勝其任乎！」[122]

二、「我為孔子，卿為子夏」：辟雍之中的「孔門」教化

漢光武帝「中興」漢室之後，新朝之政廢止，周公、孔子「二聖之後」均失其國。[123] 然至建武十三年（37）二月，光武帝又為絕國封侯：「丁巳，降趙王良為趙公，太原王章為齊公，魯王興為魯公。庚午，以殷紹嘉公孔安為宋公，周承休公姬常為衛公。」建武十四年（38）夏四月，又「封孔子後志為襃成侯」，[124] 方才復其食邑封地。從上列名單可見，光武帝並無冊封周公後為「襃魯侯」，但是在二王之後之外，仍保留「孔子後」的冊封，這是唯一接受王莽當政之時興立的異姓諸侯。

然而，從冊封之前的建武五年（29），光武帝已經「幸魯，使大司空祠孔子」，同月又「初起太學。車駕還宮，幸太學，賜博士弟子各有差」，[125] 即使尚未冊封襃成侯的爵位，仍不免遣使大臣祭祀孔子的原因，在於孔門之「學」本有教化上的象徵意義，封侯之事反而成為錦上添花的收編。根據朱浮（？-約66）上書所言：

夫太學者，禮義之宮，教化所由興也。陛下尊敬先聖，垂意古典，宮室未飾，干戈未休，而先建太學，進立橫舍，比日車駕

---

[121] 〔漢〕班固撰，〔唐〕顏師古注，〔清〕王先謙補注：《漢書補注》，卷99上，頁34-35。
[122] 〔漢〕班固撰，〔唐〕顏師古注，〔清〕王先謙補注：《漢書補注》，卷81，頁23-24。
[123] 《後漢書·孔僖傳》曰：「初，平帝時王莽秉政，乃封孔子後孔均為襃成侯，追謚孔子為襃成宣尼。及莽敗，失國。」〔南朝宋〕范曄撰，〔唐〕李賢注，〔清〕王先謙集解：《後漢書集解》，卷79上，頁14。
[124] 〔南朝宋〕范曄撰，〔唐〕李賢注，〔清〕王先謙集解：《後漢書集解》，卷1下，頁9-10。
[125] 〔南朝宋〕范曄撰，〔唐〕李賢注，〔清〕王先謙集解：《後漢書集解》，卷1上，頁26。

> 親臨觀饗，將以弘時雍之化，顯勉進之功也。尋博士之官，為天下宗師，使孔聖之言傳而不絕。[126]

建武七年（31）光武帝於太學「觀饗」，朱浮將興建「太學」之舉，解讀為舉行尊敬「孔聖」與舉行饗禮的「禮義之宮」，以此作為教化天下的空間；此說與漢宣帝以降舉行饗射之禮于曲臺不同，[127] 也與光武帝晚年興立「三雍」的構想不同。[128]

（一）「三老」與「父師」：以「老」為「師」的經典依據

根據《後漢書》所載，永平二年（59）十月，漢明帝幸辟雍初行養老禮之詔書曰：

> 光武皇帝建三朝之禮，而未及臨饗。眇眇小子，屬當聖業。閒暮春吉辰，初行大射；令月元日，復踐辟雍。尊事三老，兄事五更，安車輭輪，供綏執授。侯王設醬，公卿饌珍，朕親袒割，執爵而酳。祝哽在前，祝噎在後。升歌〈鹿鳴〉，下管〈新宮〉，八佾具脩，萬舞於庭。朕固薄德，何以克當？《易》陳負乘，《詩》刺彼己，永念慙疚，無忘厥心。[129]

---

[126] 〔南朝宋〕范曄撰，〔唐〕李賢注，〔清〕王先謙集解：《後漢書集解》，卷33，頁5。

[127] 《漢書‧王尊列傳》言漢成帝：「正月行幸曲臺，臨饗罷衛士，……衡知行臨，百官共職，萬眾會聚。」〔漢〕班固撰，〔唐〕顏師古注，〔清〕王先謙補注：《漢書補注》，卷76，頁23。劉向《七略》曰：「宣皇帝時行射禮，博士后倉為之酳，至今記之，曰《曲臺記》。」〔梁〕蕭統編，〔唐〕李善注：《文選》，卷60，頁2。劉向所言，即顏師古注「曲臺后倉九篇」曰：「如淳曰：『行禮射於曲臺，后倉為記，故名曰《曲臺記》。《漢官》曰：大射於曲臺。』晉灼曰：「天子射宮也。西京無太學，於此行禮也。」」此注較受爭議的部分，是將晉灼言「西京無太學」之語，侷限在「太學」一詞上，忽視晉灼所言「太學」的意義，是就行饗、射之禮而論。〔漢〕班固撰，〔唐〕顏師古注，〔清〕王先謙補注：《漢書補注》，卷30，頁11。

[128] 《後漢書‧儒林列傳》曰：「中元元年，初建三雍。」〔南朝宋〕范曄撰，〔唐〕李賢注，〔清〕王先謙集解：《後漢書集解》，卷79上，頁1。此時興立「三雍」，必定與漢平帝、王莽時所議有關，例如，《後漢書‧張純列傳》曰：「純以聖王之建辟雍，所以崇尊禮義，既富而教者也。乃案《七經讖》、《明堂圖》、《河間古辟雍記》、孝武太山明堂制度，及平帝時議，欲具奏之。未及上，會博士桓榮上言宜立辟雍、明堂，章下三公、太常，而純議同榮，帝乃許之。」〔南朝宋〕范曄撰，〔唐〕李賢注，〔清〕王先謙集解：《後漢書集解》，卷35，頁3。

[129] 〔南朝宋〕范曄撰，〔唐〕李賢注，〔清〕王先謙集解：《後漢書集解》，卷2，頁5-6。

本篇詔書取《尚書・顧命》「眇眇予末小子」之義，謙言繼父之道以「臨饗」乞言，則將光武帝比擬為周成王，自比為周康王初即位之時。[130] 換言之，於此「臨饗」的意義，當指漢明帝將受「三老」、「五更」的「顧命之戒」，[131] 或如《詩・行葦序》曰：「養老乞言」，[132] 故又言「朕固薄德，何以克當？《易》陳負乘，《詩》刺彼己，永念慙疚，無忘厥心」。據此可知，在「養老之禮」中的「三老」、「五更」，其實是由召公、畢公之類的「顧命大臣」意象轉化而來的，亦即上述「保訓」之師。

合「三老」、「五更」的幾項概念：「年老致仕者」、[133]「父象」、[134]「天子無父，父事三老」、[135]「君之所不臣者」、[136]「三公、卿大夫」、[137]「國老、庶老」，[138] 實即所謂「父師」之謂。[139] 顏師古曰：「齒為諸父，尊之如師，故

---

[130] 〔漢〕孔安國注，〔唐〕孔穎達正義：《尚書注疏》，卷18，頁27。

[131] 如王肅曰：「成王病困，乃召群臣，訓以敬保元子。明日，成王崩。既大斂，群臣以策書宣成王命，以命康王。是為受顧命之戒，非即位之事。」〔唐〕杜佑：《通典》，卷72，頁395。

[132] 〔漢〕毛公傳，〔漢〕鄭玄箋，〔唐〕孔穎達正義：《毛詩注疏》，卷17之2，頁1。

[133] 鄭玄注《禮記・文王世子》曰：「三老、五更各一人也，皆年老更事致仕者也。」〔漢〕鄭玄注，〔唐〕孔穎達正義：《禮記注疏》，卷20，頁27。

[134] 李賢注引《孝經援神契》曰：「尊事三老，父象也。」〔南朝宋〕范曄撰，〔唐〕李賢注，〔清〕王先謙集解：《後漢書集解》，卷2，頁5。

[135] 應劭《漢官儀》云：「天子無父，父事三老，兄事五更，乃以事父事兄為教孝悌之禮。」〔唐〕唐玄宗注，〔宋〕邢昺疏：《孝經注疏》，卷7，頁1。鄭玄注《禮記・祭義》曰：「天子有所父事，諸侯有所兄事，謂若三老、五更也。」〔漢〕鄭玄注，〔唐〕孔穎達正義：《禮記注疏》，卷36，頁14

[136] 《禮記正義》引《鉤命決》曰：「暫所不臣者五：謂師也、三老也、五更也、祭尸也、大將軍也。」〔漢〕鄭玄注，〔唐〕孔穎達正義：《禮記注疏》，卷36，頁14。

[137] 盧植《禮記注》曰：「選三公者為三老，卿大夫中之老者為五更，亦參五之也。」〔南朝宋〕范曄撰，〔唐〕李賢注，〔清〕王先謙集解：《後漢書集解》，後漢志卷4，頁8。

[138] 班固〈辟雍詩〉曰：「迺流辟雍，辟雍湯湯；聖皇蒞止，造舟為梁。幡幡國老，迺父迺兄；抑抑威儀，孝友光明。於赫太上，示我漢行；鴻化惟神，永觀厥成。」〔南朝宋〕范曄撰，〔唐〕李賢注，〔清〕王先謙集解：《後漢書集解》，卷40下，頁8。蔡邕《月令章句》曰：「三公，國老也；五更，庶老也。」〔南朝宋〕范曄撰，〔唐〕李賢注，〔清〕王先謙集解：《後漢書集解》，後漢志卷4，頁8。

[139] 《華陽國志》曰：「三老泱泱，實作父師。楊統，字仲通，新都人也。事華里先生炎高。高戒統曰：『漢九世王出《圖書》，與卿適應之。』建武初，天下求通《內讖》二卷者，不得。永平中，刺史張志舉統方正。司徒魯恭辟掾。與恭共定音律，上《家法章句》及二卷《解說》。遷侍中，光祿大夫。以年老道深，養於辟雍，授几杖，為三老，卒。」〔晉〕常璩著，任乃強校注：《華陽國志校補圖注》（上海：上海古籍出版社，2007年4月），頁561。

曰父師」，[140]「父師」一詞，即具辟雍「序齒」如父兄之義。若以《尚書・畢命》所曰：

> 王若曰：「嗚呼！父師。惟文王、武王敷大德于天下，用克受殷命。」……王曰：「嗚呼！父師。今予祇命公以周公之事，往哉。」[141]

孔《傳》以「畢公代周公為大師」，則「父師」即是三公之「大師／太師」，也就是養老之禮中的「三老」。若不以《尚書・畢命》為信，又可見諸《尚書・微子》曰：「微子若曰：『父師、少師，殷其弗或亂正四方』」，[142] 鄭玄注曰：「父師者，三公也，時箕子為之奴；少師者，大師之佐，孤卿也，時比干為之死也」，[143]《漢書・五行志》亦曰：「箕子在父師位而典之」，[144]《史記・微子世家》亦訓「父師」為「太師」。[145] 從鄭玄所言「三公」、「孤卿」，符合上述「三老」、「五更」的概念推論，《尚書大傳》曰：「大夫士七十而致仕，大夫為父師，士為少師，教於州里。……上老平明坐於右塾，庶老坐於左塾」，鄭玄注曰：「上老，父師也。庶老，少師也」，[146] 則可視之為引申之義。

當時學者析論「三老」、「五更」的概念，未必全然是在陳述漢代發生的實情，也有可能是在解釋經典所說，以及經典所說的引申義，甚至是對於某種形象的想像投射；[147] 因此，透過饗射之禮尊老序齒的教化功

---

[140]〔漢〕班固撰，〔唐〕顏師古注，〔清〕王先謙補注：《漢書補注》，卷100上，頁3。
[141]〔漢〕孔安國注，〔唐〕孔穎達正義：《尚書注疏》，卷19，頁6-7。
[142]〔漢〕孔安國注，〔唐〕孔穎達正義：《尚書注疏》，卷10，頁14。
[143]〔魏〕何晏集解，〔梁〕皇侃義疏：《論語集解義疏》，卷9，頁21-22。
[144] 顏師古注曰：「父師，即太師，殷之三公也。箕子，紂之諸父而為太師，故曰父師。」〔漢〕班固撰，〔唐〕顏師古注，〔清〕王先謙補注：《漢書補注》，卷27上，頁1。
[145] 關於「父師、少師」的指涉人物，司馬遷與鄭玄的認知不同，參見孫星衍《尚書今古文注疏》之說。〔清〕孫星衍：《尚書今古文注疏》，頁254-255。
[146]〔清〕皮錫瑞疏證：《尚書大傳疏證》，卷7，頁10。
[147] 應劭《漢官儀》曰：「三老、五更皆取有首妻，男女完具。」洪亮吉曰：「案三老李充出妻，桓榮亦去首妻復娶。《華嶠書》：『榮長子雍，早卒。』他若楊統等，皆再娶生子，則知《官儀》所說亦不足從。」〔南朝宋〕范曄撰，〔唐〕李賢注，〔清〕王先謙集解：《後漢書集解》，後漢志卷4，頁7。

能，尊「師」為「老」，如同經典記載周公、畢公為「父師／太師」的角色，並使於辟雍之講說，如同「孔門」講誦習禮。漢明帝謂桓榮「大師在是」，以及以桓榮為「五更」之義，皆從經典中「父師／太師」輔政之說轉引而來；講說經典則由孔子而來，故知辟雍教化教學，以周公、孔子二聖之事作為象徵，並非始自唐高祖之釋奠。

（二）在漢明帝辟雍之中先後舉行的養老之禮與講說之禮

辟雍的建成，取代原本太學行饗的教化功用。[148]從漢明帝詔書之意可知，永平二年三月在辟雍初行大射禮後，十月「復踐辟雍」舉行的養老之禮，即光武、明帝所謂饗禮之事。根據司馬彪（？-306）《續漢志》對於永平二年辟雍饗射之禮的描述：

> 明帝永平二年三月，上始帥群臣躬養三老、五更于辟雍，行大射大禮，郡、縣、道行鄉飲酒于學校，皆祀聖師周公、孔子，牲以犬，如是七郊禮樂、三雍之義備矣。
> 養三老、五更之儀，先吉日，司徒上太傅若講師故三公人名，用其德行年者高者一人為老，次一人為更也。皆服都紵大袍單衣，皁緣領袖中衣，冠進賢，扶玉杖；五更亦如之，不杖，皆齋于太學講堂。其日，乘輿先到辟雍禮殿，御坐東廂，遣使者安車迎三老、五更。天子迎于門屏，交禮，道自阼階，三老升自賓階。至階，天子揖如禮。三老升，東面，三公設几，九卿正履，天子親袒割牲，執醬而饋，執爵而酳，祝鯁在前，祝饐在後。五更南面，公進供禮亦如之。[149]

選定三老、五更之後，先是延請二者前往太學齋戒，以待典禮之進行。其日，皇帝先在「辟雍禮殿」東廂祭祀「聖師周公、孔子」，[150]並等待迎

---

[148] 因此，漢明帝遂生廢除太學之構想。《後漢書·翟酺列傳》曰：「明帝時辟雍始成，欲毀太學，太尉趙憙以為太學、辟雍皆宜兼存，故並傳至今。」〔南朝宋〕范曄撰，〔唐〕李賢注，〔清〕王先謙集解：《後漢書集解》，卷48，頁7。

[149] 〔南朝宋〕范曄撰，〔唐〕李賢注，〔清〕王先謙集解：《後漢書集解》，後漢志卷4，頁7-8。

[150] 《資治通鑑·漢紀·明帝永平二年》注曰：「禮殿，先聖、先師也。」〔宋〕司馬光編著：《資治通鑑》，頁1434。若以文翁興立之學為例，其中有周公「禮殿」，同樣並祀周公、

接從「太學講堂」而至的三老、五更；這樣的描述，等於重演《禮記·文王世子》言養老之禮諸環節。[151] 從其「牲以犬」可知，此時饗禮的性質是屬於燕禮，[152] 而非當代闕里之「祀孔」，也非後世之釋奠；[153] 因此，《續漢志》著重描述養老之禮的過程，是在皇帝「親袒割牲」于三老、五更的饗宴，而未論及講說之上。

但是，表面上國家典禮的行禮如儀，會遮掩在儀節以外，還有其他的目的，而該目的則涉乎私人情誼的；《東觀漢紀》曰：

> 每大射養老禮畢，上輒引榮及弟子升堂，執經自為下說。明帝詔曰：「五更沛國桓榮，以《尚書》輔朕十有餘年，《詩》云：『日就月將，示我顯德行。』其賜爵關內侯，食邑五千戶。」[154]

又《後漢書·儒林傳》曰：「饗射禮畢，帝正坐自講，諸儒執經問難於前，冠帶縉紳之人，圜橋門而觀聽者蓋億萬計。」[155] 在兩則引文中，均說明漢明帝在饗射之禮結束之後，又舉行講說之事。顯然饗射之禮本無安排講說，故于「禮畢」之後升堂。此次舉行講說之事，只有「五更」桓榮賜爵、食邑，而未有「三老」李躬參與；這並非文字脫漏不著，[156] 而是

孔子。例如《東齋記事》曰：「成都府學有周公禮殿，及孔子像在其中。其上壁畫三皇、五帝及三代以來君臣，即晉王右軍與蜀守帖，求三皇、五帝畫像是也。其柱鍾會隸書刻其上。其屋制甚古，非近世所為者，相傳以為秦、漢以來有也。殿下有二堂：曰溫故，曰時習，東西相對。堂各有碑，碑曰『左生某、右生某』，皆隸書，亦西漢時諸生姓名也。」〔宋〕范鎮：《東齋記事》（北京：中華書局，2006 年 9 月），卷 4，頁 32。

[151] 《禮記·文王世子》曰：「眾至，然後天子至，乃命有司行事，興秩節，祭先師先聖焉。始之養也，適東序，釋奠於先老，遂設三老、五更、群老之席位焉。適饌省醴，養老之珍具，遂發詠焉。退脩之，以孝養也。反，登歌〈清廟〉，既歌而語。以成之也。」〔漢〕鄭玄注，〔唐〕孔穎達正義：《禮記注疏》，卷 20，頁 27。

[152] 《儀禮·大射》曰：「羹定。」鄭玄注曰：「〈射義〉曰：『諸侯之射也，必先行燕禮。』燕禮牲用狗。」〔漢〕鄭玄注，〔唐〕賈公彥疏：《儀禮注疏》，卷 16，頁 9。

[153] 從養老之禮「牲以犬」，與漢代曲阜祀孔祭用太牢不同，知二者所祀對象雖皆有孔子，卻非同樣的意義。王先謙引敖繼公曰：「用燕禮之牲，明非祭祀之牲。周代鄉飲原不祀先聖先師，漢溯禮所由起。因行釋奠，例用酒脯，脯，肉乾也，非牲。闕里祀孔，尤與鄉飲無涉，自不用犬。」〔南朝宋〕范曄撰，〔唐〕李賢注，〔清〕王先謙集解：《後漢書集解》，後漢志卷 4，頁 8。

[154] 〔漢〕劉珍撰，吳樹平校注：《東觀漢紀校注》，頁 621。

[155] 〔南朝宋〕范曄撰，〔唐〕李賢注，〔清〕王先謙集解：《後漢書集解》，卷 79 上，頁 1。

[156] 《通鑑考異》曰：「〈帝紀〉載詔文，上言李躬而下獨封榮，似脫『躬』字。〈榮傳〉、袁

第五章 「君」與「師」：教化者與國家教化儀式　179

講說之事與饗射之禮的經典意義來源不同；在講說的空間中，漢明帝將桓榮身為帝「師」的意義，上承孔子講說，而非輔政之「太師」。

　　漢明帝行饗、講說的地點是在辟雍而非太學，辟雍四周環水無牆而有橋，[157] 中心建築必定不是封閉性的宮殿，方得使四方眾人「觀聽」。至於漢明帝講說的內容，根據《東觀漢紀》曰：

> 孝明皇帝尤垂意於經學，即位，刪定擬議，稽合圖讖，封師太常桓榮為關內侯，親自制作《五行章句》。每饗射禮畢，正坐自講，諸儒並聽，四方欣欣。[158]

《後漢書・桓榮丁鴻列傳》則作「五家要說章句」，李賢注曰：「此言『五家』，即謂五行之家也。」[159] 關於此書的內容，以及「五家」之指涉，根據沈欽韓（1775-1832）《後漢書疏證》則有三種說法：

> 「五家」，謂歐陽、林尊、平當、朱普、桓榮也；華嶠書作「五行」，似專言〈洪範〉五行，非也。姚本華嶠書作《五經章句》。[160]

沈欽韓認為「五家」之說，係指歐陽高傳林尊，[161] 林尊傳平當（？-4B.C.），平當傳朱普，[162] 朱普傳桓榮而言；分言「五家」的原因，在於各自皆有修撰章句，例如《後漢書・桓榮丁鴻列傳》曰：「初，榮受朱普學章句四十萬言，浮辭繁長，多過其實。及榮入授顯宗，減為二十三萬

　　《紀》，詔獨言桓榮，不及李躬，今闕疑。」〔宋〕司馬光編著：《資治通鑑》，頁1435。
[157] 《毛詩正義》曰：「『帝正坐自講，諸儒問難於前，冠帶搢紳之人，圜橋門而觀聽者蓋億万計。』是由外无墻院，故得圜門觀之也。」〔漢〕毛公傳，〔漢〕鄭玄箋，〔唐〕孔穎達正義：《毛詩注疏》，卷20之1，頁14。
[158] 〔漢〕劉珍撰，吳樹平校注：《東觀漢紀校注》，頁59。
[159] 〔南朝宋〕范曄撰，〔唐〕李賢注，〔清〕王先謙集解：《後漢書集解》，卷2，頁5-6。
[160] 〔清〕沈欽韓：《後漢書疏證》（上海：上海古籍出版社，2002年3月，續修四庫全書影光緒二十六年浙江官書局刻本），卷3，頁9-10。
[161] 《冊府元龜・學較部・注釋一》曰：「歐陽高為博士，作《尚書章句》。」〔宋〕王欽若等編：《冊府元龜》，卷605，頁3。
[162] 《漢書・儒林傳》曰：「由是歐陽有平、陳之學。」〔漢〕班固撰，〔唐〕顏師古注，〔清〕王先謙補注：《漢書補注》，卷88，頁12。

言」，[163] 漢明帝身為桓榮弟子，所述師說自然是據桓榮章句為說。據此，也可從漢明帝與桓郁的對話，略推「五家要說章句」的概況：

《後漢書·桓榮丁鴻列傳》曰：「帝自制五家要說章句，令郁校定於宣明殿。」[164]
《東觀漢紀》曰：「上謂郁曰：『卿經及先師，致復文雅。』」
其冬，上親於辟雍自講所制《五行章句》已，復令郁說一篇。
上謂郁曰：『我為孔子，卿為子夏，起予者商也。』」[165]

《東觀漢紀》描述此次辟雍講說的場景，已非漢明帝「執經自為下說」的情形；從其謂桓郁曰：「我為孔子，卿為子夏」可知，漢明帝必定位居「師位」東面，也就是養老之禮「三老」所處之位，而令桓郁為都講，於堂上南面講說。

漢明帝又言「起予者商也」，以及「卿經及先師，致復文雅」，知桓郁在宣講「帝／師說」之時，必定有所詮解潤飾「五家」之「師說」，而非僅止於背誦。章句書成之後，不僅經由桓郁校定，更由桓郁講說於堂上，故知「五家要說章句」其實是成於桓郁之手，述及朱普、桓榮至漢明帝一系的「師說」，更可能與後來經由桓郁刪定成十二萬言的「桓君大小太常章句」，有著直接的關連。[166]

但是，漢明帝為何要在饗射「禮畢」之後，又增加執經下說的儀式？甚至後來又以「我為孔子」自居？這些儀式與舉行的目的，與養老之禮似有不同的淵源。根據《史記·孔子世家》曰：

魯世世相傳，以歲時奉祠孔子冢，而諸儒亦講禮鄉飲大射於孔子冢。孔子冢大一頃，故所居堂，弟子內，後世因廟，藏孔子

---

[163] 桓榮受「朱普學」章句，如同何休謙言「何休學」，是受學於師而來；在文本刪定之後，又是別自為學，該章句則不能稱之「朱普學」。如蘇輿曰：「時承前漢家法謹嚴之後，即文字增減，亦別自為學。如榮減章句，即不為『朱氏學』。」〔南朝宋〕范曄撰，〔唐〕李賢注，〔清〕王先謙集解：《後漢書集解》，卷37，頁5-6。
[164] 〔南朝宋〕范曄撰，〔唐〕李賢注，〔清〕王先謙集解：《後漢書集解》，卷37，頁4。
[165] 〔漢〕劉珍撰，吳樹平校注：《東觀漢紀校注》，頁625。
[166] 〔南朝宋〕范曄撰，〔唐〕李賢注，〔清〕王先謙集解：《後漢書集解》，卷37，頁5。

衣冠琴車書，至于漢，二百餘年不絕。高皇帝過魯，以太牢祠焉。諸侯卿相至，常先謁然後從政。[167]

所謂諸儒「講禮鄉飲大射」，當如《史記・儒林列傳》言「魯中諸儒尚講誦，習禮樂」，[168] 闕里諸儒祭祀孔子時，除了習鄉飲、大射之禮外，本有講說之事。換言之，表面上漢明帝在辟雍之中已經「饗射禮畢」，實際上又在辟雍「正坐自講」，等於是將闕里儒生祭孔的流程，提昇為辟雍典禮養老之事，這也是後世釋奠祭祀與講學之禮相合的原型。這可與漢明帝永平十五年（72）：「幸孔子宅，祠仲尼及七十二弟子。親御講堂，命皇太子、諸王說經」之事互為印證。[169] 根據劉昭注曰：

> 《漢晉春秋》曰：「闕里者，仲尼之故宅也，在魯城中。帝升廟西面，群臣中庭北面。皆再拜，帝進爵，而後坐。」《東觀書》曰：「祠禮畢，命儒者論難。」[170]

《史記》言祠于「孔子冢」，應是「孔子家」之誤。[171] 例如，漢桓帝元嘉三年（153）〈孔廟置守廟百石孔龢碑〉（乙瑛碑）文曰：

---

[167]〔漢〕司馬遷撰，〔日〕瀧川龜太郎會注考證：《史記會注考證》，卷47，頁88-89。
[168]〔漢〕司馬遷撰，〔日〕瀧川龜太郎會注考證：《史記會注考證》，卷121，頁6。
[169]〔南朝宋〕范曄撰，〔唐〕李賢注，〔清〕王先謙集解：《後漢書集解》，卷2，頁14。
[170] 劉昭引習鑿齒《漢晉春秋》解釋漢章帝元和二年二月祠孔子之事，李賢也據同樣的引文，解釋漢明帝永平十五年祠孔子之事；然而劉昭所引較詳，故以劉昭所引解永平十五年之事。〔南朝宋〕范曄撰，〔唐〕李賢注，〔清〕王先謙集解：《後漢書集解》，後漢志卷8，頁6。
[171]《水經注》曰：「臺南四里許則孔廟，即夫子之故宅也。宅大一頃，所居之堂，後世以為廟。」〔北魏〕酈道元注，楊守敬、熊會貞疏：《水經注疏》（南京：江蘇古籍出版社，1989年6月），頁2107。《北堂書鈔・車部・惣載篇》曰：「孔子家大一頃，故所居，后世因以為廟。藏孔子之衣冠琴車書，至于漢，二百餘年不絕。」〔隋〕虞世南編撰，〔清〕孔廣陶校註：《北堂書鈔》（北京：學苑出版社，1998年3月，清光緒十四年南海孔氏三十有三萬卷堂重刊宋本），卷139，頁9。《日知錄・墓祭》曰：「夫禮教出于聖人之門，豈有就冢而祭。至鄉飲、大射，尤不可於冢上行之。蓋孔子教于洙泗之間，所葬之冢在講堂之後，孔子既沒，弟子即講堂而祀之，且行飲射之禮。太史公不達，以為祭于冢也。」〔清〕顧炎武：《原抄本日知錄》（臺北：臺灣明倫書局，1979年），卷18，頁437。瀧川龜太郎《考證》曰：「閻若璩曰：『諸儒講禮、鄉飲、大射于孔子家，誤寫作冢，此家字，與〈贊〉曰：以時習禮其家合。』愚按，鄉飲、大射，豈可於家上行之乎？閻說得之。」〔漢〕司馬遷撰，〔日〕瀧川龜太郎會注考證：《史記會注考證》，卷47，頁89。

春秋饗禮，財出王家，錢給犬、酒直，須報。謹問大常、祠曹掾馮牟、史郭玄，辭對：故事，辟廱禮未行，祠先聖師。侍祠者，孔子子孫、大宰、大祝令各一人，皆爵。大常丞、監祠、河南尹給牛、羊、豕、雞□□各一，大司農給米祠。[172]

碑文言闕里春、秋祭祀，先「祠先聖師」後行「辟雍禮」，以為二禮；然而，闕里之中並無辟雍，故知「辟雍禮」是指辟雍所行之禮，意即上述鄉飲、大射之謂。[173] 又據漢靈帝建寧二年（169）〈史晨碑〉文曰：

臣以建寧元年到官，行秋饗，飲酒畔宮畢，復禮孔子宅，拜謁神坐，仰瞻榱桷。俯視几筵，靈所馮依，肅肅猶存。而無公出酒脯之祠，臣即自以奉錢脩上案食醊具，以敘小節，不敢空謁。……伏見臨辟雍日，祠孔子以大牢，長吏備爵，所以尊先師重教化也。[174]

〈史晨碑〉記載二禮的順序與〈孔龢碑〉文相反，行此二禮的犧牲亦有不同。饗禮以犬，即〈史晨碑〉所言「酒脯之祠」，[175] 如同永平二年辟雍饗射之禮；祠孔子則以太牢，故備有牛、羊、豕。闕里之中將兩種祭祀並行已成常態，因此，漢明帝模仿魯中諸儒祠孔子並講說之事，將「升廟西面」祠于孔子「廟堂」的場景，借由饗射之禮的舉行，挪移至辟雍之堂上。只是，闕里祭孔與辟雍養老何以可能並論？

闕里之中將「辟雍禮」與「祠孔子」分別為二禮，在地點上亦有「畔宮／泮宮」與「孔子宅」的分別。「畔宮」屬於官方建築，與孔府的私家性質不同，故知漢明帝不到「畔宮」舉行鄉飲酒禮，卻會在「孔子宅」中「祠孔」的原因，在於天子若於「畔宮」行禮，等於降天子如諸侯；於「孔子宅」行禮，則非如父如兄地「序齒」以論孝悌，而是隸屬孔門

---

[172]〔宋〕洪适：《隸釋》，卷1，頁15。
[173]《後漢書‧楊震列傳》曰：「其冬，行辟雍禮，引賜為三老。」〔南朝宋〕范曄撰，〔唐〕李賢注，〔清〕王先謙集解：《後漢書集解》，卷54，頁16。
[174]〔宋〕洪适：《隸釋》，卷1，頁25-26。
[175] 洪适曰：「孔龢碑載，吳雄奏用辟雍禮，春秋饗孔廟，出王家錢，給犬、酒直，距此纔十有七年。史晨復云：『到官，秋饗，……而無公出酒脯之祠』，至於自用奉錢，乞依社稷出王家穀，以共煙祀，此蓋有司崇奉不虔，旋踵廢格也。」〔宋〕洪适：《隸釋》，卷1，頁27。

師生秩序之下，反能使帝王得「尊師貴道」之美名。[176]因此，當漢明帝「祠禮畢」之後，於孔子之室，如同孔子「坐孔子講堂」，[177]則當由原本主祀者西面之位，換移至孔子之位次東面，然後命皇太子、諸王南面說經。將此場景，與漢明帝與桓郁「我為孔子，卿為子夏」的對話場景相較，前述漢明帝言桓榮「大師在是」，或于辟雍言「我為孔子」，以及「親御講堂」的意義，都是在學的場域中位居「師位」而「東面」的象徵。

綜上所論，《尚書》中以箕子、周公、畢公等「顧命」之臣為「師」的概念來源，雖然不同於學校授業之「師」，但在教化的性質上，卻有相近之處。漢代在辟雍遂行的養老之禮與講說之事，正是將此尊「師」的場景分別復現；並且藉由桓榮同為二禮之「師」，向天下人說明，漢明帝將「孔子講堂」挪移至辟雍之中「講說」的合法性。皇帝因此被收編在孔門「師說」的系譜之中，能夠上承先師之「師說」；而皇太子在闕里如同都講講說的象徵意義，則是視皇帝為「父／師」，而使天下儒生皆視皇帝、皇太子為「君／師」。從「養老之禮」與「講說之禮」同時並行的現象觀之，二禮的同質性，皆聚焦在帝王「尊師」之義上，只是二者對於「師」的論述不同，或許因此在祭祀上，仍須歸諸「周公」與「孔子」兩種聖師形象的象徵意義。

第三節　從太牢祀孔到「釋奠」孔子

一、關於沈約對魏正始年間三次辟雍祀孔的描述

《三國志‧三少帝紀》記載，在齊王芳（232-274）正始二年（241）至正始七年（246）之間，三度使太常於辟雍「祀孔子」：

---

[176] 《後漢書‧儒林列傳》記漢章帝與孔僖的對話：「帝曰：『今日之會，寧於卿宗有光榮乎？』對曰：『臣聞明王聖主，莫不尊師貴道。今陛下親屈萬乘，辱臨敝里，此乃崇禮先師，增輝聖德。至於光榮，非所敢承。』帝大笑曰：『非聖者子孫，焉有斯言乎！』」〔南朝宋〕范曄撰，〔唐〕李賢注，〔清〕王先謙集解：《後漢書集解》，卷79上，頁13。

[177] 《後漢書‧祭遵列傳》曰：「後從東巡狩，過魯，坐孔子講堂，顧指子路室謂左右曰：『此太僕之室。太僕，吾之禦侮也。』」〔南朝宋〕范曄撰，〔唐〕李賢注，〔清〕王先謙集解：《後漢書集解》，卷20，頁11。

> 二年春二月，帝初通《論語》，使太常以太牢祭孔子於辟雍，以顏淵配。
> （五年）五月癸巳，講《尚書》經通，使太常以太牢祀孔子於辟雍，以顏淵配；賜太傅、大將軍及侍講者各有差。
> （七年）冬十二月，講《禮記》通，使太常以太牢祀孔子於辟雍，以顏淵配。[178]

陳壽（233-297）與齊王芳同時，對於三次祭孔的敘述，理當符合當時普遍認可的說法。沈約在南齊永明六年（488）完成《宋書》的修纂，[179]《宋書·禮志》記載此事則曰：

> 魏齊王正始二年三月，帝講《論語》通，五年五月，講《尚書》通，七年十二月，講《禮記》通，並使太常釋奠，以太牢祀孔子於辟雍，以顏淵配。[180]

業經二百餘年之後，沈約對於曹魏太常祭祀孔子，直接挪用當時習用的「釋奠」概念來理解；在沈約的解釋中，南齊永明年間對於當代「釋奠」禮制的建構，則可上溯曹魏舊事。

這不是當時唯一的說法，根據《南齊書·禮志》所述，永明三年（485）以前，已經針對「釋奠」有過許多討論。《南齊書·禮志》曰：

> 永明三年正月，詔立學，創立堂宇，召公卿子弟下及員外郎之胤，凡置生二百人。其年秋中悉集。有司奏：「宋元嘉舊事，學生到，先釋奠先聖先師；禮又有釋菜，未詳今當行何禮？用何樂及禮器？」尚書令王儉議：「《周禮》：『春入學，舍菜合舞。』《記》云：『始教，皮弁祭菜，示敬道也。』又云：『始入學，必祭先聖先師。』中朝以來，釋菜禮廢，今之所行，釋奠而已。金石俎豆，皆無明文。方之七廟則輕，比之五禮則重。

---

[178]〔晉〕陳壽撰，〔南朝宋〕裴松之注，盧弼集解：《三國志集解》（臺北：漢京文化，1981年4月），卷4，頁7-12。
[179]〔梁〕沈約：《宋書》，頁2466。
[180]〔梁〕沈約：《宋書》，頁485。

> 陸納、車胤謂宣尼廟宜依亭侯之爵；范寧欲依周公之廟，用王者儀，范宣謂當其為師則不臣之，釋奠日，備帝王禮樂。此則車、陸失於過輕，二范傷於太重。喻希云：『若至王者自設禮樂，則肆賞於至敬之所；若欲嘉美先師，則所況非備。』尋其此說，守附情理。皇朝屈尊弘教，待以師資，引同上公，即事惟允。元嘉立學，裴松之議應儛六佾，以郊樂未具，故權奏登歌。今金石已備，宜設軒縣之樂，六佾之舞，牲牢器用，悉依上公。」其冬，皇太子講《孝經》，親臨釋奠，車駕幸聽。[181]

王儉（452-489）徵引陸納（?-395）、車胤、范寧、范宣、喻希等人的論述，這些人俱是東晉人士，關於釋奠孔子該用何種層級之禮？以及「釋奠」概念的討論，基本上盛行於東晉之時，並延續到南朝齊。

「釋奠」之禮在晉、宋之際引起多方討論，反應「孔子」在當時祀典之中的身分依舊未定。南齊官方與王儉所議雖然相同，都是沿襲「宋元嘉舊事」而來，但只是代表其中一種見解。所謂「宋元嘉舊事」，又以裴松之（372-451）的意見為主；根據《宋書‧禮志》記載，南朝宋元嘉二十二年（445）釋奠曰：「四月，皇太子講《孝經》通，釋奠國子學，如晉故事」，[182]沈約不言「魏晉故事」而曰「晉故事」，其意當以為魏、晉「釋奠」不同。《通志》論及此事，則以「晉故事」係指王儉引裴松之所議；又曰：

> 宋文帝元嘉二十二年，太子釋奠，採晉故事。祭畢，臨學宴會，太子以下悉在。齊武帝永明三年，有司奏宋元嘉舊事，學生到，先釋奠先聖先師，禮又有釋菜，未詳今當行何禮？用何樂？及禮器？時從喻希議，用元嘉故事：「設軒懸之樂，六佾之舞，牲牢器用，悉依上公。」[183]

沈約認為南朝宋元嘉二十二年釋奠依從的「晉故事」，其實正是喻希的

---

[181]〔梁〕蕭子顯：《南齊書》，頁 143-144。
[182]〔梁〕沈約：《宋書》，頁 485。
[183]〔宋〕鄭樵：《通志》，卷 43，頁 557。

說法，亦即裴松之所議的「宋元嘉舊事」。因此，上述《三國志・三少帝紀》記載「以太牢祀孔子」之儀，可能與裴松之「牲牢器用，悉依上公」的主張相違，裴松之並沒有注釋。並且可見，沈約對於魏正始年間三次「祀孔子」事件的理解，其實與裴松之、王儉等人認知的「釋奠」有所差異，導致在建構「孔子」的意義上，也會形成不同的見解。

使「師」屈從于王權的權威，相對於沈約描述「以太牢祀孔子於辟雍」的齊王芳，甚至是更早的漢代祀孔；王儉依據喻希、裴松之所云，形成對「釋奠」禮的認知。應該如何界定另一種「釋奠」禮的起源論述呢？事實上，《三國志》中並沒有出現「釋奠」一詞，《宋書》的書寫，確實是一種後設的對話；換言之，在南朝宋元嘉年間與南齊永明年間「釋奠」之下的「孔子」，並不是淵源自《宋書》筆下的曹魏「釋奠」，更不是延續漢代以「太牢」祀孔的古意。一用王者儀，一用上公儀，說明在「釋奠」概念之中建構的孔子，不是只有一種形象流轉到沈約的現前。

從當時文人突然興作釋奠詩文的現象，也可以判斷以「釋奠」孔子取代「祀孔」的說法，可能出現在晉朝之時，這是一種重新理解國家與孔子之學的新意。包括傅咸（239-294）、[184] 摯虞（？-約311）、[185] 潘尼、[186] 王胡之（？-348）、[187] 庾亮（289-340）等，[188] 皆有稱頌「釋奠」的文字流傳。根據潘尼〈釋奠頌〉曰：

> 元康元年冬十二月，上以皇太子富於春秋，而人道之始，莫先於孝悌，初命講《孝經》于崇正殿。實應天縱生知之量，微言奧義，發自聖問，業終而體達。
> 三年春閏月，將有事於上庠，釋奠于先師，禮也。越二十四日景申，侍祠者既齊，輿駕次于太學。太傅在前，少傅在後，恂

---

[184] 傅咸作〈皇太子釋奠頌〉。〔唐〕徐堅等編：《初學記》（臺北：大化書局，1961年8月），卷14，頁344。
[185] 摯虞作〈釋奠頌〉。〔唐〕徐堅等編：《初學記》，卷14，頁343。
[186] 潘尼作〈釋奠詩〉。〔唐〕徐堅等編：《初學記》，卷14，頁342。
[187] 王胡之作〈釋奠表〉。〔唐〕徐堅等編：《初學記》，卷14，頁343。
[188] 庾亮作〈釋奠祭孔子文〉。〔唐〕歐陽詢編：《藝文類聚》（京都：中文出版社，1980年12月），卷38，頁696-697。

恂乎弘保訓之道；宮臣畢從，三率備衛，濟濟乎肅翼贊之敬。乃埽壇為殿，懸幕為宮。夫子位于西序，顏回侍于北墉。宗伯掌禮，司儀辯位。二學儒官、搢紳先生之徒，垂纓佩玉，規行矩步者，皆端委而陪於堂下，以待執事之命。設樽篚於兩楹之間，陳罍洗於阼階之左。几筵既布，鍾懸既列，我后乃躬拜俯之勤，資在三之義。謙光之美彌劭，闕里之教克崇，穆穆焉，邕邕焉，真先王之徽典，不刊之美業，允不可替已。於是牲饋之事既終，享獻之禮已畢，釋玄衣，御春服，弛齋禁，反故式。天子乃命內外群司，百辟卿士，蕃王三事，至于學徒國子，咸來觀禮，我后皆延而與之燕。金石簫管之音，八佾六代之舞，鏗鏘閶閭，般辟俛仰，可以激神滌欲，移風易俗者，罔不畢奏。抑淫哇，屏鄭、衛，遠佞邪，釋巧辯。是日也，人無愚智，路無遠邇，離鄉越國，扶老攜幼，不期而俱萃。皆延頸以視，傾耳以聽，希道慕業，洗心革志，想洙泗之風，歌來蘇之惠。然後知居室之善，著應乎千里之外；不言之化，洋溢于九有之內。於熙乎若典，固皇代之壯觀，萬載之一會也。尼昔忝禮官，嘗聞俎豆。今廁末列，親覩盛美，濊潰徽猷，沐浴芳潤，不知手舞口詠，切作〈頌〉一篇。[189]

按潘尼〈釋奠詩〉曰：「聖容穆穆，侍講誾誾。抽演微言，啟發道真。探幽窮賾，溫故知新。講業既終，精義既研。崇聖重師，卜日告奠。」[190]太子先於東宮講經於皇帝之前，確認講業已終，方有皇太子舉行「釋奠」于太學之中，對孔子、顏回行「享獻之禮」。

又據潘尼〈釋奠詩〉曰：「陳其三牢，引其四縣。既戒既式，乃盥乃薦」，[191]故知西晉之時釋奠孔子，祭祀仍用太牢、用樂屬宮縣之禮，皆如王者之儀；不僅與王儉等人後起的理解不同，似乎也與《宋書》所謂的「晉故事」有所差異。東晉南朝學者陳述「釋奠」之時，並非延續西晉舊事，而與西晉舉行之時有所出入，或許與偏安江左的局勢有關。

---

[189] 〔唐〕房玄齡等修，吳士鑑、劉承幹注：《晉書斠注》，卷55，頁25-26。
[190] 〔唐〕房玄齡等修，吳士鑑、劉承幹注：《晉書斠注》，卷55，頁27。
[191] 〔唐〕房玄齡等修，吳士鑑、劉承幹注：《晉書斠注》，卷55，頁27。

二、「師」的身分升降與東晉「釋奠」孔子的相關論述

兩晉之際,關於「釋奠」孔子概念的轉變,以及對於帝王是否尊禮「父師」的認知,可能與南渡之後的現實處境有關。這將使「師道」與帝王權力之間的關係,形成議論;也將導致「釋奠」之禮中的「孔子」,會在重新建構的國家禮制之中,得到不同以往的定位。

(一) 晉成帝降禮王導事件之爭議

晉室衣冠南渡之後,東晉初之三帝必須仰仗王導(276-339)輔政之力,故在禮敬有所殊異。根據《通典・禮二十七・天子拜敬保傅》曰:

> 晉成帝詔曰:「曲陵公等,宣力前朝,致勳皇家,以德義優弘,兼保傅朕躬。朕遭家不造,奄在哀疚,稟訓未究,惵事窮慼。其一遵先帝尊崇師傅之教,拜敬加以明傳崇德,永奉遺範。」
> 尚書令卞壼等奏曰:「臣歷觀紀籍,禮經無拜臣之制。唯漢成帝拜張禹,庸主凡臣,不足為範。或說師臣友臣,師模其道,又未見其拜也。至於先帝之拜司徒導,特以元皇帝興自藩國,布衣之交,拜在人臣之日,故率而不改。陛下尊順先典,伏膺禮中,未宜降南面之尊,拜北面之臣。大教有違,名體不順,事應改正。」
> 太后詔:「尊師重道,帝王之所宜務,況童幼方賴師訓之成。宜令一遵先帝崇賢之禮。」
> 壼又奏:「臣考先典之極,無過於周公,而周史無拜敬之禮。《禮記》稱『王者入學,躬拜三老』。此一朝之敬,猶子冠而母拜之,豈可終身行焉。」
> 太后詔:「須帝成人,更詳師傅之禮。」[192]

又見《太平御覽》引《尚書逸令》曰:

> 卞壼等奏:「三代以來記籍禮經無拜臣之制,唯漢成帝拜張禹,庸主凡臣不足為軌。先帝拜司徒導,以元皇興自藩國,布衣之

---
[192] 〔唐〕杜佑:《通典》,卷67,頁375。

交，拜在人臣之故，師而不改，以君拜臣，大教有違，事應改正。」

太后又詔曰：「帝幼少，宜一遵先帝。」

壼等又固爭云云：「臣期不奉詔。」又反覆乃從外奏。

成帝拜王公時，議曹疑於儀注，博士杜瑗及陳舒議，禮無以君拜臣下也。小會崇謙，非臣下所知，無在儀注之制。[193]

曲陵公荀崧（263-329）曾為晉成帝師，[194] 王導又如同當世之周公，如同前代帝王尊以師傅之禮，似無不妥之處。況且，漢代頗見帝王尊師之例，晉明帝（299-325）也尊王導以「先師之禮」，並言「故雖天子，必有尊也」；[195] 卞壼（281-328）卻以歷來只有「漢成帝拜張禹」的說法，[196] 並且貶抑漢成帝尊張禹為「師」之前例，不僅不是前代之實情，更否定先帝之所為。但是按照卞壼所述可知，其意在於界定荀崧、王導等權臣與皇帝之間的君臣關係，進而限制行禮的範疇與效用，建立晉成帝的絕對權威；這將推致帝王不應禮拜其師的結論，「師」的地位也隨之發生改變。

卞壼將尊老理解為只是「一朝之敬」的儀式，不可「終身行焉」，實則曲解「養老」之禮的內在意義，並且否定漢代尊崇「父師」的教化之用。[197] 因此，將晉元帝（276-323；318-323 在位）「尊崇師傅之教」，解讀

---

[193]〔宋〕李昉等撰：《太平御覽》，卷542，頁9。
[194]《晉書·荀崧列傳》曰：「太寧初，加散騎常侍，後領太子太傅。」〔唐〕房玄齡等修，吳士鑑、劉承幹注：《晉書斠注》，卷75，頁26。
[195]《晉書·薛兼列傳》曰：「永昌初，王敦表兼為太常。明帝即位，加散騎常侍。帝以東宮時師傅，猶宜盡敬，乃下詔曰：『朕以不德，夙遭閔凶。猥以眇身，託于王公之上。哀煢在疚，靡所諮仰，憂懷惴惴，如臨于谷。孔子有云：「故雖天子，必有尊也。」朕將祗奉先師之禮，以諮有德。太宰西陽王羕尊望重，在貴思降。丞相武昌公、司空即丘子體道高邈，勳德兼備，先帝執友，朕之師傅。」〔唐〕房玄齡等修，吳士鑑、劉承幹注：《晉書斠注》，卷68，頁29。司空即丘子即是王導。
[196]《漢書·匡張孔馬傳》曰：「禹每病，輒以起居聞，車駕自臨問之。上親拜禹床下，禹頓首謝恩。」〔漢〕班固撰，〔唐〕顏師古注，〔清〕王先謙補注：《漢書補注》，卷81，頁13。
[197] 卞壼片面描述「養老」的意義，與漢代不符。例如，《後漢書·桓榮丁鴻列傳》曰：「榮每疾病，帝輒遣使者存問，太官、太醫相望於道。及篤，上疏謝恩，讓還爵土。帝幸其家問起居，入街下車，擁經而前，撫榮垂涕，賜以床茵、帷帳、刀劍、衣被，良久乃去。自是諸侯將軍大夫問疾者，不敢復乘車到門，皆拜床下。榮卒，帝親自變服，臨喪送葬，賜冢塋于首山之陽。」〔南朝宋〕范曄撰，〔唐〕李賢注，〔清〕王先謙集解：《後漢書集解》，卷37，頁3。

為「布衣之交」時事，區分即位前後的差異，進而弱化在即位之後「躬拜三老」與「師傅之禮」的關聯性，與漢代養老之禮主旨絕異。此次上奏之後數年，又再次覆議此事。[198]據《晉書・荀勖傳》載：

> 時又通議元會日，帝應敬司徒王導不。博士郭熙、杜援等以為禮無拜臣之文，謂宜除敬。侍中馮懷議曰：「天子修禮，莫盛於辟雍。當爾之日，猶拜三老，況今先帝師傅。」謂宜盡敬。事下門下，奕議曰：「三朝之首，宜明君臣之體，則不應敬。若他日小會，自可盡禮。又至尊與公書手詔則曰『頓首言』，中書為詔則云『敬問』，散騎優冊則曰『制命』。今詔文尚異，況大會之與小會，理豈得同！」詔從之。[199]

此事出現否定、贊成與折衷三種意見，博士郭熙、杜援等延續卞壺的說法，馮懷所持的意見，屬於上述卞壺批判之說。馮懷以王導曾任「先帝師傅」，[200]係指前述晉明帝尊禮王導如同漢代之「三老」，故於元會之日行「三朝之禮」時禮拜王導，比擬如漢代辟雍尊師養老之事，亦為情理之舉。但是在「三朝之禮」提出這樣的主張，著實直接挑戰皇帝的權威，無視晉朝「三朝」元會之禮的性質，本具「朝宗」之義。據《周禮・大宗伯》曰：「春見曰朝，夏見曰宗，秋見曰覲，冬見曰遇，時見曰會，殷見曰同」，鄭玄以「朝」、「宗」等六禮是「以諸侯見王為文」，賈公曰：「案此經文皆云見，是下於上稱見」；[201]職是之故，荀奕（？-332）承祖父荀勖（？-289）之意，[202]以為「三朝之首，宜明君臣之體，則不應敬」，豈使皇帝於此日有拜臣之舉？

---

[198] 卞壺上奏之事，當發生在庾太后輔政之時，而庾太后與卞壺卒年相同，故知發生在晉元帝咸和元年（326）至三年（328）之間。晉元帝朝中覆議此事的時間，根據《資治通鑑》繫年於咸和六年（331）。〔宋〕司馬光編著：《資治通鑑》，頁2979。

[199] 〔唐〕房玄齡等修，吳士鑑、劉承幹注：《晉書斠注》，卷39，頁25。

[200] 《晉書・王導列傳》曰：「尋代賀循領太子太傅。」〔唐〕房玄齡等修，吳士鑑、劉承幹注：《晉書斠注》，卷65，頁6

[201] 〔漢〕鄭玄注，〔唐〕賈公彥疏：《周禮注疏》，卷18，頁12。

[202] 《晉書・樂志》曰：「勖乃除〈鹿鳴〉舊歌，更作行禮詩四篇，先陳三朝朝宗之義。」〔唐〕房玄齡等修，吳士鑑、劉承幹注：《晉書斠注》，卷22，頁13。

第五章 「君」與「師」：教化者與國家教化儀式 191

在以皇帝為主角的「三朝之禮」降禮王導，顯然是相當不妥的宣示，故時人譏其用心；[203] 卻可說明東晉之初對於「師傅之禮」，以及為「師」與為「臣」身分的反思，已與前朝形成分歧。另以當代禮制的變遷印證，北朝猶存養三老五更之禮，南朝卻未聞養三老五更之禮，[204] 東晉以降「師」的身分與意義，已非昔日之「父師」；因此，《通典》于卞壼上奏之事後，又記載唐太宗貞觀十一年（637）時，太宗語魏王泰（618-653）曰：「汝之事師，如事我也」，以言尊崇「師道」之意。[205]

（二）「孔子後」與「先代之後」的混同：兼論順陽范氏對於「釋奠」的起源論述

馮懷議請在元會日三朝之禮時，行辟雍養老之事，自因東晉無辟雍之故，故借三朝之禮以行饗養老；這樣的想法，與晉朝將饗射與釋奠分別二處有關。根據《藝文類聚・釋奠》曰：

> 晉范堅書問馮懷曰：「漢代以來，釋奠先師，唯饗仲尼，不及公旦，何也？」馮答曰：「若如來之談，亦當憲章堯、舜、文、武，豈唯周公乎？」[206]

范堅與馮懷咸以漢代之時已有「釋奠」，當時在「釋奠」中亦只祭祀孔子；由此可知，范堅的晉人觀點認知下的漢代「釋奠」，當是指辟雍禮畢之後的祠孔講說而言，不包括饗射之事，也無關祭祀周公。這種不言「饗射」的概念，與晉朝「釋奠於太學，行饗於辟雍」有關，將導致「師」的另一層面的意義，與祭祀孔子分途。

根據《太平御覽・禮儀部・釋奠》引范汪（約308-372）所撰《晉尚書大事》曰：[207]

---

[203] 《晉書・孝友列傳・顏含》曰：「于時論者以王導帝之師傅，名位隆重，百僚宜為降禮。太常馮懷以問於含，含曰：『王公雖重，理無偏敬，降禮之言，或是諸君事宜。鄙人老矣，不識時務。』既而告人曰：『吾聞伐國不問仁人，向馮祖思問佞於我，我有邪德乎？』」〔唐〕房玄齡等修，吳士鑑、劉承幹注：《晉書斠注》，卷88，頁18-19。

[204] 陳戍國：《中國禮制史：魏晉南北朝卷》（長沙：湖南教育出版社，2002年2月），頁346。

[205] 〔唐〕杜佑：《通典》，卷67，頁375。

[206] 〔唐〕歐陽詢：《藝文類聚》，卷38，頁695。

[207] 《隋書・經籍志》曰：「《尚書大事》二十卷。范汪撰。」〔唐〕魏徵等撰：《隋書》，頁967。

尚書符太常曰：「按洛陽圖，宮南自有太學，國子、辟雍不相預也。捨辟雍以太學，辟雍便為無事虛誕。漢魏舊事，皆言釋奠祠先聖於辟雍，未有言太學者。又咸和中，成皇帝釋奠於中堂之前臺中，故事亦曰辟雍。是為漢魏之世初自兩立，至釋奠便在辟雍，猶存。今廢辟雍而立二學，中興以來相違。」太常王彪之答：「魏帝齊王使有司釋奠於辟雍，此是魏之大事，非晉書舊典。太始、元康釋奠太學，不在辟雍；太始五年、元康五年二行饗禮，皆於辟雍，不在太學。是則釋奠於太學，行饗於辟雍，有晉已行之，准也。中朝有辟雍，猶在太學，況無辟雍，惟有太學，更當不在太學乎！」宰相從太常所答。[208]

此處所指的「宰相」應為何充（292-346），起草尚書符下太常徵詢釋奠之事者，[209]可能就是當時擔任何充長史的范汪。[210]從王彪之（約305-377）的答覆可知，當時對於「釋奠」的舉行，具有兩種說法：尚書符根據漢、魏二代「釋奠」于辟雍，所以認為今日釋奠太學之舉為非；王彪之分陳「魏之大事」與「晉書舊典」之別，以為晉代「釋奠」本以「釋奠於太學，行饗於辟雍」為原則。[211]然而，東晉南渡並無辟雍的設置，「班饗大燕」亦無從舉行，遂生上述馮懷於三朝之禮議請降禮之事。

根據咸寧四年（278）〈晉皇帝三臨辟雍碑〉曰：「降儲尊之貴，敦齒讓之制，疇咨軌憲，敷納話言。堂列不臣之客，庭延布衣之賓。」推測，泰始三年（267）、泰始六年（270）、咸寧三年（277）三次在辟雍

---

[208] 〔宋〕李昉等撰：《太平御覽》，卷535，頁3。
[209] 《兩漢魏晉南北朝宰相制度研究》曰：「尚書臺已經有權獨立地頒下文書，指揮政務。這種文書叫尚書符。而在西晉以前卻沒有見過。」祝總斌：《兩漢魏晉南北朝宰相制度研究》（北京：中國社會科學出版社，1990年10月），頁178。
[210] 《晉書·康帝紀》曰：「（建元元年冬十月）以驃騎將軍何充為中書監、都督揚、豫二州諸軍事、揚州刺史、錄尚書事，輔政。」〔唐〕房玄齡等修，吳士鑑、劉承幹注：《晉書斠注》，卷7，頁20。《尚書大事》的成書時間與撰寫事件，當在晉康帝建元元年（343）至晉穆帝永和元年（345）之間，也就是晉康帝朝時。此時何充輔政兼錄尚書事，范汪為其長史時所錄，甚至可能實由范汪所撰寫，故《隋書·經籍志》曰「撰。」王彪之此時則為太常。
[211] 余嘉錫：《余嘉錫論學雜著》，頁172-173。

舉行鄉飲酒與大射禮，必定也有養老乞言之事。[212] 又據《晉書・禮志》記載晉武帝（236-290）時之釋奠，有泰始七年（271）、咸寧三年、太康三年（282），[213] 饗射與釋奠雖然未必接續舉行，時間相隔亦不甚遠。從范堅與范汪叔姪對於「釋奠」的理解，魏、晉二代祭孔，都是繼承漢代祭祀孔子而來；但是魏、晉祭孔時建構的「孔子」，是否與漢代理解的「孔子」相同？「孔子」的身分是否如昔？《三國志・魏書・崔林傳》曰：

> 魯相上言：「漢舊立孔子廟，褒成侯歲時奉祠，辟雍行禮，必祭先師，王家出穀，春秋祭祀。今宗聖侯奉嗣，未有命祭之禮，宜給牲牢，長吏奉祀，尊為貴神。」制三府議，博士傅祗以《春秋傳》言立在祀典，則孔子是也。宗聖適足繼絕世，章盛德耳。至於顯立言，崇明德，則宜如魯相所上。林議以為：「宗聖侯亦以王命祀，不為未有命也。周武王封黃帝、堯、舜之後，及立三恪，禹、湯之世，不列于時，復特命他官祭也。今周公已上達於三皇，忽焉不祀，而其禮經亦存其言。今獨祀孔子者，以世近故也。以大夫之後，特受無疆之祀，禮過古帝，義踰湯、武，可謂崇明報德矣，無復重祀於非族也。」[214]

此段引文的爭議，在於魯相上奏魏明帝（204-239；226-239 在位），[215] 將闕里祭祀孔子，提高為皇帝命祀的層級；崔林（？-244）卻認為，宗聖侯奉祀孔子已屬皇帝「命祀」，並反對皇帝「祀於非族」。曹魏時期恢復祭孔，當始於魏文帝黃初元年（220），從魏文帝詔「以議郎孔羨為宗聖侯，邑百戶，奉孔子祀」，[216] 崔林言「宗聖侯亦以王命祀，不為未有命也」，似無爭議。然而，《隸釋》所錄黃初元年曹植（192-232）撰〈魏脩

---

[212] 〔日〕神田喜一郎、西川寧監修，〔日〕足立豐解說：《晉皇帝三臨辟雍碑》，《書跡名品叢刊》（東京：二玄社，1988 年 3 月），頁 85-86。
[213] 〔唐〕房玄齡等修，吳士鑑、劉承幹注：《晉書斠注》，卷 19，頁 30-31。
[214] 〔晉〕陳壽撰，〔南朝宋〕裴松之注，盧弼集解：《三國志集解》，卷 24，頁 7-8。
[215] 此事為魏明帝太和中，崔林為太常時事。《冊府元龜・掌禮部・奏議》曰：「嘗林為太常，明帝太和中，魯相上言。」〔宋〕王欽若等編：《冊府元龜》，卷 574，頁 8。
[216] 〔晉〕陳壽撰，〔南朝宋〕裴松之注，盧弼集解：《三國志集解》，卷 2，頁 44。

孔子廟碑〉，[217] 後世有以「制命宗聖侯孔羨奉家祀碑」解讀之，[218] 又從「祀於非族」的血緣論述可知，當時闕里祀孔只是「家祀」性質，又似魯相所言為是。從上文所見，孔羨雖有宗聖侯之身分奉祀孔子，並未有朝廷額外賞賜之「牲牢」，推測不是祭以太牢之禮，可能屬於亭侯之規制，如同後世陸納、車胤所議。

此外，從崔林將「二王三恪」比擬祀孔之事，並且根據《左傳》得出「無復重祀於非族」的結論，[219] 可以知道崔林視宗聖侯孔羨如同「二王之後」。[220] 這樣的觀點，可能不是崔林一人的見解，如《晉書‧禮志》曰：

> 昔武王入殷，未及下車而封先代之後，蓋追思其德也。孔子以大聖而終於陪臣，未有封爵。至漢元帝，孔霸以帝師賜爵，號褒成君，奉孔子後。魏文帝黃初二年正月，詔以議郎孔羨為宗聖侯，邑百戶，奉孔子祀，令魯郡修舊廟，置百戶吏卒以守衛之。及武帝泰始三年十一月，改封宗聖侯孔震為奉聖亭侯。又詔太學及魯國，四時備三牲以祀孔子。明帝太寧三年，詔給奉聖亭侯孔亭四時祠孔子祭，直如泰始故事。[221]

案《晉書‧禮志》之史觀，從晉「奉聖亭侯」可以上推曹魏「宗聖侯」、漢「褒成君」、周「二王三恪」，與崔林的說法一致。但是事實上，漢代「二王之後」與闕里祀孔之事並無直接關連，「褒成侯」也不是「二王之後」，而是屬於「先聖之胤」。[222] 前已論及，孔霸封爵是因授業漢明帝之

---

[217] 〔宋〕洪适：《隸釋》，卷19，頁11-14。
[218] 南宋本《曹子建文集》收錄曹植碑文並不完整，並題作「孔子廟頌」，僅有「修復舊廟」至「外被荒遐」十四句。〔魏〕曹植：《曹子建文集》（南京：江蘇古籍出版社，2001年9月，《續古逸叢書》影南宋江西大字本），卷7，頁2。最早作「制命宗聖侯孔羨奉家祀碑」，可能出自張溥《漢魏六朝百三家集》所輯的結果，並將宋本〈學官頌〉，改名為「孔子廟頌」。〔明〕張溥輯：《漢魏六朝百三家集》（臺北，臺灣商務印書館，1986年，《文淵閣四庫全書》本），卷26，頁84-88。
[219] 《左傳‧僖公十年》曰：「神不歆非類，民不祀非族。」〔晉〕杜預注，〔唐〕孔穎達正義：《春秋左傳注疏》，卷13，頁16。
[220] 〈魏脩孔子廟碑〉曰：「追存二代三恪之禮，兼紹宣尼褒成之後，以魯縣百戶，命孔子廿一世孫議郎孔羨為宗聖，以奉孔子之祀。」〔宋〕洪适：《隸釋》，卷19，頁11。
[221] 〔唐〕房玄齡等修，吳士鑑、劉承幹注：《晉書斠注》，卷19，頁29-30。
[222] 《漢書‧王莽傳》曰：「漢後：定安公劉嬰，為賓；周後：衛公姬黨，更封為章平公，亦

故,與孔子有無爵位無關,也與「大夫之後」無關;漢代帝王祭祀孔子,也不曾顧慮血緣上的「祀於非族」,因為這是基於尊「師」之義,不是「二王三恪」。另從魯相要求應使「長吏奉祀」,則如漢光武帝「使大司空祠孔子」,[223] 亦無涉「祀於非族」之說。

從上述魏、晉二代仍有以太牢祀孔的現象看來,對於崇祀「聖/師」的方法、儀式為何?可能仍未形成定見,故在南渡之後,仍是持續議論的話題;崔林對於祭祀孔子的見解,可以視為這場「釋奠」論述形成的早期發聲。其將歷代聖王與孔子相比,解釋以「世近」作為「獨祀孔子」一人的理由,這樣的發想依據為何?崔林所言的依據,或許是從「天子設四學」而到「釋奠」的概念聯繫有關。[224] 如《禮記‧文王世子》所言:

> 凡始立學者,必釋奠于先聖先師。及行事,必以幣。凡釋奠者,必有合也,有國故則否。
> 鄭玄注曰:「先聖,周公若孔子。國無先聖先師,則所釋奠者,當與鄰國合也。若唐、虞有夔、伯夷,周有周公,魯有孔子,則各自奠之,不合也。」[225]

《禮記‧文王世子》所論「先聖」並非一人,「四代」皆有其學,[226]「四

為賓;殷後:宋公孔弘,運轉次移,更封為章昭侯,位為恪;夏後:遼西姒豐,封為章功侯,亦為恪。四代古宗,宗祀於明堂,以配皇始祖考虞帝。周公後:襃魯子姬就,宣尼公後:襃成子孔鈞,已前定焉。」〔漢〕班固撰,〔唐〕顏師古注,〔清〕王先謙補注:《漢書補注》,卷99中,頁5。王莽於始建國元年(9),合「二恪」與「二賓」為「四代古宗」,與周、孔二聖相並。漢章帝元和二年(85),亦將王者之後與先聖之後分別。其詔曰:「其二王之後,先聖之胤。」〔南朝宋〕范曄撰,〔唐〕李賢注,〔清〕王先謙集解:《後漢書集解》,卷3,頁13。《東觀漢紀》曰:「孔子後襃成侯等,咸來助祭。」〔漢〕劉珍撰,吳樹平校注:《東觀漢紀校注》,頁77。

223 〔南朝宋〕范曄撰,〔唐〕李賢注,〔清〕王先謙集解:《後漢書集解》,卷1,頁26。
224 《禮記‧祭義》曰:「天子設四學,當入學而大子齒。」〔漢〕鄭玄注,〔唐〕孔穎達正義:《禮記注疏》,卷48,頁12。
225 〔漢〕鄭玄注,〔唐〕孔穎達正義:《禮記注疏》,卷20,頁9-10。
226 《禮記‧文王世子》曰:「春誦、夏弦,大師詔之瞽宗;秋學禮,執禮者詔之;冬讀書,典書者詔之。禮在瞽宗,書在上庠。」鄭玄注曰:「周立三代之學,學書於有虞氏之學,典謨之教所興也;學舞於夏后氏之學,文武中也;學禮樂於殷之學,功成治定與己同也。」〔漢〕鄭玄注,〔唐〕孔穎達正義:《禮記注疏》,卷20,頁5。

學」各有「先聖」;[227] 若非「有國故」如杞、宋等「二王三恪」之國，則當擇「近」之「先聖」而祭之。[228] 因此，後世以「世近」擇之，是將「先聖」之遠近，從地域上轉移到時間上；這樣的推論，不僅合乎上述崔林以「二王三恪」定義「先聖」，並且能以「釋奠」之義，限定在孔子一人為「先聖」。

但是，以「世近」之故獨使孔子後裔祭祀孔子，並沒有突顯「生民以來，未有盛於孔子者也」的絕對地位。裴松之故輕鄙崔林所言：

> 臣松之以為，孟軻稱宰我之辭曰：「以予觀夫子，賢於堯舜遠矣。」又曰：「生民以來，未有盛於孔子者也。」斯非通賢之格言，商較之定準乎！雖妙極則同，萬聖猶一，然淳薄異時，質文殊用，或當時則榮，沒則已焉，是以遺風所被，實有深淺。若乃經緯天人，立言垂制，百王莫之能違，彝倫資之以立，誠一人而已耳。周監二代，斯文為盛。然於六經之道，未能及其精致。加以聖賢不興，曠年五百，道化陵夷，憲章殆滅，若使時無孔門，則周典幾乎息矣。夫能光明先王之道，以成萬世之功，齊天地之無窮，等日月之久照，豈不有踰於群聖哉？林曾無史遷洞想之誠，梅真慷慨之志，而守其蓬心以塞明義，可謂多見其不知量也。[229]

裴松之據《孟子》以孔子在教化的意義上，遠高於百王之上的說法，到了貞觀元年（627）唐太宗即位，封孔德倫為褒聖侯之時，又再次提

---

[227] 或如《文獻通考・學校考・祠祭褒贈先聖先師》引長樂劉氏曰：「周有天下，立四代之學。虞庠則以舜為先聖，夏學則以禹為先聖，殷學則以湯為先聖，東膠則以文王為先聖，各取當時左右四聖，成其德業者為之先師以配享焉。此天子立學之法也。」〔元〕馬端臨：《文獻通考》，卷43，頁403。

[228] 《禮記正義》曰：「天子立虞、夏、殷、周四代之學，若諸侯，止立時王一代之學，有大學小學耳。……云：『先聖，周公若孔子』者，以周公、孔子皆為先聖，近周公處祭周公，近孔子處祭孔子，故云若。……就他國而祭之，當遙合祭耳。若魯有孔子、顏回，餘國祭之，不必於魯。若已國有先聖先師，則不須與鄰國合也，當各自祭，故云：『有國故則否。』是唐、虞有夔龍、伯夷，周有周公，魯有孔子，是國故有此人，則不與鄰國合祭也。」〔漢〕鄭玄注，〔唐〕孔穎達正義：《禮記注疏》，卷20，頁10。

[229] 〔晉〕陳壽撰，〔南朝宋〕裴松之注，盧弼集解：《三國志集解》，卷24，頁8。

出。²³⁰ 隔年，又詔曰：「停周公為先聖，……以仲尼為先聖，顏子為先師。」²³¹ 但是，從《禮記・文王世子》言「釋奠先聖」非一，反觀裴松之批評崔林之「蓬心」，²³² 二者在經典認知上的差異，不僅是司馬遷、梅福之洞見，而是涉及魏晉以降時人建構孔子身分的不同。

根據前述，范寧有釋奠孔子依周公之廟，用王者之儀的說法，此說正與梅福於漢成帝時的主張相同：

> 昔成王以諸侯禮葬周公，而皇天動威，雷風著災。今仲尼之廟不出闕里，孔氏子孫不免編戶，以聖人而歆匹夫之祀，非皇天之意也。今陛下誠能據仲尼之素功，以封其子孫，則國家必獲其福，又陛下之名與天匕極。何者？追聖人素功，封其子孫，未有法也，後聖必以為則。不滅之名，可不勉哉！²³³

顏師古注曰：「素功，素王之功也。《穀梁傳》曰：『孔子素王。』」²³⁴ 今《穀梁傳》並無顏師古徵引的內容；從梅福少學《穀梁》，范寧亦註解《穀梁》，二人的主張，或許受到《穀梁傳》的影響。《穀梁傳》中關於「周公之廟，用王者儀」之說，僅見《穀梁傳・文公十有三年》曰：「周公曰大廟」，傳文與范寧俱無詳說，²³⁵ 如果參考《公羊傳》曰：「周公稱大廟」，並言：「然則周公曷為不之魯？欲天下之一乎周也。魯祭周公何以為牲？周公用白牲。」²³⁶ 何休曰：「白牡，殷牲也。周公死有王禮，謙不

---

²³⁰ 唐太宗〈封孔德綸為褒聖侯詔〉曰：「宣尼以大聖之德，天縱多能，王道藉以裁成，人倫資其教義。故孟軻稱『生人以來，一人而已。』自漢氏馭歷，魏室分區，爰及晉朝，暨於隋代，咸相崇尚，用存禋祀。朕欽若前王，憲章故寔，親師宗聖，是所庶幾。存亡繼絕，抑惟通典，可立孔子後為褒聖侯，以隋故紹聖侯孔嗣悊嫡子德綸為嗣，主者施行。」〔清〕董誥等編：《全唐文》，卷4，頁17。

²³¹ 〔唐〕吳兢撰，謝保成集校：《貞觀政要輯校》，頁376。

²³² 《莊子・逍遙遊》曰：「夫子猶有蓬之心也夫。」郭象注：「蓬，非直達者也。」成玄英疏曰：「蓬，草名，拳曲不直也。夫，歎也。……惠生既有蓬心，未能直達玄理，故妄起掊擊之譬，譏刺莊子之書。為用失宜，深可嘆之。」〔晉〕郭象注，〔唐〕成玄英疏：《南華真經注疏》（南京：江蘇古籍出版社，2002年10月，《古逸叢書》影覆宋本），卷1，頁20。

²³³ 〔漢〕班固撰，〔唐〕顏師古注，〔清〕王先謙補注：《漢書補注》，卷67，頁12。

²³⁴ 〔漢〕班固撰，〔唐〕顏師古注，〔清〕王先謙補注：《漢書補注》，卷67，頁12。

²³⁵ 〔晉〕范甯集解，〔唐〕楊士勛疏：《春秋穀梁傳注疏》，卷3，頁10。

²³⁶ 〔漢〕何休解詁，徐彥疏：《春秋公羊注疏》，卷14，頁5-6。

敢與文、武同也。」[237] 梅福、范寧皆以祭祀孔子當如祭祀周公，用王者之儀，當視周、孔二人皆非尋常之王者；[238] 因此，雖藉使孔子後裔成為「二王之後」，其實是褒崇孔子的權宜之說，與崔林認知的「二王三恪」之祀並不相同。

漢代冊封的孔子後裔有兩種爵位，意味著存在兩種不同的「祀孔」概念。東晉南朝對於「釋奠」孔子的討論，出現上述「亭侯」、「上公」、「帝王」之禮三種說法，也與漢代兩種「祀孔」概念的接受有關。但是，以「尊師」為核心的討論，卻在現實之中受到皇權的壓抑，因此如范宣謂：「當其為師則不臣之，釋奠日，備帝王禮樂」的說法，與上述晉明帝言「故雖天子，必有尊也」相同，卻與范寧之說同被視為不合時宜之論。

三、《魏書》中的「祀孔」與「釋奠」

北朝雖然未有如東晉南朝對於「釋奠」之禮的討論，從《魏書》記載「釋奠」之禮的舉行，與孔子教化身分的定位，卻也同樣遷就現實的影響。「三教」論述日漸蓬勃發展，儒學必得遭遇佛、道二教收編的問題，這將導致儒學教化的式微，以及「釋奠」先聖的徒具形式。

（一）「祀孔」與「釋奠」不同

北魏雖然早在道武帝天興四年（401）於國學舉行「釋菜」之禮，[239] 此後歷任帝王又有于太學、孔廟「祀孔」之事。例如：

《魏書‧世祖紀》曰：「始光三年（424），……二月，起太學於城東，祀孔子，以顏淵配。」[240]

《魏書‧禮志》曰：「（太和十六年；492）癸丑，帝臨宣文

---

[237]〔漢〕何休解詁，徐彥疏：《春秋公羊注疏》，卷14，頁6。
[238] 梅福曰：「孔子故殷後也，雖不正統，封其子孫以為殷後，禮亦宜之。」〔漢〕班固撰，〔唐〕顏師古注，〔清〕王先謙補注：《漢書補注》，卷67，頁12。
[239]《魏書‧太祖紀》曰：「二月丁亥，命樂師入學習舞，釋菜于先聖、先師。」〔北齊〕魏收：《魏書》，頁38。
[240]〔北齊〕魏收：《魏書》，頁38。《魏書‧禮志》記載此事，誤將「太學」作「國學」。曰：「後三年二月，祀孔子於國學，以顏淵配。」〔北齊〕魏收：《魏書》，頁2738。

堂，引儀曹尚書劉昶、鴻臚卿游明根、行儀曹事李韶，授策孔子，崇文聖之諡。於是昶等就廟行事。既而，帝齋中書省，親拜祭於廟。」[241]

但是根據《魏書・儒林列傳》描述，北魏兩次舉行「釋奠」，分別為孝明帝正光二年（521）于國學釋奠，以及孝武帝永熙三年（534）之釋奠；[242] 先前「祀孔」之事，史家皆不書為「釋奠」。這並不能以史家疏漏視之，如果援用清人的問題意識，「太牢祀孔」與「釋奠」本有分別。[243]

又據《魏書・高允列傳》引高允（390-487）上表獻文帝（454-476；465-471 在位），論及釋奠之禮自西晉永嘉以來中絕，[244] 已歷一百五十年，同樣不以先前之「祀孔」為「釋奠」。曰：

> 臣聞經綸大業，必以教養為先；咸秩九疇，亦由文德成務。故辟雍光於周詩，泮宮顯於〈魯頌〉。自永嘉以來，舊章殄滅，鄉閭蕪沒，雅頌之聲，京邑杜絕，釋奠之禮，道業陵夷，百五十載。仰惟先朝，每欲憲章昔典，經闡素風，方事尚殷，弗遑克復。[245]

於時，高允身任中書監，[246] 從「中書學」隸屬中書省的性質推論，[247] 舉行

---

[241] 〔北齊〕魏收：《魏書》，頁 177。
[242] 《魏書・儒林列傳》曰：「正光二年，乃釋奠於國學，命祭酒崔光講孝經，始置國子生三十六人。暨孝昌之後，海內淆亂，四方校學所存無幾。永熙中，復釋奠於國學。」〔北齊〕魏收：《魏書》，頁 1842。
[243] 《白華前稿・乾隆四十四年浙江鄉試策問》曰：「漢高祖以太牢祠孔子，後魏孝文帝親祠孔子，史何以不書釋奠與？」〔清〕吳省欽：《白華前稿》（上海：上海古籍出版社，2002 年 3 月，《續修四庫全書》影清乾隆刻本），卷 20，頁 13。
[244] 《水經注・穀水》曰：「晉永嘉中，王彌、劉曜入洛，焚毀二學，尚髣髴前基矣。」〔北魏〕酈道元注，楊守敬、熊會貞疏：《水經注疏》，頁 1435。
[245] 〔北齊〕魏收：《魏書》，頁 1077-1078。
[246] 《魏書・刁雍列傳》曰：「皇興中，雍與隴西王源賀及中書監高允等並以耆年特見優禮，錫雍几杖，劍履上殿，月致珍羞焉。」〔北齊〕魏收：《魏書》，頁 871。
[247] 嚴耀中〈北魏中書學及其政治作用〉曰：「胡三省認為中書博士係中書省屬官，但他沒有舉出理由來，……在迄今能夠找到有關北魏的史料中，也尋不出任何一個能說明中書博士與太常有隸屬關係的證據。相反，卻有不少的跡象表明，……中書學與中書省有著不可分割的密切關係，中書學歸屬中書省。」嚴耀中：〈北魏中書學及其政治作用〉，《中國魏晉南北朝史學會第二屆學術討論會論文集》（北京：中國魏晉南北朝史學會，1986 年 6 月），頁 138-139。

「釋奠」之禮等「舊章」，不屬於中書省而當隸屬太常之事；換言之，高允以「京邑杜絕釋奠之禮」的說法，並不是針對下轄的「中書學」而論，而是太常的職掌。若以南朝制度況之，北魏明元帝（392-423；409-423在位）之時，業已「改國子為中書學」，[248] 故自天興四年「釋菜」之後，便無「國學」可行「釋奠」之禮，也不會有「中書學」式之「釋奠」。

因此，孝文帝在太和十三年（489）建平城孔廟於京師，[249] 並且「改中書學為國子學，建明堂辟雍，尊三老五更」，[250] 恢復國子祭酒之職的用意，[251] 可視為預備太常行饗釋奠之舉。雖然孝文帝在太和十六年二月，尚未恢復為國子學，[252] 因此「帝齋中書省，親拜祭於廟」，策命孔子亦不書「釋奠」；[253] 同年八月，又行養老之禮於「明堂辟雍」，[254] 使尉元（415-493）、游明根（417-498）為三老、五更。[255] 卻可經此理解，北魏中書學到國學的變遷，與明堂辟雍之營構，類似西晉太常行饗釋奠的模仿，[256] 與後來「釋奠」的舉行，皆有直接的聯繫。

（二）北魏孝明帝正光二年以前對於「釋奠」典禮的延宕

孝文帝之時並無「釋奠」之舉，北魏「釋奠」之舉行，為遷都洛陽

---

[248] 〔北齊〕魏收：《魏書》，頁1842。
[249] 〔北齊〕魏收：《魏書》，頁165。
[250] 〔北齊〕魏收：《魏書》，頁1842。
[251] 《魏書‧陽尼列傳》曰：「後改中書學為國子學，時中書監高閭、侍中李沖等以尼碩學博識，舉為國子祭酒。高祖嘗親在苑堂講諸經典，詔尼侍聽，賜帛百匹。」〔北齊〕魏收：《魏書》，頁1601。
[252] 鄭欽仁〈北魏中書省考〉曰：「太和中，中書學改為國子學，而太和十七年之職品令有國子博士、太學博士，不見有中書之名，故太和中改中書學為國子學，應完成於太和十五、十七年官制大改革時期。」鄭欽仁：《北魏官僚機構研究續篇》（臺北：稻禾出版社，1995年4月），頁116。
[253] 《資治通鑑‧齊紀‧永明十年》曰：「其宣尼之廟，祀於中書省。丁未，改諡宣尼曰文聖尼父，帝親行拜祭。」〔宋〕司馬光編著：《資治通鑑》，頁4320。
[254] 前注言「養三老五更於明堂」，《魏書‧游明根列傳》又曰：「其年，以司徒尉元為三老，明根為五更，行禮辟雍。語在〈元傳〉。」〔北齊〕魏收：《魏書》，頁1215。故知明堂與辟雍實指一處而言。
[255] 《魏書‧尉元列傳》曰：「於是養三老五更於明堂，國老庶老於階下。高祖再拜三老，親袒割牲，執爵而饋；於五更行肅拜之禮，賜國老、庶老衣服有差。」〔北齊〕魏收：《魏書》，頁1114-1115。
[256] 胡三省注曰：「魏先置中書博士及中書學生，今改曰國子學，從晉制也。」〔宋〕司馬光編著：《資治通鑑》，頁4273。

（494）時事，同樣與興立「國學」有密切關係。根據《魏書・鄭羲列傳》載國子祭酒鄭道昭（455-515）上表曰：

> 竊惟鼎遷中縣，年將一紀，縉紳祇業，俎豆闕聞，遂使濟濟明朝，無觀風之美，非所以光國宣風，納民軌義。臣自往年以來，頻請學令，並置生員，前後累上，未蒙一報，故當以臣識淺濫官，無能有所感悟者也。館宇既修，生房粗構，博士見員，足可講習。雖新令未班，請依舊權置國子學生，漸開訓業，使播教有章，儒風不墜，後生覯徒義之機，學徒崇知新之益。至若孔廟既成，釋奠告始，揖讓之容，請俟令出。[257]

鄭道昭雖在北魏宣武帝正始年間遷任國子祭酒，此時的洛陽「五雍」猶殘破不堪，幾乎等於沒有國學、國子生，[258] 亦無孔廟設置。《魏書・世宗紀》又載正始元年（504）十一月戊午詔書，曰：

> 古之哲王，創業垂統，安民立化，莫不崇建膠序，開訓國胄，昭宣三禮，崇明四術，使道暢群邦，風流萬宇。自皇基徒構，光宅中區，軍國務殷，未遑經建，靖言思之，有慚古烈。可敕有司依漢魏舊章，營繕國學。[259]

宣武帝正始年間預備營繕的建築，除了模仿「漢魏舊章」的國學之外，還包括明堂、辟雍、靈臺的討論。此時鄭道昭等人所議，皆出自清河王元懌（487-520）的召集。

根據《魏書・封懿列傳》所載：

---

[257]〔北齊〕魏收：《魏書》，頁1242。
[258]「五雍」應指「三雍」加上國學、太學而言。見《魏書・鄭羲列傳》曰：「遷國子祭酒，道昭表曰：『臣竊以為：崇治之道，必也須才；養才之要，莫先於學。今國子學堂房粗置，弦誦闕爾。城南太學，漢、魏石經，丘墟殘毀，藜藿蕪穢，遊兒牧豎，為之歎息，有情之輩，實亦悼心，況臣親司，而不言露。伏願天慈回神紆眄，賜垂鑒察。若臣微意，萬一合允，求重敕尚書、門下，考論營制之模，則五雍可翹立而興，毀銘可不日而就。樹舊經於帝京，播茂範於不朽。斯有天下者之美業也。』不從。」〔北齊〕魏收：《魏書》，頁1240-1241。
[259]〔北齊〕魏收：《魏書》，頁198。

司空、清河王懌表修明堂辟雍，詔百僚集議。軌議曰：「明堂者，布政之宮，在國之陽，所以嚴父配天，聽朔設教，其經構之式，蓋已尚矣。……今聖朝欲尊道訓民，備禮化物，宜則五室，以為永制。至如廟學之嫌，臺沼之雜，袁準之徒已論正矣，遺論具在，不復須載。」[260]

封軌所論袁準「廟學」之說，係指「宗廟」與「太學／辟雍」而言，與今日常見的「廟學」概念不同。[261] 如《禮記·明堂位正義》引袁準《正論》曰：

> 明堂、宗廟、大學，禮之本物也。事義不同，各有所為。而世之論者，合以為一體，取《詩》、《書》放逸之文，經典相似之語，推而致之。考之人情，失之遠矣。宗廟之中，人所致敬，幽隱清淨，鬼神所居，而使眾學處焉，饗射其中，人鬼慢黷，死生交錯，囚俘截耳，瘡痍流血，以干鬼神，非其理也。茅茨采椽，至質之物，建日月，乘玉路，以處其中，非其類也。夫宗廟，鬼神所居，祭天而於人鬼之室，非其處也。王者五門，宗廟在一門之內，若射在於廟，而張三侯。又辟雍在內，人物眾多，殆非宗廟之中所能容也。[262]

根據酈道元（470-527）《水經注·漯水》對於太和明堂的描述，孝文帝太和年間營構「三雍」，實為一體之建築；[263] 這種建築形式的概念，主要根據《大戴禮記·明堂》而來。[264] 元懌、封軌持袁準《正論》之說，認為

---

[260] 〔北齊〕魏收：《魏書》，頁 765-766。

[261] 《文獻通考·學校考》曰：「按古者入學，則釋奠於先聖先師，明聖賢當祠之於學也。自唐以來，州縣莫不有學；則凡學，莫不有先聖之廟矣。」〔元〕馬端臨：《文獻通考》，卷 43，頁 411。

[262] 〔漢〕鄭玄注，〔唐〕孔穎達正義：《禮記注疏》，卷 31，頁 1。

[263] 《水經注·漯水》曰：「明堂上圓下方，四周十二戶九室，而不為重隅也。室外柱內，綺井之下，施機輪，飾縹碧，仰象天狀，畫北道之宿焉，蓋天也。每月隨斗所建之辰，轉應天道，此之異古也。加靈臺於其上，下則引水為辟雍。水側結石為塘，事準古制，是太和中之所經建也。」〔北魏〕酈道元注，楊守敬、熊會貞疏：《水經注疏》，頁 1150-1151。

[264] 《禮記·明堂位正義》曰：「案《大戴禮·盛德》篇云：『明堂者，所以明諸侯尊卑也。外水名曰辟廱。』〈政穆〉篇云：『大學，明堂之東序也。』如此文，則辟廱明堂同處矣，故

「廟」與「學」的性質不同，不應強合一處；袁翻（476-528）亦以太和年間草創未備，方使「三雍」合為一所；[265] 賈思伯（468-525）亦批評「戴氏九室之言，蔡子廟學之議，子幹靈臺之說，裴逸一屋之論，及諸家紛紜，並無取焉」，欲使「朝廷若獨絕今古，自為一代制作者，則所願也。若猶祖述舊章，規摹前事，不應捨殷周成法，襲近代妄作」。[266] 改變太和明堂辟雍一體形式的理由，未必全然為是，但是分別興築「五雍」建築的形式，是當時主流的訴求。[267]

事實上，宣武帝在正始四年（507）六月，又下詔書要求「置國子」，[268] 延昌元年（512）又再次下詔書，要求國學「孟冬使成」，[269] 直到孝明帝正光元年（520），國學及「三雍」仍未見營構的原因為何？[270] 根據《魏書‧源賀列傳》引源子恭於神龜二年（519）上書曰：

> 臣聞辟臺望氣，軌物之德既高；方堂布政，範世之道斯遠。是

諸儒多用之。盧植《禮記注》云：『明堂即大廟也，天子太廟上可以望氣，故謂之靈臺；中可以序昭穆，故謂之太廟；圜之以水似辟，故謂之辟廱，古法皆同一處，近世殊異，分為三耳。』蔡邕《月令論》云：『取其宗廟之清貌，則曰清廟；取其正室之貌，則曰太廟；取其堂，則曰明堂；取其四門之學，則曰太學；取其周水圓如璧，則曰辟廱。異名而同耳，其實一也。』穎子容《春秋釋例》云：『太廟有八名，其體一也。肅然清靜，謂之清廟；行禘祫，序昭穆，謂之太廟；告朔行政，謂之明堂；行饗、射義、國老，謂之辟廱；占雲物，望氣祥，謂之靈臺；其四門之學，謂之太學；其中室，謂之太室，揔謂之宮。』賈逵、服虔注《左傳》亦云：『靈臺在太廟、明堂之中。』此等諸儒，皆以廟、學、明堂、靈臺為一。」〔漢〕鄭玄注，〔唐〕孔穎達正義：《禮記注疏》，卷31，頁1。
[265]〔北齊〕魏收：《魏書》，頁1538。
[266]〔北齊〕魏收：《魏書》，頁1613-1615。
[267]《北史‧裴延儁列傳》曰：「及詔立明堂，群官博議，延儁獨著一堂之論。太傅、清河王懌時典眾議，讀而笑曰：『子故欲遠符僕射也。』」〔唐〕李延壽：《北史》，頁1377。故知「一堂之論」，為少數意見。兩種建築形式，俱由李沖所設計。《魏書‧李沖列傳》曰：「沖機敏有巧思，北京明堂、圓丘、太廟，及洛都初基，安處郊兆，新起堂寢，皆資於沖。」〔北齊〕魏收：《魏書》，頁1187。
[268]《魏書‧世宗紀》曰：「今天平地寧，方隅無事，可敕有司準訪前式，置國子，立太學，樹小學於四門。」〔北齊〕魏收：《魏書》，頁204。
[269]《魏書‧世宗紀》曰：「遷京嵩縣，年將二紀，虎闈闕唱演之音，四門絕講誦之業，博士端然，虛祿歲祀，貴遊之冑，歎同子衿，靖言念之，有兼愧慨。可嚴敕有司，國子學孟冬使成，太學、四門明年暮春令就。」〔北齊〕魏收：《魏書》，頁211-212。
[270] 如孝明帝詔曰：「建國緯民，立教為本，尊師崇道，茲典自昔。來歲仲陽，節和氣潤，釋奠孔顏，乃其時也。有司可豫繕國學，圖飾聖賢，置官簡牲，擇吉備禮。」〔北齊〕魏收：《魏書》，頁229。

以書契之重，理冠於造化；推尊之美，事絕於生民。至如郊天饗帝，蓋以對越上靈；宗祀配天，是用酬膺下土。大孝莫之能加，嚴父以茲為大，乃皇王之休業，有國之盛典。竊惟皇魏居震統極，總宙馭宇，革制土中，垂式無外。自北徂南，同卜維於洛食；定鼎遷民，均氣候於寒暑。高祖所以始基，世宗於是恢構。按功成作樂，治定制禮，乃訪遺文，修廢典，建明堂，立學校，興一代之茂矩，標千載之英規。永平之中，始創雉構，基趾草昧，迄無成功。故尚書令、任城王臣澄按故司空臣沖所造明堂樣，并連表詔答、兩京模式，奏求營起。緣期發旨，即加葺繕。侍中、領軍臣叉，總動作官，宣贊授令。自茲厥後，方配兵人，或給一千，或與數百，進退節縮，曾無定準，欲望速了，理在難克。若使專役此功，長得營造，委成責辦，容有就期。但所給之夫，本自寡少，諸處競借，動即千計。雖有繕作之名，終無就功之實。爽塏荒茫，淹積年載，結架崇構，指就無兆。仍令肆胄之禮，掩仰而不進；養老之儀，寂寥而不返。構廈止於尺土，為山頓於一簣，良可惜歟！愚謂召民經始，必有子來之歌；興造勿亟，將致不日之美。況本兵不多，兼之牽役，廢此與彼，循環無極。便是輟創禮之重，資不急之費，廢經國之功，供寺館之役，求之遠圖，不亦闕矣？今諸寺大作，稍以粗舉，並可徹減，專事經綜，嚴勒工匠，務令克成。使祖宗有薦配之期，蒼生覿禮樂之富。[271]

源子恭此議，是呼應任城王元澄（467-519）先前上表：「唯明堂辟雍，國禮之大。來冬司徒兵至，請籌量減徹，專力經營，務令早就」之請求，可知此項關乎國禮之大事，竟然因為「總動作官」元叉（？-525）刻意的怠慢拖沓，導致國家大政之不行；其幕後主使者，極可能是靈太后（？-528）崇佛興寺之緣故。[272] 是以李崇（454-525）上表靈太后曰：

臣又聞官方授能，所以任事，事既任矣，酬之以祿。如此，上

---

[271]〔北齊〕魏收：《魏書》，頁 933-934。
[272]《魏書·景穆十二王列傳》總結元澄上表之故，曰：「靈太后銳於繕興，在京師則起永寧、太上公等佛寺，功費不少，外州各造五級佛圖，又數為一切齋會，施物動至萬計。百姓疲於土木之功，金銀之價為之踊上，削奪百官事力，費損庫藏，兼曲賚左右，日有數千。澄故有此表。雖卒不從，常優答禮之。」〔北齊〕魏收：《魏書》，頁 479-480。

無曠官之譏,下絕尸素之謗。今國子雖有學官之名,而無教授之實,何異兔絲燕麥、南箕北斗哉!昔劉向有言:「王者宜興辟雍,陳禮樂,以風化天下。夫禮樂所以養人,刑法所以殺人。而有司勤勤請定刑法,至于禮樂,則曰未敢,是則敢于殺人,不敢于養人也。」臣以為當今四海清平,九服寧晏,經國要重,理應先營;脫復稽延,則劉向之言徵矣。但事不兩興,須有進退。以臣愚量,宜罷尚方雕靡之作,頗省永寧土木之功,并減瑤光材瓦之力,兼分石窟鐫琢之勞,及諸事役非急者,三時農隙,修此數條。使辟雍之禮,蔚爾而復興;諷誦之音,煥然而更作。美榭高墉,嚴壯於外;槐宮棘宇,顯麗于中。道發明令,重遵鄉飲,敦進郡學,精課經業。如此,則元、凱可得之于上序,游、夏可致之于下國,豈不休歟!誠知佛理淵妙,含識所宗,然比之治要,容可小緩。苟使魏道熙緝,元首唯康,爾乃經營,未為晚也。[273]

李崇上表的時間,同樣是在孝明帝初年之際。可從其所言,勾勒當時朝廷在面對「釋奠」前夕的態度:其一,從「國子雖有學官之名,而無教授之實」,又有「曠官之譏」可知,自遷都以來尚無國學、國子生,無以舉行「釋奠」;其二,所謂「永寧土木之功」、[274]「瑤光材瓦之力」、[275]「石窟鐫琢之勞」,[276] 均指當時朝廷願意在佛教建築上,窮極奢華地大興土木,卻無餘力分撥在破落的國學三雍上;其三,要求應先營造「槐宮棘宇」,[277] 並且「道發明令,重遵鄉飲」,故知鄉飲酒禮等學禮皆未曾舉行。

---

[273] 〔北齊〕魏收:《魏書》,頁 1471-1472。關於此文的問題,錢鍾書《管錐編》曰:「李崇〈請減佛寺功材以修學校表〉。按《全北齊文》卷二楊愔〈奏請置學及修立明堂〉、卷三邢邵〈奏立明堂太學〉與此文全同,惟無末『誠知佛理淵妙』云云三十七字,是一文具三主名而三見,嚴氏亦無按語,楊、邢之〈奏〉載《北齊書・邢邵傳》;錢大昕《廿二史考異》卷三十九謂:『此奏實出於崇,與楊愔、魏收、邢邵諸人初不相涉。』是也。」錢鍾書:《管錐編》(北京:三聯書店,2007 年 12 月),頁 2320。

[274] 《洛陽伽藍記・城內》曰:「永寧寺,熙平元年靈太后胡氏所立也。」〔北魏〕楊衒之撰,楊勇校箋:《洛陽伽藍記校箋》(北京:中華書局,2006 年 7 月),頁 11。

[275] 《洛陽伽藍記・城內》曰:「瑤光寺,世宗宣武皇帝所立,……作工之妙,埒美永寧。」〔北魏〕楊衒之撰,楊勇校箋:《洛陽伽藍記校箋》,頁 46。

[276] 《魏書・釋老志》曰:「於京城西武州塞,鑿山石壁,開窟五所,鐫建佛像各一。高者七十尺,次六十尺,彫飾奇偉,冠於一世。」〔北齊〕魏收:《魏書》,頁 3037。

[277] 「槐宮」即學宮,自古學校多植槐樹,後世多以「槐」、「槐市」作為學校之譬喻。如《三

此外，又見《魏書‧張普惠列傳》記載，張普惠（468-525）因為「肅宗不親視朝，過崇佛法，郊廟之事，多委有司」，上疏曰：

> 告朔朝廟，不親於明堂；嘗禘郊社，多委於有司。觀射遊苑，躍馬騁中，危而非典，豈清蹕之意。殖不思之冥業，損巨費於生民。減祿削力，近供無事之僧；崇飾雲殿，遠邀未然之報。昧爽之臣，稽首於外；玄寂之眾，遨遊於內。愆禮忤時，人靈未穆。愚謂從朝夕之因，求祇劫之果，未若先萬國之忻心，以事其親，使天下和平，災害不生者也。伏願淑慎威儀，萬邦作式，躬致郊廟之虔，親紆朔望之禮，釋奠成均，竭心千畝，明發不寐，潔誠禋祼。孝悌可以通神明，德教可以光四海，則一人有喜，兆民賴之，然後精進三寶，信心如來。道由禮深，故諸漏可盡；法隨禮積，故彼岸可登。量撤僧寺不急之華，還復百官久折之秩。已興之構，務從簡成；將來之造，權令停息。仍舊亦可，何必改作。庶節用愛人，法俗俱賴。臣學不經遠，言多孟浪，忝職其憂，不敢默爾。[278]

張普惠上疏促使朝廷「議釋奠之禮」，[279] 而李崇的主張，亦使靈太后敕有司議「配饗大禮」，[280] 二者在論述上與朝廷的回應皆相當類似，上疏時間也都在孝明帝初年。由此可知，「釋奠」不行的主要原因有三：其一是佛教的盛況，不僅延宕，更排擠國家「釋奠」行禮的舉行；其二是國學殘毀，無以行禮；其三則是當權者對於舉行「釋奠」，並沒有主動的意願。

從張普惠以「道由禮深，故諸漏可盡；法隨禮積，故彼岸可登」，作為勸導皇帝舉行釋奠的理由，而「精進三寶，信心如來」，成為舉行「釋奠」的深層目的；「釋奠」中尊師尊孔的意義，自然不被當權者映入眼簾，只是儒生徒勞急切。這並不是唯一的例子，羊深（？-535）上疏勸導廢帝（513 年-532；531 年-532 在位）「興立儒教」，也先批評黃老玄

輔黃圖》曰：「元始四年，起明堂、辟雍。長安城南北為會市，但列槐樹數百行為隊，無牆屋。諸生朔望會此市，各持其郡所出貨物，及經書傳記，笙磬器物，相與賣買。雍容揖讓，或論議槐下。」〔宋〕李昉等撰：《太平御覽》，卷828，頁10。

[278] 〔北齊〕魏收：《魏書》，頁1737-1738。
[279] 〔北齊〕魏收：《魏書》，頁1738。
[280] 〔北齊〕魏收：《魏書》，頁1472。

虛之說為非。[281] 北魏佛、老二教盛行的局面，已經迫使儒者論述「釋奠」流於空洞，甚至必須附驥於二教論述之末。

經由儒者經年上書，靈太后始敕有司議「釋奠」之禮，或許也與太傅元懌共同輔政有關。正光元年春正月乙酉詔曰：

> 建國緯民，立教為本，尊師崇道，茲典自昔。來歲仲陽，節和氣潤，釋奠孔、顏，乃其時也。有司可豫繕國學，圖飾聖賢，置官簡牲，擇吉備禮。[282]

正光二年，孝明帝（510-528；515-528在位）親自於國子寺舉行「釋奠之禮」與「講學之禮」，[283] 由崔光（449-522）執經南面，並講《孝經》，[284] 似乎實現正光元年詔書所言。今日雖不詳正光二年釋奠行何禮？用何樂？但此時釋奠孔子，恐非當時以元懌、元澄為核心的儒生所預想；[285] 其原因在於正光元年七月發生元叉（?-525）政變，不僅軟禁靈太后，也謀殺清河王元懌。[286] 這導致儒者對於去處有慮，[287] 也使崔光「隨時俛仰」頗

---

[281]《魏書・羊深列傳》曰：「陛下中興纂曆，理運惟新，方隅稍康，實惟文德。但禮賢崇讓之科，沿世未備；還淳反樸之化，起言斯繆。夫先黃老而退六經，史遷終其成蠹；貴玄虛而賤儒術，應氏所以亢言。臣雖不敏，敢忘前載。且魏武在戎，尚修學校；宣尼確論，造次必儒。臣愚以為宜重修國學，廣延青子，使俎豆之教日聞，釋奠之禮不闕。并詔天下郡國，興立儒教。考課之程，咸依舊典。苟經明行修，宜擢不以次。抑箝喋喋之才，進大雅汪汪之德。博收鴻生，以光顧問；繫維奇異，共精得失。使區寰之內，競務仁義之風；荒散之餘，漸知禮樂之用。豈不美哉！臣誠闇短，敢慕前訓，用稽古義，上塵聽覽。伏願陛下垂就日之監，齊非煙之化，儻以臣言可採，乞特施行。」〔北齊〕魏收：《魏書》，頁1705。

[282]〔北齊〕魏收：《魏書》，頁229。

[283]《魏書・常景列傳》曰：「時肅宗行講學之禮於國子寺，司徒崔光執經，敕景與董紹、張徹、馮元興、王延業、鄭伯猷等俱為錄義。事畢，又行釋奠之禮，並詔百官作釋奠詩，時以景作為美。」〔北齊〕魏收：《魏書》，頁1803。

[284]《魏書・崔光列傳》曰：「正光元年冬，賜光几杖、衣服。二年春，肅宗親釋奠國學，光執經南面，百僚陪列。」〔北齊〕魏收：《魏書》，頁1497。《魏書・儒林列傳》曰：「正光二年，乃釋奠於國學，命祭酒崔光講《孝經》，始置國子生三十六人。」〔北齊〕魏收：《魏書》，頁1842。

[285] 孝明帝即位，元懌即為太傅輔政。根據《魏書・封懿列傳》載封偉伯事曰：「懌親為《孝經解詁》，命偉伯為《難例》九條，皆發起隱漏。偉伯又討論《禮》、《傳》、《詩》、《易》疑事數十條，儒者咸稱之。尋將經始明堂，廣集儒學，議其制度。」〔北齊〕魏收：《魏書》，頁766。元懌在「經始明堂」之際為《孝經解詁》，又命封偉伯往返論難，推測可能是為釋奠講學所準備，亦即崔光執經南面之事。

[286]〔北齊〕魏收：《魏書》，頁404。

[287]《北史・陽固列傳》曰：「懌之遇害，元叉執政，朝野震悚，懌諸子及門生僚吏，莫不慮

受譏刺，參與釋奠者可能也有所變動。[288]

元叉在政變之後，孝明帝隨即於該月大赦天下，[289]並召佛、道二宗門人論議，以示「復子明辟」的親政之舉。[290]根據《廣弘明集・元魏孝明召釋道門人論前後》所載，是由清通觀道士姜斌與融覺寺僧曇謨最對論：

> 斌曰：「孔子既是制法聖人，當時於佛迥無文記，何邪？」最曰：「仁者識同管窺，覽不弘遠。案孔子有《三備卜經》，謂天地人也，佛之文言出在中備，仁者早自披究，不有此迷。」斌曰：「孔子聖人，不言而知，何假卜乎？」最曰：「惟佛是眾聖之王，四生之首，達一切含靈前後、二際、吉凶、終始，不假卜觀；自餘小聖，雖曉未然之理，必藉蓍龜以通靈卦也。」[291]

此次佛、道論議是由孝明帝召集，並由元叉、劉騰（？-523）進行宣敕，具有政治上的意義。所討論的問題，與百年之後唐高祖釋奠時討論「三教先後」的問題意識，並無差別，但是未見儒教的代表。換言之，自北魏釋奠至於初唐釋奠中的孔子，業已坎陷在「眾聖」之「小聖」的定位。

以「三教」立論的北魏時期，使佛高居「眾聖之王」，將可在「聖／師」之義上重新詮釋；反觀本文第二章的陳述，三教的「先後」關係與「師資」高下的連結，實以「父師」一詞喻示的「師生」關係論之。在本章之中，「父師」一詞的概念，從經典的文字書寫，到「養老」、「祀孔」儀式的不斷流轉；「釋奠」孔子為「先聖」的意義，必然無法在隔年的釋奠儀式之中得到釐清，也無法在南朝上公之儀的孔子形象中，得到妥適的理解。

禍，隱避不出。」〔唐〕李延壽：《北史》，頁1723。
[288] 《魏書・崔光列傳》載釋奠之後，「司徒、京兆王繼頻上表以位讓光」。京兆王元繼正是元叉之養父，從其參與釋奠，並欲讓位以尊崔光可知，元叉介入釋奠之禮之跡。〔北齊〕魏收：《魏書》，頁1497-1499。另外，《魏書・羊深列傳》曰：「肅宗行釋奠之禮，講《孝經》，儕輩之中獨蒙引聽，時論美之。」〔北齊〕魏收：《魏書》，頁1703。由此可知，能夠參與此次釋奠講經之禮者，必定受過挑選，人數必定不多，方以「獨蒙引聽」為美。
[289] 〔北齊〕魏收：《魏書》，頁230-231。
[290] 〔北齊〕魏收：《魏書》，頁230。
[291] 〔唐〕釋道宣：《廣弘明集》，卷1，頁11。

第六章　唐代國學釋奠先聖的空間與身分

　　初唐釋奠禮在「先聖」的概念上，歷經頻繁的變動，意味著儒學陷於自身論述不明的情況，必須不斷的調整，導致詔令屢經修正。《武德令》因襲前朝之舊，[1]《貞觀禮》又對武德舊令有所損益，[2]唐高宗即位之後，又陸續頒行《永徽令》與《顯慶禮》；「先聖」概念的定位，將繫乎國家教化的立場。在初唐以前，孔子在釋奠禮中的地位，已經受制於現實之中君臣關係的投射，經典解釋也非孔門之說。如何推尊「先聖」成為國學教化的象徵？以及如何重新詮釋「先師」的意義？成為唐代得以上續孔門「師說」傳統之要務。

第一節　從「二聖」到「生民以來一人」

　　文獻記載武德七年釋奠講學之禮，幾乎都著重在「講學之禮」的描述，缺乏關於「釋奠之禮」的說明。除《唐會要・褒崇先聖》記載貞觀二年（628）之時，房玄齡（579-648）與朱子奢（？-641）論及：「武德中，詔釋奠於太學，以周公為先聖，孔子配享」，[3]對於釋奠廟祭的過程則不得而詳。但是，從〈永徽令〉再度「改用周公為先聖」，推想「周公、孔子互為先聖」的現象，[4]必有不同的論述存在。

---

[1] 《舊唐書・刑法志》曰：「尋又敕尚書左僕射裴寂、尚書右僕射蕭瑀及大理卿崔善為、給事中王敬業、中書舍人劉林甫、顏師古、王孝遠、涇州別駕靖延、太常丞丁孝烏、隋大理丞房軸、上將府參軍李桐客、太常博士徐上機等，撰定律令，大略以開皇為準。于時諸事始定，邊方尚梗，救時之弊，有所未暇，惟正五十三條格，入於新律，餘無所改。至武德七年五月奏上。」〔後晉〕劉昫等撰：《舊唐書》，頁2134。

[2] 《資治通鑑・唐紀・貞觀十一年》曰：「武德舊制，釋奠於太學，以周公為先聖，孔子配饗；玄齡等建議停祭周公，以孔子為先聖，顏回配饗。又刪武德以來敕格，定留七百條，至是頒行之。」〔宋〕司馬光編著：《資治通鑑》，頁6126。

[3] 〔宋〕王溥：《唐會要》，卷35，頁635。

[4] 李之藻《頖宮禮樂疏・歷代褒崇疏》曰：「漢儒所傳萭謂立學釋奠，未指先聖先師為誰。唐初，周公、孔子互為先聖，顯慶後專聖孔子。」〔明〕李之藻：《頖宮禮樂疏》（臺北：國立

事實上，初唐歷經三十多年三位皇帝，關於釋奠的「先聖」，已發生過四次變動，屢改「先聖」的原因未必相同，但「周公、孔子互為先聖」的經學依據，則未曾梳理。從唐玄宗、唐代宗時期對釋奠與國學之制猶有爭議可知，「周公、孔子互為先聖」的議題，並沒有隨著《大唐開元禮》確定「釋奠于孔宣父」後而終止；孔子作為國學釋奠之「先聖」，並不是確然無疑的。這是因為，釋奠講學建構「先聖」的經典依據，有一部分是源自於周公而非孔子。[5]

　　若就武德七年釋奠以「周公為先聖」觀之，從釋惠乘《辯正論・釋李師資篇》中，可以得知佛教對抗的「儒教」聖人為孔子，故使其為「儒童菩薩」；甚至再追問其曰：「佛遣三聖，權化一方」，所指涉的「三聖」為何人？除了孔子為「儒童菩薩」，老子為「摩訶迦葉」之外，還有「光淨菩薩」顏回。[6]換言之，此次釋奠中的「儒教」先聖先師，原本應該仍是孔子與顏回，與魏、晉以來釋奠先聖先師的對象符同。但是，何以在講學之禮之後，緊接著釋奠的「先聖」，卻改以周公為「先聖」呢？這必然與陸德明論難三教的過程有關。

　　推演《辯正論》之邏輯，能知當時論辯上的一大課題，為「三教」諸聖誕生時間之先後；倘若循此問題推論，儒學永遠只能寄附於釋、道二教教主之驥尾，難以騰越而居首位。在「三教」論述的架構下，若要振興儒學，必然要構思另外的「先聖」對抗，而此對象也必須有如孔子一樣的地位。本文推想，唐高祖早在武德二年（619）之時，已於國學中興立周公、孔子廟各一所；[7]除了上述「三教」的原因之外，陸德明必有

中央圖書館，1970年9月，中央圖書館影明萬曆刊本），卷1，頁1。

[5] 《隋書・宇文弼列傳》曰：「上嘗親臨釋奠，弼與博士論議，詞致清遠，觀者屬目。上大悅，顧謂侍臣曰：『朕今視周公之制禮，見宣尼之論孝，實慰朕心。』」〔唐〕魏徵等撰：《隋書》，頁1390。

[6] 此說典出釋道安〈二教論〉。曰：「經云：『釋迦成佛，已有塵劫之數。』或為儒林之宗，或為國師、道士。固知佛、道，冥如符契。又《清淨法行經》云：『佛遣三弟子震旦教化，儒童菩薩彼稱孔丘，光淨菩薩彼稱顏淵，摩訶迦葉彼稱老子。』」〔唐〕釋道宣：《廣弘明集》，卷8，頁17。

[7] 〔後晉〕劉昫等撰：《舊唐書》，頁4940。

據周公為先聖之經典依據，方得以「一舉而蔽之」；後來的釋奠典禮，[8]雖然改以周公為先聖、孔子配享，學者眾說紛紜，卻也不顯突兀唐突。儘管能夠推論此次釋奠先聖轉變的可能原因，但實際上也只能討論至此，陸德明如何建構周公之為「先聖」？則無文獻可徵。

因此，重點不在陸德明如何論難應敵，重點在於如何解讀唐高祖於國學興立周公、孔子「二聖」之廟各一所的意義，並非偶然之舉？《舊唐書・儒學傳》引唐高祖武德二年詔書曰：

> 爰始姬旦，主翊周邦，創設禮經，大明典憲，啟生人之耳目，窮法度之本原，化起二南，業隆八百，豐功茂德，獨冠終古。暨乎王道既衰，頌聲不作，諸侯力爭，禮樂陵遲。粵若宣尼，天姿叡哲，經過齊、魯之際，揖讓洙、泗之間，綜理遺文，弘宣舊制，四科之教，歷代不刊；三千之徒，風流無歇。惟茲二聖，道著群生，守祀不修，明褒尚闕。朕君臨區宇，興化崇儒，永言先達，情深紹嗣。宜令有司於國子學立周公、孔子廟各一所，四時致祭。[9]

唐高祖明言國子學立「二聖」之廟，從國學之中有廟有學而論，不應有兩座先聖之廟並立國學的情形發生。若以唐玄宗（685-762；712-756在位）御注《老子》完成之後，設玄元皇帝廟並置崇玄學，使生徒「習《老》、《莊》、《文》、《列》，謂之『四子』，蔭第與國子監同」，[10]且尊老子為「先聖」之事相較，[11]「學」自依從廟之「先聖」而有；國學立有二廟，也應有兩種「先聖」之「學」的經典文本。故可推想，唐高祖在武德七年釋奠之前，便已在國學確立以周公與孔子為「二聖」，而非「先

---

[8] 關於為何在武德七年釋奠之中，將「二聖」區分為「聖周師孔制」？高明士引據陳寅恪的「隋唐制度不出於三源」說，以及日人多賀秋五郎認為「唐初有復古思想」、「高祖由太原起義，取代隋朝，與周武王滅殷類似」的說法，仍多有存疑，主要是無法得到直接證據證明。高明士：《中國中古的教育與學禮》，頁 601-602。

[9] 〔後晉〕劉昫等撰：《舊唐書》，頁 4940。

[10] 〔唐〕杜佑：《通典》，卷 15，頁 83。

[11] 《冊府元龜・帝王部・尚黃老》曰：「（開元）十四年九月制曰：『玄元皇帝先聖宗師，國家本系。』」〔宋〕王欽若等編：《冊府元龜》，卷 53，頁 11。

聖」與「先師」；是否當時唐高祖已有「三教」的外在考量呢？亦或呈現儒學內部的歧見？但是，釋奠「先聖」豈能有兩可之事？

從唐代學者對於釋奠「先聖」相關意見可知，關於「二聖」的「廟學」論述，不僅是互文的，同時可能發生彼此混淆的現象；故如《唐會要》載長孫無忌等議曰：

> 按新禮，孔子為先聖，顏回為先師。又准貞觀二十一年，以孔子為先聖，更以左邱明等二十二人，與顏回俱配尼父於太學，並為先師。今據《永徽令》文，改用周公為先聖，遂黜孔子為先師，顏回、左邱明並為從祀。《禮記》曰：「始立學，釋奠于先聖。」鄭玄注曰：「若周公、孔子也。」據禮為定，昭然自別。聖則非周即孔，師則偏善一經。漢、魏以來，取舍各異；顏回、孔子互作先師，宣父、周公迭為先聖。求其節文，遞有得失。所以貞觀之末，親降綸言，依《禮記》之明文，酌康成之奧說，正夫子為先聖，加眾儒為先師，永垂制於後昆，革往代之紕繆。[12]

長孫無忌於顯慶二年（657）言此，是因為唐高宗於永徽中頒行《永徽令》，又以周公為先聖之故。[13] 從引文言「求其節文，遞有得失」可知，貞觀年間對於周公、孔子孰為「先聖」，必定有過一番討論而沒有恰當的共識，最終須由唐太宗「親降綸言」。由此推想，武德七年釋奠以周公為「先聖」的理由，除了外在「三教」的因素之外，是否與後來《永徽令》

---

[12]〔宋〕王溥：《唐會要》，卷35，頁636。

[13] 根據高明士《中國中古的教育與學禮・釋奠禮制與講經禮儀》論證曰：「按，早在永徽二年（651）以《貞觀禮》有未備之理由，詔長孫無忌等重加輯定。同年（651），長孫無忌先奏上由其領銜編撰的律令格式，並頒行天下。但《顯慶禮》遲至顯慶三年正月始完成奏上。事實上，連《貞觀禮》也是由長孫無忌領銜編撰。也就是說，從《貞觀禮》到《永徽令》、《顯慶禮》的編撰，均由無忌領銜，結果在聖師制度出現異制，其關鍵人物，自然不全在無忌一人。可以理解的是《永徽令》公布時，《顯慶禮》還在編撰，由於《永徽令》之聖師制的規定，出自令狐德棻之手，因而產生對貞觀式（《貞觀禮》）之改易。其後許敬宗等人設法謀求補救，在徵得無忌同意下，而有顯慶二年（657）七月之議。此議獲得高宗採納，不到半年，由敬宗等人負責編撰之《顯慶禮》奏上，遂得重建貞觀之聖孔師顏制。」高明士：《中國中古的教育與學禮》，頁612-613。

文:「改用周公為先聖,遂黜孔子為先師」的作法相同?[14] 從房玄齡、朱子奢曰:「臣以周公、尼父,俱稱聖人,庠序置奠,本緣夫子」可知,[15]「聖人」與「先聖」的名號之間,並沒有必然之關係,「聖人」不必皆為「先聖」。因此,唐高宗《永徽令》與唐高祖的詔令不同之處,在於唐高祖使孔子「配饗」周公,未言以孔子為「先師」;唐高宗則是「黜孔子為先師」,不使孔子為「先聖」。[16]

歷來關於初唐二度以周公為「先聖」的原因,咸以為已無從查考;[17] 然從長孫無忌等人所議可知,周公不合在釋奠之中為「先聖」的原因。曰:

> 姬旦鴻業,合同王者祀之,儒官就享,實貶其功。仲尼生衰周之末,拯文喪之弊,祖述堯、舜,憲章文、武。宏聖教於六經,闡儒風於千世,故孟軻稱生民以來,一人而已。自漢已降,奕葉封侯,崇奉其聖,迄于今日。胡可降茲上哲,俯入先師?……今請改令從詔,於義為允,其周公仍依別禮,配享武王。[18]

長孫無忌將王者與「師」區分的說法,不同於南北朝時將孔子與古聖王並列的現象;而「改令從詔」的論述,實與上章引述裴松之據《孟子·公孫丑》所論相同,[19] 以孔子之聖實在百王之上,釋奠之禮當獨尊孔子一人。相對於周公而言,釋奠「先聖」之禮失之過輕;對於孔子而言,以「先師」配享同樣失之過輕。又據許敬宗(592-672)曰:

---

[14] 〔宋〕王溥:《唐會要》,卷35,頁636。
[15] 〔宋〕王溥:《唐會要》,卷35,頁635。
[16] 此為長孫無忌語。〔宋〕王溥:《唐會要》,卷35,頁636。
[17] 高明士:〈隋唐廟學制度的成立與道統的關係〉,《國立臺灣大學歷史系學報》第9期(1982年12月),頁95。
[18] 〔宋〕王溥:《唐會要》,卷35,頁636-637。
[19] 《孟子·公孫丑上》曰:「宰我曰:『以予觀於夫子,賢於堯舜遠矣。』賢之遠矣。子貢曰:『見其禮而知其政,聞其樂而知其德。由百世之後,等百世之王,莫之能違也。』自生民以來,未有夫子也。」〔漢〕趙岐章句,〔宋〕孫奭疏:《孟子注疏》(臺北:藝文印書館,1997年8月,阮元《十三經注疏》本),卷3上,頁11。

名稱國學，樂用軒懸，罇俎威儀，蓋皆官備，在於臣下，理不合專。況凡在小神，猶皆遣使行禮，釋奠既準中祀，據理必須稟命。今請國學釋奠，令國子祭酒為初獻，祝辭稱「皇帝謹遣」，仍令司業為亞獻，國子博士為終獻。[20]

釋奠之禮謂之「準中祀」，樂用軒懸，形同諸侯之禮，殆循南朝遺風而未改。又遣國子祭酒等祭祀「先聖」，即如長孫無忌所言「祀之儒官就享，實貶其功」。然而，既以釋奠之禮「準中祀」，[21] 武德七年釋奠與永徽二年（651）〈永徽令〉文改用周公為先聖，是否就成為不合禮制的作法呢？倘若如此，又何以能為「先聖」呢？又據長孫無忌所言：「又說明堂孝道，乃述周公嚴配，此即姬旦鴻業，合同王者」可知，[22] 此引《孝經‧聖治章》為說，[23] 與顯慶元年（656）六月上奏論制建明堂所引相同。[24] 長孫無忌為何據《孝經》以論周公？與唐高宗下詔議建明堂之事有何關連？[25]

---

[20] 〔後晉〕劉昫等撰：《舊唐書》，頁918。
[21] 「準中祀」即本非「中祀」，而視同「中祀」之屬。案《唐律疏議‧職制》曰：「謂社稷、日月、星辰、岳鎮、海瀆、帝社等為中祀。」〔唐〕長孫無忌：《唐律疏議》，頁135。在中祀之中並無釋奠。又據《舊唐書‧禮儀志》載唐高宗顯慶二年，許敬宗與禮官奏議曰：「按今光祿式，祭天地、日月、岳鎮、海瀆、先蠶等，籩、豆各四。祭宗廟，籩、豆各十二。祭社稷、先農等，籩、豆各九。祭風師、雨師，籩、豆各二。尋此式文，事深乖謬。社稷多於天地，不貴多。風雨少於日月，又不貴少。且先農、先蠶，俱為中祭，或六或四，理不可通。又先農之神，尊於釋奠，籩、豆之數，先農乃少，理既差舛，難以因循。謹按《禮記‧郊特牲》云：『籩、豆之薦，水土之品，不敢用褻味而貴多品，所以交於神明之義也。』此即祭祀籩、豆，以多為貴。宗廟之數，不可踰郊。今請大祀同為十二，中祀同為十，小祀同為八，釋奠準中祀。自餘從座，並請依舊式。」〔後晉〕劉昫等撰：《舊唐書》，頁825。許敬宗所議籩、豆多寡，繫乎該禮的重要程度。合上《唐律疏議》可知，「社稷、日月、星辰、岳鎮、海瀆、帝社、先蠶、先農」俱為中祀之禮，在籩、豆數目上，理應相同。然其又曰：「先農之神，尊於釋奠」，實以釋奠較祭祀「中祀」諸神為卑。許敬宗此議，附于《永徽令‧禮令》之中，從其敘述之意，是否意味著釋奠禮的定位未明，權依中祀籩、豆之數行禮呢？
[22] 〔宋〕王欽若等編：《冊府元龜》，卷586，頁6。
[23] 《孝經‧聖治章》曰：「子曰：『孝莫大於嚴父，嚴父莫大於配天，則周公其人也。昔者周公郊祀后稷以配天，宗祀文王於明堂，以配上帝，是以四海之內各以其職來祭，夫聖人之德又何以加於孝乎！』」〔唐〕玄宗注，〔宋〕邢昺疏：《孝經注疏》，卷5，頁1-2。
[24] 長孫無忌曰：「謹按《孝經》云：『孝莫大於嚴父，嚴父莫大於配天。』昔者周公『宗祀文王於明堂，以配上帝』，伏惟詔意義在於斯。」〔宋〕王欽若等編：《冊府元龜》，卷586，頁1。
[25] 〔宋〕王溥：《唐會要》，卷11，頁274。

唐高宗詔議明堂於永徽二年七月，頒布《永徽令》則為永徽二年閏九月。[26]關於明堂形制的討論，也包括了辟雍的部分。[27]雖然明堂「終高宗之世，未能創立」，[28]但從《永徽令》更改《貞觀新禮》釋奠「先聖」的部分推想，辟雍是天子行學禮的空間，唐高宗想像中的釋奠「先聖」周公，將會使「學」在國學，移轉為「學」在辟雍，並由皇帝親祀於辟雍之中。[29]因此，必須改變的不僅止於「先聖」，還包括釋奠祀典的所有內容，以及執行學禮的空間。但從唐高宗的本義推之，辟雍作為天子行禮之所，使周公為先聖，南面祭之，本屬名實相符之舉；據此反觀武德七年唐高祖于國學所言：「朝賢宗儒，辟雍頓廢，公王以下，寧得不慙」，[30]釋奠周公為「先聖」的動機，似乎與唐高宗相似。

本文將此「廟學」的變遷，定位於經學史的論述上，先因「三教」在初唐激盪出儒學自我的定位，而有以周公為先聖之舉。其後唐太宗擺脫「三教」論述的框架後，重使孔子為釋奠之「先聖」，並且重新建構儒學之「師」，也必然有其脈絡可循。唐高宗再次復現「周公為先聖」之舉，則與「三教」無關，而是因為明堂辟雍的建立，進一步反思「學」與帝王之間的關聯；此即許敬宗批評魏、晉以降釋奠先聖、先師的情形，是「學官主祭，全無典實」，[31]故初唐於此變化之劇。從唐高祖立周公、孔子廟各一所，初唐國學浮現出兩種「學」的論述脈絡；雖說兩座「先聖」

---

[26] 《唐會要・定格令》曰：「永徽二年閏九月十四日，上新刪定律、令、格、式。……勒成律十二卷、令三十卷、式四十卷，頒于天下。」〔宋〕王溥：《唐會要》，卷35，頁701-702。

[27] 《舊唐書・禮儀志》曰：「上初以九室之議為是，乃令所司詳定形制及辟雍門闕等。」〔後晉〕劉昫等撰：《舊唐書》，頁853。

[28] 〔後晉〕劉昫等撰：《舊唐書》，頁862。

[29] 若案漢、晉時期所立辟雍為例，太學、辟雍往往並存，行禮不同。故余嘉錫〈晉辟雍碑考證〉申論曰：「釋奠在太學，與鄉飲酒於辟雍者不同，晉人已辨之矣。……亦以見碑文中太子之蒞雍，非釋奠於太學之謂也。」余嘉錫：《余嘉錫論學雜著》，頁173。然據閻立德于永徽三年六月內出「明堂九室樣」：「蔡邕云：『水廣二十四丈，四周於外。』《三輔黃圖》云：『水廣四周』，與蔡邕不異，仍云『水外周堤』。」〔宋〕王欽若等編：《冊府元龜》，卷585，頁15。永徽辟雍從蔡邕之說，故以明堂、辟雍、太學同處，應設想於辟雍之中行學禮，異於前代。

[30] 〔宋〕王欽若等編：《冊府元龜》，卷50，頁3。

[31] 〔後晉〕劉昫等撰：《舊唐書》，頁917-918。

廟皆屬「儒學」的範疇，卻從周公與孔子不同的身分，演繹出不同的經典論述。據漢代祀孔至於初唐釋奠以觀今日，釋奠「先聖」雖已定調為獨尊孔子一人，其實並非理所當然之事。

第二節　釋奠「先聖」的位次及地位升降

　　唐代自高祖以降，關於釋奠先聖之事，發生過幾次重大的變動；變動的主要原因，根據《禮記正義》曰：「以周公、孔子皆為先聖」，[32] 正是糾結在應該如何將兩位「先聖」擺置于先聖廟中？以及經學上的空間問題。然而，自唐高宗顯慶二年確定孔子為「先聖」之後，表面上唐太宗貞觀二年曰：「以仲尼為先聖，顏子為先師」，[33] 並於貞觀二十一年（647）詔使傳經諸儒配享的情形，已經形同日後釋奠典禮上的「永則」；[34] 實際上，孔子如何于國學之中「為先聖」？以及「釋奠」如何成為國之大典？仍有一段持續建構的過程。

　　根據《唐語林》記載：

> 開元二十七年八月，詔策夫子為文宣王，改修殿宇。封夫子後為文宣公，仍長任本州長史，代不絕。先時廟，夫子在西牖之下；武德初，并祀周公，周公南面，故夫子配坐西方。貞觀中，廢祀周公，而夫子西位不改。至是移就兩楹南面正位，十哲東西侍立。[35]

此段文獻，是回顧從武德七年釋奠以前，一直到開元二十七年（739），孔子在廟學之中位次與身分上的變化。必須留意文中提及的四個時間點，與周公、孔子位次、名號的空間關係。分別在武德年間以前，孔子為先聖，西坐東面，無周公；武德七年，孔子為配享，西坐東面，周公

---

[32] 〔漢〕鄭玄注，〔唐〕孔穎達正義：《禮記注疏》，卷20，頁9-10。
[33] 〔唐〕吳兢撰，謝保成集校：《貞觀政要輯校》，頁376。
[34] 許敬宗先是上奏言：「儒官釋奠，各於其師」，並使「修附禮令，以為永則」，貞觀二十一年方有詔使傳經諸儒配享之事。〔後晉〕劉昫等撰：《舊唐書》，頁917-918。
[35] 〔宋〕王讜撰，周勛初校證：《唐語林校證》（北京：中華書局，2008年1月），頁458。

為先聖，北坐南面；貞觀二年，孔子為先聖，西坐東面，無周公；開元二十七年，孔子為先聖，北坐南面，無周公。表列如下（表四）。

表四　孔子在廟學之中位次與身分變化表

	武德七年以前	武德七年	貞觀二年	開元二十七年
周公位次	無	北坐南面（先聖）	無	無
孔子位次	西坐東面（先聖）	西坐東面	西坐東面（先聖）	北坐南面（先聖）

除了開元二十七年改變了孔子神位方位之外，孔子神位從唐朝建立以前至此，一直是在西牖之下，也就是保持西坐東面的位置。武德七年配享之時，孔子神位的位置依舊沒有改變；換言之，在武德七年的釋奠典禮之中，安插周公「南面」的位所，原屬於配享之位。貞觀二年之後，停祀周公而「升夫子為先聖」的作法，也只是取消了周公南面之位；但是，孔子位次如故，卻又言「升」，[36]意味著周公為先聖「南面」，與孔子為先聖「東面」的思維，均可在釋奠之禮的空間中得到解釋。

先聖「東面」與「南面」的思維，可能會同時並存於釋奠儀式之中，例如《朱子語類》舉出宋代釋奠儀式，所出現的矛盾現象：

> 古人神位皆西坐東向，故獻官皆西向拜，而今皆南向。釋奠時，獻官猶西向拜，不知是如何？室中西南隅乃主位。室中西牖東戶，若宣聖廟室，則先聖當東向，先師南向。如周人禘嚳郊稷，嚳東向，稷南向。今朝廷宗廟之禮，情文都自相悖，不曉得古者主位東向，配位南向，故拜即望西。[37]

導致朱熹（1130-1200）之時，先聖位次北坐南面，而祭祀儀式卻西向拜的矛盾，應是淵源自開元二十七年詔書。唐玄宗對於孔子的加冕，除了改變神主的位次方向外，在空間中的權力關係，也將使得廟學中的神人關係發生質變；但是在釋奠之禮上，為何可以讓兩種位所並存，使「東面」與「南面」的思維同屬「先聖」呢？[38]

---

[36] 〔宋〕王溥：《唐會要》，卷35，頁636。

[37] 〔宋〕黎靖德編：《朱子語類》（北京：中華書局，2004年2月），頁2293。

[38] 朱熹的質疑，導致後世曾使先聖位次同時出現兩種位所。《文廟祀典考》曰：「紹熙間，

事實上，祭祀者與祭祀對象之間的關係，形同人我之間權力關係之延續；「先聖」的身分地位，與祭祀者之間的關係，可以藉由所處位次來解讀。例如，漢文帝（202-157B.C.；180-157B.C.在位）為代王之際，群臣曾進入代邸擁立勸進。根據《史記‧孝文本紀》所言：「群臣皆伏，固請。代王西鄉讓者三，南鄉讓者再。」如淳注曰：

> 讓群臣也。或曰：賓、主位，東、西面；君、臣位，南、北面。故西向坐，三讓不受，群臣猶稱宜，乃更迴坐示變，即君位之漸也。[39]

如淳認為，群臣進入代邸之後，代王即以賓、主之禮接之，使群臣為賓而東面，代王為主人西面。此時，群臣所處為尊位，先以賓、主的身分關係勸進三讓之後，代王轉向南面，群臣則轉而北面，權力上的尊卑關係于焉丕變，形成君與臣的關係，代王「讓者再」而受之。[40]

這種呈現在空間上的權力概念，不僅在現實生活中的賓、主關係如此，祭祀宗廟時的位次亦然，[41] 尊之於「師」的位次亦然。例如，《後漢書‧鄧寇列傳》曰：「顯宗即位，以禹先帝元功，拜為太傅，進見東向，甚見尊寵。」李賢注曰：「臣當北面。尊如賓，故令東向。」[42] 將「東面」、「南面」的空間思維，放置在釋奠之禮中，正是藉由「賓、主位」與

項安世為越州教授，以朱子意奉先師於東向故位；明末宋濂欲遷神東向，亦未免泥古之病也。」〔清〕龐鍾璐：《文廟祀典考》（臺北：中國禮樂學會，1977年4月，光緒戊寅刊本），卷2，頁19。

[39] 〔漢〕司馬遷撰，〔日〕瀧川龜太郎會注考證：《史記會注考證》，卷10，頁8-9。

[40] 胡三省認為，如淳的說法太過直接，故想像代王與群臣如何藉由位次的改變，演出不得已而接受勸進的戲劇效果。其曰：「王凡三讓，群臣遂扶王正南面之位。王又讓者再，則南鄉非王之得已也，群臣扶之使南鄉耳。遽以為南鄉坐，可乎？」〔漢〕司馬遷撰，〔日〕瀧川龜太郎會注考證：《史記會注考證》，卷10，頁9。

[41] 顧炎武《日知錄‧東向坐》曰：「古人之坐以東向為尊，故宗廟之祭，太祖之位東向。即交際之禮，亦賓東向而主人西向。……《舊唐書》，盧簡求子汝弼為河東節度副使，府有龍泉亭，簡求節制時手書詩一章，在亭之西壁。汝弼復為亞帥。每亭中讌集，未嘗居賓位，西向俛首而已。是唐人亦以東向為賓位也。」〔清〕顧炎武：《原抄本日知錄》，卷29，頁820-821。

[42] 〔南朝宋〕范曄撰，〔唐〕李賢注，〔清〕王先謙集解：《後漢書集解》，卷16，頁6。

「君、臣位」之關係，在尊「師」的意義上發生轉換；尊「先聖」以「賓師」之位，[43] 與尊「先聖」如王者南面之位的相對關係，本有不同的意義。

初唐釋奠先聖，從武德時期的「君、臣位」，轉變為貞觀時期的「賓、主位」，進而數易「先聖」對象，與釋奠禮本身的定位有關。因為按照貞觀禮，釋奠僅屬於「準中祀」之屬，僅遣皇太子或國子祭酒為主祭，[44] 也不會有皇帝跪奠先聖之事。[45] 倘若釋奠不屬於「準中祀」而升格為「大祀」之屬，[46] 如《唐六典》曰：「凡國有大祭祀之禮，皇帝親祭，則太尉為亞獻，光祿卿為終獻」，[47] 由皇帝三公主祀；一方面將會使「師」的層級地位提高，另一方面將使天子必須北面釋奠先聖。因為就祭祀的本質而言，祭祀者卑於所祭祀的對象，像是大祀之神祇，如昊天上帝、皇地祇、宗廟等，天子均北面奠祭，並且於祝文自稱「皇帝臣某」；[48] 然此類諸神，皆不可能在廟的神聖領域之外復現，而王者釋奠所尊之「師」，則會出現在現實生活之中。反過來說，初唐時期將學禮視為「準中祀」之屬，並以國子祭酒主祀的作法，表示釋奠禮的重要性，尚未能提昇於國家大典之列，僅屬於國子監的層級；「先聖先師」的地位仍在帝王之下，故仍使孔子為臣，[49] 這種「釋奠」思維，是承襲東晉南朝遺風而來。若將

---

[43] 「賓師」或作「師賓」。趙岐注《孟子》曰：「言賓師不與臣同耳。」〔漢〕趙岐章句，〔宋〕孫奭疏：《孟子注疏》，卷8下，頁10。常〈授嗣吳王祇太子賓客制〉曰：「敕。古者選孝悌、閎博、有道術者，輔翼太子；今以宗室之老，處賓師之位，亦親親而教敬也。」〔清〕董誥等編：《全唐文》（上海：上海古籍出版社，2007年5月），卷412，頁1869。以師為賓而處于賓位，故以「親親而教敬」言之，而非君臣關係之尊尊。

[44] 若詔皇太子釋奠，則由皇太子初獻，國子祭酒亞獻。如《唐會要·釋奠》載貞觀二十年釋奠曰：「二十年二月，詔皇太子于國學釋奠于先聖先師。皇太子為初獻，國子祭酒張後裔為亞獻，光州刺史攝司業趙宏智為終獻。既而就講，宏智演《孝經》忠臣孝子之義，右庶子許敬宗上四言詩，以美其事。」〔宋〕王溥：《唐會要》，卷35，頁640。

[45] 若依《開元禮》的記載，主祭者若是國子祭酒，同樣進先聖神座前西面跪奠，太祝北面跪讀祝文曰：「維某年歲次月朔日，子開元神武皇帝謹遣祭酒某封姓名，敢昭告於先聖孔宣父。」〔唐〕蕭嵩等撰：《大唐開元禮》，卷54，頁6。

[46] 《唐六典·職官》曰：「若昊天上帝、五方帝、皇地祇、神州、宗廟為大祀。」〔唐〕李林甫等撰：《唐六典》，頁120。

[47] 〔唐〕李林甫等撰：《唐六典》，頁124。

[48] 〔日〕金子修一：《中國古代皇帝祭祀の研究》（東京：岩波書店，2006年4月），頁4-5。

[49] 例如，唐高宗乾封元年（666）有同時追贈孔子為太師、老子為太上玄元皇帝之事。李之藻《頖宮禮樂疏》引尹起莘曰：「然贈以三公之官，是臣之也。至亳州尊老子為太上玄元

釋奠改為「大祀」，不僅「先聖」的定位不同，現實生活中的「師」，也將會呈現不同的定位。

何以言此？可以從唐玄宗在開元二十七年對《大唐開元禮》的修定，得到進一步的理解。《大唐開元禮》是折衷刪改《貞觀禮》、《顯慶禮》的集大成之作，[50]於釋奠之禮的先聖座次則曰：「設先聖神座於廟室內，西楹間，東向。設先師神座於先聖東北，南向」，[51]與《貞觀禮》中西坐東面之先聖座次方位無異。當唐玄宗于開元二十年（732）九月，將此禮頒行天下之後，朝廷施政理應循此遵行；但是，唐玄宗在開元二十七年八月，又下制推翻原先《開元禮》對於釋奠的規範。《舊唐書・禮儀志》曰：

> 制曰：「弘我王化，在乎儒術。孰能發揮此道，啟迪含靈，則生人已來，未有如夫子者也。……年祀寖遠，光靈益彰，雖代有褒稱，而未為崇峻，不副於實，人其謂何？……夫子既稱先聖，可追諡為文宣王。宜令三公持節冊命，應緣冊及祭，所司速擇日，并撰儀注進。其文宣陵并舊宅立廟，量加人灑掃，用展誠敬。其後嗣可封文宣公。至如辨方正位，著自禮經，苟非得所，何以示則？昔緣周公南面，夫子西坐，今位既有殊，坐豈如舊，宜補其墜典，永作成式。自今已後，兩京國子監，夫子皆南面而坐，十哲等東西列侍。天下諸州亦准此。」……於是正宣父坐於南面，內出王者袞冕之服以衣之。遣尚書左丞相裴耀卿就國子廟冊贈文宣王。冊畢，所司奠祭，亦如釋奠之儀，公卿已下預觀禮。又遣太子少保崔琳就東都廟以行冊禮，自是始用宮懸之樂。春、秋二仲上丁，令三公攝行事。[52]

唐玄宗與上述裴松之、長孫無忌一樣引用《孟子》的典故，並且又如范寧、范宣尊孔子以王者禮，實現儒者理想的尊孔情境。唐玄宗以為，貞

皇帝，其輕重不倫如此。《綱目》於贈太師，削而不書，為先聖諱也。」〔明〕李之藻：《頖宮禮樂疏》，卷1，頁15。
[50] 〔宋〕王欽若等編：《冊府元龜》，卷564，頁8。
[51] 〔唐〕蕭嵩等撰：《大唐開元禮》，卷54，頁3。
[52] 〔後晉〕劉昫等撰：《舊唐書》，頁920-921。

觀年間以後孔子改稱「先聖」，卻依舊保持西坐東面，與周公南面而坐不同的主要原因，在於孔子在身分上沒有王者之實，故不得北坐南面；因此，必須藉由追諡孔子為「文宣王」，使之具備王者的身分後，才能使孔子「辨方正位」。據此可知，唐玄宗對於孔子東面稱「先聖」，與周公南面稱「先聖」之說，是選擇接受「先聖」南面的說法，如此才足以稱顯其「生民以來一人」的絕對地位；使得孔子必須像是周公南面一樣，有著「聖王」的身分。

但是，為何唐玄宗會認為「昔緣周公南面」的位次是正確的？第一個可能的原因，唐玄宗想要提高釋奠的層級，故由「準中祀」改為「大祀」。因此，冊贈孔子為王，使之神位南面，並且「牲太牢、樂宮縣、舞六佾」，[53] 又令三公行禮等帝王威儀，皆屬「大祀」的儀節，也一如漢代以「太牢祀孔」之規格。《唐會要》亦載，開元二十八年（740）二月五日勅文曰：「文宣王廟春、秋釋奠，宜令三公行禮，著之常式。」[54]

唐玄宗提高釋奠的層級，一方面是「正素王之位，加先聖之名」的聖王思維，[55] 另一方面可能的近因，是受到武周時期祭祀孔子的影響，則可據武周明堂而論。以唐代而言，開元二十七年追諡孔子為文宣王，是唐代國學孔子神位南面之始，[56] 卻不是首創之舉。根據《唐會要》所載：「神龍元年正月一日勅文：『諸州孔子廟堂，有不向南者，改向正南。』」[57] 神龍元年（705）正月，正是武周危傾將亡之際，此勅文當不屬唐朝所發，此事也未必曾在各州徹底執行。[58] 但是，從勅文之意可知，早

---

53 〔宋〕歐陽修、宋祁等撰：《新唐書》，頁 376。
54 〔宋〕王溥：《唐會要》，卷 35，頁 642。
55 《冊府元龜‧掌禮部‧奏議十八》載貞元四年（788）李紓曰：「伏以文宣王垂教百代，宗師五營，訓明紀綱，制立家國。緣是正素王之位，加先聖之名。樂用宮懸，獻羞太尉。尊師崇道，雅合政經。」〔宋〕王欽若等編：《冊府元龜》，卷 590，頁 10。
56 《冊府元龜‧帝王部‧崇儒術二》曰：「丁亥，命尚書左相裴耀卿，攝大尉持節，往冊于廟。始正南面，改冕服，樂用宮懸。」〔宋〕王欽若等編：《冊府元龜》，卷 50，頁 9。
57 開元二十七年勅令，亦似神龍元年勅文曰：「諸州及縣，廟宇既小，但移南面，不須改其衣服。」〔宋〕王溥：《唐會要》，卷 35，頁 638。
58 《資治通鑑‧唐紀》曰：「（二月）甲寅，復國號曰唐。郊廟、社稷、陵寢、百官、旗幟、服色、文字皆如永淳以前故事。」〔宋〕司馬光編著：《資治通鑑》，頁 6583。

在神龍元年以前，朝廷已經要求諸州的孔子神位改為南面，而仍有部分尚未執行。由此推知，武周時期朝廷祭祀孔子的儀式，必然已使孔子南面。唐玄宗將釋奠「中祀」改為「大祀」，應該也有受到武周時期的影響。

神龍元年以前祭祀孔子，為何使之南面？可能與武后（624-705；690-705在位）興建明堂有關。垂拱四年（688）明堂完成之後，永昌、載初年間（689）陸續舉行享祭、布政、養老之事；《舊唐書‧禮儀志》又曰：「其年二月，則天又御明堂，大開三教。內史邢文偉講《孝經》，命侍臣，及僧、道士等以次論議，日昃乃罷。」[59] 從武后明堂即辟雍的形制可知，[60] 原屬國學舉行的釋奠與講學之禮，武后之時應已遷入明堂之中，[61] 故能在明堂之中「大開三教」之講論。從高宗到武后，皆有關於釋奠先聖南面之事，可能都與唐高宗意欲興建明堂有關；[62] 實際上，唐玄宗于開元二十七年八月下詔使先聖南面之後，同月使「東京改作明堂」，[63] 又曰：「開元二十七年九月十日，於明堂舊址造乾元殿。」[64] 唐代釋奠先聖的位次方位問題，與帝王興建明堂辟雍之事，有著直接的關聯。

唐玄宗使孔子稱王南面的影響，將使祀孔之事的權力關係，因有天子介入而丕變。例如，韓愈（768-824）於〈處州孔子廟碑〉曰：

> 自天子至郡邑守長，通得祀而徧天下者，唯社稷與孔子焉。然而社祭土，稷祭穀，句龍與棄乃其佐享，非其專主。又其位所不屋而壇，豈如孔子用王者禮，巍然當座，以門人為配。自天

---

[59] 〔後晉〕劉昫等撰：《舊唐書》，頁864。
[60] 《舊唐書‧禮儀志》曰：「明堂之下施鐵渠，以為辟雍之象，號萬象神宮。」〔後晉〕劉昫等撰：《舊唐書》，頁864。
[61] 《舊唐書‧禮儀志》載鳳閣侍郎曰：「取其向陽，則謂之明堂；取其建學，則謂之太學；取其圜水，則謂之辟雍：異名而同事，古之制也。」〔後晉〕劉昫等撰：《舊唐書》，頁870。
[62] 《舊唐書‧禮儀志》據武后詔書，認為興建明堂實為實現高宗遺願。其曰：「伏以高宗往年，已屬意於陽館，故京輔之縣，預紀明堂之名，改元之期，先著總章之號。朕於乾封之際，已奉表上塵，雖簡宸心，未遑營構。今以鼎郊勝壤，圭邑奧區，處天地之中，順陰陽之序，舟車是湊，貢賦攸均，爰藉子來之功，式遵奉先之旨。」〔後晉〕劉昫等撰：《舊唐書》，頁863。
[63] 〔宋〕王溥：《唐會要》，卷11，頁281。此事《新唐書‧五行志》作十月。〔宋〕歐陽修、宋祁等撰：《新唐書》，頁921。
[64] 〔宋〕王溥：《唐會要》，卷30，頁552。

子而下,北面跪祭,進退誠敬,禮如親弟子者。句龍、棄以功,孔子以德,固自有次第哉。自古多有以功德得其位者,不得常祀,句龍、棄、孔子皆不得位而得常祀。然其祀事,皆不如孔子之盛。所謂生人以來,未有如孔子者,其賢過於堯、舜遠者,此其效歟。[65]

韓愈亦據《孟子》以論孔子之「聖」,並將釋奠的意義,與社稷之類的大祀類比,認為有過之而無不及;最主要的原因,在於孔子稱王之後,將使天子也須北面以祭「孔子/師」,與天下學生無異。[66]儒學的位階高於皇權的象徵,是由孔子神主所處空間而形成,這將使孔子至聖逾於周公之上。

若如此,唐玄宗使孔子稱王南面于國學之中,[67]而非明堂辟雍之中,恐非名實相符之舉;因為國學雖然有教化的功能,卻不似辟雍可為行禮、養老、大射、教化的綜合場所。[68]孔子為「素王」之說,固然是其「南面」的理由,但是國學在釋奠時的傳經教化之旨,恐怕難以統攝孔子「素王」的全幅意義。因此,歸崇敬(712-799)於唐肅宗寶應元年(762)之時,批評唐玄宗使孔子南面之事為太過。其議云:

> 每年春、秋二時,釋奠文宣王。祝板御署訖,北面揖,臣以為其禮太重。謹按《大戴禮》:師尚父授周武王丹書,武王東面而立。今署祝板,伏請准武王東面禮之,輕重庶得其中。[69]

根據《大戴禮記・武王踐阼》曰:

---

[65] 〔清〕董誥等編:《全唐文》,卷561,頁2515。
[66] 案高明士曰:「貞觀二十年(646)以後,無皇帝親臨主祭。」高明士:《中國中古的教育與學禮》,頁633。韓愈所言,有可能是推論之說。
[67] 冊命于國學廟中,據《唐會要・褒崇先師》曰:「二十七日,命尚書右丞相裴耀卿攝太尉持節,就國子廟冊命畢。所司奠祭,亦如釋奠之禮。又遣太子少保崔琳,往東都,就廟行冊禮。」〔宋〕王溥:《唐會要》,卷35,頁638。
[68] 《文獻通考・學校考》曰:「按如蔡邕之說,則古者明堂、辟雍、大學、太廟合為一所;以朝、以祭、以教、以饗、以射皆於其地。」〔元〕馬端臨:《文獻通考》,卷40,頁385。
[69] 〔宋〕王欽若等編:《冊府元龜》,卷590,頁1-2。

> 三日,王端冕,師尚父亦端冕,奉書而入,負屏而立。王下堂,南面而立。師尚父曰:「先王之道,不北面。」王行西,折而南,東面而立。師尚父西面道書之言。[70]

歸崇敬引用此例,當以為王者北面尊師之禮太過。但是,當周武王由南面之位,移至東面之位,而使師尚父居於西面之位時,又與貞觀年間使孔子東面的位次相反,[71]於國學之中並無前例可尋。或是將「師」的地位,從南面的「君位」,代換西面之「主位」,[72]所尊在於人而不在於位,與上述擁立漢文帝的情形相同,「主位」仍是「君位」;而非由王者南面,轉變為賓主之禮。

歸崇敬議請略減先聖「南面」而為「西面」,與開元二十七年的國學並非辟雍有關;因為於唐代宗大曆五年(770)之時,又以「國學及官名不稱,請改國學之制,兼更其名。」上奏曰:

> 《禮記・王制》曰:「天子學曰辟雍。」又《五經通義》云:「辟雍,養老、教學之所也。」……今國家富有四海,聲明文物之盛,唯辟雍獨闕,伏請改國子監為辟雍省。
> 祭酒之名,非學官所宜。按《周禮》:「師氏掌以美詔王,教國子。」請改祭酒為太師氏,位正三品。
> 其國子、太學、四門、三館,各立五經博士,品秩上下,生徒之數,各有差。[73]

歸崇敬此議,是以國子祭酒的身分,要求「改國學之制,兼更其名」;從其以「辟雍」之名取代國學可知,此議欲使開元二十七年先聖南面的未

---

[70] 〔清〕王聘珍:《大戴禮記解詁》,頁 103-104。
[71] 《大戴禮記・武王踐阼》的位次問題,歷來並沒有一個妥當的解釋,故皇侃曰:「王在賓位,師尚父主位,故西面王庭之位。若尋常師徒之教,則師東面,弟子西面,與此異也。」〔漢〕鄭玄注,〔唐〕孔穎達正義:《禮記注疏》,卷 36,頁 14。
[72] 北齊天保二年(551),邢子才(469-?)曾與魏收(507-572)議論皇太子冬會位次,當於西面或東面的問題。邢子才曰:「若以西面為卑,實是君之正位,太公不肯北面說丹書,西面則道之,西面乃尊也。」〔唐〕魏徵等撰:《隋書》,頁 1707。
[73] 〔後晉〕劉昫等撰:《舊唐書》,頁 4016-4018。

竟之事名實相符。在他的構想中，當「先聖」追諡為王者之後，「學」屬「天子學」名為辟雍，國學、太學俱是隸屬辟雍的單位；國子監升格為「辟雍省」的意義，當使原本的國子祭酒升格為丞相的階級，故以「太師氏」名之，一如漢代「父師／太師」之舊貌。此議雖因牽涉制度層面過大而未能成真，[74] 但是可由「國學及官名不稱」，得知當「先聖」南面之後，與前代尊師祀孔互相交涉的意義層面。

沿用同樣的思維，將使開元二十七年以後的孔子，與武德年間的周公一樣，成為南面之「聖王」，遂讓釋奠典禮的進行，浮現空間與身分上的爭議。則武德年間的「先聖」與「配享」之間的關係，其實也可以解讀為「聖王」與「聖師」的關係，屬於君臣關係下的空間思維，故與明堂辟雍有關；貞觀年間以孔子為「先聖」，而以眾儒為「先師」，則是屬於孔廟空間中的賓主關係，是由孔子講堂延伸而來的形式。因此，關於國學之中「先聖」位次的兩種思維模式，其實是出於「先聖」身分認定的不同；不同的「先聖」身分，也將改變現實中祭祀空間的意義，以及祭祀者與祭祀儀式等。因此，長孫無忌、許敬宗等人會將祭祀「先聖」的概念二分，說明「先聖」不必成為「聖王」，「聖王」應該處於另一種祭祀空間之中；所以，周公也應該配享像是周武王之類的「先代帝王」，[75] 不須如開元年間再將「先聖」加官晉爵，使之南面。

---

[74] 《舊唐書・歸崇敬列傳》曰：「詔下，尚書集百僚定議以聞。議者以為省者，禁也，非外司所宜名。《周禮》代掌其職者曰氏，國學非代官，不宜曰太師氏。其餘大抵以習俗既久，重難改作，其事不行。」〔後晉〕劉昫等撰：《舊唐書》，頁 4019。

[75] 《唐會要・前代帝王》曰：「顯慶二年七月十一日，太尉長孫無忌議曰：『謹按〈祭法〉云：「聖王之制祀也，法施于民則祀之，以死勤事則祀之，以勞定國則祀之，能禦大災則祀之，能捍大患則祀之。」又云：堯、舜、禹、湯、文、武、皆有功烈于民，及日月星辰，民所瞻仰。非是族也，不在祀典，唯此帝王，合與日月同例，常加祭享，義在報功。……伏惟大唐稽古垂化，網羅前典，唯此一禮，咸秩未申。親令禮及令，無祭先代帝王之文，今請幸遵故實，修附禮文。令三年一祭，仍以仲春之月，祭唐堯于平陽（以契配），祭虞舜于河東（以皋陶配），祭夏禹于安邑（以伯益配），祭殷湯于偃師（以伊尹配），祭周文于酆（以太公配），祭武王于鎬（以周公、召公配），祭漢祖于長陵（以蕭何配）。』詔可。」〔宋〕王溥：《唐會要》，卷 22，頁 429-430。

第三節　「先師」之義的轉變

一、貞觀二年以前釋奠中的「先師」與顏回

貞觀二年，唐太宗詔使「顏子為先師」配享之舉，[76] 看似與魏、晉以降的顏回「配享」相同，實則不然。在魏晉南北朝的相關論著中，所論釋奠「先師」的對象，均指孔子而言，未見有以「先師」稱顏回者。例如沈約《宋書・禮志》曰：

> 魏齊王正始中，齊王每講經遍，輒使太常釋奠先聖先師於辟雍，弗躬親。晉惠帝、明帝之為太子，及愍懷太子講經竟，並親釋奠於太學，太子進爵於先師，中庶子進爵於顏淵。[77]

魏齊王芳正始二年（241）之祭孔，是最早使顏回配享的確例。[78] 在《宋書・禮志》列舉諸例之中，「先師」等同於「先聖先師」，並沒有如後世區分為「先聖」與「先師」；《三國志・魏志》對正始二年釋奠的描述，也僅言「以顏淵配」，[79] 不言顏回為「先師」。類似的說法，又如《三國志・魏書・崔林傳》曰：「漢舊立孔子廟，褒成侯歲時奉祠，辟雍行禮，必祭先師，王家出穀，春秋祭祀」，[80]「先師」自是指孔子而言，而非顏回。此外，潘尼〈釋奠頌〉錄晉惠帝元康三年（293）釋奠曰：

> 元康元年十二月，上以皇太子富於春秋，而人道之始，莫先於孝悌，初命講《孝經》于崇正殿。實應天縱生知之量，微言奧義，發自聖問，業終而體達。三年春閏月，將有事於上庠，釋奠于先師，禮也。[81]

---

[76] 〔唐〕吳兢撰，謝保成集校：《貞觀政要輯校》，頁 376。
[77] 〔梁〕沈約：《宋書》，頁 367。
[78] 東漢末年禰衡有顏子碑文曰：「配聖饋，圖辟雍。」顏回配享之事，或許始自東漢。〔唐〕歐陽詢編：《藝文類聚》，卷 20，頁 365。
[79] 《三國志・魏書・三少帝紀》曰：「二年，春二月，帝初通《論語》，使太常以太牢祭孔子於辟雍，以顏淵配。」〔晉〕陳壽撰，〔南朝宋〕裴松之注，盧弼集解：《三國志集解》，卷 4，頁 7。
[80] 〔晉〕陳壽撰，〔南朝宋〕裴松之注，盧弼集解：《三國志集解》，卷 24，頁 7。
[81] 〔唐〕房玄齡等著，吳士鑑、劉承幹斠注：《晉書斠注》，卷 55，頁 25。

釋奠的對象為「先師」，故知「先師」是指孔子而言。此外，又可見諸前秦苻堅（338-385）釋奠時，亦稱「先師孔子」；[82] 隋煬帝大業四年（608）詔書亦稱「先師尼父」，[83] 皆以「先師」言「先聖先師」之義。

既然在魏晉南北朝時「先聖先師」不別，孔子既是「先聖」，亦是「先師」，則顏回於釋奠「配享」的身分為何？似乎不應該與孔子重疊「先師」之名號。因此，《通典》會在北齊釋奠中的「拜孔聖，揖顏回」之儀，引張憑所議而注曰：

> 不拜顏子者，案學堂舊有聖賢之象，既備禮盡敬，奉尼父以為師，而未詳顏子拜揖之儀？臣以聖者君道也，師者賢臣道也。若乃推堯、舜、禹于君位，則稷、契與我並為臣矣。師玄風于洙泗，則顏子吾同門也。夫大賢恭己，既揖讓于君德，回也如愚，豈越分于人師哉！是以王聖佐賢，而君臣之義著；拜孔揖顏，而師資之分同矣。[84]

張憑疑是東晉時人，[85] 當時對於釋奠禮的內容論議繁甚，出現以孔子為「師」，而不詳「顏子拜揖之儀」的說法；由此推論，當時進行的釋奠儀節之中，於孔子則有跪拜先師之儀，於顏回則以作揖敬之。案張憑所言，對於顏何以只揖讓而不拜的原因，在於顏回配享的身分，不僅不能是「先師」，甚至也不知以什麼身分配享，推測只能是孔門之「同門」；以師生之義論之，顏回的地位與後世儒生同等，只能同是弟子而不為師。然而，孔門之「同門」甚夥，何以是顏回而不是其他「同門」弟子？或

---

[82] 《晉書・載記・苻堅上》曰：「堅於是行禮於辟雍，祀先師孔子，其太子及公、侯、卿、大夫、士之元子，皆束脩釋奠焉。」〔唐〕房玄齡等著，吳士鑑、劉承幹斠注：《晉書斠注》，卷113，頁15。

[83] 《隋書・煬帝紀》曰：「冬十月丙午，詔曰：『先師尼父，聖德在躬，誕發天縱之姿，憲章文、武之道。命世膺期，蘊茲素王，而頹山之歎，忽踰於千祀，盛德之美，不存於百代。永惟懿範，宜有優崇。可立孔子後為紹聖侯。有司求其苗裔，錄以申上。』」〔唐〕魏徵等撰：《隋書》，頁72。

[84] 〔唐〕杜佑：《通典》，卷53，頁304。

[85] 嚴可均曰：「案此議《通典》附注于北齊事下，當是采晉張憑議耳，北齊未見有張憑也。」〔清〕嚴可均校輯：《全上古秦漢三國六朝文》，〈全晉文〉，卷132，頁4。

許僅能從孔子講學的空間論之，弟子之間的入道深淺不同，能夠登堂入室的弟子中，又以顏回評價最高；換言之，顏回不為「先師」，而是以高門弟子的身分配享「先師」。這樣的理解，顯然與「顏回為先師」之說不同，而《大唐開元禮》所載皇太子釋奠曰：「引皇太子進先師首座前，北面跪，奠爵，俛伏，興」，[86]已具有跪拜顏回之儀節，也與張憑當時的理解，有著相當大的出入。

貞觀二年十二月以後之新說，始將「先聖先師」解釋成為「先聖」與「先師」二人，並且用以對應「先聖」與「配享」的位次階級；例如，房玄齡、朱子奢建議曰：

> 武德中，詔釋奠於太學，以周公為先聖，孔子配享。臣以周公、尼父，俱稱聖人，庠序置奠，本緣夫子。晉、宋、梁、陳及隋大業故事，皆以孔子為先聖，顏回為先師。歷代所行，古人通允，伏請停祭周公，升夫子為先聖，以顏回配享。[87]

房玄齡、朱子奢對於前代釋奠「先師」的解釋，重新定義了初唐釋奠「先聖」與「先師」的對象；[88]重論「先師」的必要性，實與此後太宗崇儒的諸多舉措有關。因此之故，武德七年使孔子「配享」周公，對「孔子」

---

[86] 〔唐〕蕭嵩等撰：《大唐開元禮》，卷53，頁9。
[87] 〔宋〕王溥：《唐會要》，卷35，頁635-636。房玄齡與朱子奢所言，會造成自晉、宋、梁、陳、隋以來，學校釋奠本以「孔子為先聖，顏回為先師」的錯覺；實際上這樣的說法，是為了唐太宗欲「正夫子為先聖」而建構的歷史論述，導致後世對於「先師」的議題形成爭議。例如《續資治通鑑長編・神宗・元豐二年》載京兆府學教授蔣夔言曰：「春秋釋奠，以孔子為先聖，顏子為先師，先聖之樽在西，先師之樽在東，肆祭器、實牲體、盥手、濯爵、奠幣、讀祝、拜跪、登降、進退之節，與孔子無少異，而九人之像坐於兩旁，樽酒豆肉不及焉。臣愚不識為是禮者何以處之。且孔子師也，顏子雖大賢，與九人者徒也。今推顏子以配享孔子而其禮均，九人者獨不與享。以孔子為先聖，顏子為先師，而師名故不及於孔子，蓋緣唐《開元禮》爾。《開元禮》因革損益之不得其當者，非徒此也。乞下臣議於禮官，取開元釋奠儀詳定，可曰『兗國公顏子』，毋稱先師，毋讀祝，其祭器、牲體、薦享、祝獻之儀，一切降殺，毋擬於其師，而進九人亦於祀典，顏子降於孔子，九人降於顏子，以正開元之失禮。」〔宋〕李燾編撰：《續資治通鑑長編》（北京：中華書局，2004年9月），卷296，頁7201。蔣夔言：「師名故不及於孔子」，禮官仍持房玄齡之說答覆蔣夔此議，不離初唐「先聖」、「先師」二分的理解，卻未答覆蔣夔之惑。
[88] 《五禮通考》引邱濬曰：「案至是始定以孔子為先聖，顏子為先師。」〔清〕秦蕙田：《五禮通考》（桃園：聖環圖書公司，1994年5月，味經窩本），卷117，頁16。

的定位，並不等於永徽二年「黜孔子為先師」，使之「配享」周公的意義。[89] 對於「孔子」而言，視「先師」為「黜」的貶抑之義，顯然與魏晉南北朝常見的「先聖先師」概念不合；但是對於顏回而言，得以高門弟子的身分晉身「先師」之位，意味著弟子可由「學」通於聖賢之林，受到後世的祭拜。至於貞觀二十一年之時，太宗又使「先師」的意義發生轉變，使得傳經之「先師」，可以等於釋奠之「先師」；換言之，此時廟學釋奠典禮的神聖形象，已經由木主圖像上的祭祀「先聖先師」，轉變成為現實世界中，國學師生學習的經傳注疏之業，並能通達「先師」之「師說」，使文本世界的師生之義，等同廟學釋奠中的師生之義。

二、長孫無忌議請傳經諸儒為「先師」配享的意義

長孫無忌於顯慶二年七月，舉鄭玄注《禮記・文王世子》之文，再次議請「以孔子為先聖」。曰：

> 又准貞觀二十一年，詔以孔子為先聖，更以左丘明等二十一人，與顏子俱配尼父於太學，並為先師。今據《永徽令》文，改用周公為先聖，遂出孔子，降為先師，顏回、丘明，並無從祀。謹按《禮記》云：「凡學，春、秋，官釋奠于先師。」鄭玄云：「官，謂《詩》、《書》、《禮》、《樂》之官也。」先師者，「若漢，《禮》有高唐生，《樂》有制氏，《詩》有毛公，《書》有伏生，可以為之。」又《禮記》云：「始立學，釋奠于先聖。」鄭注曰：「若周公、孔子也。」據理為定，昭然自別。聖則因天合德，師則偏善一經。[90]

長孫無忌在解讀上，根據貞觀二十一年（647）詔書，而非貞觀二年詔書的原因，在於貞觀二十一年詔書始以傳經諸儒為「先師」配享，不同於貞觀二年詔書僅以顏子一人為「先師」，故使「顏回、丘明」並論；與鄭玄解「先師」為「偏善一經」之類，而孔子則不當為「先師」之說相

---
[89] 〔宋〕王溥：《唐會要》，卷35，頁636。
[90] 〔宋〕王欽若等編：《冊府元龜》，卷586，頁5-6。

符。[91]故據鄭玄之義以解「先聖」,則周公、孔子俱為「先聖」,[92]孔子不應黜為「先師」。

但是,從長孫無忌徵引《禮記》經注所言發現,其實刻意刪節了數字經文,以求合于當世對於「先師」的解讀。據《禮記・文王世子》曰:

> 凡學,春,官釋奠于其先師。秋、冬亦如之。鄭玄注曰:「官,謂《詩》、《書》、《禮》、《樂》之官也。」
> 凡始立學者,必釋奠于先聖先師,及行事必以幣。鄭玄注曰:「謂天子命之教,始立學官者也。先聖,周公若孔子。」[93]

比對長孫無忌引述之說可知,《禮記・文王世子》曰:「凡學,春,官釋奠于其先師。秋、冬亦如之」,被改成「凡學,春、秋,官釋奠于其先師」;「凡始立學者,必釋奠于先聖先師」,被改成「始立學,釋奠于先聖」。上句少了「冬」之釋奠,下句則少了「先師」。如此一來,使得上句文義專就「先師」而論,下句文義專就「先聖」而論,而釋奠之禮則當行於春、秋二季。

長孫無忌的說法,巧妙地讓《禮記・文王世子》及鄭玄注,與唐太宗貞觀二十一年的政策相符;一方面區分出「先聖」與「先師」之特色異同,另一方面則使貞觀二十一年詔書曰:「春、秋二仲,行釋奠之禮」,[94]成為釋奠之常例。然而,貞觀二十一年詔書的構想,其實應是出自當年許敬宗的主張。據《舊唐書・禮儀志》曰:

> 按《禮記・文王世子》:「凡學,春,官釋奠於其先師。」鄭注云:「官,謂《詩》、《書》、《禮》、《樂》之官也。」彼謂四時之學,將習其道,故儒官釋奠,各於其師。既非國學行禮,所以不及先聖。至於春、秋二時合樂之日,則天子視學,命有司典秩,即總祭先聖、先師焉。[95]

---

[91] 〔漢〕鄭玄注,〔唐〕孔穎達正義:《禮記注疏》,卷20,頁8-9。
[92] 〔漢〕鄭玄注,〔唐〕孔穎達正義:《禮記注疏》,卷20,頁9。
[93] 〔漢〕鄭玄注,〔唐〕孔穎達正義:《禮記注疏》,卷20,頁8-9。
[94] 〔後晉〕劉昫等撰:《舊唐書》,頁917。
[95] 〔後晉〕劉昫等撰:《舊唐書》,頁917。

許敬宗明言鄭玄解釋「先師」之義，是就「四時之學」而論，這樣的說法是與《禮記正義》「此論四時在學釋奠之事」相符。[96] 但是，「四時之學」的釋奠禮與「始立學」釋奠不同，因此貞觀二十一年的政策是要合併兩種釋奠，使之「總祭先聖、先師」。從許敬宗所論可知，當時對於《禮記・文王世子》所論釋奠的差異，應該有所瞭解；所以在通過貞觀二十一年詔下之後，《禮記・文王世子》中兩種釋奠的意義，被解釋為一種「總祭先聖、先師」的結果，應屬有意而為。

《禮記正義》在比較兩種釋奠的差異時，認為「四時釋奠」與「始立學釋奠」的不同之處，在於四時釋奠僅具「先師」而「不及先聖」；[97] 這樣的說法，可能是因襲熊安生之說而來。[98] 然而，許敬宗言四時釋奠「不及先聖」的主要用意，在於要合併「始立學釋奠」與「四時釋奠」，成為唐代春、秋二仲之釋奠；也就是認為，兩種釋奠的「先師」之義相同，故能「總祭」先聖與先師。但是，從鄭玄注《禮記・王制》「釋奠于學」句曰：「釋菜奠幣，禮先師也」，[99] 同樣也是「不及先聖」，《周禮疏》與《禮記正義》卻各有不同的解讀。《周禮・大胥疏》解鄭玄曰：「始入學，必釋菜禮先師也。」曰：

> 按〈王制〉有「釋菜奠幣」，〈文王世子〉又云：「始立學，釋菜，不舞不授器」，舍即釋也，采即菜也，故以為學子始入學，釋采禮先師也。但學子始入學釋菜禮輕，故不及先聖也。其先師者，鄭注〈文王世子〉云：「若漢《禮》有高堂生，《樂》有制氏，《詩》有毛公，《書》有伏生。」[100]

賈公彥對於「先師」的理解，與許敬宗、長孫無忌相同，因此認為釋菜

---

[96] 〔漢〕鄭玄注，〔唐〕孔穎達正義：《禮記注疏》，卷20，頁9。
[97] 《禮記正義》曰：「案四時釋奠不及先聖，知此用幣及釋菜及先聖者，以注文始立學釋奠先聖先師，此文亦云：『始立學，既釁器用幣，釋菜。』亦及先聖也。以其始立學，及器新成，事重於四時常奠也。」〔漢〕鄭玄注，〔唐〕孔穎達正義：《禮記注疏》，卷20，頁12。
[98] 《禮記正義》引熊氏云：「〈月令〉釋菜不及先聖者，以其四時入學，釋菜故不及先聖也。」〔漢〕鄭玄注，〔唐〕孔穎達正義：《禮記注疏》，卷20，頁12。
[99] 〔漢〕鄭玄注，〔唐〕孔穎達正義：《禮記注疏》，卷12，頁4。
[100] 〔漢〕鄭玄注，〔唐〕賈公彥疏：《周禮注疏》，卷23，頁7。

「不及先聖」，僅具傳經之「先師」。然而，《禮記正義》對於鄭玄注「釋菜奠幣，禮先師也」之「先師」，則有另一種解讀。《禮記‧王制正義》曰：「然則釋菜奠幣，皆告先聖先師，此直云『先師』，文不具耳」；[101] 是以鄭玄省文只言「先師」，即同於「先聖先師」之義。如同《禮記‧文王世子》「釋菜」鄭玄注曰：「告先聖先師以器成」，[102] 以及《禮記‧學記》「大學始教，皮弁、祭菜，示敬道也。」鄭玄注曰：「祭菜，禮先聖先師，菜謂芹藻之屬」，[103] 於「始立學」之釋菜禮中，皆禮「先聖先師」。

鄭玄解「始立學釋奠」的「先師」，或即「先聖先師」之義，例如《禮記‧文王世子》曰：「凡釋奠者，必有合也，有國故則否」，鄭玄注曰：

> 國無先聖先師，則所釋奠者，當與鄰國合也。若唐、虞有夔、伯夷，周有周公，魯有孔子，則各自奠之，不合也。[104]

由此可知，「始立學釋奠」之「先師」，為「國」之「先聖先師」；與「四時釋奠」依「官」之職掌分別教授的「先師」不同，也與唐代「偏善一經」的「先師」不同。兩種釋奠在「先師」之義上的差異，使得後世在建立制度之時，形成取捨，衍生「先師」之議題，此即歐陽修（1007-1072）〈襄州穀城縣夫子廟記〉所言之意：

> 《記》曰：「釋奠必有合，有國故則否。」謂凡有國，各自祭其先聖先師，若唐、虞之夔、伯夷，周之周公，魯之孔子。其國之無焉者，則必合于鄰國而祭之。然自孔子沒，後之學者莫不宗焉，故天下皆尊以為先聖，而後世無以易。學校廢久矣，學者莫知所師，又取孔子門人之高弟曰顏回者而配焉，以為先師。[105]

---

101 〔漢〕鄭玄注，〔唐〕孔穎達正義：《禮記注疏》，卷 12，頁 5。
102 〔漢〕鄭玄注，〔唐〕孔穎達正義：《禮記注疏》，卷 20，頁 12。
103 〔漢〕鄭玄注，〔唐〕孔穎達正義：《禮記注疏》，卷 36，頁 5。
104 〔漢〕鄭玄注，〔唐〕孔穎達正義：《禮記注疏》，卷 20，頁 10。
105 〔宋〕歐陽修：《歐陽文忠公集》（臺北：臺灣商務印書館，1979 年 11 月，《四部叢刊》影元刊本），卷 39，頁 9-10。

唐代以釋奠「四代之學」言「先師」，[106] 的確使「所教之官」與「先師」的傳統連結一氣，成為顏回與傳經諸儒為「先師」之說的經典依據。但是，這其實是一種選擇性的說法；例如，長孫無忌又申言唐太宗制旨之義曰：

> 所以貞觀末，親降綸言，依《禮記》之明文，酌康成之典記，正夫子為先聖，加眾儒為先師，永垂制於後昆，革往代之紕繆。而今不詳制旨，輒事刊改，遂違明詔。但成王幼年，周公踐極，制禮作樂，功比帝王，所以禹、湯、文、武、成王、周公為六君子。……其周公仍依別禮，配享武王。[107]

長孫無忌從鄭玄所釋「先師」的定義以正「先聖」，所勾勒而出的師生之義，則「先聖」屬孔子；[108] 若從「六君子」以論周公的定位，[109] 周公當歸諸聖王之列，已然區分出周公、孔子二聖之祭不同。

長孫無忌將周公歸類於先代帝王之祀，並非沒有前例可循。隋代祭祀先代帝王之時，已經將周公、召公配享周文王、周武王。[110] 若更前推北魏孝文帝太和十六年（492）「崇聖祀德」之事，同時包括了帝堯、虞舜、夏禹、周公、孔子五人；又言：「自文公以上，可令當界牧守，各隨所近，攝行祀事。」[111] 知北魏「崇聖祀德」，一方面如《禮記正義》所言：

---

[106] 鄭玄曰：「周立四代之學於國。」〔漢〕鄭玄注，〔唐〕賈公彥疏：《儀禮注疏》，卷12，頁2。

[107] 〔宋〕王欽若等編：《冊府元龜》，卷586，頁6。「又說明堂孝道」一句，《冊府元龜・學較部》作「又說明王孝道」，文字略有出處。據長孫無忌奏議前文言周公明堂之事，以「又說明堂孝道」為是。「酌康成之典記」，原作「酌成康之典記」，據前後文與《冊府元龜・學較部》所載更改。〔宋〕王欽若等編：《冊府元龜》，卷604，頁3。

[108] 《舊唐書》載許敬宗曰：「依令，周公為先聖，孔子為先師。又《禮記》云：『始立學，釋奠於先聖。』鄭玄注云：『若周公、孔子也。』且周公踐極，功比帝王，請配武王。以孔子為先聖。」〔後晉〕劉昫等撰：《舊唐書》，頁918。

[109] 《禮記・禮運》曰：「禹、湯、文、武、成王、周公，由此其選也。此六君子者，未有不謹於禮者也。」〔漢〕鄭玄注，〔唐〕孔穎達正義：《禮記注疏》，卷21，頁5。

[110] 《通典》曰：「隋制使祀先代王公，……文王、武王於豐、渭之郊，周公、召公配。」〔唐〕杜佑：《通典》，卷53，頁305。

[111] 《魏書》載孝文帝太和十六年二月詔曰：「夫崇聖祀德，遠代之通典；秩□□□，中古之近規。故三五至仁，唯德配享；夏殷私己，稍用其姓。且法施於民，祀有明典，立功垂惠，祭有恆式。斯乃異代同途，奕世共軌。今遠遵明令，憲章舊則，比於祀令，已為決之。其孟春應祀者，頃以事殷，遂及今日，可令仍以仲月而饗祀焉。凡在祀令者，其數有五。帝堯樹則天之功，興巍巍之治，可祀於平陽。虞舜播太平之風，致無為之化，可祀於廣寧。

「近周公處祭周公」;[112] 另一方面,祭祀孔子的層級與場域,並不是據諸侯而言的「近孔子處」,[113] 也不同於其餘四聖祀於建都之地,而是祀之於中書省的「中書學」。[114] 與長孫無忌所論,皆見以孔子為「先聖」與以周公為聖王不同,二聖之祭分屬於不同的空間之中。

從傳經上的師生之義來定義「先聖先師」,[115] 則周公不能使諸儒配享。唐代以前得以配享孔子者,也只有「顏子」一人;[116] 或許顏回為孔門弟子之首,[117] 又獨以「好學」著稱,[118] 為高門弟子「名冠同門」,[119] 使之釋奠配

夏禹禦洪水之災,建天下之利,可祀於安邑。周文公制禮作樂,垂範万葉,可祀於洛陽。其宣尼之廟,已於中省,既當勅有司。饗薦之禮,自文公已上,可令當界牧守,各隨所近,攝行祀事,皆用清酌尹祭也。」〔北齊〕魏收:《魏書》,頁 2750。

112 〔漢〕鄭玄注,〔唐〕孔穎達正義:《禮記注疏》,卷 20,頁 10。

113 若依鄭玄注曰:「若唐、虞有虁、伯夷,周有周公,魯有孔子,則各自奠之,不合也。」孔子當於魯祀之。北魏亦有祭孔子於魯之事,如《魏書·高祖紀》載太和十九年:「庚申,行幸魯城,親祠孔子廟。」〔北齊〕魏收:《魏書》,頁 177。故知《魏書》所謂「崇聖祀德」之孔廟,與魯地所祀孔廟的層級不同。

114 北魏於魯與洛陽皆有孔廟,此處所言,是祭於洛陽中書學中。如《魏書·儒林列傳》曰:「太宗世,改國子為中書學,立教授博士。……太和中,改中書學為國子學,建明堂辟雍,尊三老五更,又開皇子之學。」〔北齊〕魏收:《魏書》,頁 1842。又據《魏書·禮志》載太和十六年二月曰:「癸丑,帝臨宣文堂,引儀曹尚書劉昶、鴻臚卿游明根、行儀曹事李韶,授策孔子,崇聖之諡。於是昶等就廟行事。既而,帝齋中書省,親拜祭於廟。」〔北齊〕魏收:《魏書》,頁 2750。

115 若以君臣之義論顏回配享先聖,即以兗國公配享文宣王,祭祀規模也須隨之改變。如陳致雍〈再改正顏子兗國公祝文議〉曰:「今既升文宣王為大祀,兗國公即便是中祀。」〔清〕董誥等編:《全唐文》,卷 874,頁 4052。

116 另有祭祀「七十二弟子」於孔子宅之事,最早記載於漢明帝永平十五年(72),《後漢書·顯宗孝明帝紀》曰:「幸孔子宅,祠仲尼,及七十二弟子。」〔南朝宋〕范曄撰,〔唐〕李賢注,〔清〕王先謙集解:《後漢書集解》,卷 2,頁 14。終漢之世,除《後漢書·蔡邕列傳》曰:「光和元年,遂置鴻都門學,畫孔子及七十二弟子像。」〔南朝宋〕范曄撰,〔唐〕李賢注,〔清〕王先謙集解:《後漢書集解》,卷 60 下,頁 13。漢代祭祀「七十二弟子」皆於曲阜孔子宅中,未有太學、辟雍配享之事。

117 例如,《漢書·董仲舒傳》曰:「顏淵死,孔子曰:『噫!天喪余。』唯此一人為能當之,自宰我、子贛、子游、子夏不與焉。」〔漢〕班固撰,〔唐〕顏師古注,〔清〕王先謙補注:《漢書補注》,卷 56,頁 21。

118 《論語·雍也》曰:「哀公問:『弟子孰為好學?』孔子對曰:『有顏回者好學,不遷怒,不貳過,不幸短命死矣。今也則亡,未聞好學者也。』」〔魏〕何晏集解,〔宋〕邢昺疏:《論語注疏》,卷 6,頁 1。《群書考索·聖賢門·好學》曰:「仲尼之門,輕許人以仕,而重許人以學。……夫三千之徒,四科之目如此,其眾多而號為『好學』者,獨顏子一人而已。嗚呼!何其難也。」〔宋〕章如愚輯:《群書考索》(揚州:廣陵書社,2008 年 10 月,明正德年間慎獨齋本),續集卷 56,頁 8。

119 《宋書·隱逸列傳》曰:「周續之字道祖,……豫章太守范甯於郡立學,招集生徒,遠方至

享，歷來並無異辭。但是，顏回並不能算是傳經之儒，除了以顏回為大賢的評價之外，則不見還有其他的說詞。至於唐太宗貞觀二十一年詔書，使傳經之儒與顏回「並為先師」配享的理由，是因為「並用其書，垂於國冑」；形同以「學」為理由，將釋奠崇拜的師生世界，與經典傳承的國學空間結合。使得配享孔子的理由，竟可藉由解經著作與顏回同列，故所重在於「傳註之功」。[120]

這樣的作法，是以「配享」之名，將國學孔廟之中的「先聖先師」傳統，與兩漢儒林「先師」傳注孔子經典的傳統，以及與「四代之學」中「《禮》及《詩》、《書》之官」的結合；並定義「先師」為「師則偏善一經」，形成初唐「廟學」中的儒家經典世界。「配享」的對象，也會隨著講論經傳而有影響。例如，皇太子講學之禮多以《孝經》為主，《孝經》的作者相傳為曾子，故於唐高宗總章元年（668）使曾子配享。[121] 在這個經典場域中的「師」，並不是依據七十二弟子，或孔門四科來分類，而是羅列興學傳經的「先師」；於此經學傳統下的師生關係，「先師」能將「先聖」的經典傳予後學，後學也能通過「先師」之說直達「先聖」。如此一來，釋奠「配享」之事的文本世界，將形成自先秦兩漢以至於唐代的儒學經傳注疏的解釋系統。

三、貞觀年間以後對「先師」舊義之異論

《白虎通・王者不臣》論及「君臣」關係上的「例外」時，分別有

者甚眾，績之年十二，詣甯受業。居學數年，通五經并緯候，名冠同門，號曰『顏子』。」〔梁〕沈約：《宋書》，頁2280。

[120] 顧炎武《日知錄・嘉靖更定從祀》曰：「《舊唐書》太宗貞觀二十一年二月壬申，詔以左邱明、卜子夏、公羊高、穀梁赤、伏勝、高堂生、戴聖、毛萇、孔安國、劉向、鄭眾、杜子春、馬融、盧植、鄭康成、服虔、賈逵、何休、王肅、王弼、杜預、范甯等二十二人，代用其書，垂於國冑。自今有事於太學，並令配享宣尼廟堂，蓋所以報傳註之功。迄乎宋之仁、英，未有改易，可謂得古人敬學尊師之意者矣。神宗元豐七年，始進荀況、揚雄、韓愈三人，此三人之書雖有合於聖人，而無傳註之功，不當祀也。」〔清〕顧炎武：《原抄本日知錄》，卷18，頁431。

[121] 〈贈顏曾詔〉曰：「皇太子宏，近因釋菜，齒冑上庠，祗事先師，馳心近侍。仰崇山而景行，眷曩哲以勤懷，顯顏、曾之特高，揚仁義之雙美。請申褒贈，載甄芳烈。朕嘉其進德，冀以思齊，訓誘之方，莫斯為尚。顏回可贈太子少師，曾參可贈太子少保，並配享。」〔清〕董誥等編：《全唐文》，卷12，頁61。此事似乎未成定制，故於開元八年又使曾子從祀。〔後晉〕劉昫等撰：《舊唐書》，頁920。

「三不臣」與「五暫不臣」二章;「五暫不臣」不同於「三不臣」之處,在於行為上的變因使之「不臣」,而非身分血統上的例外。[122]「授受之師」的行為得以「不臣」,在於帝王須仰賴「來學」於師以成就自身,比起朝堂上身分尊卑更為重要;[123] 意即在當世的帝王權威之上,尚須對越高於皇權之「道」,故不能不受學於「師」以尊師道;[124] 是以《呂氏春秋・尊師》曰:「天子入太學,祭先聖,則齒嘗為師者弗臣,所以見敬學與尊師。」[125]

帝王從「尊師」到「尊孔」,是一個漫長的演變過程,牽涉的因素亦相當複雜,尤其身處國家權力結構下的君臣關係時,應該如何定位「師」的「例外」身分?必然會衍生多方的議論。從儒學的立場論之,「師」之「道」本有數端,本不能全同;因此在孟子(372-289B.C.)言「生民以來,未有孔子也」之前,則曰:

> 曰:「伯夷、伊尹,何如?」曰:「不同道。非其君不事,非其民不使,治則進,亂則退,伯夷也。何事非君,何使非民,治亦進,亂亦進,伊尹也。可以仕則仕,可以止則止,可以久則久,可以速則速,孔子也。皆古聖人也,吾未能有行焉,乃所願則學孔子也。」「伯夷、伊尹於孔子,若是班乎?」曰:「否!自有生民以來,未有孔子也。」[126]

---

[122] 《白虎通・王者不臣》曰:「王者所不臣者三,何也?謂二王之後,妻之父母,夷狄也。……王者有暫不臣者五,謂祭尸,授受之師,將帥用兵,三老,五更也。不臣祭尸者,方與尊者配也。不臣授受之師者,尊師重道,欲使極陳天人之意也。故《禮・學記》曰:『當其為師,則弗臣也。當其為尸,則不臣也。』不臣將帥用兵者,重士眾為敵國,國不可從外治,兵不可從內御,欲成其威。一其令。《春秋》之義,兵不稱使,明不可臣也。不臣三老五更者,欲率天下為人子弟。《禮》曰:『父事三老,兄事五更。』」〔漢〕班固撰,〔清〕陳立疏證:《白虎通疏證》,卷7,316-320。

[123] 《呂氏春秋・勸學》曰:「往教者不化,召師者不化,自卑者不聽,卑師者不聽。師操不化不聽之術而以彊教之,欲道之行、身之尊也,不亦遠乎?」〔秦〕呂不韋編,陳奇猷校釋:《呂氏春秋校釋》,頁195。

[124] 《呂氏春秋・勸學》曰:「師之教也,不爭輕重尊卑貧富,而爭於道。……為師之務,在於勝理,在於行義。理勝義立則位尊矣,王公大人弗敢驕也,上至於天子,朝之而不愧,凡遇合也,合不可必,遺理釋義以要不可必,而欲人之尊也,不亦難乎?故師必勝理行義然後尊。」〔秦〕呂不韋編,陳奇猷校釋:《呂氏春秋校釋》,頁195-196。

[125] 〔秦〕呂不韋編,陳奇猷校釋:《呂氏春秋校釋》,頁206。

[126] 〔漢〕趙岐章句,〔宋〕孫奭疏:《孟子注疏》,卷3上,頁10-11。

孔子在「聖人」必有「師」的歷史話語之中，只是如伊尹、伯夷等眾「先師」之一。[127] 孟子描述伊尹、伯夷之仕進，其實是兩種極端，「不臣」之說未必能符合伊尹之「道」。

因此，若循「所願則學孔子」之「道」推演，則如秦漢之際的齊、魯「好學之國」，[128] 師之進退則未必委質於帝王；「師」的身分若未納入國家體制內的一環，國家的權力亦未能加諸其身，故得以「不臣」。但是，漢代以後的歷代帝王推尊孔子，使之成為國家體制中不可取代的象徵時，如何再從「尊孔」回歸「尊師」之義？並且安頓「師」的身分與行為？必然是初唐時期的重要課題。

本文所處理的歷史話語，必須面對來自不同學說與目的的各式立場。對於如何「釋奠」？或如何「尊師」的議題，自然不會只有單一說法，也未能以儀式上的「變遷」視之。這些在敘事上的異論，往往不只是經學問題，而與政治、宗教或學術立場的關係密切。因此，即使唐太宗在「先師」之義上，已做重新詮釋，也不使這些異論銷聲匿跡；反而又會憑據某些條件下的合理性，重啟何謂「師說」、何謂「大義」等舊題。我們反倒可以藉由初唐以後的種種異論之表述，見證初唐時期的「尊師」議題上，在經典講說與祀孔之間的關聯性。

《五經正義》初纂之時，時人頗見以己說鄙薄「先師」舊義的表述，對於官方選擇的經注，並非全無異議；說明改變南北朝經學遺風，並非朝夕所能移易。例如，在太宗之時，有王玄度請廢舊注，行其所注之事，《舊唐書‧崔仁師列傳》曰：

> 校書郎王玄度注《尚書》、《毛詩》，毀孔、鄭舊義，上表請廢舊注，行己所注者，詔禮部集諸儒詳議。玄度口辯，諸博士皆

---

[127] 《韓詩外傳》曰：「哀公曰：『然則五帝有師乎？』子夏曰：『臣聞黃帝學乎大墳，顓頊學乎祿圖，帝嚳學乎赤松子，堯學乎務成子附，舜學乎尹壽，禹學乎西王國，湯學乎貸乎相，文王學乎錫疇子斯，武王學乎太公，周公學乎虢叔，仲尼學乎老聃。此十一聖人，未遭此師，則功業不能著乎天下，名號不能傳乎後世者也。』《詩》曰：『不愆不忘，率由舊章。』」〔漢〕韓嬰撰，許維遹校釋：《韓詩外傳集釋》，頁 195-196。

[128] 〔漢〕班固撰，〔唐〕顏師古注，〔清〕王先謙補注：《漢書補注》，卷 88，頁 3。

不能詰之。郎中許敬宗請付祕閣藏其書，河間王孝恭特請與孔、鄭並行。仁師以玄度穿鑿不經，乃條其不合大義，駁奏請罷之。詔竟依仁師議，玄度遂廢。[129]

河間王李孝恭（591-640）卒於貞觀十四年（640），[130] 此事應發生在孔穎達貞觀十二年奉勅之初。諸博士如何不能詰問王玄度所言「不經」，而後卻又廢止其說？推測前後議論的立場可能不同；崔仁師根據當時官方的立場，認為王玄度所注不合「大義」，殆視「毀孔、鄭舊義」以論其「穿鑿不經」。

高宗、武后時期，又有王玄感著論申言「三年之喪，合三十六月」。張柬之（625-706）駁之曰：

此四驗者，並禮經正文，或周公所制，或仲尼所述，吾子豈得以《禮記》戴聖所修，輒欲排毀？漢初高堂生傳《禮》，既未周備，宣帝時少傅后蒼因淹中孔壁所得五十六篇著《曲臺記》，以授弟子戴德、戴聖、慶溥三人，合以正經及孫卿所述，並相符會。列于學官，年代已久。今無端構造異論，既無依據，深可歎息。……若孔、鄭、何、杜之徒，並命代挺生，範模來裔，宮牆積仞，未易可窺。但鑽仰不休，當漸入勝境，詎勞終年矻矻，虛肆莠言，請所有掎摭先儒，願且以時消息。[131]

推循張柬之之意，王玄感所論形同否定漢代「先師」傳經的可能性，故可「構造異論」；不僅因為《禮記》是戴聖所修，否定了《禮記》的價值，同時也否定「孔、鄭、何、杜之徒」所論的意義。

幾年之後，王玄感又著《尚書糾謬》、《春秋振滯》、《禮記繩愆》三書，造成武后朝中新舊經義的爭論。《舊唐書·儒林傳》曰：

詔令弘文、崇賢兩館學士及成均博士詳其可否。學士祝欽明、郭山惲、李憲等皆專守先儒章句，深譏元感掎摭舊義，元感隨

---

[129] 〔後晉〕劉昫等撰：《舊唐書》，頁 2620。
[130] 〔後晉〕劉昫等撰：《舊唐書》，頁 2349。
[131] 〔後晉〕劉昫等撰：《舊唐書》，頁 2938-2939。

方應答，竟不之屈。鳳閣舍人魏知古、司封郎中徐堅、左史劉知幾、右史張思敬，雅好異聞，每為元感申理其義，連表薦之。尋下詔曰：「王元感質性溫敏，博聞強記，手不釋卷，老而彌篤。掎前達之失，究先聖之旨，是謂儒宗，不可多得。可太子司議郎，兼崇賢館學士。」魏知古嘗稱其所撰書曰：「信可謂五經之指南也。」[132]

王玄感何以僅著論褒貶《尚書》、《春秋》、《禮記》三書，而不涉及《易》、《詩》二經？從張柬之的駁論或可逆推，王玄感主張「三年之喪，合三十六月」的論點，主要是糾纏在《尚書》、《春秋》、《禮記》、《儀禮》四書的經注上；[133] 由此推論，王玄感於長安三年（703）表上所撰三書，有可能仍是針對「三年之喪，合三十六月」的論點而發。

王玄感否定貞觀年間以來，建構的「先師」概念，對於「三年之喪」的立論，也不屬於南北學中的任何一家；《四庫全書總目》即曰：「此唐王元感之論，當時已為議者所駁，載於《舊唐書》中，非古義也。」[134] 從其所論看來，王玄感「掎摭舊義」，建立新說，能與徐堅（659-729）、劉知幾（661-721）等人互通聲氣，並且被武后譽為不可多得的「儒宗」，則非偶發之舉。根據劉知幾《史通‧自敘》所言推論，王玄感與劉知幾、徐堅等人可能屬於同一個群體，[135] 思維模式亦頗相近。而劉知幾在《史通‧惑經》篇中列舉「五虛美」之義，亦得與王玄感之論互通。曰：

昔孔宣父以大聖之德，應運而生，生人已來，未之有也。故使三千弟子、七十門人，鑽仰不及，請益無倦。然則尺有所短，寸有所長，其間切磋酬對，頗亦互聞得失。何者？觀仲由之不

---

[132] 〔後晉〕劉昫等撰：《舊唐書》，頁 4963。
[133] 〔後晉〕劉昫等撰：《舊唐書》，頁 2936-2939。
[134] 〔清〕紀昀等編：《四庫全書總目》，卷 17，頁 11。
[135] 《史通‧自敘》曰：「及年以過立，言悟日多，常恨時無同好可與言者。維東海徐堅，晚與之遇，相得甚歡，雖古者伯牙之識鍾期，管仲之知鮑叔牙，不是過也。復有永城朱敬則、沛國劉允濟、義興薛謙光、河南元行冲、陳留吳兢、壽春裴懷古，亦以言議見許，道術相知。所有權揚，得盡懷抱。每云：『德不孤，必有鄰，四海之內，知我者不過數子而已矣。』」〔唐〕劉知幾撰，〔清〕浦起龍釋：《史通通釋》，頁 289。

悅，則矢天厭以自明；答言偃之絃歌，則稱戲言以釋難。斯則聖人設教，其理含弘，或援誓以表心，或稱非以受屈。豈與夫庸儒末學，文過飾非，使夫問者緘辭杜口，懷疑不展，若斯而已哉？嗟夫！古今世殊，師授路隔，恨不得親膺灑掃，陪五尺之童；躬奉德音，撫四科之友。而徒以研尋盡簡，穿鑿遺文，菁華久謝，糟粕為偶。遂使理有未達，無由質疑。是用握卷躊躇，揮毫悱憤。[136]

劉知幾同樣徵引《孟子・公孫丑》之說，推尊孔子為「生人已來，未之有也」；但是批評的對象，卻為後世的「儒教傳授」，[137]亦其所謂「庸儒末學」。案其所言可知，除親炙孔子的弟子門人，如四科十哲之類，後儒的詮釋，往往被認為「談過其實」。劉知幾否定後世傳經的有效性，等於否定初唐《五經正義》「疏不破注」之原則，以及國學「先師」傳習之「學」。此說在構想上的二元對立，在於否定當代「師授」書寫文本的傳承，卻又認同不可企及的親炙問說。

開元十四年（726），又有通事舍人王喦上疏改撰《禮記》之事，主張「削去舊文，而以今事編之」；[138]這個事件的插曲，即元行沖（653-729）為魏徵（680-643）《類禮》製作義疏之事。《舊唐書・元行沖傳》曰：

初，有左衛率府長史魏光乘奏請行用魏徵所注《類禮》，上遽令行沖集學者撰《義疏》，將立學官。行沖於是引國子博士范行恭、四門助教施敬本檢討刊削，勒成五十卷，十四年八月奏上之。尚書左丞相張說駁奏曰：「今之《禮記》，是前漢戴德、戴聖所編錄，歷代傳習，已向千年，著為經教，不可刊削。至魏孫炎始改舊本，以類相比，有同抄書，先儒所非，竟不行用。貞觀中，魏徵因孫炎所修，更加整比，兼為之注，先朝雖厚加賞錫，其書竟亦不行。今行沖等解徵所注，勒成一家，然

---

[136]〔唐〕劉知幾撰，〔清〕浦起龍釋：《史通通釋》，頁359。
[137]〔唐〕劉知幾撰，〔清〕浦起龍釋：《史通通釋》，頁376。
[138]〔後晉〕劉昫等撰：《舊唐書》，頁818。

與先儒弟乖，章句隔絕，若欲行用，竊恐未可。」上然其奏，於是賜行沖等絹二百匹，留其書貯於內府，竟不得立於學官。行沖恚諸儒排己，退而著論以自釋，名曰《釋疑》。[139]

元行沖亦劉知幾等人之學友，欲以魏徵《類禮》取代《禮記》，已經得到唐玄宗的認可，更能說明《五經正義》的影響，不如後代經學史家宣說的那麼權威；甚至在科舉考試以《五經正義》為應試依據，也一度是有名無實。程大昌（1123-1195）《續考古編》引孔平仲《談苑》曰：

> 唐貢舉《三禮》所議用孔穎達《疏》，而《注》文乃用李林甫，甚相矛盾。事下有司，胡旦駁其非是，然朝廷不曾果決。案唐制，孔《疏》既成，詔頒之天下學者不得違《疏》。此之兼用林甫說者，當是林甫勢盛，人不敢議耳。[140]

李林甫（683-752）用己《注》取代鄭《注》，[141] 在義疏上仍依用孔《疏》的行為，更顯見開元年間經學上的當代意識越來越強烈；當代學者改作，或自注經典呈現的解釋權威，說明此時「師」與經典大義上的連結，可能已經發生異於初唐時期的轉變。

---

[139] 〔後晉〕劉昫等撰：《舊唐書》，頁3178。
[140] 〔宋〕程大昌：《考古編／續考古編》（北京：中華書局，2008年12月），頁366。
[141] 根據王重民《敦煌古籍敘錄・唐明皇御刊刪定禮記月令》所言，李林甫《注》本可能只是改寫部分鄭《注》而成，曰：「以鄭《注》校注文，合者十六七，然則李等奉勅作注，多因舊義，無大發揮，又可知也。」王重民：《敦煌古籍敘錄》（臺北：木鐸出版社，1981年4月），頁49。

第七章　結論

　　行文至此，藉初唐時期釋奠的立場反問，為什麼在國學釋奠「先聖先師」的儀式中，祭祀孔子弟子會是合理的？孔子弟子於釋奠配享的意義，又會如何衝擊初唐國學中的「先師」概念呢？這些問題的正當性，將會改變對於初唐「先師」概念的解讀；並且也會主導唐玄宗以後，以至於今日，對於釋奠問題的論述方式，以及在國學釋奠之禮中，不主於「學」而偏主於「祭」的改變。

　　誠如前章所論，首度將釋奠「先聖先師」，理解為「先聖」與「先師」，並使「顏子為先師」配享，始於貞觀二年之時；貞觀二十一年，又使左丘明等傳經二十二儒與顏回「並為先師」，將初唐「先師」之義，接續在兩漢「師說」論述的架構下，讓所聞的「師說」，具象為國學祭祀之「師」，與國學中的授受之師。因此，當唐玄宗之時，強調孔子弟子從祀的重要性，以及王玄感、元行沖等當世學者，憑據自己的注說「自名其學」，挑戰這些「先師」舊注的解釋時；接踵而至的論調，與前漢劉歆「創通大義」之時頗為相似。這並不是私人的舉措，實得朝廷所授意。[1]由此可知，強調親炙「聖人／聖王」之義，會在唐玄宗之時發生，進而導致漢、魏「先師」所注受到質疑，其實不足為奇。

　　從質疑「先師」經注的事件，投射到唐玄宗諸多的作為，包括《御注》「三教」經典的頒行，[2]刪定更改《禮記》，[3]以及開元八年（720）國子

---

[1] 例如，根據元行沖〈御注孝經序〉所載，唐玄宗延集劉知幾等當代名儒，重新「恭尋聖意」；唐玄宗作《注》，除有商議前儒之失，並冀使唐玄宗能上承先王。曰：「乃勅群臣曰：『朕以《孝經》，德教之本也。自昔銓解，其徒寔繁，竟不能戁其宗，明其奧，覩斯蕪漫，誠亦病諸。頃與侍臣，參詳厥理，為之訓注，冀闡微言，宜集學士儒官，僉議可否。』於是……曰：『大義堙鬱，垂七百年，皇上識洞玄樞，情融繫表，革前儒必固之失，道先王至要之源，守章疏之常談，謂窮涯涘，睹蓬瀛之奧理，方論高深。伏請頒傳，希新耳目。』」〔唐〕唐玄宗注：《唐開元御注孝經》（南京：江蘇古籍出版社，2002年10月，《古逸叢書》覆卷子本），〈御注孝經序〉，頁3-4。

[2] 唐玄宗「御注」《孝經》頒行於開元十年（722），開元二十三年（735）頒行「御注」《老子》。〔宋〕王溥：《唐會要》，卷36，頁658。開元二十三年，唐玄宗又注《金剛經》及修《義訣》。〔宋〕王欽若等編：《冊府元龜》，卷51，頁19。

[3] 《四庫全書總目·經部·禮類》曰：「至唐明皇，始黜〈月令〉舊文，更附益時事，名《御

司業李元瓘奏言:「何休等二十二賢猶霑從祀,豈有升堂入室之子,獨不霑配享之餘」,而使「四科弟子閔子騫等」,在釋奠之禮時「列享在二十二賢之上」等;[4] 貫串其間的歷史話語,導致傳經之「先師」,不得與「先師」顏回並列。此為學術史上的一大轉折,使得漢、魏諸儒之「先師」經說,與「釋奠」之禮中的「先聖先師」之義,頓成隔閡;在教化上形成「祭」重於「學」,也成唐玄宗以後釋奠之禮的常態。[5]

根據《大唐開元禮・吉禮・國子釋奠於孔宣父・陳設》的描述:

設先聖神座於廟堂內,西楹間,東向。

設先師神座於先聖東北,南向。

其諸弟子:冉伯牛、仲弓、宰我、子貢、冉有、子路、子游、子夏、閔子騫、曾參、高柴、宓子賤、公西赤、林放、樊須、有若、孔忠、琴牢、梁鱣、仲會、冉孺、曾點、陳亢、漆雕開、商瞿、司馬耕、子張、巫馬施、秦非、商澤、鄭子徒、公西葴、公冶長、澹臺滅明、原憲、蘧伯玉、公伯寮、原亢、燕伋、秦祖、冉季、公肩定、左人郢、公西輿如、公孫龍、任不齊、顏祖、南宮縚、鄡單、秦商、廉潔、步叔乘、邽巽、施之常、顏之僕、狄黑、漆雕哆、縣成、顏路、顏噲、公良孺、公祖句茲、伯虔、榮旂、顏高、秦冉、申棖、顏幸、顏何、申黨、公皙哀、后處、句井彊、曹卹、罕父黑、奚容蒧、公夏首、石作蜀、壤駟赤、漆雕徒父、樂欬等座。及二十一賢:左丘明、公羊高、穀梁赤、伏勝、高堂生、戴聖、毛萇、孔安國、劉向、鄭眾、杜子春、馬融、盧植、鄭玄、服虔、賈逵、

刪定月令」;改置《禮記》第一,故《開成石經》於昏旦中星,悉改從唐曆。」〔清〕紀昀等編:《四庫全書總目》,卷21,頁11。

[4] 〔宋〕王溥:《唐會要》,卷35,頁639。

[5] 《呂思勉讀史札記・孔子廟》曰:「春秋釋奠於孔子廟,立學講經。亦皆以廟、學并言。馬君(馬端臨)謂自唐以來,州縣莫不有學,則凡學莫不有廟者,殆非虛語也。自宋以降,重廟更甚。……蓋有有廟而無學者矣,未有立學而不先立廟者。……予猶及見清世所謂府、州、縣學者,人皆稱為孔子廟,無或知為學校者也。其故何哉?官府所設之學,學術久不存焉,而祭祀則人知嚴之,故其遷流所屆如此也。」呂思勉:《呂思勉讀史札記》,頁1396-1397。

何休、王肅、王弼、杜預、范甯等座,以次東陳,皆南面西
向,席皆以莞,設神位,各於座首。[6]

《大唐開元禮》首次將祭祀孔子「諸弟子」的概念,援入釋奠之禮中。在上列名單裡,「先聖」仍為孔子,「先師」獨為顏回一人;由於孔子「諸弟子」得以入祀,於是在顏回與左丘明之間,又有孔子弟子橫亙其間。換言之,在唐玄宗時期,傳「學」二十二儒的釋奠位次,位居孔子弟子之後,已非如貞觀年間與顏回「並為先師」的現象。子夏的身分,也因為提高親炙弟子的地位,由傳「學」儒者,抽離成為孔門弟子之一。

根據《大唐開元禮》中陳設的位次,以及在子夏身分意義上的切割,可以提出一個質疑:究竟提高孔子弟子的意義,而壓抑傳「學」諸儒的地位,是在推崇國學之教?還是打壓國學之教?那些已經音容杳渺的孔門弟子們,在國家祭典中招魂喚出的必要性,與當代國學之「學」有什麼關聯?根據《史記‧仲尼弟子列傳》所言:「其四十有二人,無年、及不見書傳者」,[7]這些幾近無從知悉之名,雖曰登堂入室,卻未必皆能傳學後世;但是在釋奠之禮的重要性,竟大過自孔子以降,以至於當代國學經師傳承下來的「先師」之義。顯見當傳「學」二十二儒的身分,不再與顏回「並為先師」之後,「釋奠」之禮側重的「先師」之義,便由「講學」轉移到以精神層次的「祭祀」為主;在經說中音容宛在的「先師子夏」,也轉變為木主圖像中的「弟子子夏」。這樣的現象,一方面說明「先師」之義發生分歧,另一方面意味著「講學」的式微。這又可延續到社會史與教育史的討論,以及與學校、科舉內容之升降有關。

從王涇《大唐郊祀錄》的記載,開元年間孔門「諸弟子」從祀,又有「十哲」與其餘弟子圖形於壁之別:

開元八年,國子司業李元瓘上言稱:「先聖孔宣父廟顏子配座,
請以十哲弟子為坐像從祀,其七十弟子請準都監,廟當圖形於

---

[6] 〔唐〕蕭嵩等撰:《大唐開元禮》,卷54,頁3-4。
[7] 〔漢〕司馬遷撰,〔日〕瀧川龜太郎會注考證:《史記會注考證》,卷67,頁48。

壁上，兼為立讚。」詔可其議。又敕以曾參大孝，德冠同列，亦為素像，坐於十哲之次。至二十七年，又詔贈顏子為兗公，閔子騫十哲等各封侯，曾參、顓孫等六十七人皆封伯。又以蘧伯玉等八十八人圖形於壁，廟堂四壁，每行釋奠，皆從祭也。[8]

在開元二十七年以後陳設的位次中，獨使顏回一人承擔「先師」之位，冉伯牛等九位「十哲」與曾參侍坐，其餘八十八人的樣貌，皆圖形於壁上；空間改變的合理性，其實是模仿自闕里孔廟的敘事形式。[9]但自此以後，初唐釋奠的焦點概念：左丘明等二十一位「先師」，卻從配享之位，改繪於壁上，作為襯托孔廟的散景圖像，全然不異於後世釋奠之禮陸續加入從祀行列的韓愈、[10]諸葛亮（181-234）、宋明儒者等人。

這些後世增添的從祀者，與「先師」之「說」，以及《禮記‧文王世子》中的「先師」之義有何干係？這將使得國學所「學」的《五經》「師說」，何異於當世「不經」之義？《五經正義》也全然無法體現初唐「正義」的時代意義。甚至到了明代，這二十一位「先師」之中，也有不少遭受罷祀，或是被遷出孔廟的命運。[11]這將導致，今日在各地孔廟之中呈現的古代中國經典人物圖像，其實是屬於唐玄宗以後，逐步鞏固的「儒

---

[8] 〔唐〕王涇：《大唐郊祀錄》，附于〔唐〕蕭嵩等撰：《大唐開元禮》（北京：民族出版社，2000年5月，《適園叢書》本），卷10，頁6-7。

[9] 唐太宗即位之初，重修闕里孔子廟堂，並敕虞世南撰〈孔子廟堂碑〉，碑文中已有敘述圖像孔子弟子之事。〈孔子廟堂碑〉曰：「圖真寫狀，妙絕人功。象設已陳，肅焉如在。握文履度，復見儀形；鳳跱龍蹲，猶臨尺尺。莞爾微笑，若聽武城之絃，怡然動色，似聞簫韶之響，襜襜盛服；既覩仲由侃侃禮容，仍觀衛賜不疾而速。神其何遠？」〔清〕董誥等編：《全唐文》，卷138，頁618。

[10] 《宋史‧禮志》曰：「請自今春秋釋奠，以孟子配食，荀況、揚雄、韓愈並加封爵，以世次先後，從祀於左丘明二十一賢之間。自國子監及天下學廟，皆塑鄒國公像，冠服同兗國公。仍繪荀況等像於從祀：荀況，左丘明下；揚雄，劉向下；韓愈，范寧下。冠服各從封爵。」〔元〕脫脫等撰：《宋史》（北京：中華書局，1977年11月），頁2549。

[11] 《明史‧禮志‧至聖先師孔子廟祀》曰：「嘉靖九年，……公伯寮、秦冉、顏何、荀況、戴聖、劉向、賈逵、馬融、何休、王肅、王弼、杜預、吳澄罷祀。林放、蘧瑗、盧植、鄭眾、鄭玄、服虔、范寧各祀於其鄉。」〔清〕張廷玉等撰：《明史》（北京：中華書局，1974年4月），頁1298-1300。閻若璩《尚書古文疏證‧第一百二十八》曰：「或曰：『漢儒罷祀皆以過。劉向以誦神仙方術罷，賈逵以附會圖讖罷，馬融以黨附勢罷，何休以註《風角》等書罷。』」〔清〕閻若璩：《尚書古文疏證》（北京：中華書局，1998年8月，《文淵閣四庫全書》本），卷8，頁75。

家」思維模式；依舊保留在孔廟之中的初唐「先師」，也已經不是依據初唐配享之義。

除此之外，在釋奠之禮上，抬高孔門弟子的地位，進而使諸子之學得以躋於「四配」之位，同時又使「四配」之義，解消原本「先師」的位次。這說明孔門師弟在成為釋奠之禮的意義核心後，將會造成三種結果：其一，顏回為「先師」概念的泯沒；其二，國學「講學」的「先師」，自此成為東、西兩廡「先賢」之一；其三，進而使釋奠之禮著重在「儒教」的宗教意味上，而淡化國學行禮的本義。三種現象的意義，將導致國學之「所學」與「所祀」之間的聯繫，必然漸行漸遠，釋奠「先聖先師」的意義，也將日漸茫昧。

「四配」之義的興起，意謂著諸子之學興味的發酵，後世學者多以「道統論」詮釋之，其中又以韓愈為代表人物。從韓愈的「道統」論述可知，孔子、曾子、子思、孟子的「道統」形成，與當時佛教之「學」大盛有關，[12] 故仍似南北朝時期「三教」論衡的對立性話語。[13] 換言之，自唐玄宗以降所建構的孔門「道統」，不能如初唐時期認為，南北朝的學術史是屬於儒學的歧出一段，也必然不屬於東、西兩廡之中，那些初唐「先師／先賢」之學。相對而言，後世陸續進入孔廟配享，如楊雄、韓愈、宋明諸儒等人，建構之下的經典意識，也就無涉於初唐時期向上承接的兩漢師說世界。[14]

---

[12] 例如，韓愈弟子沈亞之（781-832）〈送洪遜師序〉曰：「自佛行中國已來，國人為緇衣之學，多幾於儒等。然其師弟子之禮，傳為嚴專。到於今世，則儒道少衰，不能與之等矣。於其流亦有派別焉。為之師者，量其性之高下而有授說。故有瞑坐而短行，毀刑而鼓談之道，歧於是也。」〔清〕董誥等編：《全唐文》，卷735，頁7594。

[13] 韓愈〈送王秀才序〉曰：「吾常以為孔子之道，大而能博，門弟子不能徧觀而盡識也。……孟軻師子思，子思之學，蓋出曾子。自孔子沒，群弟子莫不有書，獨孟軻氏之傳得其宗，故吾少而樂觀焉。……故學者必慎其所道，道於楊、墨、老、莊、佛之學，而欲之聖人之道，猶航斷港絕潢以望至於海也。故求觀聖人之道，必自孟子始。」〔唐〕韓愈撰，〔清〕馬其昶校注，馬茂元編次：《韓昌黎文集校注》（新北：頂淵文化公司，2005年11月），頁153。

[14] 《日知錄・嘉靖更定從祀》曰：「夫以一事之瑕而廢傳經之祀，則宰我之短喪，冉有之聚斂，亦不當列於十哲乎。棄漢儒保殘守缺之功，而獎末流論性談天之學，於是語錄之書日增月益，而五經之義委之榛蕪。自明人之議從祀始也。有王者作，其亂遵貞觀之制乎。」〔清〕顧炎武：《原抄本日知錄》，頁431-432。

推原至此，在開元年間以降，孔廟空間中展現的敘事主軸，其實不單純只是富於哲學思辨的儒家「道統」、或「三教論衡」之類的議題；而是初唐時期被視為歧途一派的學術史，重新在唐玄宗以至於今日的孔廟與學界，逐漸建構為主流論述。背後的社會學內涵為何？如何安置曾子、子思、孟子「三配」之外的顏回呢？[15] 從宋明儒者殫思竭慮地要將「四配」中的顏回，詮釋為道統系譜中的極高位階可知，初唐釋奠的原有論述，也不是全然能被道統論所消化；「孔、顏樂處」之命題，[16] 如何不能是桓榮與漢明帝之情誼？又換句話說，當漢明帝對桓郁言：「我為孔子，卿為子夏，起予者商也」的對話場景，如何不能是「吾與點也」？[17]

---

[15] 例如，《續資治通鑑長編》記載，宋神宗元豐三年（1080）二月辛卯，京兆府學教授蔣夔言：「春秋釋奠，以孔子為先聖，顏子為先師，先聖之樽在西，先師之樽在東，肆祭器、實牲體、盥手、濯爵、奠幣、讀祝、拜讀、登降、進退之節，與孔子無少異，而九人之像坐於兩旁，樽酒豆肉不及焉。臣愚不識，為是禮者，何以處之？且孔子師也，顏子雖大賢，與九人者徒也。今推顏子以配享孔子而其禮均，九人者獨不與享。以孔子為先聖，顏子為先師，而師名故不及於孔子，蓋緣唐《開元禮》爾。《開元禮》因革損益之不得其當者，非徒此也。乞下臣議於禮官，取開元釋奠儀詳定，可曰：『兗國公顏子』，毋稱先師，毋讀祝，其祭器、牲體、薦享、祝獻之儀，一切降殺，毋擬於其師，而進九人亦在祀典，顏子降於孔子，九人降於顏子，以正開元之失禮。」詔禮院詳定。禮官言：「唐顯慶二年，長孫無忌議：按永徽之〈令〉，改周公為先聖，孔子為先師，顏回、邱明並為從祀。謹案《禮記》：『凡學，春，官釋奠於其先師。』鄭康成注：『先師，若漢《禮》有高堂生，《樂》有制氏，《詩》有毛公，《書》有伏生，可以為師者。』又《記》曰：『始立學，釋奠於先聖。』鄭注曰：『若周公、孔子也。』據禮為定，昭然自別，聖則非周即孔，師則偏善一經。漢魏以來，取舍各異，顏回、夫子，互作先師，宣父、周公，迭為先聖。所以貞觀之末，親降綸言，今請改令從詔，於義為允。從之。今看詳孔子、顏子稱號，歷代各有據依，難輒更改，並配享、正享，禮意本一，儀物祝獻，亦難降殺。所乞進九人，亦在祀典，蓋州縣舊釋奠儀，未有十哲從祀之文，檢會熙寧祀儀，十哲皆為從祀，各設籩二、豆二、俎、簠、簋、爵各一，命官分獻，一奠而止。乞自今三京及諸州文宣王廟十哲像，春秋釋奠，並準熙寧祀儀。」從之。〔宋〕李燾編撰：《續資治通鑑長編》，頁7201-7202。蔣夔實以《永徽令》之釋奠，質疑開元釋奠禮中的「先師顏回」為何？何以配享內容同於孔子，卻異於其他「十哲」？這些「十哲」雖曰「配享」，為何沒有如同孔子與顏回之樽酒、豆肉？據此可以得知，宋神宗元豐三年之釋奠，雖然因襲三百年前開元釋奠禮的結論，卻沒有對「先師顏回」建構新的論述，導致顏回的地位，應該是要擺置在孔子與其他「十哲」之間呢？還是在「十哲」的概念之中的疑惑？實際上，「十哲」從祀孔子的概念興起，即意味著「先師顏回」的消失。

[16] 《朱子語類》曰：「問：『濂溪教程子尋孔顏樂處，蓋自有其樂，然求之亦甚難。』曰：『先賢到樂處，已自成就向上去了，非初學所能求之。況今之師，非濂溪之師，所謂友者，非二程之友，所以說此事卻似莽廣，不如且就聖賢著實用工夫求之。如「克己復禮」，致謹於視聽言動之間，久久自當純熟，充達向上去。」〔宋〕黎靖德編：《朱子語類》，頁799。

[17] 程顥〈戊冬見伯淳先生洛中所聞〉曰：「孔子與點，蓋與聖人之志同，便是堯、舜氣象。」〔宋〕程頤、程顥撰：《二程全書》（臺北：臺灣中華書局，1986年8月，江寧刻本校勘本），遺書十二，頁1。

徵引書目

　　一、本篇之編排，分為「傳統文獻」、「現代著作」、「學位論文」及「單篇論文」四類。今人對古籍的注解、整理，也列入「傳統文獻」一類。論文集以及附錄論文的專書收於「現代著作」類，而不在「單篇論文」類中。

　　二、「傳統文獻」的編排，略依《四庫全書總目》。

　　三、「現代著作」與「單篇論文」二類的編排，以作者姓氏筆劃為序；外文著／譯作則列於該類之末，亦按作者姓氏筆劃為序。「學位論文」的編排，則以論文發表時間先後為序。

一、傳統文獻

（一）經部

易類

〔魏〕王弼、〔晉〕韓康伯注，〔唐〕孔穎達正義：《周易注疏》，臺北：藝文印書館，1997年8月，阮元《十三經注疏》本。

〔清〕劉毓崧：《周易舊疏考正》，上海：上海古籍出版社，2002年3月，《續修四庫全書》影南菁書院刻《皇清經解續編》本。

書類

〔漢〕孔安國注，〔唐〕孔穎達正義：《尚書注疏》，臺北：藝文印書館，1997年8月，阮元《十三經注疏》本。

〔清〕閻若璩：《尚書古文疏證》，北京：中華書局，1998年8月，《文淵閣四庫全書》本。

〔清〕陳喬樅：《今文尚書經說攷》，上海：上海古籍出版社，2002年3月，《續修四庫全書》影清刻《左海續集》本。

〔清〕孫星衍：《尚書今古文注疏》，北京：中華書局，2004年2月。

皮錫瑞疏證：《尚書大傳疏證》，光緒丙申師伏堂刊本。
皮錫瑞：《今文尚書考證》，北京：中華書局，1998 年 12 月。

詩類

〔漢〕毛公傳，〔漢〕鄭玄箋，〔唐〕孔穎達正義，〔日〕長澤規矩也解題：《毛詩注疏》，東京：汲古書院，1974 年 6 月，日本足利學校遺迹後援會影南宋建刻十行本。

〔唐〕孔穎達：《南宋刊單疏本毛詩正義》，北京：人民文學出版社，2012 年 1 月，影日本杏雨書屋藏南宋刊本。

〔漢〕毛公傳，〔漢〕鄭玄箋，〔唐〕孔穎達正義：《毛詩注疏》，臺北：藝文印書館，1997 年 8 月，阮元《十三經注疏》本。

〔清〕馬瑞辰：《毛詩傳箋通釋》，北京：中華書局，2004 年 2 月。

〔漢〕韓嬰撰，許維遹校釋：《韓詩外傳集釋》，北京：中華書局，2009 年 5 月。

禮類

〔漢〕鄭玄注，〔唐〕孔穎達正義：《禮記注疏》，臺北：藝文印書館，1997 年 8 月，阮元《十三經注疏》本。

〔漢〕鄭玄注，〔唐〕賈公彥疏：《儀禮注疏》，臺北：藝文印書館，1997 年 8 月，阮元《十三經注疏》本。

〔清〕孫詒讓：《周禮正義》，北京：中華書局，2000 年 3 月。

〔清〕王聘珍解詁：《大戴禮記解詁》，北京：中華書局，1998 年 12 月。

〔清〕秦蕙田：《五禮通考》，桃園：聖環圖書公司，1994 年 5 月，味經窩本。

春秋類

〔晉〕杜預注，〔唐〕孔穎達正義：《春秋左傳正義》，上海：上海古籍出版社，2002 年 3 月，《續修四庫全書》影宋慶元六年紹興府刻宋元遞修本。

〔晉〕杜預集解，〔唐〕孔穎達正義：《左傳注疏》，臺北：藝文印書館，1997 年 8 月，阮元《十三經注疏》本。

〔唐〕孔穎達正義:《春秋正義》,上海:上海書店,1984年5月,《四部叢刊續編》影海鹽張氏涉園藏日本覆印景鈔正宗寺本。

〔清〕劉文淇:《左傳舊疏考正》,臺北:藝文印書館,1986年9月,《清經解》本。

〔漢〕何休解詁,徐彥疏:《春秋公羊注疏》,臺北:藝文印書館,1997年8月,阮元《十三經注疏》本。

〔漢〕董仲舒撰,〔清〕蘇輿義證:《春秋繁露義證》,北京:中華書局,1996年9月。

〔晉〕范甯集解,〔唐〕楊士勛疏:《春秋穀梁傳注疏》,臺北:藝文印書館,1997年8月,阮元《十三經注疏》本。

孝經類

〔唐〕唐玄宗注:《唐開元御注孝經》,南京:江蘇古籍出版社,2002年10月,《古逸叢書覆》卷子本。

〔唐〕唐玄宗注,〔宋〕邢昺疏:《孝經注疏》,臺北:藝文印書館,1997年8月,阮元《十三經注疏》本。

〔清〕毛奇齡:《孝經問》,北京:商務印書館,2005年12月,《文津閣四庫全書》本。

五經總義類

〔漢〕許慎撰,〔漢〕鄭玄駁,〔清〕袁鈞輯,〔清〕袁堯年補輯,皮錫瑞疏證:《駁五經異義疏證》,上海:上海古籍出版社,2002年3月,《續修四庫全書》影河間李氏重刊本。

〔漢〕許慎撰,〔漢〕鄭玄駁,〔清〕陳壽祺疏證:《五經異義疏證》,上海:上海古籍出版社,2002年3月,《續修四庫全書》影三山陳氏本。

〔唐〕陸德明:《經典釋文》,上海:上海古籍出版社,1985年10月,北京圖書館藏宋元遞修本。

〔清〕臧琳:《經義雜記》,上海:上海古籍出版社,2002年3月,《續修四庫全書》影武進臧氏拜經堂本。

〔清〕江藩:《國朝漢學師承記》,北京:中華書局,1998 年 12 月。
〔清〕阮元:《十三經注疏校勘記》,上海:上海古籍出版社,2002 年 3 月,《續修四庫全書》影清嘉慶阮氏文選樓刻本。

四書類

〔魏〕何晏集解,〔宋〕邢昺疏:《論語注疏》,臺北:藝文印書館,1997 年 8 月,阮元《十三經注疏》本。
〔魏〕何晏集解,〔梁〕皇侃義疏:《論語集解義疏》,臺北:廣文書局,1991 年 9 月,清王亶望重刊《知不足叢書》本。
〔漢〕趙岐注:《孟子》,南京:江蘇古籍出版社,2001 年 10 月,《續古逸叢書》影宋槧大字宋本。

小學類

〔漢〕許慎撰,〔清〕段玉裁注:《說文解字注》,臺北:黎明文化公司,1994 年 7 月,經韵樓本。
〔唐〕顏師古著,劉曉東平議:《匡謬正俗平議》,濟南:山東大學出版社,2000 年 10 月。
〔唐〕顏元孫:《干祿字書》,寬延二年刊本。
〔唐〕郎知本:《正名要錄》,上海:上海古籍出版社,2002 年 3 月,《續修四庫全書》影英藏敦煌寫卷 s388。
〔唐〕于志寧撰文:《唐孔祭酒碑》,上海:上海書畫出版社,2000 年 12 月,宋拓本。
〔宋〕洪适:《隸釋》,北京:中華書局,2003 年 12 月,洪氏晦木齋刻本。

(二) 史部

正史類

〔漢〕司馬遷撰,〔日〕瀧川龜太郎會注考證:《史記會注考證》,臺北:天工書局,1993 年 9 月。
〔漢〕班固撰,〔唐〕顏師古注,〔清〕王先謙補注:《漢書補注》,臺北:藝文印書館,1996 年 8 月,光緒二十六年長沙王氏校刊本。

〔清〕周壽昌：《漢書注校補》，北京：北京圖書館出版社，2004年4月，思益堂刊本。

〔清〕姚振宗：《漢書藝文志條理》，收入《二十五史補編》，北京：中華書局，1998年2月。

〔南朝宋〕范曄撰，〔唐〕李賢注，〔清〕王先謙集解：《後漢書集解》，臺北：藝文印書館，1996年8月，長沙王氏虛受堂本。

〔清〕沈欽韓：《後漢書疏證》，上海：上海古籍出版社，2002年3月，《續修四庫全書》影光緒二十六年浙江官書局刻本。

〔晉〕陳壽撰，〔南朝宋〕裴松之注：《三國志》，北京：中華書局，2005年2月。

〔晉〕陳壽撰，〔南朝宋〕裴松之注，盧弼集解：《三國志集解》，臺北：漢京文化公司，1981年4月。

〔唐〕房玄齡等修，吳士鑑、劉承幹注：《晉書斠注》，臺北：藝文印書館，1970年。

〔南朝梁〕沈約：《宋書》，北京：中華書局，2000年11月。

〔南朝梁〕蕭子顯：《南齊書》，北京：中華書局，1997年3月。

〔唐〕姚思廉：《梁書》，北京：中華書局，2003年9月。

〔唐〕姚思廉：《陳書》，北京：中華書局，2002年10月。

〔北齊〕魏收：《魏書》，北京：中華書局，2006年12月。

〔唐〕魏徵等撰：《隋書》，臺北：鼎文書局，1979年2月。

〔唐〕李延壽：《北史》，北京：中華書局，2003年7月。

〔唐〕李延壽：《北史》，臺北：臺灣商務印書館，1988年1月，百衲本影元大德刊本。

〔後晉〕劉昫等撰：《舊唐書》，北京：中華書局，2002年12月。

〔後晉〕劉昫等撰：《舊唐書》，光緒二十九年五洲同文局石印武英殿本。

〔宋〕歐陽修、宋祁等撰：《新唐書》，北京：中華書局，2003年7月。

〔元〕脫脫等撰：《宋史》，北京：中華書局，1977年11月。

〔清〕張廷玉等撰：《明史》，北京：中華書局，1974年4月。

編年史類

〔漢〕荀悅：《前漢紀》，臺北：鼎文書局，1977年9月。

〔晉〕袁宏撰，周天游校注：《後漢紀校注》，天津：天津古籍出版社，1987年12月。

〔宋〕司馬光編著：《資治通鑑》，北京：中華書局，1996年7月。

〔宋〕李燾編撰：《續資治通鑑長編》，北京：中華書局，2004年9月。

〔宋〕朱熹：《資治通鑑綱目》，臺北：臺灣商務印書館，1983年，《文淵閣四庫全書》本。

別史類

〔漢〕劉珍撰，吳樹平校注：《東觀漢記校注》，鄭州：中州古籍出版社，1987年3月。

雜史類

〔漢〕劉向集錄，范祥雍箋證《戰國策箋證》，上海：上海古籍出版社，2006年12月。

〔唐〕吳兢撰，謝保成集校：《貞觀政要輯校》，北京：中華書局，2009年7月。

詔令奏議類

〔宋〕宋敏求編：《唐大詔令集》，北京：中華書局，2008年4月。

載記類

〔晉〕常璩著，任乃強校注：《華陽國志校補圖注》，上海：上海古籍出版社，2007年4月。

地理類

〔北魏〕楊衒之撰，楊勇校箋：《洛陽伽藍記校箋》，北京：中華書局，2006年7月。

〔北魏〕酈道元注，楊守敬、熊會貞疏：《水經注疏》，南京：江蘇古籍出版社，1989年6月。

政書類

〔漢〕衛宏撰，〔清〕孫星衍輯：《漢舊儀》，收入〔清〕孫星衍等輯，周天游點校：《漢官六種》，北京：中華書局，2008 年 5 月。

〔唐〕長孫無忌：《唐律疏議》，臺北：臺灣商務印書館，2005 年 4 月。

〔唐〕李林甫等撰：《唐六典》，北京：中華書局，2005 年 4 月。

〔唐〕蕭嵩等撰：《大唐開元禮》，北京：民族出版社，2000 年 5 月，日本東京大學大木庫本、清洪氏公善堂校刊本。

〔唐〕王涇撰：《大唐郊祀錄》，收入〔唐〕蕭嵩等撰：《大唐開元禮》，北京：民族出版社，2000 年 5 月，《適園叢書》本。

〔唐〕杜佑：《通典》，臺北：臺灣商務印書館，1994 年 4 月，萬有文庫《十通》本。

〔宋〕鄭樵：《通志》，北京：中華書局，1987 年 1 月。

〔宋〕王溥：《唐會要》，北京：中華書局，1998 年 11 月。

〔元〕馬端臨：《文獻通考》，杭州：浙江古籍出版社，2000 年 1 月，萬有文庫《十通》本。

〔明〕李之藻：《頖宮禮樂疏》，臺北：國立中央圖書館，1970 年 9 月，影明萬曆刊本。

〔清〕龐鍾璐：《文廟祀典考》，臺北：中國禮樂學會，1977 年 4 月，光緒戊寅刊本。

目錄類

〔明〕趙 ：《石墨鐫華》，臺北：藝文印書館，1966 年，《百部叢書》影《知不足齋叢書》本。

〔清〕紀昀等編：《四庫全書總目》，臺北：藝文印書館，1997 年 9 月。

史評類

〔唐〕劉知幾撰，〔清〕浦起龍釋：《史通通釋》，臺北：里仁書局，1993 年 6 月。

輯佚類

〔清〕馬國翰輯：《玉函山房輯佚書》，收入《玉函山房輯佚書及補遺》，京都：中文出版社，1990 年 3 月，同治十年濟南皇華館書局補刻本。

（三）子部

儒家類

〔漢〕賈誼撰，閻振益、鍾夏校注：《新書校注》，北京：中華書局，2007年10月。

〔漢〕劉向撰，向宗魯校證：《說苑校證》，北京：中華書局，2000年3月。

〔漢〕揚雄撰，汪榮寶義疏：《法言義疏》，北京：中華書局，1997年10月。

〔漢〕孔鮒撰，〔宋〕宋咸注：《孔叢子》，上海：上海古籍出版社，2002年3月，《續修四庫全書》影宋刻本。

〔魏〕王肅注：《孔子家語》，臺北：臺灣中華書局，1985年3月，影宋蜀本。

〔宋〕程頤、程顥撰：《二程全書》，臺北：臺灣中華書局，1986年8月，江寧刻本校勘本。

〔宋〕黎靖德編：《朱子語類》，北京：中華書局，2004年2月。

〔明〕邱濬：《大學衍義補》，臺北：世界書局，1985年，《摛藻堂四庫薈要》本。

〔清〕趙紹祖：《讀書偶記》，北京：中華書局，2006年6月。

法家類

〔清〕王先慎集解：《韓非子集解》，北京：中華書局，1998年7月。

墨家類

〔清〕孫詒讓：《墨子閒詁》，北京：中華書局，2001年4月。

雜家類

〔秦〕呂不韋編，陳奇猷校釋：《呂氏春秋校釋》，臺北：華正書局，1988年8月。

〔漢〕班固撰，〔清〕陳立疏證：《白虎通疏證》，北京：中華書局，1994年8月。

〔漢〕王充撰，黃暉校釋，劉盼遂集解：《論衡校釋》，北京：中華書局，1996 年 11 月。
〔漢〕應劭撰，王利器校注：《風俗通義校注》，臺北：明文書局，1988 年 3 月。
〔北齊〕顏之推撰，王利器集解：《顏氏家訓集解》，北京：中華書局，2002 年 8 月。
〔唐〕封演撰，趙貞信校注：《封氏聞見記校注》，北京：中華書局，2005 年 11 月。
〔宋〕程大昌：《考古編／續考古編》，北京：中華書局，2008 年 12 月。
〔宋〕洪邁：《容齋隨筆》，北京：中華書局，2005 年 11 月。
〔宋〕吳曾：《能改齋漫錄》，上海：上海古籍出版社，1979 年 11 月。
〔清〕顧炎武：《原抄本日知錄》，臺北：臺灣明倫書局，1979 年。
〔清〕陳澧：《東塾讀書記》，收入黃國聲主編：《陳澧集》，上海：上海古籍出版社，2008 年 7 月。

類書類

〔隋〕虞世南編撰，〔清〕孔廣陶校註：《北唐書鈔》，北京：學苑出版社，1998 年 3 月，清光緒十四年南海孔氏三十有三萬卷堂重刊宋本。
〔唐〕徐堅等撰：《初學記》，臺北：大化書局，1961 年 8 月。
〔唐〕歐陽詢編：《藝文類聚》，京都：中文出版社，1980 年 12 月。
〔宋〕王欽若等編：《冊府元龜》，北京：中華書局，2010 年 1 月，明刻本。
〔宋〕王應麟輯：《玉海》，揚州：廣陵書社，2003 年 8 月，清光緒九年浙江書局刊本。
〔宋〕李昉等編：《太平御覽》，臺北：臺灣商務印書館，1997 年 7 月，《四部叢刊三編》影南宋蜀刊本。
〔宋〕章如愚輯：《群書考索》，揚州：廣陵書社，2008 年 10 月，明正德年間慎獨齋本。
〔宋〕陳元靚：《事林廣記》，北京：中華書局，1963 年 8 月，影元至順間建安椿莊書院刻本。

〔宋〕林駧，〔宋〕履翁：《古今源流至論》，臺北：臺灣商務印書館，1983年，文淵閣四庫全書。

小說家類

〔漢〕劉歆：《西京雜記》，收入〔清〕王謨輯：《漢魏叢書》，臺北：臺灣商務印書館，1995年2月，清金谿王氏刻本。

〔晉〕王嘉：《拾遺記》，臺北：臺灣商務印書館，1995年2月，清金谿王氏刻本。

〔南朝宋〕劉義慶撰，〔南朝梁〕劉孝標注，余嘉錫箋疏：《世說新語箋疏》，上海：上海古籍出版社，1996年8月。

〔唐〕劉肅：《大唐新語》，北京：中華書局，1984年5月。

〔宋〕王讜撰，周勛初校證：《唐語林校證》，北京：中華書局，2008年1月。

〔宋〕范鎮：《東齋記事》，北京：中華書局，2006年9月。

釋家類

〔南朝梁〕釋慧皎撰，湯用彤校注：《高僧傳》，北京：中華書局，1997年10月。

〔南朝梁〕釋僧祐：《出三藏記集》，北京：中華書局，1995年11月。

〔隋〕費長房：《歷代三寶記》，上海：上海古籍出版社，2002年3月，《續修四庫全書》影《金刻趙城藏》本。

〔隋〕釋智顗：《妙法蓮華經玄義》，臺北：新文豐出版公司，1996年12月，《大正藏》本。

〔唐〕釋道宣：《廣弘明集》，臺北：新文豐出版公司，1986年10月，影明汪道昆本。

〔唐〕釋道宣：《續高僧傳》，上海：上海古籍出版社，2002年3月，《續修四庫全書》影《磧砂藏》本。

〔唐〕釋道宣：《集古今佛道論衡》，臺北：新文豐出版公司，1996年12月，《大正藏》本。

〔唐〕釋道宣撰，〔宋〕釋元照述：《四分律行事鈔資持記》，北京：九州圖書出版公司，1998年10月，《頻伽藏》本。

〔唐〕釋道宣：《集神州三寶感通錄》，臺北：新文豐出版公司，1996 年 12 月，《大正藏》本。

〔唐〕釋法琳：《辯正論》，臺北：新文豐出版公司，1996 年 12 月，《大正藏》本。

〔唐〕釋湛然述：《法華玄義釋籤》，臺北：新文豐出版公司，1996 年 12 月，《大正藏》本。

〔唐〕釋大覺：《四分律行事鈔批》，北京：九州圖書公司，1998 年 10 月，《頻伽藏》本。

〔唐〕釋神清撰，〔宋〕釋慧寶注：《北山錄》，臺北：文史哲出版社，1974 年 11 月，影配宋本。

〔唐〕釋道世撰，周叔迦、蘇晉仁校注：《法苑珠林校注》，北京：中華書局，2011 年 3 月。

〔宋〕釋志磐：《佛祖統紀》，上海：上海古籍出版社，2002 年 3 月，《續修四庫全書》影明刻本。

〔宋〕釋贊寧：《大宋僧史略》，上海：上海古籍出版社，2002 年 3 月，《續修四庫全書》影日本延寶八年（1680）淺野久兵衛刊本。

〔元〕釋念常：《佛祖歷代通載》，臺北：新文豐出版公司，1996 年 12 月，《大正藏》本。

〔日〕釋圓仁著，〔日〕小野勝年校註，白化文、李鼎霞、許德楠修訂校註：《入唐求法巡禮行記校註》，石家莊：花山文藝出版社，1992 年 9 月。

道家類

〔晉〕郭象注，〔唐〕成玄英疏：《南華真經注疏》，南京：江蘇古籍出版社，2002 年 10 月，《古逸叢書》影覆宋本。

〔晉〕葛洪撰，王明校釋：《抱朴子內篇校釋》，北京：中華書局，2002 年 3 月。

〔宋〕謝守灝編：《混元聖紀》，北京：華夏出版公司，2004 年 1 月，《中華道藏》本。

（四）集部

〔魏〕曹植：《曹子建文集》，南京：江蘇古籍出版社，2001 年 9 月，《續古逸叢書》影南宋江西大字本。

〔南朝梁〕劉勰著，詹鍈義證：《文心雕龍義證》，上海：上海古籍出版社，1999 年 12 月。

〔南朝梁〕蕭統編，〔唐〕李善注：《文選》，臺北：華正書局，2000 年 10 月，清胡克家刻本。

〔唐〕許敬宗編：《日藏弘仁本文館詞林校證》，北京：中華書局，2001 年 10 月。

〔唐〕白居易撰，朱金城箋注：《白居易集箋校》，上海：上海古籍出版社，2008 年 5 月。

〔唐〕韓愈撰，〔清〕馬其昶校注，馬茂元編次：《韓昌黎文集校注》，新北：頂淵文化公司，2005 年 11 月。

〔宋〕李昉等編：《文苑英華》，臺北：大化書局，1985 年 5 月，明閩本。

〔宋〕歐陽修：《歐陽文忠公集》，臺北：臺灣商務印書館，1979 年 11 月，《四部叢刊》影元刊本。

〔宋〕歐陽修：《歐陽修全集》，北京：中華書局，2009 年 1 月。

〔明〕張溥輯：《漢魏六朝百三家集》，臺北：臺灣商務印書館，1986 年，《文淵閣四庫全書》本。

〔清〕段玉裁：《經韵樓集》，上海：上海古籍出版社，2008 年 4 月。

〔清〕錢大昕：《潛研堂文集》，收入陳文和主編：《嘉定錢大昕全集》，南京：江蘇古籍出版社，1997 年 12 月。

〔清〕劉文淇：《劉文淇集》，臺北：中央研究院中國文哲研究所，2007 年 12 月。

〔清〕嚴可均校輯：《全上古秦漢三國六朝文》，北京：中華書局，1995 年 11 月，影清光緒王毓藻刻本。

〔清〕董誥等編：《全唐文》，上海：上海古籍出版社，2007 年 5 月，揚州官刻本縮印。

〔清〕許宗彥：《鑑止水齋集》，上海：上海古籍出版社，2002年3月，《續修四庫全書》影嘉慶二十四年德清許氏家刻本。

〔清〕吳省欽：《白華前稿》，上海：上海古籍出版社，2002年3月，《續修四庫全書》影清乾隆刻本。

二、現代著作

王重民：《敦煌古籍敘錄》，臺北：木鐸出版社，1981年4月。

王利器：《曉傳書齋文史論集》，香港：中文大學出版社，1989年。

皮錫瑞撰，周予同注：《經學歷史》，臺北：藝文印書館，1996年8月。

古正美：《從天王傳統到佛王傳統》，臺北：商周出版公司，2003年6月。

牟潤孫：《注史齋叢稿》，臺北：臺灣商務印書館，1990年6月。

任半塘：《唐戲弄》，新北：漢京文化公司，1985年9月。

任育才：《唐型官學體系之研究》，臺北：五南圖書公司，2007年11月。

余嘉錫：《余嘉錫論學雜著》，北京：中華書局，2007年11月。

李弘祺：《學以為己：傳統中國的教育》，香港：香港中文大學出版社，2012年。

呂思勉：《呂思勉讀史札記》，上海：上海古籍出版社，2006年6月。

范文瀾：《群經概論》，收入蔡美彪等編：《范文瀾全集》，石家莊：河北教育出版社，2002年11月。

馬宗霍：《中國經學史》，上海：上海書店，1987年12月。

唐長孺：《魏晉南北朝隋唐史三論》，北京：中華書局，2011年4月。

孫楷第：《滄州集》，北京：中華書局，2009年1月。

高明士：《中國中古的教育與學禮》，臺北：國立臺灣大學出版中心，2005年9月。

高明士：《東亞傳統教育與法文化》，臺北：國立臺灣大學出版中心，2007年11月。

祝總斌：《兩漢魏晉南北朝宰相制度研究》，北京：中國社會科學出版社，1990年10月。

梁啟超：《飲冰室合集》，北京：中華書局，1989 年 11 月。
梁啟超：《中國近三百年學術史》，臺北：里仁書局，1995 年 2 月。
陳戍國：《中國禮制史：魏晉南北朝卷》，長沙：湖南教育出版社，2002 年 2 月。
陳寅恪：《陳寅恪先生論文集》，臺北：九思出版社，1977 年 6 月。
湯用彤：《漢魏兩晉南北朝佛教史》，臺北：臺灣商務印書館，1991 年 9 月。
湯用彤：《隋唐及五代佛教史》，臺北：慧炬出版社，1997 年 4 月。
張舜徽：《廣校讎略／漢書藝文志通釋》，武漢：華中師範大學出版社，2004 年 3 月。
張爾田：《史微》，上海：上海書店，2006 年 1 月。
黃進興：《優入聖域：權力、信仰與正當性》，臺北：允晨文化公司，1994 年 8 月。
焦桂美：《南北朝經學史》，上海：上海古籍出版社，2009 年 7 月。
劉林魁：《《廣弘明集》研究》，北京：中國社會科學出版社，2011 年 6 月。
劉師培：《南北經學不同論》，收入劉師培：《劉申叔遺書》，南京：江蘇古籍出版社，1997 年 11 月。
劉師培：《國學發微》，收入劉師培：《劉申叔遺書》，南京：江蘇古籍出版社，1997 年 11 月。
潘重規編：《敦煌變文論輯》，臺北：石門圖書公司，1981 年 12 月。
鄭阿財：《鄭阿財敦煌佛教文獻與文學研究》，上海：上海古籍出版社，2011 年 10 月。
鄭欽仁：《北魏官僚機構研究續篇》，臺北：稻禾出版社，1995 年 4 月。
錢穆：《兩漢經學今古文平議》，臺北：東大圖書公司，1989 年 11 月。
錢鍾書：《管錐編》，北京：三聯書店，2007 年 12 月。
蘇瑩輝：《敦煌論集續編》，臺北：臺灣學生書局，1983 年 6 月。
饒宗頤：《梵學集》，上海：上海古籍，1993 年 7 月。

〔日〕山井鼎：《七經孟子考文並補遺》，上海：商務印書館，1936 年，《叢書集成初編》本。

〔日〕久保田量遠：《支那儒道佛交涉史》，東京：大東出版社，1943 年 2 月。

〔日〕小林正美著，王皓月譯：《六朝佛教思想研究》，濟南：齊魯書社，2013 年 1 月。

〔日〕小林正美著，李慶譯：《六朝道教史研究》，成都：四川人民出版社，2001 年 3 月。

〔日〕仁井田陞：《唐令拾遺》，東京：東京大學出版會，1964 年 9 月。

〔日〕本田成之：《中國經學史》，臺北：廣文書局，1990 年 7 月。

〔日〕古勝隆一：《中國中古の學術》，東京：研文出版，2006 年 11 月。

〔日〕吉川忠夫著，王啟發譯：《六朝精神史研究》，南京：江蘇人民出版社，2012 年 1 月。

〔日〕坂本太郎博士古稀記念會編：《續日本古代史論集》，東京：吉川弘文館，1972 年 7 月。

〔日〕林秀一：《《孝經述議》復原に關する研究》，東京：林先生學位論文出版紀念會，1953 年 8 月。

〔日〕金子修一：《中國古代皇帝祭祀の研究》，東京：岩波書店，2006 年 4 月。

〔日〕神田喜一郎、西川寧監修，〔日〕足立豐解說：《晉皇帝三臨辟雍碑》，《書跡名品叢刊》，東京：二玄社，1988 年 3 月。

〔日〕野間文史：《五經正義の研究——その成立と展開》，東京：研文出版，1998 年 10 月。

〔日〕野村耀昌：《周武法難の研究》，東京：東出版株式會社，1976 年 9 月。

〔日〕喬秀岩（又名：橋本秀美、陳秀琳）：《義疏學衰亡史論》，東京：白峰社，2001 年 9 月。

〔日〕會田範治：《註解養老令》，京都：有信堂，1964 年 3 月。

〔日〕鎌田茂雄著，關世謙譯：《中國佛教通史》，臺北：佛光出版社，1990 年 2 月。

三、學位論文

張寶三：〈五經正義之研究〉，臺北：臺灣大學中國文學研究所博士論文，1992 年 6 月。

郭永吉：〈自漢至隋皇帝與皇太子經學教育禮制蠡測〉，新竹：清華大學中國文學系博士論文，2005 年 11 月。

江右瑜：〈唐代《春秋》義疏之學研究——以詮解方法與態度為中心〉，彰化：彰化師範大學國文學系博士論文，2008 年 6 月。

劉欣怡：〈清代「鄭志」輯本及其「鄭學」之研究〉，臺北：臺北大學古典文獻學研究所碩士論文，2010 年 7 月。

朱浩毅：〈辨偽與詮釋：劉歆學史中的漢代劉歆與劉歆學〉，臺北：中國文化大學史學系博士論文，2011 年 12 月。

四、單篇論文

向達：〈唐代俗講考〉，收入潘重規編：《敦煌變文論輯》，臺北：石門圖書公司，1981 年 12 月。

李紀祥：〈孔子稱「師」考〉，《北京師範大學學報（社會科學版）》2012 年第 4 期。

李學勤：〈《今古學考》與《五經異義》〉，收入李學勤：《當代學者自選文庫‧李學勤卷》，合肥：安徽教育出版社，1999 年 5 月。

高明士：〈日本沒有實施過科舉嗎〉，《玄奘人文學報》第 3 期，2004 年 7 月。

高明士：〈隋唐廟學制度的成立與道統的關係〉，《國立臺灣大學歷史系學報》第 9 期，1982 年 12 月。

孫遲：〈唐李孟常碑——昭陵新發現碑刻介紹之四〉，《考古與文物》1985 年第 5 期。

陸黌冰:〈阿育王的統一與並治〉,《中華佛學研究》第 2 期,1998 年 3 月。
游自勇:〈隋文帝仁壽頒天下舍利考〉,《世界宗教研究》2003 年第 1 期。
戴君仁:〈經疏的衍成〉,收入王靜芝等著:《經學論文集》,臺北:黎明文化公司,1981 年 1 月。
謝明憲:〈論《穀梁傳》「膚淺」〉,收入《第一屆世界漢學中的春秋學學術研討會論文集》,宜蘭:佛光大學歷史學系,2004 年 11 月。
蘇瑩輝:〈《五經正義》第一次頒行於貞觀年中說〉,《國立中央圖書館館刊》新 2 卷第 2 期,1986 年 10 月。
嚴耀中:〈北魏中書學及其政治作用〉,《中國魏晉南北朝史學會第二屆學術討論會論文集》,北京:中國魏晉南北朝史學會,1986 年 6 月。
〔日〕內藤虎次郎著,錢稻孫譯:〈影印宋槧單本尚書正義解題〉,《國立北平圖書館館刊》第 4 卷第 4 號,1932 年。
〔日〕古勝隆一:〈論魏晉南北朝之釋奠〉,余欣主編:《中古時代的禮儀、宗教與制度》,上海:上海古籍出版社,2012 年 6 月。。
〔日〕野間文史著,金培懿譯:〈五經正義之研究〉,《中國文哲研究通訊》第 15 卷第 2 期,2005 年 6 月。
〔日〕陳秀琳(又名:橋本秀美、喬秀岩):〈「禮是鄭學」說〉,收入林慶彰編:《經學研究論叢》第 6 輯,臺北:臺灣學生書局,1999 年 6 月。
〔日〕鈴木虎雄著,童嶺譯:〈〈五經正義撰定答問〉疏證〉,收入《藝衡》第 2 輯,北京:北京圖書館出版社,2009 年 12 月。
〔日〕福島吉彥撰,刁小龍譯,姚去兵修訂:〈唐《五經正義》撰定考——《毛詩正義》研究之一〉,收入彭林編:《中國經學》第 8 輯,桂林:廣西師範大學出版社,2011 年 6 月。
〔日〕彌永貞三:〈古代の釋奠について〉,坂本太郎博士古稀記念會編:《續日本古代史論集》,東京:吉川弘文館,1972 年 7 月。
〔德〕Martin Kern(柯馬丁), "Methodological Reflections on the Analysis of Textual Variants and the Modes of Manuscript Production in Early China", *Journal of East Asian Archaeology* 4.1-4(2002).

國家圖書館出版品預行編目（CIP）資料

釋奠與權力：初唐國家教化的理解與建構／謝明憲著.
-- 初版. -- 新北市：華藝學術出版：華藝數位發行，
2016.08
　面；公分
ISBN 978-986-437-117-4（平裝）
1. 政教關係　2. 唐代
624.1　　　　　　　　　　　　　105015070

釋奠與權力：初唐國家教化的理解與建構

作　　者／謝明憲
責任編輯／陳水福
美術編輯／ZOZO DESIGN

發 行 人／鄭學淵
總 編 輯／范雅竹
發　　行／陳水福
出　　版／華藝學術出版社（Airiti Press Inc.）
　　　　　地　　址：234 新北市永和區成功路一段 80 號 18 樓
　　　　　電　　話：(02)2926-6006　傳真：(02)2923-5151
　　　　　服務信箱：press@airiti.com
發　　行／華藝數位股份有限公司
　　　　　戶名（郵局／銀行）：華藝數位股份有限公司
　　　　　郵政劃撥帳號：50027465
　　　　　銀行匯款帳號：045039022102（國泰世華銀行　中和分行）
法律顧問／立暘法律事務所　歐宇倫律師
ISBN／978-986-437-117-4
DOI／10.6140/AP.9789864371174
出版日期／2016 年 8 月初版
定　　價／新台幣 450 元

版權所有・翻印必究　　Printed in Taiwan
（如有缺頁或破損，請寄回本社更換，謝謝）